シュンペーターの
資本主義論

菊地 均

日本経済評論社

目次

序論　問題視角と研究課題……………………………………………… 1
　　シュンペーターの世界(2)　シュンペーターの方法論(3)　資本主義の発展と変動(6)　企業家とイノベーション(9)　資本主義は生き延びることができるか(10)

第1部　シュンペーターの生涯と思想

第1章　シュンペーターに対する評価……………………………… 15

　第1節　社会科学者シュンペーター　　　　　　　　　　　　　15
　　　わが国におけるシュンペーター研究(16)
　第2節　シュンペーターの思想形成期　　　　　　　　　　　　18
　　　幼少期(18)　ウィーン時代(20)　処女作『理論経済学の本質と主要内容』を上梓(24)　「国際シュンペーター学会」発足(28)　ワルラスを訪ねて(29)　初めて教壇に立つ(31)　グラーツ大学に転勤(34)
　第3節　第1次大戦とその後　　　　　　　　　　　　　　　　35
　　　転機を迎えたシュンペーター(35)　ボン大学に就任(40)　シュンペーター来日(42)
　第4節　ハーバード大学在職時代　　　　　　　　　　　　　　43
　　　ハーバード大学，シュンペーターを迎え入れる(43)　ハーバード大学経済学部の黄金時代(45)　シュンペーター没(51)

第2部　シュンペーターの資本主義像とその学説的位置

第2章　シュンペーター理論体系の基礎……………………………… 57

第1節　価値判断論争　57

ウェーバーの「価値判断」論(59)　ミュルダールの方法論(63)　ポパーとネーゲルによる批判(64)

第2節　経済学のイメージ　65

社会科学に対する認識(67)　新古典派経済学の前提に対する問題提起(68)　ドイツ歴史学派に対する認識(70)　モラル・サイエンスとしての経済学(71)　経済学と科学(77)

第3節　シュンペーターの科学観　79

科学とイデオロギー(79)　シュンペーターの科学観(82)　一般均衡理論の抱えている問題(84)　知識社会学との関連で(87)

第4節　計量経済学・数理経済学・経済統計学の小史：シュンペーターとの関連において　88

1890年代〜1900年代：経済現象へ数理統計学の手法が適用されはじめた時期(89)　1910年代〜1920年代前半：数理的手法が経済学に導入され，統計的研究が盛んに行なわれるようになった時期(89)　1920年代半ば〜1930年代：事後的統計主義から事前的統計主義へと転換した時期(90)　1940年代〜1950年代：確率論的な接近法に基づく計量経済学とゲームの理論の方法論的基礎を確立した時期(92)　経済学の第2の危機(96)

第3章　資本主義における発展と変動の理論的展開　99

第1節　シュンペーターの分析的視点　99

ワルラスの一般均衡理論(100)　フォン・ノイマンとA.ワルトの貢献(103)　安井琢磨の貢献(106)　シュンペーターの純粋理論(108)　ウェーバーの科学論(110)　一般均衡理論に対する批判(113)　シュンペーターの静学的均衡理論に対する批判(114)　静態と動態の区別(118)　サミュエルソンの「動態的過程分析」(119)

第2節　資本主義と企業家　121

シュンペーターの企業家論の特徴(122)　現代版シュンペーターの「新結合」(125)　イノベーションの今日的視点(129)

第3節　社会階級と帝国主義　　　　　　　　　　　　　　　137
　　　　シュンペーターの社会階級理論(138)　シュンペーターの帝国主義論(142)
　　第4節　資本主義と景気変動　　　　　　　　　　　　　　　145
　　　　シュンペーターの景気変動論(145)　シュンペーターの景気変動モデル(147)　ケインズ以後の景気循環論(153)

第3部　資本主義のパラドックス

第4章　企業家とイノベーションの理論　…………………………… 159

　　第1節　企業家の歴史　　　　　　　　　　　　　　　　　　159
　　　　企業家とは何か(162)　ハーバード大学企業家史研究センター(166)　企業家概念の導入(167)
　　第2節　企業家におけるイノベーションの理論　　　　　　　　173
　　　　「与件」を巡るハイエクのシュンペーター批判(173)　フォン・ミーゼスの企業家論(175)　シュンペーターの「イノベーション」(176)　「創造的破壊」の過程(178)　企業家を駆り立てる動機(182)　シュンペーター的競争モデル：ネルソン＝ウィンターの貢献(183)
　　第3節　イノベーションにおける企業家の役割　　　　　　　　190
　　　　マーシャルの企業家論(192)　ワルラスの企業家論(194)
　　第4節　企業家とイノベーション理論の課題　　　　　　　　　197
　　　　シュンペーターの逆説(197)　マイケル・ポランニーの「暗黙知」(200)

第5章　シュンペーターにおける資本主義の現代的意義　………… 205

　　第1節　資本主義の基本構造　　　　　　　　　　　　　　　　205
　　　　シュンペーターの貨幣論(208)　シュンペーターとケインズの関係(212)
　　第2節　資本主義とイノベーション　　　　　　　　　　　　　219
　　　　独占のもつ意味(220)　破壊的イノベーション(222)　オープン・イノベーション(224)

第3節　資本主義は生き延びることができるか　　　　　　　　　229
　　　　　インフレ・ターゲット論争(229)　シュンペーターの「統一発展理論」
　　　　　(232)　シュンペーターにおける資本主義の視点(236)　資本主義から
　　　　　社会主義へ(239)
　　第4節　資本主義・社会主義・民主主義　　　　　　　　　　　　244
　　　　　シュンペーターの民主主義論(247)　シュンペーターの「いま1つの
　　　　　民主主義論」(250)

おわりに　要約と結論……………………………………………………… 255
　　　　　シュンペーターの生涯と思想(256)　シュンペーターの資本主義像と
　　　　　その学説的位置(257)　資本主義のパラドックス(258)　分析結果と課
　　　　　題(260)

　注　267
　参考文献　293
　英文要旨(Summary)　327
　索引　337
　　　人名(337)　事項(345)

凡例

　本書を執筆するに当たり，読みやすくするために，次のような基準で取り組んでいる．
1. 人名については，経済学史学会編（2000）『経済思想史辞典』丸善に準じた．例えば，「シュムペーター」は「シュンペーター」に統一した．
2. 人名以外では，「企業者」を「企業家」に，「ヴィジョン」を「ビジョン」に，「ハーヴァード」を「ハーバード」になど，特段断りのない限り統一し，漢数字についても，例えば「一九世紀」を「19世紀」，「2千億」を「2,000億」のように統一した．
3. 〔　〕で囲んだ部分は，筆者による挿入部分であり，（　）で囲んだ部分は，筆者による注書きである．
4. 翻訳書に関しては，古くて入手困難なものを除き，適宜掲載したが，引用に当たっては文体の統一や文脈の都合上，必ずしも邦訳に従っていない．
5. 英文に関する引用文献，参考文献の書き方は，Publication Manual of the American Psychological Association（APA）方式に準じた．

序論　問題視角と研究課題

　本書の目的は，シュンペーターにおける資本主義論に着目し，彼の理論体系に横たわる思想やイデオロギーをあぶり出し，その現代的意義と限界を問うところにある．すなわち，シュンペーターにおける資本主義の発展と変動の形成過程を題材に彼の理論体系に対してさまざまな光を当てることで，資本主義の基本構造を明らかにすることである．

　考えてみればなんと不思議な人物なのだろうか．シュンペーターの経済学というか彼の独特な思想は，ケインズのように伝統的な経済理論の基本前提に対する挑戦的な批判という目的をもって書かれたものでもなく，またマルクスのように壮大な資本制社会の体系を目指してまとめあげられたものではないが，常にその周辺にいて，時代の転換期には必ず取り上げられる．シュンペーターが取り上げられるゆえんは何か，それを解くことが本書の研究課題である．

　ところで，わが国におけるシュンペーターへの取り組みは既に1世紀近くの歴史があり，シュンペーターの再評価は進んでいるが，本書で取り上げるような資本主義の発展と変動を探るため，あえてシュンペーターの理論を体系的に検討し，その現代的意義と限界を問うものはない．だが今日に至って，ケインズや新古典派経済学に対する限界が指摘されるなどから，シュンペーターに関する研究が増えつつあるのは事実である．こうした動向は諸外国でも少なからず顕著になり，1986年には，「国際シュンペーター学会」(International Joseph A. Schumpeter Society) が発足した．このことはシュンペーター研究を国際的に広げる契機となったが，相変わらずシュンペーターの伝記や主要な著作の解説に偏っている．しかし，本書のような大胆な試みが果たして混迷する現代資本主義の中にあって貢献することが可能であるか否か，いささか不安を感じざるを得ないが，ともあれ船出することにしよう．

シュンペーターの世界

さて，本書の構成を述べれば次のようになる．本書は第1部「シュンペーターの生涯と思想」，第2部「シュンペーターの資本主義像とその学説的位置」，第3部「資本主義のパラドックス」の3部構成の全5章からなる．

ここで各章の論点とその展開をかいつまんで述べれば，以下のようになる．まず，第1部の第1章「シュンペーターに対する評価」で注目しなければならないのは，彼の処女作『理論経済学の本質と主要内容』(1906年，以下『本質と主要内容』）である．これは純粋経済学の認識論的本質と静学的均衡理論の主要内容とを統合させ，科学としての経済学の自律性を試みたものである．シュンペーターがそこで用いた方法論は，パレートのような一般均衡理論における比較静学の意義や分析的枠組みを精錬した形で提示したものでもなく，また当時台頭した新カント派の認識論に与したものでもなく，どちらかと言うと，マッハ主義的な立場，すなわち道具主義（instrumentalism）的な立場を取りながら，方法論的個人主義（methodological individualism）を貫いたものだ．なぜ彼は『本質と主要内容』において，こうした道具主義的な立場に固守したのだろうか．依然謎として残るが，経済学が科学として自律することの意味，あるいはその必要性については，本書を通して詳しく言及するとして，『本質と主要内容』は純粋経済理論を厳密に規定し，その方法論的限界がどこにあり，いかなる意義を持つかを示したという点で，きわめて多くの示唆をわれわれに与えてくれるものである．

グラーツ時代に著した第2作目は，後に不朽の名著といわれる『経済発展の理論』（1911年）である．同書は，処女作『本質と主要内容』で示した静学的理論を現実に対応させるため，非ワルラス的な世界，つまり彼が動態的問題群と呼んだ狭い範囲について自己の考えを展開したものである．いずれにしても，この2冊はシュンペーターの思想を形成する上で，重要な役割を果たす．

さて，シュンペーターの生涯と思想については，第1章でできるだけその全体像を公正に明らかにするつもりだが，人生で最も脂に乗った1910年以降の足跡を簡単に振り返ってみると，必ずしも幸運な時代ではなかったようだ．というのも，彼がせっかくなった財務大臣を辞任せざるを得ず，その後，ビーダーマン銀行の会長に就任するが，その銀行がまもなく倒産の憂き目に遭うから

だ．こうした悲しみに暮れていた時，東京帝国大学とボン大学からの就任要請があった．

東京帝国大学では，ちょうど2カ年の期間雇用が満期となるE. レーデラーの後任として，シュンペーターを客員教授として招請することを決める．しかし，時を同じくしてボン大学が，ハインリッヒ・ディーツェル教授の後任として，シュンペーターを正教授として迎える旨を通知したため，結局，ボン大学に赴くことになる．

1932年9月，大不況が深刻化する中，シュンペーターはボン大学での任期が切れるため，ハーバード大学に移ることを選択する．1935年9月1日付で，シュンペーターはハーバード大学において名誉ある冠講座担当教授に就任し，これまで温めていた構想の執筆に本格的に取り掛かる．これが後に『景気循環論』（1939年）として結実するが，同書は，統計資料が今のように整備されていないこの時期に悪戦苦闘を強いられながら，ほとんど独力で書き上げる羽目に陥る．しかしながら，『景気循環論』の刊行は決してタイミングがよくはなかった．ケインズの『雇用，利子，貨幣の一般理論』（1936年，以下『一般理論』）が既に出版されたため，人びとは次から次へとケインズがもたらしたユーフォリア（陶酔的熱病）に侵されつつあった時だからである．

シュンペーターは，それまでの米国での業績に加えて，1940年には計量経済学会会長，1947年には米国経済学会会長に就任，1949年には国際経済学会会長に選出される．しかし，それは，世界一を求めてやまない数奇な生涯だったのかもしれない．彼の死はある日，突然にやってきた．1950年1月8日早朝，睡眠中に脳溢血を引き起こし，帰らぬ人となった．享年66歳．彼が構想していた理論に関する全貌を公にすることなく生涯を閉じたことは，悔やまれてならない．

シュンペーターの方法論

次に，第2部「シュンペーターの資本主義像とその学説的位置」を構成するものは第2章と第3章である．そのうち，第2章「シュンペーター理論体系の基礎」では，かつてウィーン大学の学生であったシュンペーターが価値判断論争から何を学び，純粋経済学をいかにイメージし，その後自らの方法論をどの

ように形成したかを論証する．

価値判断論争とは1883年，ドイツ歴史学派の総帥G. シュモラーとオーストリア学派の始祖カール・メンガーとの間に行なわれた感情的な「方法論争」が端緒となり，後期歴史学派のマックス・ウェーバーが提起した論文「社会科学的および社会政策的認識の"客観性"(1904年)」(*Archiv für Sozialwissenschft und Sozialpolitik* 誌，第19巻第1号) を巡る論争である．

ウェーバーはこの論文で，理論と政策の本質的相違を明らかにし，理論を追究する社会科学者の守るべき分野を明示する．ウェーバーの科学論が当時のドイツの学界に投げかけた波紋は，想像以上に大きかった．シュンペーターは，ある意味でこの点を最初から達観していたと見ることができる．というのは，彼は『本質と主要内容』を著すことによって，まず理論を取り上げ，その本質について既に明らかにしていたからである．それ故に，彼は『本質と主要内容』を著述することによって，エネルギーの浪費とも言い得る論争に終止符を打ち，方法というものをマッハ的道具主義的なるものと位置づけ，経済学のあり方に新しい1ページを書き加える．つまり，それは理論と歴史がともに果たすべき役割を保ち，決していずれか一方の優位性を誇るといった立場は取らないということを意味する．シュンペーターがどのような事実も，それが分析され洗練されない限り，そもそも理論的言明が真であるか偽であるかを立証することはできず，まったく真実の関係さえも，他の要因によって覆い隠されることがあり，事実そのものについての深く掘り下げた分析がなければ，われわれはこの関係について何も見ることはできない，と言明したのもそのためである．

シュンペーターは1948年12月，米国経済学会の年次大会において自ら会長としての講演を行ない，それが翌年，「科学とイデオロギー」と題し *American Economic Review* 誌を飾る．その中で経済学がどのような意味で「科学的モデル」を構成してきたかを説き，その際にビジョンに裏づけられたイデオロギーが科学の進歩に対して持つ積極的な役割について言及する．彼が重視した中身をもう少し掘り下げてみると，それはビジョンと分析道具の不可分の緊張関係を問題にしていることがうかがえる．

このように意識構造を自覚しその体系を築いたのは，実はワルラスでもケインズでもなく，ただマルクスのみである．そのためにシュンペーターが意図し

たのは，マルクスを超えること，すなわちイデオロギーの概念からマルクス的な意味合いを一旦排除し，自分の考えを打ち立てること，これに専念したのである．シュンペーターがこのような立場を取らざるを得なかった理由を，われわれはどこに求めればよいのだろうか．いずれにしても，シュンペーターは，マルクスが革命を叫んだのに対して同意せず，長期的かつ動態的な資本主義の基本構造を求めてやまなかった．

しかしながら，シュンペーターの著作を注意深く読めばわかることだが，彼の科学観は，決してマルクスだけではなく，世紀末のフランスの哲学からも大いに影響を受けているので，第2章第3節「シュンペーターの科学観」では，このようにシュンペーターに影響を与えた思想家の全体像をできるだけ簡潔に描いてみたい．

経済学の歴史を振り返ってみると，静学的均衡の問題については，その均衡解の存在問題や安定問題を含めて，満足すべき解が得られたのは1930年代のフォン・ノイマンやA.ワルトを筆頭に，レオンティエフ，ヒックス，クープマンス，サミュエルソンなどを経て，K.アローやG.ドブリューの論文以降のことである．また，静学と動学の区別を一層精緻なものにしたのはR.フリッシュであり，これはサミュエルソンによる均衡解の安定条件の議論に影響を与えることになる．ただし，ここではシュンペーターの「シュ」の字も出てこない．シュンペーターの考え方は，彼らとは次元が違うと無視される．

たとえそうだとしても，われわれにとって別に驚くに値しない．ワルラスによって概念化された均衡理論体系は性格において精密に静態的であり，定常過程にのみ適用されるものである．定常過程とはそれ自身の主導力では実際に変化しない過程であり，仮に変化するとしても，それは経済の外生的なことによるものだから，経済の内生的変化の過程に適用することはできない，とシュンペーターは考える．彼はワルラスの一般均衡理論をこのように理解し，動態理論を展開したが，ワルラス以後の経済学説史の観点から振り返れば，このような理論展開はもちろんその1つにすぎない．われわれにとってこの2人の理論のもつ側面をあらかじめ的確に把握しておく必要がある．

シュンペーターの発展理論と一般均衡理論の関係は第3章で詳しく取り上げるので，この辺にしておき，次にシュンペーターが歴史に対してどのような認

識を持っていたか，議論のさわりだけをこの序論で紹介しておこう．

まず認識しておかなければならないのは次のことである．すなわち，ドイツ歴史学派がその思想を構築するに当たり，哲学的議論の色彩を払拭し，比較制度史的考察へと深化していった最高の成果がウェーバーの社会学であることに異論をはさむ余地はないが，その中にあって，実証的，細目的な研究過程の解明を目指したシュモラー＝シュンペーターによる進化的経済学の流れがあることを，われわれは看過してはならない．いずれにしてもシュモラーは当時，社会政策的見地からかなり明瞭に自己の価値判断を表明したために，多くの反論に直面し，あたかもそれがシュモラーの全体像であるかのごとく誤解されたといえる．

シュンペーターの歴史認識についての議論はこれで終わるわけではない．この問題は，われわれの知的探究心をいっそうくすぐると同時に，シュンペーターがいかに考えたかを学び取ることは，われわれ自身を見直すよい機会になると思う．なぜなら，学ぶことの本質は知識や技術にあるのではなく，学び方のうち——人びとに問題を考えさせること——にあるからだ．

振り返ってみると，シュンペーターがウィーン大学に入学したのは1901年である．限界革命の洗礼は受けたものの，その当時の確率論と推測統計学の置かれた状況は，まだまだ未熟なものにすぎず，近代統計学が確立するのは1920年代まで待たなければならない．第2章の最終節では，シュンペーターが学び育った時期から，第2次世界大戦後までの計量経済学，数理経済学，経済統計学の歴史を概観し，シュンペーターとの関連において把握することで，学説史上の位置づけを試みた．このように見れば，彼がウィーン大学で学んだ1901年からハーバード大学に職を求めて移った1932年まで，それはちょうど限界革命と計量経済学，数理経済学，経済統計学の黎明期との狭間であって，彼にとっては不毛な時代であったといえる．

資本主義の発展と変動

第3章では，彼がいかに分析視点を確立したかを問い，資本主義における発展と変動の形成過程で問題になる「資本主義と企業家」，「社会階級論と帝国主義」，「資本主義と景気循環」の3分野に着目し，これらを解明するために「資

本主義における発展と変動の理論的展開」をタイトルとして設定した．ところが，このようなタイトルをいざ取り上げる段になれば，実に多くの困難な問題に遭遇することがわかる．というのは，シュンペーターの資本主義論における中心命題の関連する問題が複雑なため，これを克服するには公平な批判力と透徹した分析力がまず要求され，その上に，それらを総合化するための思考の柔軟性とバランス感覚が欠かせないからだ．この複雑な命題に対応するため，私はシュンペーターの分析視点を発展と変動に絞り込み，改めて資本主義との関連で捉え直した次第である．

シュンペーターは当時，ドイツ歴史学派の人びとにとって，ワルラスに代表される「純粋経済学」の意義が抑圧されてきたことに反発し，処女作『本質と主要内容』を上梓し，そこにおいて静学的理論の性質と限界を究明する中で，理論経済学の数学的分析のあり方とその発展可能性を模索した時期である．しかし，彼はそれに満足することなく，経済の発展のない状態，すなわち静態理論の枠組みを前提に，その上に経済の発展した状態，すなわち動態理論の枠組みを調和させようとする．振り返ってみれば，ヨーロッパではまだ数理統計的分析の始動さえ感じられなかった時期だけに驚嘆に値する．

次に，第3章第2節では「資本主義と企業家」を取り上げ，シュンペーターの企業家論の背景に横たわる思想を吟味する予定である．彼の企業家像は，経済学の前提となる単に合理的な経済人（ホモ・エコノミクス）を意味するのではなく，あくまでもイノベーションを遂行する経済主体としての企業家，すなわち超人的とも呼びうる非日常的性格を有し，その意味では非凡な卓越性を有し，創造的に古い秩序を破壊する者である．とりわけ，彼が企業家の活動に影響を与える文化構造要因に着目し，その文化構造要因に含まれる行為の目的や動機といったことについて，既に初期の時代から批判的だが，注目していた点にその特徴がある．

さて，これまでの先行研究の多くは，シュンペーターが一方で経済発展を，したがって後に本論で述べるように，その先の景気変動を取り上げたとき，その基本となるキーワードは「企業家」だとし，ここに焦点を合わせるのが常であった．しかし，シュンペーターのコンテキストから，現実の具体的な企業家を抽象化して得られたものだとすれば，それだけ過ちを犯す危険がある．

この問題は改めて第4章で議論するが，これを解く鍵は，シュンペーターの社会階級論における企業家の位置づけの中に秘められている．シュンペーターの社会階級論は長い年月をかけ熟慮しただけのことはあって，彼の思想体系の中でも中心的な地位を占めるものだといってよい．彼の社会階級概念は，地主，労働者，資本家，経営者といった経済関係上の概念ではなく，あくまでも資本主義社会において求められる能力を具えているかどうかにかかっている．したがって，例えば労働者から企業家が生まれ得るし，地主や資本家も企業家になり得るのだが，企業家それ自体は階級構成とか階級闘争などに関連して考えられた社会現象での階級ではない．シュンペーターの企業家像についてはこれまでの先行研究でも解明されなかったことだが，ここで初めて「企業家の概念」について説明する．

　次に，第3章の中でも私が力を注いだのは，第4節「資本主義と景気変動」である．まず，シュンペーターの景気変動論を資本主義との関係でとらえようとしたが，この問題をここだけで語ることには多少無理があるので，資本主義経済における循環的変動に焦点を当てて考察するつもりだ．

　シュンペーターの景気変動モデルを分析すればわかることだが——前期のモデルと後期のそれとは異なるが——それは最終的に「繁栄」，「後退」，「不況」，「回復」の4局面から形成される．このうち「繁栄」と「後退」という2局面を，彼は第1次接近ないし2局面モデルと呼んでいる．問題は均衡の状態（これはある状態を持続させようとする静止点のことである．シュンペーターは「均衡の近傍」と呼んでいる）から出発して，2局面を経た後に新しい均衡の状態において経済が静止することなく，さらなる下降に突入する．すなわち，経済体系がイノベーションの群生によって，「繁栄」の局面を実現した後は，それを無限に拡張することはなく，下方への転換点の後に出現するのが「後退」である．この「後退」の段階はそれに先立つ繁栄現象への適応過程だというのがシュンペーターの基本的認識である．この「後退」過程において，適応が次第に進むことによって新しい均衡の状態が生じ，ついには「不況」に突入する．

　しかしながら，経済は一方的に「不況」を深めていくわけではない．「繁栄」に頂点があるように，「不況」にも底があって，やがて経済は持ち直し，「回

復」過程は，いわば「不況」の必然的な結果として生じる．シュンペーターによれば，それは資本主義が本来的に持っている自律的回復の機能だという．なお，私はこの第3章で，シュンペーターにおける資本主義論の本質に迫る理解を一層深めるために，ケインズ以後の景気循環理論とシュンペーターの発展理論について比較し，分析枠組みからその差異を繙く．

企業家とイノベーション

最後の第3部「資本主義のパラドックス」を構成するものは第4章と第5章である．そのうち，第4章「企業家とイノベーションの理論」は第3章第2節で取り上げた「資本主義と企業家」を敷衍したものであり，言わずもがなだが，本書の主要な部分をなすものである．ここで問題になるのは，いわばイノベーションを遂行する経済主体としての企業家についてである．企業家を分析するに当たり，私はまず企業家の歴史について，次に企業家によるノベーションの遂行が資本主義の発展と変動にいかなる影響を及ぼすかについて考察し，最後に企業家論のパースペクティブを通しその機能の意味するところを論じていく．

企業家論の問題は，第3章でも議論するようにいまだ整理されず，混沌とした状況の中にある．そうはいっても，制度学派の祖師 T.B. ヴェブレンの『企業の理論』(1904年) が世に出てから1世紀以上を経ている．この間，さまざまな先行研究が蓄積されたが，強いて企業家論について言うと，I.M. カーズナーを挙げることができる．カーズナーとシュンペーターの比較については，第4章の中で十分吟味する予定である．

また，第4章ではイノベーションの定義を再検討してみた．シュンペーターのイノベーションについてはさまざまな解釈がなされているが，通常のイノベーションの概念よりも広く考え，社会に変革を与えるビジネスの仕組みを含むものである．ここで重要な点は，イノベーションそのものではなく，「イノベーションの遂行を自らの機能とし，その遂行に当たって能動的要素となるような経済主体」という件である．それ故に，企業家とは固有の名前で呼ばれなくても，旧く陳腐化したものを破壊し，新しい有用なものを創造する先見性や独創性に加え，信用メカニズムを動かし，それを事業化させる能力を兼ね備えた人である．

シュンペーターは，イノベーションが遂行されるその発展形態を「創造的破壊」の過程というオクシモロン（撞着語法）で表現する．1942年に出版された『資本主義・社会主義・民主主義』の中で，彼は資本主義のエンジンを起動せしめ，その運動を継起せしめる基本的衝動は，資本主義的企業の創造にかかっていると述べ，その後で，創造的破壊の過程を世に問う．この場合の「創造的破壊」とは当然，破壊が創造をもたらすといった単純な意味ではないにしても，論理の飛躍を要求するため，いまだに立証されていないが，先行研究の議論などを含め，第4章で改めて検討したい．

ところで，私はこの第4章の中で，とりわけシュンペーター的競争モデルに果敢に取り組んだリチャード・R.ネルソンとシドニー・G.ウィンターの研究に注目した．なぜなら，これまでの新古典派の利潤の最大化や均衡に関する前提を保持しながら，シュンペーターの貢献を取り入れようとする試みとは別に，シュンペーター的競争——そこには勝ち組と負け組が存在し，このプロセスは連続的な不均衡の過程——を取り上げ，この難問に世界で初めて進化理論（Evolutionary Theory）からアプローチしているからだ．彼らの問題の解き方は，選択肢は所与ではなく，いかなる選択の帰結（事前にどの選択が最適か）も知られておらず，この前提に基づき，多様な企業行動が現実的に存在することを予測する．要するに，企業規模の分布を時系列から見直し，動学競争による勝ち組と負け組のパターンを時間の経過とともにいかに変化するかに着目し，経済成長の源泉を解明する手がかりにする．その意味では，ネルソン＝ウィンター・モデルは今世紀の経済学上の貢献で最大のものであり，シュンペーターのイノベーション概念をこのネルソン＝ウィンター・モデルとの関連で新しい解釈を試みたい．

資本主義は生き延びることができるか

最終章の第5章は，これまで議論してきた「シュンペーターの資本主義論」の基礎となる理論をまとめ，その体系の意味するところを定式化した章である．ここでの研究課題を述べれば次のようになる．すなわち，シュンペーターは発展理論の体系を構築するに当たって，まずワルラス，シュモラー，マルクス，コンドラチェフなどの独創性に富んだ科学的観念の核心に自らの理論を対比さ

せ，その上で思考の枠組みを意識的に作り上げる．果たしてそれが，シュンペーターが言うように，企業家によるイノベーションの遂行と銀行家（あるいは銀行）による信用創造とあいまって，豊かな資本主義社会を実現するための真の要因になったかどうかである．その後で，シュンペーター自らが掲げた資本主義の経済的成功がかえってそれと不整合な非経済的要因を生み出し，これらの非経済的要因がやがて資本主義の経済運営を困難にするというパラドックスを展開するが，現代の資本主義の視点からそれらの意義を問わなければならないからである．この点については，第5章で慎重に議論をし，結論を出すつもりだ．

　およそ以上のような問題視角と研究課題によって，私は「シュンペーターの資本主義論」の特質と論理構造を分析し，従来の学説史に欠如していた新知見を示そうと努力した．ここで，シュンペーターが残した多くの業績をたどり直してみるという仕事の中に，われわれにとって何か有意義なものがあるとすれば，これまでの研究のように単にシュンペーターのイノベーションに重きを置くのではなく，資本主義の発展と変動の形成過程でイノベーションがいかなる役割を果たし，経済成長に貢献したかを問う作業だ．すなわち，われわれが現代経済学の混乱と現実に対する適応性の欠如を考える上で，資本主義そのものをシュンペーターがいかに取り上げ，どう向き合い，何を問題にしたか，以下の諸章を通し考察してみよう．

第1部　シュンペーターの生涯と思想

第1章　シュンペーターに対する評価

第1節　社会科学者シュンペーター

　明治以来，先進国にキャッチ・アップしようとして，わが国における経済学の研究が海外文献の解釈と翻訳に力を入れたため，この分野の研究は世界でも類を見ないほどの業績をあげたのは事実である．その反面，日本人の研究者の多くがまず海外文献を消化することに急で，自らの業績を世界に向けてあまり発表しなかったため，海外で正当に評価されなかったのも事実である．このような趨勢の中で，とりわけ，わが国における経済学はマルクスとケインズが主流となり，それに比べると，ここで取り上げるシュンペーターは，さほど話題に上らなかったといってよい[1]．

　すぐれた経済学者は，単なる経済学者以上の者だといわれることがある．

　シュンペーターが一般に「社会科学者」と称されるようになったのは，1951年に彼の追悼論文集『社会科学者シュンペーター』（同書は $Review\ of\ Economics\ and\ Statistics$ 誌の1951年5月号に収められた論文を中心に再編されたもの）が刊行されてからのことだ．編者であるS.E.ハリスはその「はしがき」で，本書は偉大な社会科学者シュンペーターの業績を評価し，彼が生涯貫いた真の姿を伝えるために編まれたものだと記す[2]．

　この著『社会科学者シュンペーター』を繙けばわかることだが，ハーバード大学連合教授会の公式記録として採択された「ヨーゼフ・アロイス・シュンペーター教授」に関する覚書をはじめ，教授の門下で学んだ人びとを中心に，17名の高名な社会科学者たちの寄稿からなっており，それぞれの執筆者によってシュンペーターの人となりを論じている．このようにシュンペーターに対する

解釈や批判が多面的になされるにつれて,その評価は単なる経済学者の立場を超え,社会科学者としてなされるようになった.

わが国におけるシュンペーター研究

さて,わが国におけるシュンペーター研究は,彼の純粋理論だけが取り上げられてきた嫌いがある.ただし,それはそれで世界でも例を見ないほど日本の近代経済学の発展に貢献したが,その体系的解釈,あるいは批判的分析という点においては明らかに偏っていた.しかし,後に見るように吉田昇三『シュンペーターの経済学』(1956年)をはじめとして,大野忠男『シュムペーター体系研究』(1971年),玉野井芳郎「シュムペーターの今日的意味」(『社会科学の過去と未来』1972年),金指基『シュンペーター研究』(1987年),伊東光晴,根井雅弘『シュンペーター』(1993年),塩野谷祐一『シュンペーター的思考』(1995年),根井雅弘『シュンペーター』(2001年),吉川洋『いまこそ,ケインズとシュンペーターに学べ』(2009年)などの本格的なシュンペーター論が世に出てから,彼の全体像が次第に明らかになりつつある.

この点については,既に先輩の金指が,わが国におけるシュンペーター研究の導入にかかわる経緯を詳細に解説しているので,その趣旨を簡単に一瞥しておこう[3].

(1) 戦後わが国経済学界の重鎮,中山伊知郎 (1898-1980年) が若かりし時,ボン大学に留学,少し遅れて東畑精一 (1899-1983年) も留学し,シュンペーターの指導をともに受けたことが,シュンペーターとの師弟関係を確固たるものにした.もちろん中山,東畑以外にも日本からシュンペーターの下へ留学した研究者はいるが,ここでは指摘するだけに留めておく.ことに,中山は学生時代に東京商科大学で高田保馬 (1921年6月~1924年2月まで,東京商科大学教授) の経済学史の講義を受講し,シュンペーターの学説に触れたり,指導教授であった福田徳三の下で,クールノーやゴッセン,ワルラスの学問体系をみっしり仕込まれたりした.これをシュンペーターが知るに至り,中山を育てた福田を高く評価したことを,中山自身が帰国後,ある雑誌に語っている.

(2) このようなつながりに加え,1931年1月にシュンペーターを日本へ招請した.彼の来日は若い経済学徒に多大な影響を与え,世界的に見ても,わが

国では比較的早い時期に彼の翻訳が進んだ．例えば，1936年には木村健康，安井琢磨訳『理論経済学の本質と主要内容』，翌37年には中山，東畑訳『経済発展の理論』，1950年には中山，東畑訳『経済学史』がそれぞれ大手出版社から刊行されるに至る．中でも『本質と主要内容』の原書は1908年に出版された後，いくつかの不備があることからシュンペーター自身が絶版としたため，彼の生前における初版の翻訳は，日本語版しか許可されず，没後1982年になってようやくイタリア語版が刊行されたにすぎない．定かではないが，原書の初版は1,000部しか印刷されず，彼の没後に第2刷（1970年），ファクシミリ版（1991年），第3刷（1998年）が出版され，初版から1世紀以上を経た2010年に待望の英訳がブルース・A. マックダニエルによってこの世に現れた．

(3) その後，ハーバード大学に移ったシュンペーターに親しく師事したのが都留重人（1912-2006年）である．都留はミッドウェー海戦のさなか，1942年6月に帰国の途に着くまで，約11年間にわたって米国で過ごした人物である．彼は，満洲事変が勃発した1931年9月に渡米し，ウィスコンシン州アップルトンにあるローレンス・カレッジで2年間過ごした．その後ハーバード大学に転校，卒業後大学院へ進学し，都合9年間を経済学の研究に費やし，その間シュンペーターの下で学んだ．

戦後，都留は連合国軍最高司令官総司令部（GHQ）支配下にあったわが国が再建をはかるに当たり，大いなる力を貸すことになる．その後の彼の経歴を紹介すれば，1946年，連合国軍総司令部経済科学局調査統計課に勤務し，翌年に片山内閣の下で，経済安定本部部員に任命され，ここで第1回経済白書『経済実相報告書』を執筆し，その後，東京商科大学教授に就任し，学長にまで上り詰める．

このようにわが国におけるシュンペーターへの取り組みは，すでに1世紀近くの歴史があり，資本主義論においてはもとより，イノベーション論，企業家論においても，シュンペーター研究の再評価が進んでいる．

戦後の日本の経済学界を振り返ってみると，近経かマル経かの二者択一の議論にはじまり，1950年代，60年代はポスト・ケインジアンへの関心が高く，70年代はマネタリズム，合理的期待形成学派，特に70年代後半はサプライサイド経済学，80年代は実物的景気循環理論（リアル・ビジネス・サイクル理

論)を中心として，その間，いくつものケインズ経済学の批判やそれに取って代わるものが現れては消えていった．現在は，環境経済学や進化経済学，現代制度派経済学，複雑系経済学の台頭などで，学界も文字どおり混沌としている．
　このことに，経済学が時流に対応しようともがいている姿を垣間見る想いだ．
　今日に至って，ケインズや新古典派経済学に対する批判や反動などから，シュンペーターに関する研究が急速に増えつつある．シュンペーターの魅力はなんといってもトリックスターとして活躍したところにある．これに呼応するかのように諸外国でも顕著になり，1986 年には，ドイツのアウグスブルク大学（バイエルン州アウグスブルク市）に本部を設け，「国際シュンペーター学会」(International Joseph A. Schumpeter Society) が発足し，名実ともにシュンペーター研究が国際的な規模で語られるようになった[4]．

第 2 節　シュンペーターの思想形成期[5]

幼少期

　1883 年 2 月 8 日，ヨーゼフ・アロイス・シュンペーターは，オーストリア＝ハンガリー帝国メーレン州トリーシュ（現在のチェコ共和国トジェシュチ）において生まれた．日本では文明開化の象徴として外務卿・井上馨が社交場として鹿鳴館をオープンさせた年（明治 16 年）に当たる．
　シュンペーターの生まれたこの一帯はモラヴィア地方と呼ばれ，世界史に残る名だたる人物が綺羅星のごとく輩出したところである．例えば，哲学者として有名な E. フッサール（1859-1938 年）や精神分析学者の S. フロイト（1856-1939 年）をはじめ，作曲家の L. ヤナーチェク（1854-1928 年），画家のアルフォンス・ミュシャ（1860-1939 年）などがいる．
　伝えられるところによれば，先祖はドイツ語系のカトリック信徒でモラヴィア地方に 15 世紀に定住したといわれており，父ヨーゼフ・アロイス・カール・シュンペーターは祖父以来，トリーシュにおいて織物業を営む企業家であった．母ヨハンナ・グリューナーは近隣のイーグラ出身で由緒ある家柄の医師の娘であった．
　シュンペーターの両親は 1881 年 9 月 3 日に結婚した．ところが 1887 年，す

なわちシュンペーター4歳の時，父は狩猟の事故で亡くなったため，母の故郷イーグラへ一旦移り，その後1888年，グラーツに移る．そこで5年間国民学校に通いながら，しばらく母の手ひとつで育てられた．ここでわれわれは，祖国チェコおよび彼が学び育ったオーストリアの歴史をごく簡単に振り返ってみよう．

チェコの歴史は5〜9世紀の大モラヴィア帝国から始まり，その後プシェミスル家の手でボヘミアへ統一された．14世紀にはドイツの勢力下におかれるが，神聖ローマ帝国皇帝のカレル4世の治世にチェコ黄金時代を迎える．16世紀に入るとハプスブルク家が新たな王として君臨し，その後30年戦争へと発展，以後300年余り暗黒の時代が続く中，1867年にはオーストリア=ハンガリー帝国が成立する．第1次世界大戦後，帝国の崩壊とともにチェコスロバキア国が誕生する．1989年，世にいう「ビロード革命」を経て，1993年にはチェコとスロバキアが平和裡に分離・独立し，新たな時代が始まる．

オーストリアの起源は976年，ローマ皇帝による東辺境領の設置に始まる．1273年に国王としてハプスブルク家のルドルフ1世が選ばれ，以後700年にわたりハプスブルク家によるオーストリアと周辺諸国の支配が続く．1792年に対仏同盟戦争が勃発し，ナポレオンとの戦いに敗れた後，和約を締結する．ナポレオン失脚後のウィーン会議（1815年）では一時，オーストリアの国際的地位が高まるが，1848年に革命が起き，立憲政治の時代へと移り変わる．1867年にプロイセンとの戦争に負けたことにより，王はオーストリア，政府はハンガリーが統治するオーストリア=ハンガリー帝国が誕生する．その一方，ドイツ，イタリアとも三国同盟を結ぶ．しかし，統治国への強引な政策は1914年にサラエボでの皇太子夫妻暗殺事件を引き起こし，第1次世界大戦へと発展した．1918年に休戦条約が締結され，敗戦国となったオーストリアは共和制となり，ハンガリーもこれを契機に独立国となる．

このような両帝国の歴史の中，1893年9月9日，シュンペーター10歳の時，母がかつてテレツィン駐屯軍の司令官で退役時に陸軍中将まで上り詰めたドイツ系ハンガリー人の血を引くジークムント・フォン・ケラー（1828-1913年）と再婚した．32歳の母が65歳を過ぎたケラーと再婚したのは，子供に最良の教育を受けさせたいと願う親心からであった．当時，ケラーは病気がちで，経

済的には決して豊かでなかったが，なんといっても準貴族であったからだ[6]．

このようなことから，シュンペーター家の新しい生活はウィーンで開始される．もちろん，子供を大きく成長させるためには，ウィーンでの生活は母子ともに望むところであった．

ウィーン時代

それというのも，貴族の子弟のための中等教育機関として，女帝マリア・テレジアが1746年に創設したウィーン郊外のテレジアヌム（Theresianum）に息子を通わせることができたからだ．シュンペーターは10歳から18歳までそこに通い，そこでいち早くギリシャ語，ラテン語の古典はもとより，フランス・イタリア・イギリスの現代語等に至るまで，彼の天賦の才能はこれらをことごとく吸収し，将来に大きな希望を抱かせるに十分だった．当時，テレジアヌムでは，ギリシャ語は週5時間組まれており，それを5年間，ラテン語に至っては週6～8時間組まれており，8年間，それも必修科目として学び，そのほかギリシャ・ローマの古典を身につけ，同時に抽象的思考能力を訓練されたと記録されている．シュンペーターが身につけたガーベルスベルガー式速記術（1834年にドイツでフランツ・クサーバー・ガーベルスベルガーによって考案されたもの）も文献上では確認できないが，この時期に修得したものなのだろうか．

その甲斐あって1901年，シュンペーターはウィーン大学法学部（当時は法・国家学部）に進学した．ドイツ語圏の大学の大部分がそうであったように，当時経済学は法学部で学ぶしかなかったことを想起されたい．ハプスブルク帝国の官史を養成するための同学部は，オーストリア学派の牙城であり，後で述べるように，彼はここで経済学に眼を開かされたのだ．卒業後の翌年，すなわち1906年2月16日，ウィーン大学法学部での学位取得のための口述試験に合格し，法学博士の学位を授与される．

シュンペーターがウィーンで育った時期は史上稀に見る都市文化の爛熟した時である．かつてウィーンの街を取り囲んでいた城壁の跡地にリング通りがほとんど完成しており，鉄道馬車は電化され市街電車となり，ガス事業と電気事業は私的資本家の手を離れ市営化されていた．そして森林牧草地帯が新たに創

設されたため，郊外の緑地の喪失が防止され，世界都市ウィーンの様相を整えつつあった時である．

　こうした環境の下で，アンファン・テリーブル（恐れるべき子供）といわれたシュンペーターの学生生活は終わり，1907年，その仕上げの意味をも含め，ベルリンで開かれたグスタフ・シュモラーの夏季セミナーに参加し，その足でフランスとイギリスへ渡る．

　イギリスではロンドン・スクール・オブ・エコノミクスの研究生となり，社会学研究のエドワード・A.ウェスターマーク教授（1862-1939年，ヘルシンキ生まれの社会学・文化人類学者），幾何学・応用数学・優生学研究のK.ピアソン教授，人類学・民族学研究のA.C.ハッドン教授より直接指導を受ける．

　その時，運命の出会いをしたのがグラディス・リカード-シーバー（Gladys Ricarde-Seaver）嬢である．彼女は，イギリス国教会の高位聖職者の娘で，一回りも年上であるにもかかわらず[7]，彼は何のためらいもなく妻として娶った．

　イギリスでのシュンペーターの滞在は，1年という短期であったにもかかわらず，ケンブリッジ大学教授のA.マーシャルやオックスフォード大学教授のF.Y.エッジワースなどを訪ねる．ことにマーシャルとの会見は彼にとって大変思い出深いものであったらしく，シュンペーターをして，「マーシャルの『原理』はすべての経済学者にとって必読書です」[8]と言わしめたほどであった．後日，その理由を問われ，彼はこう答える．「マーシャルは，経済学が進化論的科学（evolutionary science）だということを悟った最初の経済学者の1人であったからだ」[9]と．さらに，その滞在期間中，シュンペーターは大英博物館に通うなどして，処女作『本質と主要内容』の準備に充てたようである．そうこうしているうちに，彼は当時，イギリスの保護国だったエジプトのカイロで職を得ることになる．

　カイロでは，彼は国際混合裁判所の実習生の傍ら，女王の財政顧問として第一歩を踏み出す．ここでのエピソードの1つとして，彼は女王の財政顧問として大きな功績を挙げたにもかかわらず，自分の取り分は法的に権利が保障している分だけしか受け取らず，当地での生活は，法律家として実習をこなしながら，将来を見据え，研究を重ねていたようである．ここカイロでは処女作『本質と主要内容』（序文の日付は1908年3月2日）を脱稿し，同年10月22日，

同書をウィーン大学法学部教授会に教授資格取得（Habilitation）のための論文として提出したことからも跡づけられる．

　大学時代を振り返ってみると，最初にS.アドラー教授のオーストリア国家・法制史演習を受講し，この演習には大学時代を通して通った．その後，R.マイヤー政府局長の財政学演習，フィリッポヴィッチ教授，大蔵大臣からウィーン大学の教授として学界に返り咲きしたベーム-バヴェルク教授，カール・メンガーの後任としてウィーン大学に着任したヴィーザー教授の各経済学演習に顔を出したり，中世の専門家であり，ドイツの歴史学派の流れを汲み，政府中央統計局の局長でもあるイナマ・ステルネック名誉教授と，後に彼の地位を継いだF.ユラシェック宮廷官との共同指導による統計研究演習に3学期にわたって籍をおいたりした．その他，E.シュヴィン教授のゲルマン法演習などにも参加した[10]．

　ウィーン大学では1学年2学期制（10月～1月の冬学期，3月～6月の夏学期）を採用していたので，シュンペーターは1905年7月の卒業するまで，8学期を費やし，それぞれの学期ごとに演習を履修し，その後，官史になるための国家試験の対策と学位取得のための口述試験の準備とに当てた．なお，将来大学の教授を目指すには，その上で，教授資格試験に合格する必要がある．

　ところで，このウィーン大学は，ヨーロッパ最古の大学の1つで，1365年に創立された帝国の総合大学である．シュンペーターが入学したころは，前述したような都市改造によって旧市内から現在の位置に移ったばかりであった．かつて，街を取り囲んでいた城壁の跡地にリング通りという環状道路ができ，それに沿って帝国の威光を示すルネサンス様式の同大学をはじめ，19世紀の後半以降に建てられた多くの重要な世界的建造物が建ち並ぶ．例えば，シュテファン大寺院，ホーフブルク王宮，国立図書館，自然史博物館，美術史博物館，ブルク劇場，国立オペラ劇場などがそれである．

　シュンペーターが，貴族の子弟が通うエリート校テレジアヌムを経て，ウィーン大学を卒業するまでの1893-1906年は，ハプスブルク家が没落を間近にひかえて，最後の光芒を放った絢爛たる世紀転回期の一齣の時期であった．

　当時のウィーンの社会・文化の状況は，グスタフ・マーラーが宮廷オペラ劇場の監督・指揮者としてタクトを振り，カール・クラウスが雑誌『ファッケ

ル』を発刊し，ジグムント・フロイトが『夢判断』を発表し，精神分析の基礎を据えたのもこの時期である．また，テオドール・ヘルツルがシオニズムの起点となる『ユダヤ人国家』を発表し，グスタフ・クリントとその一派は分離派を結成し歴史主義絵画との絶縁を宣言し，モダニズムへの途を切り開きつつあった時期でもある[11]．

いずれにせよ，シュンペーターにとっての世紀末ウィーンは，自らのアイデンティティを形成するのに多大な影響を与えた「かの神聖で豊饒なる10年間」[12]であったと思われる．

その当時の最も傑出した少壮マルキシストの両雄，オットー・バウアー（第1次世界大戦後の革命期に外相に就任，主要な著書は『帝国主義と他民族国家』『ボルシェヴィズムか社会民主主義か』など）とウィーン大学医学部を卒業したルドルフ・ヒルファディング（主要な著書は『ベーム・バヴェルクのマルクス批判』『金融資本論』など）はゼミナールで机を並べ，よく議論しあった学友である．

その他，ルートヴィヒ・フォン・ミーゼス（主要な著書は『社会主義国家における経済計算』『人間行為学』など），エミール・レーデラー（1923-25年まで東京大学で教鞭をとっていた．主要な著書は『景気変動と恐慌』『技術進歩と失業』など），M. アドラー（主要な著書は『マルキシズム方法論』『マルクス主義の国家観とマルクス主義』など），V. アドラー（第1次世界大戦後の1918年，レンナー政権の時の外相，主要な著書は『ビクター・アドラー論文・演説・書簡集』など），K.M. レンナー（1918-20年内閣長，宰相および外相を歴任，1931-33年国会議長，1945年オーストリア暫定政府首相，1945年12月以降，共和国大統領，主要な著書は『マルクス主義・戦争・インターナショナル』『民族自決権』など）などがいた．

その間に彼は，統計的方法についての論文を書き，F. ケネーや A.A. クールノーの文献を読み漁り，やがてワルラスの一般均衡理論の体系に心から陶酔する．

このように，彼の思想的基盤は一方で，ドイツの歴史学派の流れを汲むイナマ・シュテルネック，フィリッポヴィッチ，他方でオーストリア学派のメンガー，ベーム-バヴェルク，ヴィーザーを引き継ぎながらも，オーストリアのネ

オ・マルクス主義との交流の上で，出来上がったものだ．

母校ウィーン大学法学部への就任との関係で言えば，1918年にフィリポヴィッチの後任人事の選考を同学部は行なった．その時，ウェーバーの推薦があったにもかかわらず，ローザンヌ学派のワルラスの流れを汲むという点では，必ずしもオーストリア学派の伝統を重んじなかったことや，マルクスに対する共感がベーム-バヴェルクと好対照をなしていたことや，ヴィーザーが快しとしなかったことなどが重なって，母校ウィーン大学の教授になれなかったといわれているが，本当の理由は不明である．当然，その後幾度となくチャンスはあったと思われるが，この経緯については「大学の歴史上，永遠の謎として残るだろう」[13] と E. シュナイダーが語っているところをみれば，真実は霧に包まれたままである．

処女作『理論経済学の本質と主要内容』を上梓

シュンペーターの処女作『理論経済学の本質と主要内容』は，純粋経済学の認識論的本質と理論的主要内容を統合させることを試みたものである．しかし，残念ながらこの試みは成功したとはいえないが，純粋経済学の方法論的評価と解釈を試みた点は高く評価されてしかるべきだと思う（この件については，第3章第1節を参照）．ただし，「『すべてを理解することは，すべてを許すことである』という格言には，もっともな意味がある．一層適切にはなお次のように言うことができよう．すべてを理解する人には，許すべきものは何もないということがわかる，と．そして，このことはまた知識の世界にも妥当する」とはじまるこの本がいつ，どこで書かれたかは，シュンペーター七不思議の1つである[14]．

おそらく事前に構想を練っていたに違いはないものの，ロンドンの大英博物館に通い，カイロで脱稿したのは事実だが，それにしても大学卒業後，わずか18カ月で仕上げたのを見るにつけ，早熟の天才といわれるゆえんが理解できる．シュンペーター25歳の時である．

ところで，われわれは，ワルラス研究の第一人者ウィリアム・ジャッフェ（1898-1980年，ニューヨーク生まれ．コロンビア大学，パリ大学で学び，ノースウェスタン大学，カナダ・ヨーク大学で教授を歴任．東畑精一によれば，

ジャッフェはボン大学時代のシュンペーターを訪ねている）によって，クールノーからワルラスへの引き継ぎや，それぞれの研究の違いをここに示すことができる．

「ワルラスによれば，クールノーこそが経済学への数学の応用を明示的かつ適切に試みた最初の人であった．ちなみにワルラスは，その方法を教えてもらったことについて，クールノーに深い感謝の念を表明している．しかし同時にワルラスは，自分自身の研究のたどった方向が独自のものであり，クールノーのそれとはまったく異なることをも強調していた．まずワルラスの経済学は，次の点でクールノーのそれとは異なる．すなわち，ワルラスが『自由競争』を一般的な事例と考え，それを出発点として，独占を一特殊ケースとして研究したのに対し，クールノーは逆に独占を出発点として，そこから一歩一歩制限のない競争へと進んだという点がそれである．また，ワルラスが指摘するところによれば，用いられた数学も異なったものであって，彼が形式的証明のために主として依拠したのは解析幾何の初等原理であったのに対し，クールノーはもっぱら微積分学に頼ったからである」[15]．

ジャッフェによれば，限界効用は誰が最初に言ったかという件については，いまだはっきりせず，しかも，レオン・ワルラスの限界効用の発見を直接に喚起したのが父オーギュスト・ワルラスではなかったことは確かなようだ．そうであれば，誰だったのだろうか，クールノーか．しかし，クールノーは慎重にも需要に対する効用の関係についての分析から身を引いていたのである．つまりレオン・ワルラスが最終的にその問題を解いたところの方法を示唆する文献は，いまだ一切見当たらないというのが本当のようだ．

加えて，ジャッフェはあえて当時の状況を斟酌し，ワルラスがこれしか習得できなかった理由を，彼自身の不十分な数学の訓練と，フランスにおける微積分学の教育の遅れにあったことを明らかにし，彼を擁護する．実は，最初の微積分学の教科書がフランスに現れたのは，1860年代になってからである．I. ニュートンとG.W. ライプニッツの微分法に関する先取権争いがあってから，実に2世紀以上もたっていた．「限界革命」におけるワルラスの貢献は，明らかに一般均衡モデルの中で市場機構を作動させる上で，微分係数を用い，それを生産理論へ適用したことだが（究極においてはその資本形成および貨幣保有

への拡張をも含むのだが），実際には彼の『純粋経済学要論』（1874-77年）が出現するまで待たねばならない．

このようにワルラスの限界効用は，彼の『要論』以前に確立しているが，それがどのような人びとに影響され，いかに形成されるに至ったかについては，依然として謎に包まれたままである．私の知る限りでは，例えば，フィリップ・ミロウスキーの調べによれば，ローザンヌ大学の同僚であった力学教授のアントアーヌ・P. ピカールや数学者ハーマン・アムシュタインを通じて力学的エネルギー保存則から導入されたというが，いまだ定説に至っていない[16]．

ワルラスの研究はその後，ヴィルフレド・パレートに引き継がれるが，しかし，後任のパレート自身がワルラスをあまり評価しなかったため，その研究は発展的に解消される．結局のところ，無差別曲線による選択理論や，厚生経済学におけるパレート最適などのアイデアを提示したパレートの『経済学提要』（1906年）がこれに取って代わり，新古典派経済学の主流になる[17]．

これに対してシュンペーターが自著『本質と主要内容』の第1部第6章「方法論的個人主義」で展開したのは，パレートのような一般均衡理論における比較静学の意義や分析的枠組みを精錬した形で提示したものでもなく，また当時台頭した新カント派の認識論に与したものでもなく，どちらかと言うと，マッハ主義的な立場，すなわち道具主義（instrumentalism）的な立場を取りながら，方法論的個人主義（methodological individualism）を貫いたものだ[18]．これらに関する精緻な研究は，1950年代から60年代にかけて社会学の領域で興味をもたれたが，経済学ではワルラス，フォン・ミーゼス，ロビンズなどは別として，ほとんど影響を及ぼしていない．

なぜそうなったのだろうか．塩沢由典はその著『近代経済学の反省』（1983年）の中で，シュンペーターの方法論的個人主義については，政治的個人主義との峻別には貢献があったかもしれないが，方法論的個人主義の擁護においては古い存在論しか述べていない，と次のように批判する．「オーストリア学派から出ていちはやく一般均衡論に改宗したシュンペーターが方法論的個人主義を熱烈に擁護したのも偶然ではあるまい．かれはオーストリア学派の持つさまざまな異端的要素——因果性へのこだわり，交渉過程の重視——等をたくみに脱色，無害化してワルラス体系への『よき』橋わたしをしたが，それは一般均

衡論の理論的必要をよく見抜いていたからであろう」[19]と．

　一方，吉田昇三は，M. ウェーバーとの比較からシュンペーターの方法論的個人主義に対して，好意的な見解を示す．シュンペーターのこの区別——方法論的個人主義と政治的個人主義——は，もともと古典派経済学の中では，この2つが密接に結びついていたのに比べて，近代の理論経済学では，その個人から出発するミクロ分析的立場は，政治的個人主義とは何の関連をも持つものではなく，理論からは政治的個人主義を支援する議論も反駁する議論も得られないとし，原子論の批判から近代経済理論の方法論的立場を防御することを目的として導入されたものであるという[20]．その意図するところは，方法の側面における没価値性の主張であって，このように方法論的個人主義は元来，認識上の問題であって，政治的な理念ではないところにその本質がある．

　もともとマッハの哲学が現れた背景には，古典力学に対する批判があった．例えば，竹内啓が次のように語っているところを見てもそれがわかる．「19世紀後半の物理学，ことに力学は，ニュートンの立てた基礎の上に，近代解析学の発達とともに，厳密な理論体系として完成されていた一組の微分方程式が，物理のすべての運動を誤りなく記述するものとみなされていた．そこから直接観察できない『形而上』的な概念は除かれ，ハミルトン〔1805-65年，イギリスの数学者，理論物理学者，天文学者〕の方程式に見られるように『力』さえ追放されて，運動量の変化におきかえられた．『因果関係』という概念も，観察可能な世界には存在しないものとして，『関数関係』にとって代わられることになった．この時代の物理学の思想はマッハの哲学に現われることはいうまでもない」[21]．なぜシュンペーターは『本質と主要内容』において，こうした道具主義的方法を用いたのだろうか．

　それは経済学の形而上的な説明を意図したものではなく，むしろ塩野谷の解釈のようにマッハの道具主義を隠喩的に適用したものにすぎないと考えた方が妥当なのかもしれない．要するに，「仮定や仮説は人間の恣意的な構成物であって，それ自身を事実によって正当化する必要はない……．また仮定から演繹された理論はそれ自身記述的言明ではなく，事実を理解し説明するための道具である．したがって理論は真でも偽でもなく，それが多くの事実をカバーするとき有用である」[22]と．したがって，このように仮説の恣意性と理論の現実適

合性を強調するマッハ的思惟の経済性の原則から，シュンペーターが影響を受けたことは否定できない．

なお，この時代のシュンペーターの主な読み物は，マッハ以外には，スペンサーやポアンカレ，デュエム，ショーペンハウアー，G. ヴィーコ，H. ベルクソンなどが対象となっているが，実際にどの程度彼の学問体系に影響を与えたかは議論の分かれるところである．われわれが論文を書くに当たって，単なる用語の類似性から無理に憶測し，シュンペーターに当てはめることだけは慎まなければならない．

経済学が科学として自律することの意味，ないしはその必要性については，次章において言及するとして，彼の著『本質と主要内容』は，純粋な経済理論を厳密に規定しその方法論的限界がどこにあり，いかなる意味を持つかを示したという点で，きわめて多くの成果をわれわれに残しただけでなく，なかなか示唆に富む内容になっている．

「国際シュンペーター学会」発足

確かに，経済学者の一部にはシュンペーターを評価しない者もいるが，わが国の近代経済学のスタートはシュンペーターからだといっても過言ではない．これから述べるように彼に関する研究も 1986 年の「国際シュンペーター学会」(ISS) の発足を機に，大きく変わったと認めざるを得ない．シュンペーターが今日において取り上げられるゆえんは，その理論体系もさることながら，こうした経済学の科学としての自律性を説き，進化経済学，制度派経済学，複雑系の経済学の先鞭をつけたことの意義が高く評価されているからに他ならない．

最後に，われわれが課題として取り上げるとすれば，19 世紀の経済学方法論における四半世紀の空白――すなわち N.W. シーニア，J.S. ミル，J.E. ケアンズ，J.N. ケインズ（ケインズの父）の方法論からいきなり，現代の L. ロビンズ，T.W. ハチスン，F. マッハルプ，M. フリードマンの方法論に至るその間の空白――を埋める作業である．とりわけ，塩野谷も強調してやまないミルからマーシャルに至る方法論的展開のあとを整理し体系づけた J.N. ケインズの『政治経済学の範囲と方法』(1891 年) やマーシャルの『経済学原理』(1890 年) と，シュンペーターの処女作『本質と主要内容』との比較研究が重

要な意味を持つ[23]．

　J.N. ケインズ自身も記しているように，マーシャルからのアドバイスで，ドイツの経済学方法論に関する文献を相当読んでいた．シュンペーターは語っていないが，彼が処女作を構想する各段階で J.N. ケインズの書物から相当影響を受けたとみてよい．

　というのは，シュンペーター自身が寄稿した「ジョン・メイナード・ケインズ——1883-1946 年」(*American Economic Review* 誌，1946 年 9 月）の中で，次のように論述しているからだ．「この感嘆すべき本〔J.N. ケインズ『政治経済学の範囲と方法』〕がすばらしい名声を博し，成功を収めたことは，その第 4 版〔1917 年〕の再版が 1930 年近くまで続いたことからもうかがえる．事実，この問題についての半世紀にわたる論争の大濤や暗礁の真っ只中で，本書がよくその地位を保っているので，現在においてもなお，方法論の研究家にとっては指導書としてこれを選ぶより途はまずないのだ」[24] と．

　また，M. ブローグもその著『経済理論を回想して』(1962 年）において，新古典派の方法論を取り上げ，「方法論の独習はまず，J.N. ケインズの傑作『政治経済学の範囲と方法』(1891 年）からはじめるべきだ．この書物は経済学における方法論争の伝統的な問題のすべてに触れているばかりでなく，指導的な新古典派の著者たちの方法論的態度を忠実に反映している．もっと近年になって，議論のすべての出発点となっている基準は，L. ロビンズの『経済学の性質と意義』(1933 年）である．だが，ケインズが既存の方法を合理化しようと努力するのに対し，ロビンズは新しい方法を取るように研究者に呼びかける」[25] と．このようにケインズとロビンズの立場の違いを際立たせるが，その間の空白を埋める作業はブローグといえども手をつけていない．

　この問題は，今後のシュンペーター研究との関連で経済学者の間で大きな課題になるとみてよい．

ワルラスを訪ねて

　1909 年 6 月 10 日，ローザンヌ大学は，レオン・ワルラスの生誕 75 年と経済学者としての研究生活 50 年を記念し，式典をローラ・ド・パレー・ド・リュミーヌの講堂で催した．その折，シュンペーターはワルラスを訪ねる．当時，

ワルラスはすでにローザンヌ大学を退き，ヴィルフレド・パレートがその講座の後継者になっていた．1900年には2度目の妻とも死別し，ワルラスはその未婚の娘アリーヌとともに，なんの未練もなくレマン湖畔近くのクララン (Clarens) という寒村に引っ越していた．

　ワルラス研究家の御崎加代子によれば，ワルラスは当時，そこで父オーギュストと自分の文献の整理をしながら，ノーベル平和賞の受賞を本気で考えていたらしい．事実，ワルラスは自らの社会経済学に基づき，土地国有化によって国家が地代を国庫収入に充てるようになれば，すべての税制度を廃止することができるようになり，税の廃止が自由貿易の絶対的条件であるという論文をノーベル平和賞委員会に送り，自らの受賞をアピールし続けたが，畢竟賞を得ることはなかった，と[26]．

　シュンペーターは，ワルラスに対して前年の1908年10月9日付で，ロンドンの住所から『本質と主要内容』を献本した（その時期，彼はカイロに職を得ていたので，実際に住んでいたかどうか不明である．それとも，結婚したリカード-シーバー夫人が当時，ここに住んでいたのだろうか）．ところが，ワルラスに会った時，シュンペーターが26歳と余りにも若かったため，ワルラスから，「あなたのお父様の本，どうもありがとう」とお礼を述べられたという逸話が残っている[27]．その時，ワルラスはシュンペーターに対して，定常過程の理論が理論経済学のすべてであって，そのため経済学者は歴史的な変化について何も語ることはできない，というような趣旨のことを述べたという．

　このようにワルラスとシュンペーターのやり取りはしっくり行かず，ワルラスの言葉にシュンペーターはいたく不満を覚えたようである[28]．なぜなら，シュンペーターはワルラスの体系のうちにあるのは，外部環境に適応する経済主体だけであって，市場を攪乱する経済主体が存在しないと解釈したからだ．言い換えれば，ワルラスの静態理論は完全競争（ワルラス自身の言葉では，絶対的な自由競争）を前提とする静態的過程には適用できるが，経済数量の規模が絶えず変化し，資本蓄積やイノベーションが生じる動態的過程の予測には無力だと考えたからだ．問題なのはもともと，ワルラスは自己のモデルから均衡でない状態での取引を慎重にも排除していたにもかかわらず，シュンペーターはそれを配慮していなかった．それ故に，シュンペーターの考えが後世に，静態

理論と動態理論の不幸な結婚だと揶揄される．

　翌年，1910年1月15日の朝，ワルラスは生涯を閉じたのである．ワルラスは，晩年しばしば評価を受けたことがあったけれども，実際，彼の影響がこれまでになったのは，その死後になってからのことだ．

初めて教壇に立つ

　ところで，この著『本質と主要内容』は前述したように，実は母校であるウィーン大学法学部への教授資格取得のために用意された論文である．その後1909年2月15日，「抽象的な定理の統計学による論証」と題する試験講義にも無事パスし，彼は教授資格を取得する．ウィーン大学法学部では政治経済学の私講師として1909年夏学期から，「科学的社会学の成立とこれまでの達成」と「初心者のための政治経済学入門」の講義を担当したものの，計画していた1909年から10年にかけての冬学期は担当せず，同年の秋にチェルノヴィッツ大学の員外教授（准教授）として赴くことになる．このようにシュンペーターが母校のウィーン大学の教壇に立ったのは，ほんのわずかの期間でしかなかった[29]．

　ここで「私講師」（Privatdozent）という制度について若干説明を加えておこう．私講師というのは，大学で教える資格だけを与えられるにすぎず，その実態は国家の官吏でないため無給で基金からの援助や学生の支払う聴講料を得るのみの立場の人である．

　当時のウィーン大学における学問状況の特性は，誰もがその専門分野に自己限定することなく，さまざまな講義を自由に聞くことができる多様性にあったといわれている．ことに個別的な学問の縄張り争いにとらわれず，学際的な多様性を実現させたのは，ある意味で，大学という制度の外側にあった文化である．それは1つに，『昨日の世界』の著者ツヴァイクも強調してやまない「カフェ文化」，つまり1杯の安価なコーヒーと引き換えに何時間でも議論をしたり，無数の新聞や雑誌を読んだり，誰にでも近づくことのできる一種の民主的クラブの存在を挙げることができる．授業終了後，大学内のカフェで，あるいはすぐ向かいにあるカフェ・ラントマンなどで繰り広げられる教授と学生の問答が，さらなる学問形成の場であったようだ．そこにたむろしていたのは学

問・文化の担い手だけではなく，亡命中のスターリンやトロツキー，後にシオニズム運動の旗手となるテオドール・ヘルツル，そして若き日のアドルフ・ヒトラーもいたというのだから驚きである[30]．

　こと学問の世界に限っても，前世紀末から今世紀初頭にかけてのウィーンは，お世辞抜きにすばらしいところであった．例えば，論理実証主義の哲学とヒルベルトのプログラム，それにオーストリア学派の経済学を研究対象としたウィーン学団，それに先立つエルントス・マッハ，ルートヴィヒ・ボルツマンら物理学畑の学者たちが開拓した科学哲学，それにかかわるカール・ポパーや言語哲学・分析哲学の創始者ルートヴィヒ・ヴィトゲンシュタイン，純粋法学の創唱者ハンス・ケルゼン，社会科学者マックス・ウェーバー，社会学者アルフレート・シュッツ，そして忘れてはならない精神分析の巨匠フロイトといった知的巨人たちがひしめき合っていたからだ．

　オーストリア学派の中においても，シュンペーターのような均衡論から出発せず，フォン・ミーゼスとかフォン・ハイエクとかのように過程としての市場を対象にして，取引理論を基本概念に据え，時間の流れの中にその存在を認めるような考え方を打ち出した者もいる．シュンペーターの理論よりもこちらのほうを重要視する経済学者も多い．いずれにしても，オーストリア学派は今後も脈々と学問の世界で生き続けていくことになるだろう．

　いま1つ取り上げておかなければならないことがある．それは，1928年から数学コロキウム（あるいはウィーン・コロキウムと呼ばれた一種の科学者会議）で，オーストリア学派の創設者カール・メンガー（Carl Menger）の息子でウィーン学団の一員であったカール・メンガー（Karl Menger 1902-85年，純粋数学者）が友人のK．シュレジンガー（1889-1938年，銀行家兼経済学者）を中心に据え，フォン・ノイマン，O．モルゲンシュテルン，A．ワルト（1902-50年，純粋数学者，ワルラス＝カッセル一般均衡体系を開発）などに呼びかけ，ローザンヌ学派の研究を開始させたことである．特記しなければならないのは，オーストリア学派に欠けていた一般均衡体系を問題にし，その均衡解の存在証明を行なったところにある．

　これがその後のサミュエルソン，アロー，ドブリュー，コールズ委員会に多大な影響を与えることになる．1932年には，シュンペーターはすでにハーバ

ード大学の教授に就任していたが，この数学コロキウムと彼の関係については残念ながら不明である．シュンペーターはその著『景気循環論』や『経済分析の歴史』の中で，そのことの一部を紹介しているにすぎない[31]．

　なぜ，この時期のウィーンにこのような個性的かつ多様な学問・芸術が花開いたのだろうか．その素朴な問いに対して，マルチカルチャリズム（多文化主義）やプルーラリズム（多元主義）と呼ばれるこの都市の有する特性を挙げることができるかもしれない．

　ところで，当時のオーストリア＝ハンガリー帝国の中で，経済学の講座をもつ大学は少なく，法学部で教えていた程度である．彼の母校ウィーン大学ですら，当時，経済学の教授のポストは2つしかなかったといわれている（後に3つになる）．そのためシュンペーターは，首都ウィーンを遠く離れたユダヤ文化の中心都市にあるチェルノヴィッツ大学（帝国の総合大学の1つで1875年創立）の員外教授（准教授）として赴くことになる．

　チェルノヴィッツ（現在はウクライナのチェルニフツィ）は，帝国の最も東に位置するブコヴィナの州都である．チェルノヴィッツにおける2年間は，多民族，多言語が同居する東欧の辺境都市で，シュンペーターにとってはさぞ退屈な生活であったと思われがちだが，さにあらず，この大学は多くの若いオーストリアの学者たちにとっての学究生活の出発点となったところだけあって，決して学問的刺激に欠けていたわけではない．

　ここチェルノヴィッツで彼は，「帰責問題に関する所見」（1909年），「社会的価値の概念について」（1909年），「経済恐慌の本質について」（1910年），「マリ・エスプリ・レオン・ワルラス」（1910年），「連合国家における新しい経済理論」（1910年），「法と経済における基礎的利益」（1911年）の計6本の論文を発表したり，また，1911年11月21日，地元「社会科学学術協会」から依頼された講演があったり，これは後に加筆修正されチェルノヴィッツ社会学叢書の第7巻『社会科学の過去と未来』（1915年）の中に収められているからだ．

　『社会科学の過去と未来』は，シュンペーターの社会科学方法論の基礎となる文献だけあって各方面から注目される．例えば，社会思想史家でもあり同書の翻訳者でもある谷嶋喬四郎をして，この書は社会科学を哲学者の眼でなく，

経済学者の眼で見た問題提起の書であるとして，これまでとは違った意味での感動を覚えるものだと言わしめたほど，衝撃的な書である[32]．また，塩野谷は，「これは，1920年代および1930年代のシェーラーやマンハイムの業績に先立つ科学社会学の試みであり，とくに科学者集団としての学派を論じたこと，またそれを科学の発展という歴史的観点から論じたこと」[33]などを高く評価する．

シュンペーターは，もうこの時期に社会科学の方法論や思想史という大きな広がりをもつ問題に対して，経済社会学の立場から独創的な「ビジョン」と透徹した「直感力」，その上に，それらを「総合化」するための思考の柔軟性とバランス感覚を身に付けていたことになる．

この頃のシュンペーターの数少ない武勇伝の1つに，学生の図書の借り出しを巡って，ある図書館員と決闘をした有名な逸話が残っている．

グラーツ大学に転勤

そうこうしているうちに，シュンペーターは1911年12月7日，チェルノヴィッツを去り，オーストリア第2の都市グラーツに移り，地元グラーツ大学（帝国の総合大学の1つで1585年創立）の教壇に立つことになる．グラーツ大学への招聘に際しては，歴史学派のリヒャルト・ヒルデブラント（ブルーノ・ヒルデブラントの息子）の反対があったにもかかわらず，1911年10月30日，彼は正教授に任命される．この裏で，恩師ベーム=バヴェルク教授の皇帝フランツ・ヨーゼフ1世への働きかけがあったといわれている．しかし，シュンペーターはこの件でR. ヒルデブラントとの間で一生しこりを残す羽目に陥る．

ところで，日本で最初にシュンペーターを紹介したのは文豪，森鷗外である．森は，「Graz大学で理財学教授Schumpeterが苛酷なので学生が反抗した」[34]とエピソードを『椋鳥通信』（1912年10月27日）で伝えているが，当時グラーツ大学では，ドイツ民族主義と国家主義が対立しており，熱狂的な民族派の学生組織がシュンペーターを標的に反対行動を起こしたものであった．

グラーツ時代に著したのは，後に不朽の名著といわれる『経済発展の理論』（1911年）である．同書は，処女作『本質と主要内容』で示した静学的理論を現実に対応させるため，動態理論を展開し，非ワルラス的な世界，つまり彼が動態的問題群と呼んだ狭い範囲について，自己の考えを展開したものである．

ついでながら，シュンペーターの発展理論と主流派経済学の成長理論を比較すれば，次のように異なることがわかる．彼の発展（Entwicklung）に関する理論は，経済過程の内部から自発的に生まれ，しかも非連続的な変化を重視するのに比べ，経済成長（economic growth）の理論は投資や乗数効果などによって誘発された連続的な変化を重視し，また刺激への反応においては受動的，有機的，短期的であるのに対し，彼のそれは能動的，創造的，長期的に反応するものである．一般均衡理論に至っても，均衡状態に至るまでのプロセスよりも，均衡状態そのものに注目するあまり，経済が次にいかに変化するのかということには関心を払わなかった．これをみてもわかるとおり，シュンペーターは善きにつけ悪しきにつけ単なる理論経済学者ではないのである．この件については，次章で詳細に検討したい．

　1926年，シュンペーターは自著『経済発展の理論』に対する批判から改訂を決意し，第2版を出版したが，その内容は頑固なまでに初版と同じであった．なぜそうなったのだろうか．結局，同書に対する恩師ヴィーザー教授などの批判に応えるために，第1版の最終の第7章「国民経済の全体像」を省き，サブタイトル「企業家利潤・資本・信用・利子および景気の回復に関する一研究」を付すにとどめ，自らの考えを貫く．

第3節　第1次大戦とその後

転機を迎えたシュンペーター

　1913年から14年にかけての冬学期，シュンペーターはオーストリアの交換教授として，米国コロンビア大学に赴任することになる．ここで，彼は先のチェルノヴィッツ大学で行なった講義「国家と社会」を発展させた形で集中講義を行ない，1914年3月にコロンビア大学からこれまでの業績に対して名誉人文学博士の称号を授けられる．その間，彼は同大学のJ.M.クラークやW.C.ミッチェル，エール大学のI.フィッシャー，ハーバード大学のF.W.タウシッグなどをはじめ，米国を代表する経済学者らと知的交流を深める．

　第1次世界大戦の勃発する直前の1914年12月に帰国するが，彼は学部長の働きかけやグラーツ大学で唯1人の経済学教授だという理由で，兵役を免除さ

れる．その分，人一倍がんばり，M. ウェーバーの編集による叢書『社会経済学綱要』の第1巻の学説史部門の執筆を任され，シュンペーターは見事にその任を果たす．

そうこうしているうちに，シュンペーターにとっては大きな転機を迎える出来事が起こる．第1次世界大戦中の1918年の夏，ドイツ軍とオーストリア＝ハンガリー軍が西部戦線で敗北を喫したことから，形勢が一変してしまう．シュンペーターは第1次大戦後，非マルキシストだったにもかかわらず，1919年1月11日にグラーツを去りベルリンに入り，K. カウツキーを委員長とするドイツ社会化委員会に R. ヒルファディング，E. レーデラーなどとともに加わる．当時，ある若い経済学者に「なぜ国有化を目指す社会化委員会に参加したのか」と問われ，シュンペーターは即座に「もし誰かが自殺したいというならば，医者がいたほうがよいからだ」と答えたという[35]．それ以来，旧帝国解体後のオーストリアにおいては憲政上はじめて，カール・レンナーを首班として社会主義政権（社会民主党とキリスト教社会党による第1次連合政府）を誕生させるきっかけになる．

1919年3月，かつての学友で外務大臣であったバウアー（最初は V. アドラーであったが，彼の急死により後任となる）の推薦もあって財務大臣（当時の呼び方は財務国家書記）に就任する．だが，シュンペーターにとって不幸だったのは，レンナー首相が党内で急速に指導的地位を確立したマルキシストのバウアーと彼を支持する左派の意見対立を克服できなかった最中にあったことである．しかも，シュンペーターのこのポストは元来，政治的基盤を持たない彼にとって，微妙な立場であったに違いない．この時，シュンペーターは財政赤字とインフレを抑えるために財産税を課し，加えて国債の発行や外国からの借款によって切り抜けようとして「財政計画」を提案したにもかかわらず，社会主義革命の必要性を信奉するバウアーとの路線の違いや，社会化問題を巡って，政治スキャンダル化したアルピン・モンタン社（オーストリアで最大の鉱山会社）の事件に巻き込まれ，約7カ月で第2次レンナー内閣は総辞職するに至る．

この件について，安井琢磨はシュンペーターが内閣の蔵相の地位をわずか1年足らずで辞任せざるを得なかった事情を，シュンペーター研究者に究明して欲しいと要望している．「一般に伝えられるところでは，ウィーンの銀行家コ

ーラの介入でオーストリア最大の鉄鋼企業アルピーネ・モンターン社の株式がイタリアの金融機関［フィアット社］に売却されたとき，大蔵大臣のシュンペーターが閣議に諮らずにこれを認可したことが辞任の理由だったとされている．レンナー内閣の外相オットー・バウアーも，その『オーストリア革命』（1927年）の中でこのことを述べてシュンペーターを非難している．しかしこの点に関しては，シュンペーター側の言い分とともに，当時社会民主党（レンナー内閣は社会民主党とキリスト教社会党との連立内閣であった）が抱いていた基幹産業の『社会化』の計画に対してシュンペーターがどのような立場を取っていたかを明らかにする必要がある．彼の短い政治家としての活動を，従来のシュンペーター研究は成功しなかったエピソードとして簡単に片づけることが多い．しかしレンナー内閣への参加を通して，シュンペーターが敗戦国オーストリアをいかなる形で再建することを望んでいたかの意図を具体的に探ることが望ましい」[36]．

　確かに，シュンペーターの財務大臣辞任の件は，闇に包まれた謎の部分もあるが，最近，ロバート・L. アレンの聞き込み調査や，トマス・K. マクロウ，ハインツ・D. クルツなどによる史実に基づく調査などにより，いずれその辺の事情が明らかになることに期待したい[37]．結果としては，オーストリアの戦後経済危機は，シュンペーターの主張したとおり1919年の連合国とのサンジェルマン条約による戦時賠償金の減額措置と，1922年の国際連盟の管理下での国際借款で救われることになる．

　シュンペーターは，オーストリア議会からウィーンで銀行の営業を行なう許可を得て，1921年7月，株式化したビーダーマン銀行（M.L. Biedermann & Co. Bankaktiengesell schsft）の会長に就任すると同時に，大株主の地位を得る．最初のうちは順調だったが，1924年にオーストリアを襲った経済危機によって——とりわけ，自らの投資に失敗したりテレジアヌム出身の友人の保証人になったりして——間もなく銀行は膨大な不良債権で経営危機に追い込まれる．1924年9月，自己資本不足に陥ったビーダーマン銀行はイングランド銀行の子会社であるアングロ・オーストリア銀行から資本注入と引き換えに，シュンペーターは会長職を事実上解任されてしまう．

　R.L. アレンによると，投資がうまくいっていた時は，シュンペーターは自

ら進んで何人もの売春婦をかわるがわる伴って歩いていたという[38]．しかし，シュンペーターは数週間のうちに一切の蓄財を失ったばかりでなく，多額の負債（正確な数字はわからないが，一部の借金の穴埋めには退職金を充てたものの，当然それでは間に合わず，銀行に対しての負債は今日の貨幣価値に換算して約5,000万円，その他，未払いの税金，友人知人からの恩借，別れた妻シーバーへの慰謝料の支払いなど）をも背負い込んでしまう[39]．こうしてシュンペーターは，失意のうちに政財界の現場を去ることになるが，以後，多額の借金返済のため，10年近くも苦しめられる羽目に陥ることなど，誰が予想できただろうか[40]．断っておくが，当時のオーストリアにおいては，学者と政治家の二足のわらじを履くことは，シュンペーターの恩師をみればわかるとおり，決してめずらしいことではない．

こうした人生の試練の中にあっても，彼は『租税国家の危機』（1918年）と「帝国主義の社会学」（*Archiv für Sozialwissenschaft und Sozialpolitik* 誌，第46号，1919年）を発表する．前者の「租税国家」という概念は産業資本主義の確立とともに出現したものであり，国家が財政収入の大部分を租税収入に依存している状態をいう．この用語はルドルフ・ゴルトシャイトなどによって提唱されたものだが，これを一般化させたのは，ほかならぬシュンペーターによるところが大である．

とりわけ，第1次大戦中に執筆された同書『租税国家の危機』において，シュンペーターは，「第1次世界大戦は果たして，租税国家の危機をもたらし，租税国家の機能停止を不可避とするものだろうか」と自問し，これに対する答えは「否」であった．その原因は資本主義経済とのかかわりのもっと深い分配機能に求められるべきものである．シュンペーターが分配機能という視点から国家をみていただけに，大いに注目に値する見解だ[41]．

神野直彦はこの間の事情を次のように説明する．「ゴルトシャイトは，祖国オーストリアの財政破綻を憂い，1917年に『国家社会主義か国家資本主義か』を世に問うたのである．その翌年，オーストリアの大蔵大臣を務めていたシュンペーターが，ゴルトシャイトの提唱する財政社会学を受け継ぎ，『租税国家の危機』……を発表する．シュンペーターは市場社会とともに成立する近代国家が，市場経済から調達する貨幣に依存するしかない『経済的寄生（economic parasite)』としての租税国家であることを明らかにしたうえで，ワグナーが定式化した『経済膨張の法則』と『経済的寄生』との対立関係を分析する．

　シュンペーターによると，市場経済が高度化すれば，社会的共感の領域も拡大するため，社会サービスの供給水準を引き上げざるをえなくなり，財政経費は膨張する．とはいえ，租税国家は『経済的寄生』という存在であるため，租税で市場経済を萎縮させてしまうわけにはいかない．シュンペーターはこうしたディレンマのために，『租税国家の危機』が生起せざるをえないと主張したのである」[42]と．

　何もシュンペーターの時代だけの問題ではなさそうだ．わが国でも「財政の破綻」が問題になっている．そもそも租税の本質的機能は，公共サービスの費用調達機能に重点があったはずなのが，それが所得の再分配機能や景気の調整機能にまで拡大し，これが政治の力によって節度なく民間にばらまかれれば，際限なく国家の赤字は続くことになる．しかし，市場機構や交換原理に任せておけば，解決できるといったものではないので，先送りが常態化する．

　一方，後者の「帝国主義の社会学」は，第1次大戦後のものだが，その2年前に出版されたレーニンの『帝国主義論』（ロシア語版，1917年）を読んでいたかどうか定かでない．このシュンペーターの論文は，古代から近代までの歴史上に現れた帝国主義の実態を基に，その国の資本主義そのものの内在的論理と結びつけずに，国民の心理的性向や社会構造と結びつけ，ホブソンやネオ・マルキシストですら見落としていた国家の際限なき拡張を強行しようとする無目的的な行為について言及したものである．

　シュンペーターの評価について，例えば，伊東光晴によると，シュンペーターの帝国主義論は，資本主義の段階を区別することなく，プロイセン＝ドイツという現実への批判であると同時に，それがオーストリアを巻き込み，第1次世界大戦へと進む現実を前にして展開された帝国主義への批判であることを忘れてはならない[43]．そういわれると，確かにシュンペーターは「標語としての帝国主義」と「帝国主義の実践」を区別しているに過ぎない．その結果，シュンペーターの帝国主義論は，あまりにもドイツ帝国主義を一般化しすぎ，イギリス帝国主義を執拗なまでに無視することになる．また，都留重人によると，シュンペーター帝国主義論の弱点は，「資本主義の独占的な側面と帝国主義と

を結びつけることに成功しながら,その独占的な側面を『純粋の資本主義』とは別個のものである」[44]と断定したことから生じている.

　帝国主義に関する2人の論者の見解を紹介してみたが,いずれにしても,帝国主義という用語はもはやその歴史的インプリケーションを失い,論者によってはその概念規定が異なり,しかも一般的に相手を批判するための強力なインパクトを持つものとなってしまったため,シュンペーターの帝国主義を正当に評価するには,従来の固定概念にとらわれない帝国主義の構造とその歴史的解釈の新たな視点が求められる[45].

　このようにシュンペーターの足跡を振り返ってみると,彼にとっての30歳代は,祖国オーストリア＝ハンガリー帝国の崩壊と合わせて,必ずしも幸運な時代ではなかった.というのも,彼がせっかくなった財務大臣を辞任せざるを得ず,その後,会長に就任したビーダーマン銀行が倒産し,そして最初の妻シーバーとの間に法律上の正式離婚が成立した時期でもあったからだ.こうした悲しみに暮れていた時,東京帝国大学とボン大学からの就任要請があった.

ボン大学に就任

　東京帝国大学では,ちょうど2カ年で満期となるE.レーデラー（東畑によれば,シュンペーターの一番の親友）の後任として,シュンペーターを客員教授として招請することを決め,その後の交渉を欧州留学中の河合榮治郎助教授に委ねる[46].しかし,時を同じくしてボン大学が,カール・ハインリッヒ・ディーツェル教授の後任として,シュンペーターを正教授として迎える旨を通知したため,畢竟ボン大学へ赴くことになる.

　このボン大学に推挙したのは,A.C.シュピートホフ教授であり,これはシュンペーターの旧友の1人,グスタフ・ストルパーの後押しがあったからだ.シュピートホフはベルリン大学でヴァーグナ教授の下で学び,シュモラー教授の助手を経て,1918年からボン大学教授として就任していた.伝えられるところによれば,東京帝国大学は短期間であったのに対し,ボン大学は7カ年間の契約を提示したことが決め手になったという.

　1925年10月,彼は正式にボン大学正教授に就任する.そこでは初心者向けに経済学史,高学年向けに社会学,財政学を講義し,年度によっては貨幣と本

位貨幣論，数理経済学を講義したり，ゼミナールでは社会階級論を担当したりし，本格的に研究と教育を再開することになる[47]．東京帝国大学には結局，シュンペーターのウィーン大学での1年後輩に当たるA.アモンが受諾し来日，1926年から29年まで就任し，学生たちにワルラスの一般均衡理論などを講義し，多大なる影響を与えることになる．

ボンという街は楽聖ベートーベンの生地としてつとに有名なところである．ボン大学は，プロイセン国王フリードリヒ・ヴィルヘルム3世によって1818年に創立され，日本から1887年に新渡戸稲造が留学したことでも知られている．前身のアカデミーはケルン選帝侯により1777年に創立されたものの，ドイツの中では比較的歴史の浅い大学だが，その名にフリードリヒ・ヴィルヘルム王の名を冠していることからも，プロイセンはこの大学を重視して，その充実につとめたため，やがてボン大学はドイツ有数の大学へと発展する．

そのことは，マルクス，ハイネ，ニーチェなど，19世紀のドイツにおける一流の人物が学籍簿に名を残していることからもうかがえる．もちろん，シュンペーターはドイツの市民権を取得するが，同時にこのことは彼にとって祖国を捨てるはじまりでもあった．

シュンペーターの教え子であるE.シュナイダーは，シュンペーターが就任したおかげで，ボン大学は「全世界の経済学者のメッカ」[48]となった，と丁寧な筆致でその経緯を語っている．シュナイダーの著書を読む限り，まんざら大げさな表現でもなさそうだ．ところで，シュンペーターがボン大学に移った直後，1925年11月5日にアニー（アンナ・ジョゼフィーナ・ライジンガー Anna Josefina Reisinger）と再婚．教会で式を挙げた様子はなかったようだが，結婚の立会人は，シュンペーターの親友のハンス・ケルゼンであったといわれている．ケルゼンは後に，国際的に著名な純粋法学者になり，また1920年に採択されたオーストリア共和国憲法の起草者にもなった人物である．

しかし，その翌年の6月にはアニーとの結婚を喜んでいたウィーン在住の母親が動脈硬化で死去，8月にはアニーが男の子を生んだが，出産後すぐに産褥熱で母子ともに相次いで失うという悲しみを経験する[49]．こうした悲しみの淵に沈んでいた状況の中で，彼は手始めに前述した『経済発展の理論』の大改訂に着手し，次に「社会階級論」（1927年）に取り掛かる．前者の著書について

は別のところで述べるとして，後者の論文は，マルクスの階級論を意識して書いたというだけでなく，社会階級を単に資本主義とだけかかわらせて論じることの限界を指摘し，さらに時代をさかのぼるとともに，一族や一家の階級の移動にも広く目を配り，階級現象の究極的根源が個々人の指導力との関係における「適性の相違」(differences in aptitude) に基づくことを論証したものである．したがって，これはマルクスのように資本主義が労資の対立からなるという考え方を否定し，企業家のイノベーションの遂行によって資本主義の発展と変動のスキームを説明するための予備的論文と位置づけることができる．

1927年から28年にかけて，シュンペーターはハーバード大学客員教授として米国に滞在することになるが，その前後にボン大学でシュンペーターの薫陶を受けた教え子の数はきわめて多い．例えば，日本から留学した中山や東畑をはじめ，E. シュナイダー，ウルフガング・F. ストルパー（グスタフ・ストルパーの息子で，後に国際シュンペーター学会の初代会長），H. フォン・シュタッケルベルク，H.W. シンガー，そして，E.F. シューマッハー（後に『スモール・イズ・ビューティフル』の著者として日本でも有名になる）などが，そうである．

戦前のドイツでは，前述したとおり，歴史学派の経済学が主流であったが，シュンペーターはワルラス，マーシャル，ヴィクセル，そしてオーストリア学派の理論を駆使し，ドイツの経済学界に新風を吹き込もうとした意気込みが感じられる．また，彼の講義はよく脱線し，ゲーテからゴシック建築，さらにピカソにまで及んだといい，こうした点に教師としてのシュンペーターの趣味と教養の深さを垣間見る想いがする．

シュンペーター来日

都留によれば，シュンペーターは「日本の文化を非常に愛しておられ，『源氏物語』をアーサー・ウェーリの訳で読み，Lady Murasaki のような人と一晩ゆっくりかたりあかしてみたい」[50]と真顔で話していたと言う．このことからも察せられるように，シュンペーターは日本ひいきである．そのことは，1931年1月25日，米国で行なわれた計量経済学会の創設にかかわる会合からの帰途，来日した一件からもうかがえる．

約3週間と決して長い滞在ではなかったが，東京滞在中の1月28日には東京商科大学（現・一橋大学）で講演し，そのついでに図書館を訪れ，オーストリア学派の祖師として知られるカール・メンガーが蒐集したもののうち，文学・自然科学を除いた1万8,000余冊からなる世界的コレクション「メンガー文庫」を閲覧した際には，驚嘆した様相であった．翌29日には日本工業倶楽部，30日には東京帝国大学で講演をし，その後，日光，箱根にも足を伸ばし，2月6日，7日，10日にわたって，神戸商業大学（現・神戸大学経営学部）で3回の講演をこなし，2月13日まで滞在した．その間，京都を訪れ，高田保馬，柴田敬，小島昌太郎らと会ったり，田中金司や柴田の案内で奈良見学に出かけたりした．2月12日には大阪入りし，ラジオ大阪で講演し，翌日離日した．こうした足跡は，戦後のわが国の経済学徒に大いに影響を与えることになる[51]．

一旦ボンに戻ったシュンペーターは，これまで勤めたボン大学との契約期限が迫ったので，次の就職先を探さなければならなかった．しかし，その間に呼びかれられたプラハ大学，フライブルク大学，ベルリン大学などを断って，研究環境や処遇がよく整ったハーバード大学行きを決める．1931年9月21日，イギリスがポンドと金の兌換を停止したため，金本位制を放棄する国が続出し，国際的な信用秩序としての金本位制は事実上停止し，国際経済は混乱していた時である．

ところで，かねてからウィーンで最高の馬術家，ヨーロッパで最も愛されるドン・ファン，世界で最高の経済学者になりたいというのがシュンペーターの願いであったが，その前者の2つは叶えられないまま，最後の世界で最高の経済学者になることを新たに決意し渡米する．

第4節　ハーバード大学在職時代

ハーバード大学，シュンペーターを迎え入れる

1932年9月，大不況が深刻化する中，ハーバード大学はシュンペーターを迎え入れる．シュンペーター49歳の秋である．

そこでは，多くの人びとがシュンペーターとの知的交流を心から待ち望んでいた．そのような状況の下で，世界中から集う優秀な学生たちを指導したり，

ナチのためにヨーロッパを追われた進歩的な学者の世話をしたりすることで，彼自身，社会に対するこれまでの恩返しを果たしているかのようによく働く．

一部の論者によって，シュンペーターはナチに追われて米国に渡ったとされるが，そのままドイツに留まれば，そうなったかもしれない．周知のとおり，ヒトラーは1933年1月30日，当時のパウル・フォン・リンデンブルク大統領によって首相に任命され，翌年の8月2日，リンデンブルク大統領の死去に伴って大統領と首相を統合し，自ら総統に就任する．迫り来るファシズムの足音を敏感に察知していたかどうかは知らないが，当時はまだそれほどひどい状況ではなく，逆にシュンペーターはファシストで親ナチだと時々非難されたくらいである．しかし，都留によれば，シュンペーターにはユダヤの血が4分の1ほど混じっていたというのだから，米国に渡ったことは結果的に悪いことではなかったはずだ[52]．シュンペーターにユダヤの血が混じっていたからといってそれほど驚くに値しない．もともと彼の生まれたモラヴィア地方は南方のラテン系の文化と北方のゲルマン系の文化との交流の要衝で，民族としての定義はあいまいなままのところである．

ハーバード大学での彼の学生に対する指導方針は，自らの理論を押し付けることなく，「理論経済学における課題は，経済動学と厚生経済学だ」と言い続け，計量経済学や数理経済学，経済統計学のよき理解者であった．このような教育環境の下で，実に多くの優秀な教え子を輩出する．

ここで具体的な名前をあげれば，サミュエルソン(1970年ノーベル経済学賞受賞者)を筆頭に，J.K.ガルブレイス，R.マスグレイブ，R.トリフィン，L.A.メッツラー，アラン・スウィージー，ポール・スウィージー，A.バーグソン，R.M.グッドウィン，E.D.ドーマー，J.トービン(1981年ノーベル経済学賞受賞者)，J.S.ベイン，R.M.ソロー(1987年ノーベル経済学賞受賞者)，オスカー・ランゲ，A.ラーナー，N.カルドア，P.バラン，エリック・ロール，F.マッハルプ，N.ジョージェスク-レーゲン，O.モルゲンシュテルン，J.マルシャック，そしてケンブリッジ大学でケインズの教えを受けてきたロバート・E.ブライス(トロント大学，ケンブリッジ大学，ハーバード大学大学院で学び，その後，カナダ財務省副長官，国際通貨基金理事などを歴任)などがおり，経済学をかじったことがある人なら，皆なじみの深い名前ばかりである．

がうかがえる．

　中でもポール・スウィージーはシュンペーターを次のように評する．「私にとって——シュンペーターの下で学んだ大部分の人たちも同じだと思うが——彼から受けた学問的な恩恵を口で言い表すのは容易なことではない．彼は，自分のまわりに弟子のグループを作るなどということは全然しようとしなかったにもかかわらず，私は，彼ほど教師として学生に個人的かつ細心の関心を寄せた人を知らない」[53]．このスウィージーの言葉から，教師としてのシュンペーターに全幅の信頼を寄せていたことが察せられる．

ハーバード大学経済学部の黄金時代

　都留重人の言葉を借りれば，シュンペーターは「ハーバード経済学部の黄金時代」[54]の立役者の1人である．1930年代のハーバード大学経済学部は，シュンペーターをはじめ，A.H. ハンセン，E.H. チェンバリン，S.E. ハリス，E.S. メイソンなどの教授陣に，ヨーロッパから渡米してきたW. レオンティエフ，G. ハーベラーが加わり，そうそうたる顔ぶれを擁する．

　1935年9月1日付で，シュンペーターはハーバード大学において名誉ある冠講座担当教授（George F. Baker Professor of Economics）に就任し，これまで温めていた構想の執筆に本格的に取り掛かる．これが後に『景気循環論』（1939年）として結実するものだが，同書は，統計資料が今のように整備されてないこの時期に悪戦苦闘を強いられながら，ほとんど独力で書き上げる羽目に陥る．この点，1920年に全米経済研究所（NBER）を組織し，以後25年にわたりその助力を仰いだW.C. ミッチェルのような一連の景気循環の研究などとは比べものにならないほど，自らの時間と労力を費やしたが，しかし，同書の刊行は決してタイミングがよくはなかった．ケインズの『雇用，利子，貨幣の一般理論』（1936年，以下『一般理論』）が既に出版されたため，人びとは次から次へとケインズがもたらしたユーフォリア（陶酔的熱病）に侵されつつあった時だからである．

　サミュエルソンはこのような状況をつぶさにながめながら，次のように喩える．この新しいケインズの『一般理論』は，「あたかも南海の孤立した島民を

突如として襲い，これをほとんど全滅させた疫病のごとき思いがけない猛威でもって，35歳以下の経済学者のほとんどをとりこにした．ただし，50歳以上の経済学者においては，その病気に対して十分な免疫を持っていたことがわかった．時がたつにつれ，その中間にあたる経済学者のほとんども，そうとは知らずに，あるいはそうとは認めようとはせずにいる間に，その熱病に侵されて行った」[55] と．

しかし，1935から36年度のハーバード大学大学院では，実にシュンペーターが「景気循環理論」と題するセミナーを粛々と行なっていた．そのセミナーでは，ケンブリッジ大学でケインズから直接教えを受けたロバート・ブライスがことごとくシュンペーターに対し，ケインズ『一般理論』の草稿をぶつける形で反論をしたので，シュンペーターから「ケインズはアラーの神で，ブライス君はアラーの遣わした預言者だね」[56] と揶揄される．当時，アルビン・ハンセンが，ケインズ理論の教育に指導的な役割を果たす．彼はもともと，反ケインズ派でミネソタ大学から新設リッタワー・スクール（行政学院）の教授として赴任したばかりであったにもかかわらず，ケインズ派に転向する．その後，教授のセーモア・ハリス，大学院生であったサミュエルソンもケインズ理論を巡る議論や会合の仲間に加わる．しかし都留によれば，ハーバードにおいては『一般理論』といち早く取り組んでいたため，「衝撃」として受け取られず，むしろケインズという人物に対する関心を一挙に高めさせる結果になった，と[57]．

実は，このような都留の好意的な感想とは別に，1975年10月，ウェスタン・オンタリオ大学での討論会で，D. パティンキンは「シュンペーターがその『経済分析の歴史』の中でケインズについて書いた時，さまざまな経済学者のなした貢献を評価するのに公平な歴史家であったとは考えられない．……景気循環論の分野において，疑いもなく自分自身をケインズの競争相手だと考えていたケインズの同時代人だ」[58] と述べた．サミュエルソンはそれに対して相槌をうちながら，次のように応ずる．「シュンペーターはケインズにやきもちを焼いており，彼の最良の学生たちがこの男の後について離れていってしまうのを，とても嫉妬していた」[59] と．その後，オタワ大学のベン・ヒギンスが話に加わり，「シュンペーターがケインズをとても嫉妬していたのは，そのとおりだと思う．私は1938年の秋，ハーバードでシュンペーターのセミナーに出

席していたので，それをとてもはっきりと記憶している」[60]と語る．

　もう1人，ハーバードでシュンペーターの教えを受けたことのあるロバート・L.ハイルブローナーは，「経済生活に関する自分の見解が，ケインズのものとは相容れないということを最初に強調したのはシュンペーター自身だったからだ．この2人は，多くの社会的見解，とりわけ教養あるブルジョア生活への賞賛や，資本主義の一般的価値への信頼を共有していたが，しかし未来に関しては正反対の見解をもって登場した．既に見てきたように，ケインズにとって資本主義は，本質的にスタグネーションの可能性によって脅かされており，われわれの孫たちにとっての楽観的な見通しも，実際には政府の適切な手助け次第だった．一方，シュンペーターにとっての資本主義は，本質的にダイナミックで，成長によって導かれるものだった．彼は政府支出を，不況に陥った際に社会的な困窮を和らげるのに用いるべきだとは認めていたが，恒常的な補助エンジンとして必要だとは考えていなかった」[61]と述懐する．

　そうこうしているうちに，1937年8月16日，ハーバード大学ラドクリフ研究所で極東の経済発展やイギリスの海外貿易に関する研究に従事していた女流経済学者エリザベス・ブーディ（Elizabeth Boody）と縁あって結婚する．ニューイングランド出身の彼女にとっても，再婚になる．ただし，この時点ではまだ，シュンペーター自身は，米国の市民権を取得しておらず，彼が米国人になるのは1939年まで待たなければならない．

　ケインズの『一般理論』に遅れること3年，1939年にシュンペーターは満を持して『景気循環論』を公刊する．この『景気循環論』は，マルクスの『資本論』や，フォン・ノイマンとモルゲンシュテルンの『ゲームの理論と経済行動』と並んで，いまだに通読した人の数は限られたものでしかなく，「読まれざる古典」と皮肉られる始末．その上，「はしがき」に書いている「私は何の政策も勧告せず，何の計画も提案しないので，それだけしか気にかけない読者にとっては，本書を手放すべきだ」[62]というシュンペーターのメッセージが，いっそう読者を遠ざける結果になる．その点，当時起こっている大不況に対する政策提言を試みたケインズの『一般理論』と対照的である．

　『景気循環論』というタイトルのこの書は，実はその副題「資本主義過程の理論的，歴史的，統計的分析」にこそ，シュンペーターの表現しようとした内

容であることはあまねく知られているところだ.本書は,『経済発展の理論』において示された資本主義の発展と変動のモデルを論証しようとしたものであると同時に,資本主義における不確定性を内在化する図式を統一発展理論で示そうとしたものである.

しかし,『景気循環論』の執筆は,彼にとって本当に悪戦苦闘の連続であったようだ.なぜなら,シュンペーターはあまりにも野心的な課題に,あまりにも乏しい道具でもってドン・キホーテのごとく突進せざるを得なかったからだ.そもそも,資本主義経済の動態的発展の過程を通常言語で論理的に展開するのは,絶対不可能ではないにしても,必然的に数学的な展開に頼らざるを得ない.同書が世に出た1930年代は,第2章第4節でも述べるように,ちょうど自律的周期変動という概念を,微分方程式ないし差分方程式の解に現れる共役複素数に結びつけた議論が,経済学上で現れた時期でもある.

このような経済学の状況の中で,前掲の『景気循環論』に対する評価は,いま1つといったところだったが,経済社会学的観点から資本主義のダイナミズムを繊細に分析した『資本主義・社会主義・民主主義』(1942年)は,テーマの設定が時宜を得たこともあって,世界15カ国語に翻訳され,今なお増刷を重ねる.

彼はハーバード在職中に,このほかにも多くの著作を残す.例えば,数学や統計学は得意ではなかったが,計量経済学の意義について語った論文「計量経済学の常識」が *Econometric* 誌(創刊号,1933年1月)の表紙を飾ったり,『経済再建』(1934年)と題するコロンビア大学委員会(委員長はコロンビア大学学長のN.M.バトラー)の報告書に論文「価格システムの本質と必要性」を発表したり,ルーズヴェルト政権のニューディール政策に批判的な立場から書かれた論文「不況」を,ハーバードの七賢人会の人びと(シュンペーター自身,D.V.ブラウン,E.H.チェンバリン,S.E.ハリス,エドワード・S.メイソン,O.H.テイラー,レオンティエフ)とともに,『復興計画の経済学』(1934年)に収めたりしている.また,シュンペーター自身の唯一の教科書『経済学者と統計学者のための基礎数学』(1946年)を同僚のウィリアム・L.クラムと一緒に書いたり,ケインズの追悼論文「ジョン・メイナード・ケインズ——1883-1946年」を *American Economic Review* 誌(1946年9月)に寄稿した

りしている.

　その他，1946年1月の米国経済学会での報告で，シュンペーターは「経済学の科学的性格を信じる経済学者にとっての最大の名誉は，手頃な数の変数を結びつけた手頃な数の方程式を使って，経済過程に関する必要不可欠な点をくまなく明示するような簡単なモデルを構築することに成功したときに，満たされるだろう」[63]と述べる．しかし，後年G.スティグラーから「シュンペーターは広大な学識を有し，非常に聡明であったが，小さな欠点と言うと，いっぱしの抽象的な経済理論家気取りでいたことだ」[64]と辛辣な批判を浴びる．

　われわれは，このような批判にどう応えたらよいのだろうか．例えば，塩野谷は，「かりにスティグラーの評価が一面において正しいとしても，重要なことは，その『小さな欠点』がもたらした大きな帰結である．それは，シュンペーターのような人物が理論経済学の分野において専門家として振舞ったことによって，理論経済学プロパーからけっして生まれないような規模の大きな異端的な発想がその分野に残されたということである」[65]と述べ，シュンペーターが経済学界で果たした役割を逆に高く評価する．

　確かに，塩野谷のような結果から見た評価も必要だが，シュンペーターが著作活動をした時代は，まだワルラス体系の形式上の理解すら進んでなかったことを斟酌すると，かつてジェフリー・M.ホジソンがその著『進化と経済学』(1993年)の中で下した評価は，適切なものだと思われる．すなわち，「全体的に見て，シュンペーターの理論体系の内部には明らかな限界や，内在的な問題や，論理的な矛盾があるけれども，疑いもなく彼は傑出した理論経済学者の1人である．ワルラス的な土壌に動態的な理論体系を真剣に育てようとする不幸な試みにもかかわらず，シュンペーターは動態的な経済学体系の理論家にとって価値ある着想の源であり続けているし，さらなる発展のための洞察や潜在力に満ちている」[66]と．

　シュンペーターは，それまでの米国での業績に加えて，1940年には計量経済学会会長，1947年には米国経済学会会長に就任，1949年には国際経済学会会長に選出される．

　ここでわれわれは，計量経済学の発展においてシュンペーターの果たした役割を確認しておきたい．彼が計量経済学を高く評価していたことはわかるが，

どこまで理解していたかは不明だからである．もちろん，彼が経済学における数学の価値を無視したというわけではない．それどころか，幾分皮肉を込めてW. レオンチィエフが言ったように，「シュンペーターは，数学的方法は近代経済学者の道具箱の中にあって欠くことのできない，最も有用な道具の1つという見解をより広くいきわたらせるのに，非常に大きな任を果たしてきた」[67]といえる．

　計量経済学の歴史を繙けば，ヘンリー・L. ムーアによって純粋経済学の統計的補完というアプローチが創始され，約1世紀を経て目覚ましい発展を遂げ，理論経済学の一大部門にまで成長した影には，この点については第2章第4節で改めて述べるが，計量経済学において近代的統計方法を適用するに当たり，ノルウェーの経済学者ラグナー・フリッシュの果たした役割は重要である．シュンペーターと計量経済学会とのかかわりについては後日，フリッシュ自身が追悼論文（*Économie Appliquée* 誌，1950年7-12月）の中で述べているが，それはそうとして，1つのエピソードだけを紹介しておこう．

　シュンペーターの教え子のサミュエルソンによれば，シュンペーターはフリッシュ＝ティンバーゲン型の混合差分微分方程式が，サイン曲線的な周期性を発生させる複雑な指数を含んでいることを，やや神秘的な事柄として受け取っていたようである．その上で，サミュエルソンはいくぶん皮肉を込めてシュンペーターを批評する．「数学自体は物理学の侍女として成長してきたものであって，経済学に適合するようにはできていないのだから，経済理論の真の意味での前進は，経済学に適合するように意図して作られた新しい方法を必要とするだろうというのがシュンペーターの堅い信念だった．彼のこのような見通しは，現にフォン・ノイマン＝モルゲンシュテルンの『ゲームの理論』の中に実現しつつあるものを，ある意味で予見したものといえる．この理論は，現代数理物理学の用具を全く不要にし，点集合論や位相論のもっと基本的な考え方に依拠せんとするものにほかならない」[68]と．

　シュンペーターがウィーン大学に入学したのは1901年である．限界革命の洗礼は受けたものの，その当時の確率論と推測統計学のおかれた立場は，まだまだ未熟なものであった．近代統計学の確立は1920年代まで待たねばならない．このように時代背景を省みれば，シュンペーターがウィーン大学で学んだ

1901年からハーバード大学に職を求めて移った1932年までは，ちょうど限界革命と計量経済学，数理経済学，経済統計学の黎明期との狭間であって，彼にとっては不毛な時代であったといわねばならない．この点については，第2章第4節で詳しく述べるつもりである．

シュンペーター没

　それは，世界一を求めてやまない数奇な生涯だったのかもしれない．シュンペーターの死はある日突然やってきた．1950年1月8日早朝，睡眠中に脳溢血を引き起こし，帰らぬ人となった．享年66歳．彼が構想していた統一発展理論に関する全貌を公にすることなく生涯を閉じたことは，悔やまれてならない．恐らく彼の頭の中には，経済社会学はもとより，進化経済学に関する一般理論が練り上げられていたに違いない．

　シュンペーター夫人の意思に基づいて，彼の残した蔵書は，ボン大学と一橋大学に寄贈された．これは主に米国に渡ってから入手したり献本されたりしたものが中心だが，その整理を任された1人である東畑によれば，「シュンペーターが書物に書き入れの紙片を挿入していることで彼の関心を測るならば，恐らくどの部門の書物に対するよりも，数学書の方が最も多いことが，これを示すかのようである．ハーヴァードに移ってから後に（或いはそれ以前からであるかもしれない），彼は相当の年齢になってから高等数学の研究を始めたと聞いた事があるが，この目録はそのことを充分に想像せしめるものがある」[69]と感慨深く述べる．

　これまで概観したように，彼の米国での人生は表面的にはともかく，内面的には，決して幸せなものだったとはいえない．その一端として，例えば，後にケインズ経済学の伝道者の1人になったハリスが自ら編集したシュンペーターの追悼論文集『社会科学者シュンペーター』（1951年）の中で，次のように述懐をしている．「大学におけるシュンペーターの威信は，思ったほどでもなかった．これは，シュンペーター自身の落ち度によるところが少なくないのであって，彼の短所を示すものであることは否定できない．シミッシーズも指摘しているように，シュンペーターは自分より若い人や年上の人とは大変うまく行ったのに，同年輩の者とはしっくり行かなかったようである．経済学部では彼

が偉大な学者であることは広く一般に知れ渡っていたけれども，大学全体となるとそうではなかった．彼が時として駆け引きに欠けていたことや，自己顕示癖を持っていたことや，いつも注目の的になることを望んでいたことや，同僚のある者に対する軽蔑の気持ちをあまり上手に包み隠そうとしなかったことや，学生たちや若い同僚たちからの人気を一身に集めていたことなどは，同年輩の人びとのある者を遠ざけたり，ひいては彼の影響力を減少させたりする結果となった．学部における彼の影響力が驚くほど小さかったことは事実である」[70]．

　残念ながら，意欲的に何事もこなしていたかのようにみえたハーバード大学では，必ずしも同僚と馬が合わず，意外に威光は低かったようである．そう言うと，彼の祖国の崩壊や2度にわたる世界大戦で受けた心のトラウマを癒すことができず，常に鬱病に悩まされ続けたことなどが，最近のロバート・L. アレンの研究などから明らかになりつつある[71]．

　ここでシュンペーターの没後に出版された著書を数えてみると，10冊を超えている．その中で，彼の代表作をあえてあげようとすれば，私は躊躇なく『資本主義・社会主義・民主主義』，『十大経済学者』，『経済分析の歴史』の3冊を推したい．この3部作の内容は制度としての資本主義を対象に，歴史と進化的システムから解釈を試みたものに他ならないからだ．

　例えば，『資本主義・社会主義・民主主義』は過去200年にわたる資本主義の基本構造を実証的に研究し，そこで「成功するがゆえに崩壊する」という問題のパラドックスを展開する．そして，このシュンペーターの予言が今日，決して実現していないという批判は，すでに多くの人びとに論じられてきたところである．しかし，問題は彼の見通しの誤りではなく，シュンペーターの偉大なところは，資本主義に関する真の理論が存在しないあの当時に，あえてチャレンジし，それが社会主義へ体制変換するエネルギーを内包していると疑わなかった点にあったといえよう．

　真の理論は，意外性と説得力の両方を兼ね備えたものだ．意外性がないと当たり前になってしまうし，意外性だけだとそれは特殊な事例になってしまうので，真の理論とはいえない．シュンペーターの『資本主義・社会主義・民主主義』は，まさに意外性と説得力の両方をもつ真の資本主義論を展開している．詳しくは，第5章第4節「資本主義・社会主義・民主主義」で議論するつもり

である．

　次に『十大経済学者』はそのタイトルが示すように，マルクスにはじまり，ワルラス，メンガー，マーシャル，パレート，ベーム-バヴェルク，タウシッグ，フィッシャー，ミッチェル，ケインズの 10 名と，付録にクナップ，ヴィーザー，ボルトキヴィッツの 3 名を加えた 13 名の経済学者の評伝である．このように考えると，シュンペーターは，単に経済史の理論を提供したのではなく，理論家の経済史観を明示したともいえる．経済学界ではケインズの『人物評伝』(1933 年) と双璧をなすものといってよい．

　私に言わせれば，この『十大経済学者』の中で彼が一番力を入れて書いたのは非合理的体系についてのパレートの業績だが，しかし，ストックホルム学派の祖師 G.K. ヴィクセルがこの本に加えられていないのに不満を感じる．ヴィクセルは，リカードウによって代表される労働価値説に批判を加えつつ，ワルラスによって創始された一般均衡理論を最も簡明かつ正確に再編成し，同時にベーム-バヴェルクによって代表されるオーストリア学派の資本論をこれに接合しようとした経済学者である．もちろん，『十大経済学者』——もっともこれを整理し，当初の 10 名から 3 名を追加して編集したのはシュンペーター夫人だったから——では取り上げられていないが，別のところで常に「北欧のマーシャルだ」と称したくらいシュンペーターにとっては重要な位置づけをしているので，あえてその理由を問わないが，ちょっと気になるところだ．

　シュンペーターにとって遺著となったのが『経済分析の歴史』である．これはもともと，『経済学史』(1914 年) の改訂英語版として筆を起こしたが，構想が膨らみ，ついに完成をみずに終えたものである．彼の没後，これがシュンペーター夫人 (『極東における経済制裁の問題』『日本と満州国の工業化，1930-1940 年』『イギリス海外貿易統計，1697-1808 年』などの著者として有名) によって編集され，出版にこぎつけたのは 1954 年のことであった．しかも，夫人はこの書物の出版を目前にして急逝したことを考えれば，この書物は，シュンペーター夫妻が精魂を込めて書き上げた遺著といっても過言ではない．

　マーク・パールマンは近年，『経済分析の歴史』の再版 (1994 年) に寄せた序文の中で「晩年のシュンペーターは『経済分析の歴史』ではもっと込み入ったことを企画した．彼は経済学を古典的な認識論というありきたりの枠組みで

はなく,知識社会学という動態的枠組みによって説明しようとした」[72]と言及する.1986年に発足した国際シュンペーター学会での最近の発表テーマをみると,パールマンが述べているようにシュンペーターの経済動態を分析するのに,知識社会学という概念を導入し,それを内生化し解釈しようとする作業がかなり進んでいることが確認できる.こうしたシュンペーター夫妻の『経済分析の歴史』は他に比べることのできない,経済学史の中で燦然と輝く金字塔である.

彼の全著作数を一瞥すると,著書および小冊子32冊,論文162本,書評63本,その他政治文書,そして関係者によって編まれた論文集などがあり,マッシモ・M. アウゲロによれば,その数は260点に上るという[73].残された原稿などの整理が今後も進めば,さらに増えることになる.できれば,知的世界遺産として後世に伝えるため,彼の全集の企画が望まれるところだ.

問題は,シュンペーター自ら述べているように,彼の方法論も学問の進歩や経済制度の改革に伴って変遷してきている.以下において,私はシュンペーターにおける資本主義論の解明に焦点を合わせ,そこにある彼の分析道具をいま一度,整理してみることを課題としたい.

第 2 部　シュンペーターの資本主義像とその学説的位置

第2章　シュンペーター理論体系の基礎

第1節　価値判断論争

　本章に入るに当たって，われわれは次のことを確認しておかなければならない．というのは，ウィーン大学の学生であったシュンペーターにとっては，価値判断論争がすでに終息に向かいつつあったとはいうものの，彼は終始その行く末を見守っていたからだ．したがって，ここでは最初に価値判断論争の概観について述べ，その後でシュンペーターが取った方法論的な立場を検討してみることから始めよう[1]．

　周知のように経済理論と経済政策を最初に区別したのは，ドイツでは官房学派の初期の経済学者 K.H. ラウ（1792-1870年）である．また，イギリスでは古典派の経済学者 N.W. シーニア（1790-1864年），フランスでは J.-B. セー（1767-1832年），その後，理論と歴史と政策の区別をさらに明確に体系化したのは，オーストリア学派の始祖カール・メンガーである．

　このメンガーによれば，経済学の領域には次のように特殊な目的のための3部門からなる科学が存在するという．その第1は経済の歴史的諸科学（歴史および統計学）であり，これは経済現象の個性的なものと個性的関連の探究および叙述を任務とするものだ．第2は理論的経済学であり，これは経済現象の普遍的本質および普遍的関連（法則）の探究を任務とし，そして第3は経済の実践的諸科学（経済政策と財政学）であり，これは経済の領域における合目的的な行為のための原則を探究し，叙述することを任務とするものだ．

　しかし，このように経済学を「理論」，「歴史」，「政策」の3領域に区別し，配分する方法は真に妥当なものなのだろうか．なぜなら，これらの領域ははっ

きりと3領域に分かれるのではなく，重層的に関連し合うから，区別それ自体は分析手法上の相違によるものであって，対象とする現象の性質によるものではない．先のメンガー自身による3部門の区別のうち，歴史と他の2者との区別はきわめて明確だが，理論と政策の関連については，特別な省察を加えていない[2]．

ここに，経済理論の実践的応用，あるいはその経済政策への適用の可能性を巡って問題が提起されることになる．

ところで，経済学の歴史を振り返ってみれば，アダム・スミスは18世紀の産業革命を目前に控えて，分業と資本蓄積の方法を近代的な市民社会の思想と結びつけることによって，資本主義の成立を理論的側面から支えることになる．しかし，カール・マルクスはスミス的自由放任の行き過ぎによって，つまり産業資本の担い手としての資本家が生産手段を私有し，働き手である賃金労働者は生産手段を全く所有していないことから階級闘争の理論を展開し，労働者の団結による資本主義社会の打倒と，社会主義社会の建設を目指すことになる．そして，ケインズに至っては，1930年代の世界的不況に伴って生じた失業問題を目の当たりにし，有効需要の原理を打ち立て，政府の経済への積極的な介入を呼びかけることになる．このように経済学者たちは，その時代が直面する複雑な問題と果敢に取り組むことによって，新しい学問の世界を切り開いてきたといってよい．

ここで私が取り上げようとするシュンペーターについても，同様なことがうかがえる．

シュンペーターが果敢にチャレンジしたテーマは，20世紀に入って飛躍的発展を遂げる資本主義をモデルとして，果たしてその発展と変動の形成過程を統一理論でもって説明できるか否かを問うことだった．爾来，シュンペーターは，過去に現れたぬきさしならぬ論争はしばしば学派特有の価値観や党派性にその原因があるとみなし，経済学における政策的提言と理論的構築を厳しく峻別し，その姿勢を生涯貫くことになる．

いま一度，価値判断論争当時の時代精神を振り返ってみれば，それは自由主義の体系が現実の政策思潮を支配しつつあった時である．時代はすでに，20世紀の転換期にさしかかっていたが，ここに経済学の本質的問題に新たな一時

期を画するような問題がはじめて提起される．それは，古典派においてもなお意識されず，長い経済学の発達過程で生じた「理論」と「政策」との密なる関連に対し，そもそも政策ぬきの客観的な経済理論はいかにして可能であるか，言葉を換えて言うと，経済の理論家は，その立場から果たして経済政策の世界に発言しうる資格を有するかという問題である．

　実は，このことは自由主義体系への痛烈な批判を行なったF.リストやマルクスをさすのではない．この世紀の後半において，はなばなしく活動したところのドイツ歴史学派の総帥グスタフ・シュモラーの登場と結びつく．これに対し，前述のオーストリア学派の始祖カール・メンガーとの間に，経済学史上まれに見る「方法論争」の名で呼ばれる感情的な論争が行なわれたのは，われわれの知るところである．シュモラーはメンガーを無視したが，実質的に，この論争はメンガーのほうに分があったといわねばならないものだった．ただしひとこと付言すれば，メンガーの主張が正しかったからではなく，シュモラー自身が自らの立場を相対化しようとする精神が欠けていたからである[3]．

ウェーバーの「価値判断」論

　後期歴史学派にとって，この不名誉な出来事は誰かが濯がなくてはならず，その役を買って出たのがマックス・ウェーバーである．1904年に発表した彼の論文「社会科学的および社会政策的認識の"客観性"」（*Archiv für Sozialwissenschft und Sozialpolitik* 誌，第19巻第1号）は，理論と政策の本質的相違を明らかにし，理論を追究する経済学者の守るべき科学的客観性を提示したものである[4]．

　政策をぬきにした理論問題においては，学者の意見の一致はあり得るけれども，事柄がひとたび政策問題に及ぶならば，この一致はあり得ない．なぜなら，理論を構成する認識はSein（存在）について生じるのに対して，政策のそれはSollen（当為）の問題が先行するからだ．したがって，政策の場合には，意見は認識に依存するのではなく，意思に依存し，しかもこの意思たるものは理論の手の届かない「価値判断」の所産であって，結局は，個人によって全くまちまちな「世界観」の問題に帰着する．それ故に，客観的な理論認識を追究する者は主観的な価値判断の領域に踏み入ってはならず，また踏み入ることは

できない．それがウェーバーの論旨である[5]．

ただし，ウェーバーが等しく「価値判断」(Werturteile) だと言っても，例えば，いくつかの政策的手段のうち1つを選ぶというような種々なる可能性についての「技術的判断」については「客観性」を否定しなかった．科学的理解が不可能だとして斥けたのは，人によって異なる世界観に基づいての「いかにあらねばならないか」という意味での「実際的判断」である．

さて，ウェーバーの科学論が当時のドイツの学界に投げかけた波紋は，想像以上に大きかった．なぜかと言うと，当時は前述のとおりドイツ歴史学派の諸学者がシュモラーを総帥として活発な活動をしており，かのマーカンティリズム時代の再現を思わせしめるような形で経済理論「即」経済政策の論議が横行していた時だからである．これに対してウェーバーの論文は，その時流に対する鋭い批判と警告を含んでいた．かくして，ウェーバーの提起した「価値判断」は学者の論争題目となり，1909年，ウィーンで開かれた社会政策学会では，価値判断問題が討論の中心題目となる．ウェーバーに和したW. ゾンバルトは，ここで経済学における価値判断に反対し，あらゆる経験科学と同様，経済学はただSein（存在）にたずさわるべきで，Sollen（当為）にはたずさわってはならない，と説く．

一方，これに対して前衛闘士として応戦したのは，E. フィリッポヴィッチやゴットル-オットリリエンフェルトなどである．とりわけ，ゴットルは，経済学に通有の個人主義的，自然科学的な方法論に強く反対し，社会構成体を中心とした経済活動の新たな理解から価値判断の立場への支援を送る．これが世にいう「価値判断論争」と呼ばれるものだ．

シュンペーターは，ある意味でこの点を最初から達観していたと見ることができる．というのは，彼は『理論経済学の本質と主要内容』を著わすことによって，まず純粋理論を取り上げ，その意義を解明していたところから察することができるからだ．彼が方法論争を通して得た結論は，マッハ的道具主義の立場を取りながら方法論的個人主義を貫くということだった．このような立場から例えば，デイビッド・リカードウが実際的な問題を解決するに際し，単純化された抽象的理論を無批判的に政策提言に適用したため，シュンペーターは「リカードウの悪弊」[6]と呼んで，これを忌み嫌った．

第 2 章　シュンペーター理論体系の基礎

　シュンペーターは自ら，メンガーの『国民経済学原理』(1871 年）やワルラスの『純粋経済学要論』(1874 年) を高く評価する一方，1870 年代の「限界革命」がスミスを祖師とする古典派理論を超えたところに成立したことを認めざるを得なくなる．それ故に，彼は『本質と主要内容』を著述することによって，エネルギーの浪費とも言い得る論争に終止符を打ち，方法というものを後で述べるようにマッハ的道具主義なものと位置づけ，厳密な科学としての経済学のあり方に新しい 1 ページを書き加える．つまり，彼は理論と歴史がともに果たすべき役割を保ち，決していずれか一方の優位性を誇るといった立場は取らず，したがってシュモラーの帰納的，歴史的研究とメンガーの演繹的，理論的研究を対等に位置づけ，それを統一的にとらえようとした．

　手始めに，シュンペーターは，純粋経済学が明晰で精密な科学であるためには何が必要かと自問し，純粋経済学のすべての理論が交換の理論に依存すると考える．すなわち，「すべての経済的行為を交換行為と解し，また交換関係の存在しない場合にも，あたかもそういった関係が存在するかのように経済が行なわれると仮定するのである．これは決して，一見そう思われるほど逆説的ではない．一切の経済的行為はわれわれにとって，経済的諸量の変動に他ならない」[7]と．かくして，交換関係，帰属問題，価格理論，分配理論，変化法（比較静学）という諸概念を基礎にして，シュンペーターの純粋経済学が成り立つ．少なくともシュンペーターは，『本質と主要内容』において方法論を組み込んだ精密科学としての純粋経済学の形成を試みようとしたと同時に，現在の経済学を含む社会科学に対して，1 つの根源的な問いかけをしたことになる．時代背景を考えれば，私はこの問いかけについて，シュンペーターをもう少し高く評価して然るべきだと思う．

　ところで，これまで議論してきたように 20 世紀初頭の価値判断論争から客観的科学性をもちうる価値判断は確かに存在することが明らかになった．それは，前述したようにウェーバーの「技術的判断」と呼ばれるものだ．このように経済学における価値判断の問題はややもすれば，ウェーバーの「価値自由」(Wertfreiheit) の論証によって一応の終止符が打たれたように見えたが，J.R. ヒックスによって，次のようなコメントが添えられる．「その特定の時期において特に著名になった実証主義的，反規範的な傾向の古典として述べられた 2

つの重要な著作――G. ミュルダールの『経済理論の発展における政治的要素』と L. ロビンズの『経済学の本質と意義』――とによってそれが確認されたかに見られるが，問題はかくも簡単に割り切れるものではない．1950 年代に至って続出した経済学の『実証的』性質に対する懐疑的批判が，この問題の含む困難さを示している」[8]と．

このようなコンテキストの中で，実証的科学としての経済学によると，経済理論においては価値判断の表明から自由であり得ないのみならず，経済政策の議論における特定の限定された枠内でも自由であり得ないという議論が起こる．この枠はしばしば「目的-手段のカテゴリー」によって表現することができる．しかし，これまで「目的-手段のカテゴリー」の混同や，その分類の誤用はハチスンの指摘を待つまでもなく，いくつか例が見られる[9]．これは，現実世界の政策議論において――抽象的な「技術上のモデル」と比べてみると――経済の複雑系を解きほぐすことなしには難しいにもかかわらず，まさに政策の目的を絶対視することから来る．

経済分析のなすべき仕事は，実に「目的」とか「原理」などの間にある衝突を科学的考察によって確定するとともに，社会のなすべき選択を明示することにあるのであって，「何が最も社会に役立つか」という空虚な定式によってこれらの矛盾をごまかしたり，曖昧にしたりすることではない．このような形式に訴えるだけでは，争点を明確にすることはできない．

考えてみれば，自由と正義，進歩と安全等々の間には衝突が実存するのだが，経済学者は「厚生極大化」とか「効用極大化」などというような原理を打ち出し，選択の不可避的な必然性を曖昧にしてしまう傾向が余りにもひどかったといえる（この問題は第 2 章第 2 節の中の「モラル・サイエンスとしての経済学」のところで再び取り上げる）．

かつて K.E. ボールディングが言ったように，「公共的であること」[10]が社会主義者の間では，それ自体を目的とする傾向があるが，このような価値判断はいかに扱えばよいのだろうか．そうはいっても，暗黙の政治的価値判断がなければ，資本主義と私企業を純粋に中立的な「手段」として扱うことはできないし，財政政策も金融政策も，それを経済成長という「目的」に対する純粋に中立的な「手段」とみなすことはできないはずだ．われわれは何人かの経済学者

たちによる単純な議論に対しても異論を申し立てたほうがよいかもしれない．というのは，彼らの言う体制とは，自由・分配の正義，安定などすべての目的の極大化を実現するもので，どういう体制を取るにしても，既に価値の衝突とか犠牲とか，選択の必要などといった問題を解決済みのことと考えているからだ．

ミュルダールの方法論

私にとってこのような問題を解決する手段の1つとして，ミュルダールの方法論を取り上げ，それを検討するのは，ことのほか重要な意義があるように思われる．ここではまず，ミュルダールが取った基本的立場について簡単に考察しておこう[11]．

約100年にわたり指導的な経済学者よる「経済学が科学であるべきならば，政治的規範を打ち立てようとする誘惑を退けるべきだ」[12]という主張は一般に受け入れられてきたところであり，今日では陳腐なものになっている．しかし，この公準の本当の意義はどうも一般に理解されず，政治的学説は依然として健在である．このようなことは科学的方法にとって前進ではないので，彼は経済学的思考の規範的，目的論的体系を内面的に掘り下げて攻撃しなければならないと説く．「与えられた理論を支持できるかどうかは，それ自身の前提に基づいて検証されなければならない．この意味における内在的批判のみが納得させる力を持つのだ」[13]と．要するに，われわれが易々と受け入れてきた経済学の定式化の奥に横たわる前提や推論の長い連鎖を明示し，その上で検討しなければならない．これが彼の基本的立場である．

しかし，ミュルダールの晩年の立場は，彼自ら述べるように変遷している．あらゆる形而上学的要素を徹底的に切り捨ててしまうと，一団の健全な実証的経済理論が残り，そして，それは価値判断から全く独立だという観念が基本的立場であったが，彼はこのような立場をナイーブな経験主義と呼んで自己を批判する．すなわち，価値判断と真実および事実関係の言明を明確に区別すれば十分だというのは，ミュルダールにとって信じられなくなったようである．

結局，事実というのは，ただ観察によって概念や理論に組織化されるものではない．概念や理論の枠組みがなければ科学的事実はなく，混沌があるだけだ．

このような試行錯誤を繰り返しながら,彼はいかなる科学的作業にも欠くことのできない先駆的要素というものがあることに気づく.「答え」を与える前に「問い」が発せられなければならず,「問い」はいやしくも,われわれの「関心」の表現であり,それは根底において「価値判断」である.それ故に,われわれが初めから終わりまで常に明確な「価値前提」をもって作業しなければならないという信念に到達した,とミュルダールは明言する[14].

ポパーとネーゲルによる批判

つまりミュルダールがさんざん苦心して出した結論は,社会科学が客観性を得るためにはその定式の奥に横たわる前提や推論の長い連鎖を明示し,これらを検討しなければならないというものである.しかし,この結論がK.R.ポパーやE.ネーゲルらの現代分析哲学者から批判の的とされる.なぜならば,ミュルダールが説くように自分たちの価値との関わり合いを完全に明示すべきだという勧めは,疑いもなく有益であり,優れた成果をもたらすことができるかもしれないが,それは,ほとんど実行できない勧めに等しいからだ.端的に言うと,われわれは大抵の場合,自らの分析や行動の中に入り込んでいる多くの仮説に気づいていないだけでなく,しかもわれわれの先入観を明示しようとする決然たる意志にもかかわらず,いくつかの決定的な先入観が入り込んでいるなど,心に思い浮かぶことさえないからだ.

いずれにしても,無意識の偏見や暗黙の価値志向によって生み出されるところの科学的探究の難しさは,偏見をなくそうとする本人の堅い決心だけでは,めったに克服できるものではないということだ.これらの問題は通常,ネーゲルが言うように,「社会事業としての科学の自己修正機構」を通じて,しばしば漸進的に克服されるにすぎない[15].したがって,ポパーの言う科学的客観性とは,科学者個人の不党派性の所産ではなく,「科学的方法の社会的もしくは公共的性格」の所産であり,科学者個人の不党派性というのはそれが存在する限り,この社会的あるいは制度的に組織された科学の客観性の源泉ではなく,むしろ結果だと言い得る[16].

このように社会科学の客観性の問題をポパー流の「科学的方法の社会的もしくは公共的性格」の問題として考えれば,意識をするしないにかかわらず,科

学に偏見や価値判断が入り込むのは科学の客観性にとって致命的なことではなく，かえって党派性を持たない科学者，あるいはイデオロギーから完全に独立な学者などというものは，実際上あり得ないことになる．

ポパーが言うように，「客観性は科学的方法の社会的側面，すなわち科学と科学的客観性は，個々の科学者の『客観的』たろうとする努力に由来するのではなく，科学者集団の友好的，時には敵対的な共同的営為に由来するという事実に堅く結びついている．それ故に，科学的客観性を『科学的方法の間主観性』と記せよう．しかし，この科学の社会的側面は，知識社会学者と自称する者にとって，ほとんど無視されてきた」[17]と．

ただし，ミュルダールを擁護するわけではないが，彼も1969年に著した『社会研究における客観性』において，価値評価も低次の価値評価から高次の価値評価まで階層的にあると考え，高次の価値評価ほど社会的合意を得やすいことに注目し，民主的に討議する過程で高次の価値評価を認めることを，民主主義と呼ばれる社会に適応される「社会的自己回復の理論」(theory of social self-healing)[18]と名づける．また，社会科学者は事実による科学的客観的分析を試みようとするが，その事実の検証によって誤った価値評価を正し，客観性のある価値評価をもたらす作用があることを認め，これを科学的作業における「自己回復過程」(self-healing process)[19]と呼び，客観性の概念を拡張して考えるようになる．

以上，私がこれまで縷々述べてきた点はそもそも経済学の方法論の限界というよりも，科学の客観性と研究者の精神に関連した問題とが常に横たわり，このことを認識するためにミュルダールの方法論を取り上げてみたまでである[20]．

第2節　経済学のイメージ

実証主義を経済学方法論に導入するに当たり，理論の仮定が真であるか否かではなく，仮定から演繹される命題を実証データによってテストすることが大切だ，と一般に論じられている．しかし，経済学はこのように実証主義に重点を置いているかのように見えるが，むしろ，理論と現実の乖離を初めから是認するような見せかけのようなところがある[21]．かつてW.レオンティエフやデ

ィアドラ・N.マクロスキーらによって問題視されたように，その一端は米国で発行される学術経済雑誌が，実証データとまったく関わりのない論文で埋め尽くされていることからも理解できる[22]．

それでは，われわれは次のようなシュンペーターの言葉をいかに理解したらよいのだろうか．「科学的研究を行なうに当たって重要なことは，何らかの『真理』ではなく，作業するに当たっての方法であり，簡単に言うと，観察される事実に対応し何かが現れるように，データを処理することである．このことから『真』とか『偽』などが与えられる」[23]と．しかし，シュンペーターのような単なるデータ処理では，データの「理論負荷性」になってしまう恐れがあるので，観察の「理論負荷性」を考慮しなければならない．一般に観察の「理論負荷性」（theory-ladenness）とは，要するに科学的な観察は理論を背景として解釈され，はじめて意味を持つというものなので，ある理論の基礎的な仮定に経験的事実によって真偽の判断を下すことはできず，すなわち反証となる実験事実ではなく，これらの蓄積された数多くの実験事実群を解釈する新たな理論によってである．観察の「理論負荷性」については，ノーウッド・R.ハンソンが『科学的発見のパターン』（1958年）で提示したのがその嚆矢だといわれている．データの「理論負荷性」では既在理論の中で閉じてしまうので，理論と矛盾する現象は見過ごされてしまうか，それを発見したとしても対処しようがないなどの問題を抱える．

道具主義においては，その有用性の意味があれば，理論それ自身の真偽を問わないという．実際はマッハの道具主義とハンソンの観察の理論負荷性とに関連性がないのは，理論と観察の独立性が互いに共通の前提として認められるからだ．しかし，シュンペーターのような道具主義の解釈では科学の正しさ，正当性に関して問題が生じやすい．ただし，観察の理論負荷性において観察事実は理論を前提としており，その影響を免れることはできない．すなわち，観察というものが成立するためには不可避的に背景にある理論に依存せざるを得ないが，その場合の理論（知識）は果してどんな基準で選択されるのだろうか．

シュンペーターはその後で，「どのような事実も，それが分析され洗練されていない限り，そもそも理論的言明が真であるか偽であるかを立証することはできない．……なぜなら，まったく真実の関係さえも，他の要因によって覆い

隠されていることがあり，そのための事実そのものについての深く掘り下げた分析がなければ，われわれはこの関係について何も見ることはできないからだ」[24]と言明している．確かに，われわれは理論の事実への整合性を求めるが，理論を評価する堅固な事実が独立に存在していなければ，理論がこのような事実そのものを演繹結果として導くというのは，そう簡単なことではないことを物語っている[25]．

社会科学に対する認識

　その後，さまざまな論争を経て，経済学は科学論などと融合しながら独自の議論を展開してきたが，自然科学と異なり，人間社会の現象と社会科学の基本的関係をいかにとらえるかという問題が常に残される．少し考えてみればわかることだが，人間というものは社会の現象全体をそのまま理解することはできない存在であり，どう把握してよいかわからないというのがわれわれの本音である．しかし，ここで単に愚痴をこぼしたところで社会科学の前進に何ら貢献しないので，その解決の糸口を探ってみよう[26]．

　第1に，自然科学では実験や観察によって膨大なデータを収集し，それらを統計処理することで，自然界の背後に隠された法則を発見することができる．ところが，社会科学ではデータの数が少ないものが多く，十分に力を発揮しにくい面がある．特に，社会現象は生身の人間が登場するため，その動機は容易に推し量りにくく，人間同士の関わり合いの結果として生まれた社会制度，経済の仕組みなどは多岐にわたるため，その全体像を把握することは困難を極める．このように複雑に絡み合い，再現性を持ち得ない，一面的にはとらえにくいもの，それを認識するのが社会科学の使命だといえる．したがって，古典力学の対象とする物理現象のように，単純な公式ですべてがわかるというものではなく，また統計学の対象とするような統計量のように，平均とばらつき度合いで大方とらえられるというものでもない．

　第2に，にもかかわらず，社会科学は人間社会の現象の中に一定の意味や関係性を見つけようとしなければならず，社会現象は，歴史のしがらみをフルに活用しながら進展するのだから，何らかの人間のもつ普遍的な行動特性をその中に必ず見出せるはずだ．社会科学は混沌の中に規則性，変化の中に継続性を

探し出そうとするものである．すなわち，どうしたら首尾よく意味ある関連適合性や論理的整合性を見出せるのか，どのような次元の仮説を設定したら複雑な現実の振る舞いを理解することができるのか，これを探り出すのが社会科学の役割である．

さて，われわれはこのような特別な状況を頭に入れながらシュンペーターとの関連で，当面の課題である新古典派経済学の前提がどのように置かれたかをここでいま一度，吟味しておこう．

新古典派経済学の前提に対する問題提起

そのためにはまず，新古典派経済学がその思想的基盤を形成するに当たって，解析力学からどのような影響を受けたか，それを考察してみるのも1つの方法だと思う．新古典派の認識のあり方が，18世紀のフランス啓蒙主義からフランス革命に至る思想を代表する科学である解析力学の影響を受けることによって出来上がったものだからである．われわれはその手がかりを荒川章義に求めることができる．彼は，新古典派の前提を方法論的個人主義，功利主義，合理主義に置き，その内容を次のように手際よく解き明かす[27]．

第1に，解析力学が外的世界のマクロ運動を，それを構成する個々の質点のミクロ運動にいったん還元したことにならって，新古典派経済学では経済のマクロ運動を，それを構成する個々の経済主体のミクロ運動に還元し分析する．

第2に，解析力学が個々の質点の動きを，すなわち運動ポテンシャルを最小にする径路だけを選択するという理論仮説によって形式的に基礎づけたことにならって，新古典派経済学では個々の経済主体の動きを，すなわち自己の利益を最大に追求する行動だけを選択するという行動仮説によって功利的に基礎づける．

第3に，解析力学が外的世界を平衡した状態（ダランベールの原理）と最小作用（ハミルトンの原理）を本来的にかねそなえた合理的秩序に他ならないとしたことにならって，新古典派経済学では人間がその中に生きる経済世界を安定した状態（市場均衡）と効率（パレート最適）を本来的にかねそなえた合理的秩序に他ならないと考える．

このことから新古典派経済学という学問は解析力学と同様に，一見複雑ある

いは混乱に満ちたように見えるが，実は安定した状態に満たされた存在に他ならず，またこの安定した状態は同時に，合理性をかねそなえた秩序に他ならず，それ故に，新古典派の前提が解析力学からの模倣だ，と荒川は説く．ただし，この指摘は別に新しいことでもなく，これまでにも幾度となく経済学者によって「力学」を「経済学」に，「質量」を「効用」に読みかえられ，純粋理論なるものの構築が試みられてきたところである．

　問題は，経済学説の歴史を繙けばわかることだが，経済学では経済理論が先にあって，それを数学的に表現できるようになったのであって，単に経済学の法則が解析力学の原理から導かれたのではなく，経済学の概念を形式合理化（数学化）しながら，時には試行錯誤を重ねながら抽象化できることに気づいたのである．

　事柄の性質上，社会科学よりも自然科学のほうがより早い時期に科学として十分な展開をみせたのは，周知のとおりである．ところが実際には，物理学においてさえ数学の言葉で表現（形式合理化）されるようになって初めて，明晰な精密科学になったといわれるように，解析力学はニュートンの力学法則をラグランジュ力学とハミルトン力学に基づいて再定式化し，精密科学になったのである．これは量子力学の発展に大きく貢献することになる．これに対し経済学では均衡解の存在と安定性が厳密に証明されるようになってから，数学的精緻化に一層拍車がかかったが，物理学にしか当てはまらないような特殊な事情を経済学に持ち込むのがよいかどうか，慎重に議論しなければならない．経済学のように人間の経済活動を対象とするソフト・サイエンスと，物理学のようないわゆるハード・サイエンスとの根本的違いは，まさに普遍的法則といった意味での一般理論が限定したところにしか存在しないが，経済学者はこの辺の論争を意図的に避けてきたといわれても仕方がない．

　ところで，サミュエルソンの次の言葉などはこれまで経済学がたどってきた，その歴史的経緯を如実に物語っている．「経済学は，論理学や幾何学の演繹的方法を利用すると同時に，統計的推論や経験的推論に見られるような帰納的方法をも使う．経済学では，物理学者が行なうようなコントロールされた実験を用いることは不可能だから，そこには方法論上の根本的な問題が生じる．すなわち，例えば，内省ないしは価値判断というような主観的要素，曖昧で感情的

な意味についての語義学上の争点，正規分布上の誤差の場合も偏った分布の場合もあるような確率論上の大数法則，推理や推論における誤謬等がそれだ」[28]．こう言ったサミュエルソンですら，1947年に著した『経済分析の基礎』では，経済理論を数学的に構成しようと形式論理による演算に重点を置き，現実の経済との対応を問題とするよりも，論理的無矛盾性を検討することに終始する．

　経済学に物理学的な手法を安易に期待するのがよいかどうかわからないが，経済現象を公理系の視点から解明するだけでは許されなくなっているため，厳密な帰納に基礎を置く「リアルタイム経済システム」（グローバル化した経済の危機管理のためのシミュレーション・システム）にとって代わろうとしているのも事実である．

ドイツ歴史学派に対する認識

　シュンペーターと一般均衡理論の関係については第3章第1節「シュンペーターの分析的視点」で再び取り上げるので，この辺にしておき，次にシュンペーターが歴史学派に対してどのような認識を持っていたかについての議論に移ろう．

　まず，そのためには玉野井芳郎が提起した論点を糸口として議論を進めてみるのも一案かもしれない．かの玉野井をして「私がシュモラーの圧倒的業績の意義を知ったのは，実はシュムペーターによってであった」[29]と告白せしめたほどだからである．まさしく玉野井にここまで興味を持たせるに至った原因は一体何だったのだろうか．その答えは，どうもシュンペーターの論文「グスタブ・v. シュモラーの今日の諸問題」（*Schmollers Jahrbuch*誌，第50巻，1926年）にあるようだ．すなわちこの論文は，ドイツ歴史学派に対する学問的興味をかきたてるのに十分成功しているばかりか，シュモラー学派の評価を巡ってシュンペーター自身の歴史観を精緻に展開したものに他ならない．

　認識しておかなければならないのは，ドイツ歴史学派がその思想を構築するに当たって，哲学的議論の色彩を払拭し，比較制度史的考察へと深化していった最高の成果がウェーバーの社会学であることに異論をはさむ余地はないが，その中にあって，ウェーバーの歴史社会学が社会的行為の類型化に帰着したのに対して，実証的，細目的な研究過程の究明を目指したシュモラー＝シュンペ

ーターによる進化的経済学の流れがある．しかし，シュモラー＝シュンペーターによる進化的経済学の流れのあることを認めるのはやぶさかではないが，われわれにとって進化を科学としてそのまま扱い得るかどうかは議論の余地が残るところである．エスベン・S. アンデルセンも説くように，進化的経済学の論理の難しさは，とりわけ経済システムに適用された知識や技術の「内生的な転換」(endogenous transformation) を説明しようとすることから生じる[30]．したがって，進化的プロセスの研究において，これらの多様なメカニズムを統合しようとする試みは，野心的だがリスクの大きいものになるに違いない．

いずれにしてもシュモラーは当時，歴史主義的見地からかなり明瞭に自己の価値判断を表明したため，多くの反論に直面し，あたかもそれがシュモラーの全体像であるかのごとく誤解されていた．シュンペーターはこれに対し，シュモラーの価値判断はその学問体系の一部を構成するに過ぎず，彼には科学的仕事と言い得る分野のあることを指摘してやまない．それは「シュモラーのプログラム」と呼ばれるものだ．かくして，シュモラーが彼独自の実証的，細目的研究を提示し，歴史の科学性を訴えたのは方法論的にみて決して誤ったものではなく，シュンペーター自身もこれを認め歴史学派に次第に接近するようになる．

モラル・サイエンスとしての経済学

次に，前述の新古典派経済学の前提に対し，I. プリゴジンと I. スタンジェールが次のような警告を発する[31]．すなわち，経済学を説明してきた伝統的な方法は，物理学から借りてきた概念と方法のまことに不幸な使い方である．ここで，あえて「不幸な」と彼らが述べたのは，これらの概念と方法が正しく用いられる物理学の領域は非常に限定されているからだ．したがって，単に経済的現象とそれとのアナロジーをとるというのは，それだけに過ちを犯しやすい危険をはらんでいることになる．

彼らが指摘したかった，その一番よい例が最適化のパラダイムである．例えば，集団や個人が生き延びる道筋を理解するためのカギとして最適化を考えると，原因と結果を混同する危険性があるという．一般に最大・最小の判定条件を用いる最適化のモデルは，根本的な変換，すなわち問題の定義を変え，した

がって求められる答えの種類も変えてしまうような条件や,場合によっては系を悲惨な状態へ押しやるような条件を取り得るからだ[32]. このような危険性があることから,経済的現象にいきなり最適化のパラダイムを適用するよりも,歴史の開放性を復活させ,歴史の基本的な不確実性を受け入れた上での使用のほうがよい,とI.プリゴジンとI.スタンジェールは警告する.

このような歴史の基本的な不確実性を受け入れ,「歴史の理論」を展開したのがJ.R.ヒックスである. ところで,経済史家でないヒックスが晩年試みたのは,市場の勃興を世界経済史から抽出し,予測不可能な不確実性が動かす商人的経済の伸縮価格市場をモデル化することであった. 彼はそれを見事に成し遂げ,1969年に『経済史の理論』を書き上げ,その後に出版された『経済学のパースペクティブズ』(1977年)でそれを確認するという念の入れようだ[33]. これはわれわれにとって驚きであった. というのは,一般均衡理論の動学化を試みてきた同じヒックスが,あえて新古典派が消し去った「商人的経済」に挑戦したからだ. 彼自身も,ノーベル経済学賞は初期の「一般均衡と厚生経済学」に関する業績に対してでなく,こちらの方の仕事でいただきたかったと述懐する.

ヒックスの『経済史の理論』の概要はこうである. すなわち,古代地中海世界の都市国家で活躍した商人がその交易活動によって「商人的経済の水平的発展」の第1の局面を開拓し,続いて古代ローマにおける貨幣や法の整備,中世イタリアの銀行などの信用制度の発達による「商人的経済の垂直的発展」の中期の局面を経て,産業革命による「近代工業の勃興」の近代の局面に至って商人的経済がピークに達した. このように市場経済が組織的かつ合理的な形態で営まれる企業活動によって支えられるに伴い近代資本主義経済が形成された,と.

彼が理論と歴史を行き来する知的営為を通じて,市場制度の潜在性や限界に関する自著を著すようになってから,時間の不可逆性と空間の質的変化を重視するようになり,完全競争の仮定からだんだん離れるにつれ,まさしくシュンペーターの世界観と不思議なほど合致しているように思える. もっともヒックスがオックスフォード大学大学院の院生の時,彼の指導教授はG.D.H.コールであったり,米国に来た時はしばしばシュンペーターを訪ねたりしているので,

影響を受けたことは想像に難くない．

　われわれは，このような研究態度を真摯に受け止めなければならない．経済学者は常に，正常な状態が存在するかのような仮定を置いてモデルを作りたがる傾向がある．なぜなら，モデルの中で正常な状態の存在を証明し，あたかも正常な状態が存在することが明白だということがモデルを正当化するために重要な要因となっているからだ．問題は，物理学からの借用にこだわるのではなく，それはそれで意味のあることだが，物理学の法則といえども理論の正当性を決める絶対的基準には成り得ないものだ．それよりも集団や個人の持っている相互理解や合意の補助的概念の内生化などの協力的行動の理論化をさらに進めるほうが望ましい場合もある．このような関心をいかに「モラル・サイエンスとしての経済学」まで高められるか否かということが一番大切だ．この問題については，アマルティア・センが既に，経済学と倫理学の間に重大な乖離が生じることを論証している．

　パレート最適と経済効率の関係についての，彼の次のようなコメントがそれである．「パレート最適はしばしば『経済的効率性』ともいわれる．これは，パレート最適が分配問題の分析に際して，効用の量を無視し，もっぱらその効用面だけに注目するという点では問題ない．しかし，ちょっと考えると，この見方は何か変である．なぜなら，分配問題の分析においては，最初から最後まで，功利主義の伝統にのっとり，ずっと効用に焦点を当てているからだ．……その結果，パレート最適は，効用に基づく計算だけで効率をみている」[34]と．ただし，私はこの点についてはセンに反論しておきたい．なぜなら，パレートは「量」の概念については，あくまでも可測的な量に限定しながら，効用（オフェリミテ）の概念に基礎をおいた分析を離れて，無差別曲線に基づく理論を構築していたからだ．

　センのパレート最適に対する批判については，ミスリーディングしているところもあるが，次の厚生経済学の基本定理に対するコメントは，まさに正鵠を射る．つまり自己利益に基づく行動という極端に狭い仮定を広範に用いるのは，実証主義経済学の視野を制限し，行動の多様性を通して機能する多くの重要な経済関係を見落とすことにつながるという指摘だ．例えば，「パレート最適を唯一の判断基準とし，自己利益最大化行動を経済的選択の唯一の基礎とする厚

生経済学は，……もはや取り立てていうほどのものでもなくなってしまった．この狭い領域でいえる重要な主張と言えば，パレート最適と完全競争下での市場均衡の関係を示す『厚生経済学の基本定理』だけである．この特定の条件（特に『外部性』のないこと，つまり，市場とその外部の間に相互依存関係がない状況）の下では，すべての完全競争的均衡はパレート最適であり，さらに，他のいくつかの条件（とりわけ，大規模経済が存在しないこと）を満たすことができれば，すべてのパレート最適な社会状態は，同時に価格のある組み合わせに関して（また，分析の出発点における人々の資産分配に対して）完全競争的均衡でもあるという結論は，驚くほどエレガントで，自己利益の追求と関連する取引，生産，消費の間での互いに意味のある性質を説明しており，価格メカニズムの機能の性質に関するいくつかの深い洞察が導かれる」[35]．

　しかしよく考えてみれば，センも指摘するように，この厚生経済学で得られた結果が示すような倫理的な意味内容は，その一般的な重要性にもかかわらず，ささやかなものに過ぎない．パレート最適は社会的成果に対する極めて限定された評価方法だからである．したがって，その成果の中で，明確に定義された条件に従い，完全競争的均衡がパレート最適でなければならないことを要求する部分も極めて限定される．

　この成果を実際に人びとの行動に適用するに当たって，分析の出発点での資産分配を計算するのに必要な個人情報が完全に入手可能かどうか疑わしいにもかかわらず，パレート最適では，それがすべて解決済みだという暗黙の前提から出発する．われわれは，このような問題を抱えていることをはっきりと認識しておかなければならない．

　センは1998年，アジア人で初めてのノーベル経済学賞を授賞する．彼はインド西ベンガル州のシャンティニケタンで1933年に生まれる．1951年にカルカッタ大学プレジデンシー・カレッジに進学し，卒業と同時に，ケンブリッジ大学トリニティ・カレッジに留学し，そこで経済学の学位を取得する．ハーバード大学をはじめ，世界中の著名な大学から請われ教壇に立ち，1997年には母校ケンブリッジ大学トリニティ・カレッジの学寮長（マスター）を務め，2004年からハーバード大学に戻る．経済学研究がセンの心をこれほどまでにひきつけて離さない理由は，彼自身が体験した300万人を超す死者を出したベ

ンガル大飢饉にあったといわれている．

　いま1人，別な観点から問題提起しているのは経済人類学者のカール・ポランニーの弟，マイケル・ポランニーである．彼は，経済学の数学的定式化が意義を持つのは専ら理論上であって，これを利用する場合には注意が必要だと警告する．

　マイケル・ポランニー（1891-1976年）はハンガリーのブタペストに生まれ，地元ブタペスト大学で医学を修め，ついでドイツのカールスルーエ大学に赴き化学を学ぶ．その後，ベルリンのカイザー・ウィルヘルム研究所に入るが，ナチのユダヤ人公職追放令で，1933年イギリスに亡命し，マンチェスター大学の物理化学教授に就任する．第2次世界大戦後の1948年に物理化学に飽き足りず，社会学教授に転じ，1958年にオックスフォード大学マートン・カレッジのシニア・リサーチ・フェローを歴任し，自然科学，経済学，哲学という広汎な問題に興味をもち多くの実績を挙げる．早速，マイケル・ポランニーの言説に接してみよう．

　彼はまず，経済理論の主要な成果を次のように表す．すなわち，理論的に課された問題を生産者および消費者として解いている個人の集体が，あたかも「見えざる手」によって指令されているかのように自己相互調整をしながら，生産費の最小化と分配の最大効用化の組み合わせによって描かれている．「この言い方には留保条件の長いリストを付け加えて，次のことを完全に明確にしておかなければならないだろう．要するに，この費用の最小化は相対的最小化なのであり，それは制度的枠組み……に応じて変化するし，効用の最大化も相対的最大化であり，一定の所得分配，セールスマンのある種の人柄，顧客との信頼関係などの要因によって規定されるものだ．これらの留保条件はみな，想起されなければならないが，しかしそれによって次の事実が曖昧にされてはならない．つまり経済理論によれば，何らかの相対的最適は達成されるのであって，それは『生産者』および『消費者』として振舞う無数の個人の独立の経済活動によるのだ」[36]．

　その上で，ポランニーは「見えざる手」によって達成される社会の経済的最適と，所与の「重り」に対して多中心的構造（polycentric framework）を解く数学者の最小化問題とを比べ，次のように警告する．「数学者が見出す解は，

所与の『重り』を付けた構造の『棒』に蓄えられた応力エネルギーの最小化によって特徴づけられる．同様に，同じ市場の内部でそれぞれの経済問題を解く人は，独立の相互調整によって資源の配分と製品の配分の最適化という多中心的課題を追究していることになる．いずれのケースでも，全体的問題が一組の連立一次方程式によって表される．これは，構造物の場合には実際に解を導き出すことができるが，……経済問題については，理論モデルを提供するに過ぎない．数学者は現実の数学的演算を遂行するのだが，経済学者はそれぞれ別個の問題を，ただ理論上でのみ形式化が可能な包括的な判断によって解いているに過ぎない」[37]と．

　結局，数学者は問題を厳格に解かなければならないのに対して，経済学者のあらわす数学的モデルは常に多中心的であるために，こうした方程式はその対象となる経済問題の一定の特徴を示すという点では何らかの価値を有するが，そもそも問題を解くために使うことはできない．なぜなら，経済学者が取り上げる大半のデータは明らかに数値的な値を与えられておらず，あるいは互いに数学上の指定可能な関係に置かれていないからだ．ポランニーの問題提起は数学的に完全に形式化されたものばかりでなく，全く形式化されないもの，あるいは理論的に形式化されるものを含むが，実は経済学のうちに潜んでいる重要な問題とも符合する．

　いずれにしても，数学はわれわれが理論を解明するのを助ける道具であり，それを使うこと自体に問題があるわけではない．経済学において，たとえ数量的な関係を具体的にとらえることができなくても，数量的関係をとにかく仮定し，これからどのような結果が得られることになるかを導く論理的な過程を明確にし，実質的な目的に有益な判断を与えることが可能になる．

　例えば，消費者の需要量は確率的なばらつきを有するが，消費者の数が限りなく大きくなるにつれて，集計された需要関数は，無視できるほどわずかな例外を除いて，確率的なばらつきを持たなくなる．しかも，価格の連続的な変化に対して各消費者の需要量が滑らかに変化するとは必ずしも限らない．しかし，消費者が次から次と追加され，その結果，不規則性がならされ滑らかな関数に近づくと考えれば，数学解析の対象となる．このように関数の連続性，微分可能性といった概念が意識され，その度にさまざまな論争を経て経済学に適用さ

れてきたのである.

　しかしながら,新古典派経済学において数学が用いられる場合,適切な個所で適切な仕方で数学が用いられるのではなく,数学的定式に乗せることが理論であり,定式化された問題を解くことが経済分析だという信念から行なわれることが少なくない.極端なたとえかもしれないが,経済学者がモデルをテストするのではなく,そのモデルの正しさを立証するために関数の形を変え,ダミー変数を入れ,さらに説明変数のラグを変え,しまいには推定の良さだけを考え,ソフトを使いパソコンで出力することに精を出している場面に出くわす.もう一度,冷静になって数学の基本に返らなければならない.理論とは公理から導かれる結論(命題,定理)を確立することであって,理論の妥当性を確立することではないはずだ.とはいうものの,公理そのものは経済学の体系の外にあるため,経済学の体系はいずれにしても仮説の階層的関係に他ならないと揶揄されても仕方がない.経済学は,なんと陰鬱な科学(dismal science)なのだろうか.

経済学と科学
　新古典派経済学の思想的な基盤形成についての問題やパレート最適,経済的効率性,多中心性についての議論は,これで終わるものではない.確かに,新古典派の経済学者は人間の行動を合理的だと説くが,この場合,すべての人間を同質的だという前提の下で考えざるを得ない.われわれはまず,このことに注意を払わなければならない.

　経済学は方法論的個人主義,功利主義,合理主義からの乖離をある程度許容することによって,限界を克服しようとする試みがなされてきたのである.にもかかわらず,経済世界の分野によっては客観的に認識することは不可能だという解釈主義的批判——すなわち,経済学は経済学者の恣意的な自己表現の場にすぎないという批判——にどう対応したらよいのだろうか.経済学では研究対象が複雑なため,たとえそれが最終的には不可能だとしても,われわれは経済世界に関する関連適合性,論理的整合性,仮説を巡る現実可能性のある説明体系を作り,政策判断の基礎に供したいと望んでいるのは確かである.しかも,経済学者の多くは,理論と現実の行き来する知的営為を通じて,市場メカニズ

ムの潜在性や限界に関する方法論に挑戦してきたといえる．この観点からこれまでの経済学の歴史を振り返ってみれば，われわれは次の3つの学派に分けることができる．

(1) 経済および自己についての理解を深め，その関係の明瞭化のための「解釈的経済学」という立場をとる学派

(2) 相互理解を妨げるイデオロギーを批判するための「批判的経済学」という立場をとる学派

(3) 経済学の理論に基づいて経済モデルを作成し，数学や統計学の方法によってその実証分析を行なうための「数理・計量的経済学」という立場をとる学派が，これである．

しかし，もう1つの課題として経済学の内部構造を明瞭化する作業がある．これは自然科学で行なわれてきたものを意識的に，あるいは部分的に経済学に適用したものである．その代表的なものをあげておこう．

(1) L. ヴィトゲンシュタインや R. カルナップなどによって唱えられてきた論理的経験主義というものの科学のイメージを経済学に適用するやり方である．すなわち「基本的観察命題によって検証（verify）される普遍命題の演繹的システムとしての経済学」を確立しようという試みである．

(2) K. ポパーやその追随者のポパーリアンなどによって唱えられてきた科学のイメージを経済学に適用するやり方である．つまり「創造的な直感による仮説設定と，その偽りを反証しよう（falsify）とするテストによって成長する経済学」を追究するやりかたである．

(3) T. クーンが科学革命の構造で主張した科学のイメージで「Paradigm（「規範」の形成）——Normal Science（科学研究の規範となる「通常科学」の出現）——New Paradigm（変則事例や危機を通じて「新しい規範」の形成）——Normal Science（新たな「通常科学」の出現）の形で，科学者集団の創造的な力によって進歩していく科学」を経済学に適用したものである[38]．

これまで科学の統一と言うと，あらゆる科学を物理学に還元すること，あらゆる現象を物理的なものに最終的に分解することと見られてきた．しかし，非線形な相互作用が強く，これまでの要素還元的方法論では理解し得ないような事象が発生するシステムをはじめとして，複雑な系を記述するための新しい概

念の出現などによって，これまでよりはるかに複雑な構造や運動をもつ体系を研究対象にして行こうとする動きが高まっている．

　最初にこの問いに答えたのは，1940年代のフォン・ベルタランフィの「一般システム論」であった．50年代には「カオス」（秩序から混沌）が，1960年代には「自己組織系」が提唱された．70年代に入るとさらに発展した形で，M.アイゲンの「ハイパーサイクル説」，H.ハーケンの「シナジェティックス」，B.マンデルブロの「クラスタル」，アーサー・ケストラーの「ホロン」（ただし，厳密に言うと，これはシステム論の範疇に入らないけれども），イリア・プリゴジンの「散逸構造」，エリッヒ・ヤンツの「自己組織化」（混沌からの秩序）が提唱され，そして1984年にジョージ・コーワンをはじめとするロス・アラモス国立研究所のメンバーが非営利組織の「サンタフェ研究所」(Santa Fe Institute) を創設してから本格的に複雑系の科学が研究されるようになった．

　このように視点の異なる科学の提示は，科学が従うべき規範の1つに他ならない．そうした論理の適用は，経済理論の方法に有効に機能するかどうかはわからないが，機能しなかったから（あるいはこのような手続きをとらなかったから）といって，われわれは別段懐疑的になる必要もない．科学の進歩は理論の積み重ねによるものではなく，複数個の理論の同時併存による科学者集団の論争によるものである．ましてや，シュンペーターが言う経済学の科学的発展を「科学的観念の系統化」(Filiation of Scientific Ideas)[39] の過程としてとらえ，そこに横たわる科学とイデオロギーをあぶり出し，その現代的意義と限界を問うのが本書に課せられた課題である．

第3節　シュンペーターの科学観

科学とイデオロギー

　ちょっと面倒な議論の様相を呈してきたようだが，シュンペーターは1948年12月，米国経済学会の年次大会において自ら会長としての講演を行ない，それが翌年，「科学とイデオロギー」と題し，*American Economic Review* 誌の誌面を飾る．その中で経済学がどのような意味で「科学的モデル」を構成し

てきたかを説き，その際にビジョンに裏付けられたイデオロギーが科学の進歩に対して持つ積極的な役割について言及する．この重視した中身をもう少し掘り下げてみると，それはビジョンと分析道具の不可分の緊張関係を問題にしていることがうかがえる[40]．この場合のビジョンとは一定の時点における経済社会の営みを理解するために，何が望ましくて何が望ましくないかということについての理論家の構想力であり，このビジョンを概念化し，それを具体的な命題まで高めさせるための装置が分析道具である．

　このことに関連して言えば，かつて「人間は見たいと思う現実しか見ていない」というカエザルの名言を思い出しながら，岩井克人が語った「人間の知識を，外界の単なる模写と考える素朴な経験主義ほど真実から遠いものはない」という言葉が脳裏を掠める．その意味するところを私なりに解釈すればこうである[41]．人間が己の外界を知るためにはまず，意識するしないにかかわらず，その外界に対するビジョンが自分の内部に備わっていなければならない．この外界に対する主観的なビジョンを知識の先験的体系と言い換えてもかまわないのだが，主体内部の無意識下に半ば埋もれているこのビジョンは，一応外部の世界とは別の存在であり，独立の主観的世界である．言い換えれば，内部世界の現実に対する適応過程であり，それは人間がいかに外部の世界を知り得るかを提示するものに他ならない．故に人間とは元来，主観が客観を支配するため，既成の枠組みを通してしか現実を見ることのできない存在であると同時に，ときに先入観，感情移入，先延ばしの衝動などに支配されて不合理に行動することがある．これは人間の本性に根差した現象だから，人間が錯覚そのものを認め，自分の主観的なビジョンに基づいた予想が現実に裏切られる限り，謙虚に現実から新しく学ぼうとする．

　もし，この意識構造を自覚しその体系を築いた者を挙げよといわれれば，私はワルラスでもケインズでもなく，ただマルクスのみを挙げることができる．そのためにシュンペーターが意図したのは，マルクスを超えること，すなわちイデオロギーの概念からマルクス的な意味合いを排除し，自分の考えを打ち立てること，これに専念したのである．

　シュンペーターがこのような立場を取らざるを得なかった理由を，次のように言い表すことができる．マルクスの歴史認識は，初めドイツ観念論たるヘー

第2章　シュンペーター理論体系の基礎

ゲル哲学の批判的研究から出発して，フランス社会主義思想などの影響の下に，独自の唯物弁証法に基づく階級闘争史観を発展せしめたものだ．それ故に，マルクスがプロレタリアの中に階級一般を止揚する歴史的使命を宿してしまったので，それをシュンペーターは「満期における革命」(revolution in the fullness of time)[42]と呼び，科学的社会主義とも違った進化的社会主義のビジョンを描こうとした．しかし，マルクスが階級闘争の歴史をもって全体社会の構造変化のメカニズムに据えたことは，たとえその分析が彼の社会階級に関するイデオロギー的な形態によって歪められたにしても，1つの「分析装置」を提供したものとして，シュンペーターの高く評価するところとなった．

シュンペーターとマルクスにおける共通の課題は，なんといっても歴史の経済的解釈を巡ってのものである．これは基本的にマルクス理論でいう下部構造が上部構造を規定するという立場を示すものだが，しかし，シュンペーターはこうした一方が他方を規定するようなツリー型モデルの因果関係よりも，関数関係でもって歴史の経済的解釈にあてようようとした．われわれが，シュンペーターの方法論を問題とする場合，最初に押さえておかなければならないところである．したがって，シュンペーターがマルクスから受け継いだものは，労働価値説でも社会階級論でもなく，唯物史観のもつ歴史観を超えたところのもの，すなわち社会的生産過程が内在的進化をもたらすという見方である．

とは言っても，われわれはマルキシストによる次のようなシュンペーター批判もあることを忘れてはならない．シュンペーターの著『資本主義・社会主義・民主主義』の第1部は「マルクス学説」と題し，マルクス理論に対する批判にあてられているが，これに対して，一般的にみて理論的批判の名に値しないばかりか，不当な反論や的外れと考えられる叙述が少なくない，というような批判がそれである．小谷義次によると，シュンペーターは「たとえばマルクスの価値論を『リカードウの価値論』で『不十分であることは周知のところである』と述べ，労働価値論は分析の用具として『きわめて拙劣にしか働かない』と批判しているが，前者については『労働の二重性』について，後者については『社会的必要労働』にかんする概念的理解の欠如を示している以外にない．彼はまたマルクスの窮乏化理論について『分析においてもヴィジョンにおいても救いようもない』ものと反論しているが，これは資本主義における貧困

のもつ意義を識らない非現実的な楽観論にすぎない」[43]と．

このような批判が出てくる背景にはシュンペーター自身，マルクスの経済学説上の貢献がどこにあるかを厳密に示唆していないばかりか，自分とマルクスの違いすら述べていないことが原因だと考えられる．ことにマルクスの著『資本論』や，この『資本論』第4巻ともいわれるカール・カウツキーによって編纂された『剰余価値学説史』の原文について納得のいく説明を与えていないという事実によってもたらされるため，大いに論争的だと言われてもしかたがない．したがって，シュンペーターにおけるマルクスの存在は，提供される議論によって明示的に設定されながら，暗黙のうちに損なわれているといえる．シュンペーターとマルクスの関係については，第3部第5章第1節でも改めて取り上げるので，この辺にしておく．

シュンペーターの科学観

次に，私はこのような批判の前に，シュンペーターの中心命題のもつインプリケーションについていま一度吟味しておこう．まず取り上げなければならないのは前述したようにマルクスを巡る解釈だが，シュンペーターの科学観は決してマルクスだけではなく，世紀末のフランスの哲学からも影響を大いに受けている．この点について若干私の見解を述べておく．シュンペーターの著作を注意深く読めばわかることだが，彼がアンリ・ベルクソン，アンリ・ポアンカレ，フリードリヒ・W.ニーチェ，ジョルジュ・ソレルを読み漁り，経済学方法論のイメージを広げて行なったのは確かなようだ．しかし，ベルクソンを取り上げるに当たって，彼の「創造的進化」や「直観」という概念が独創的なものだというには多少無理があろう．このベルクソンに先立って，ガブリエル・タルド（1843-1904年）が，主著『模倣の法則』（1890年），『社会論理』（1893年），『普遍的対立』（1897年），そして『社会の法則』（1898年）の社会学4部作の中で，既にそのような概念を発表していたからだ．

タルドという人物ははじめ，父の職業を継いで予審判事となり，その後，司法省犯罪統計局長の傍ら，社会学，哲学，犯罪学の研究をし，1900年コレージュ・ド・フランスの近代哲学の教授になる．実は，ジル・ドゥルーズがその著『差異と反復』（1968年）で，再び評価したことが契機となり，近年フラン

スで注目されるようになったのだが，シュンペーターはそれ以前から，タルドを高く評価している．

　タルドによれば，社会の生活基盤は，「社会の安定性を保障する模倣」と「進歩を保障する創造」に基づいている．したがって，タルドの貢献は社会をとらえる概念を構成員間の模倣（反復），闘争（対立），創造（適応）に求め，コントの実証主義の流れを汲むエミール・デュルケムと模倣説の当否を巡って論争し，また，『群集心理』(1895年) の著者ギュスターヴ・ル・ボンを批判し，群衆に対する「公衆」の概念を提唱したところにある[44]．

　タルドについては，例えばA.C.タイマンズが既に「タルドとシュンペーター———同様なビジョン」を Quarterly Journal of Economics (1950年11月) 誌上で発表し，タルドの論文「社会進化の原動力——発明」(Revue de Internationale Sociologie 誌，1902年) があたかもシュンペーターに影響を与えたがごとく述べている．そのためか，金指基のようにシュンペーターの体系の重要部分である経済発展の基本的構図を，オルテガよりもタルドの中に見出す論者もいる．しかし，その論証の妥当性を巡ってシュンペーター研究者の間で争われている[45]．

　ここでフランスの哲学者だけをあまり強調しすぎると，シュンペーターを解釈する上で公平さを欠く恐れがあるので，イタリアの歴史哲学家ジャンバティスタ・ヴィーコ (1668-1744年，代表作『学問の方法』1709年) を取り上げておく．その理由は，ヴィーコが苦学をしながら近代ヨーロッパ諸学の方法を刷新したデカルトの合理主義を本格的に批判した最初の人物だからである．シュンペーターの言葉を借りれば，彼こそが徹底的に反理知的な側面から「精神と社会の進化的科学」(an evolutionary science of mind and society)[46] に貢献をした第一人者に他ならず，そのためか，シュンペーターはヴィーコを，マルクスやフランシス・ゴルトン (1822-1911年，優生学の創始者) と並ぶ3大社会学者の1人に数えている[47]．

　この点について私は，今のところ付け加えることは何もない．ただありがたいことに，いつの時代でもシュンペーターが注目されるのは，彼が卓越した歴史観と社会に対する豊かなビジョンをもち，来るべき時代の転換を見届けていたからである．シュンペーターによると，科学の価値はその実用性にあるので

はなく，人間精神がそれを創造したいという点にあり，その本質は何物にもとらわれない知的遊戯に他ならない．

かつてカオス経済学者の第一人者であるポール・オームロッドは，経済においては完全な予測が不可能だという前提に立ちながら，個人の行動が他者の行動に直接影響を与えるという相互作用主体の枠組みを考えるのが，実は大切な作業だと打ち明けたことがある[48]．しかし，経済学の歴史を振り返ってみると，例えば，静学的均衡の問題については，その均衡解の存在問題や安定問題を含めて，満足すべき答えが与えられたのは1930年代のフォン・ノイマンやA. ワルトを筆頭に，レオンティエフ，ヒックス，クープマンス，サミュエルソンなどを経て，K. アローやG. ドブリューの論文以降のことである．また，静学と動学の区別を一層精緻なものにしたのはR. フリッシュであり，これはサミュエルソンによる均衡解の安定条件の議論に影響を与えることになる．ただし，シュンペーターが「経済学を科学たらしめる根本的なものは何か」と問い続けたにもかかわらず，ここではシュンペーターの「シュ」の字も出てこず，彼の考え方に対しては，次元が違うものだ，と新古典派の経済学者は慇懃なる無視 (benign neglect) を続ける．

私が不思議に思うのは，経済学がなぜ古典力学的な応用にとどまり，その先の応用へとすぐに進まなかったのだろうか．なぜなら，力学系における平衡点（経済学の分野では均衡点）の問題は，単にベクトル場の特異点という地位を占めるに過ぎず，1930年代の終わりまでに，物理学の世界では物質についての基本的な知識の枠組みが既に完成していたからだ．最後に，シュンペーターの科学観を総括するに当たり，新古典派経済学が信奉する一般均衡理論の抱えている問題を取り上げておきたい．

一般均衡理論の抱えている問題

一般均衡理論の世界では，人びとは自己の判断に従って行動するのだが，その判断はすべて現在および未来に関することで，過去のしがらみにとらわれる必要がない．つまりこの理論のを学ぶ者にとっては，現在から未来を向いて考えることしか出てこず，あえて過去の経験に学ばなくてもよい．その理由は経済学が長い間，均衡と定常過程の間に区別をしてこなかったことによるのだが

——しかし，このことがすべての原因だとは思わないが——そもそもある程度のゆらぎがある定常過程をどのようにとらえていたのだろうか．シュンペーターの提起する定常過程の問題が，これまでの新古典派の経済学者に無視されてきただけに，われわれは注意深く見守りたい．

例えば，塩沢由典の提起する一般均衡理論が有する問題は，シュンペーターほどラディカルな批判はないものの，シュンペーターから影響を受けているためか，傾聴に値するものが多い．例えば，「ワルラスからアローとドブルーに至る一般均衡論はすべてがすべてに依存することを強調してきた．……そのこと自体に誤りはない．この学派の誤りは，その結合がゆるやか（loose）であることを見落とした点である．この見落としのために，一般均衡論は個々の商品について相対(あいたい)で取引きする自由を理論構成の上では禁止せざるを得なかった．この理論は，個々の商品について需要と供給の一致がほぼ成立することの認識から，一気にすべての商品において需給が一致する状態の概念へと飛躍してしまった．……一般均衡論は市場経済を模擬するといいながら，実際にはそれとまったく異なる調整原理を持ち込んでいる」[49]と．

これに対して塩沢は，一般均衡という虚構に感銘を受けるにはマーシャルはあまりにも経済を知りすぎていたと思い遣る．「ワルラスに比べると，その言説がきわめて曖昧であるとはいえ，おなじ新古典派のマーシャルは経済がゆるやかな結合系であることをより深く理解していた．かれが部分均衡ないし部分過程の分析にその理論的努力の大半をそそぎ，系の総合関連の分析を連立方程式によって行うことに熱心ではなかったのは，経済というシステムの挙動を分析するに必要なシステム理論と数学の不在をかれが直感的にかぎとっていたからに違いない．……しかし，……任意の商品について市場が均衡に向かうならば，経済はすべての商品の均衡に向かうはずだという主張にマーシャルは有効に反撃することができなかった．そのため学界の大勢は一般均衡論の一部分としての部分均衡論を展開した人としてマーシャルを理解したのであった．……すべての部分や要素が一分のあそびもなく堅く結びつく系においては，相互依存はつねに同時的であり，マーシャルの構想するような相互依存の時間的拡大という理論は成立しえない」[50]．

正に現実世界に関わる経済学と，そのような対象をもたない純粋理論という

公理系の数学観と結びつけて議論するにはどんな限界があるのだろうか．いずれにしても，経済学のシステムが堅い (tightly) 結合系に長く独占されてきたのは，マーシャルにとっても経済学自身にとっても不運な出来事だったと言わざるを得ない．残念ながら，塩沢のようなマーシャルを擁護する声はシュンペーターに見られない．当時，シュンペーターが関心を示したのは，均衡状態における経済が次にいかに変化するかについてであったからだ．

シュンペーターにとっては結局，ワルラスによって概念化された均衡理論はその性格において精密に静学的であり，定常過程のみに適用されるものであった．しかし，ワルラス以後の経済学を振り返ってみれば，このような理論展開はもちろんその1つに過ぎず，そこで主流になったのは，周知のようにワルラスの一般均衡理論に琢磨を加え，それを一般に普及せしめたのはパレートであり，1930年代以降はヒックスやサミュエルソンらである．ただし，シュンペーターの考えがこれによって疎んじられるならば，われわれは経済学者の怠慢を責めるべきである．

結局，われわれに言わせれば，経済合理性の追求はすべて，1つの決定的な限界に還元できる．すなわち，経済合理性は時間を決定論的法則によって結合された一連の瞬間状態に還元させるので，持続を理解することができない．いずれにしても，一般均衡理論を現実の経済分析に用いるには，それは安定した単一均衡でなければならないが，実際には特殊な条件を付けない限り，この条件は満たされないのが始めからとわかっていたことである．それとも経済学が「社会科学の女王」の座を守るには，このままそっとしておいた方が都合がよかったのだろうか．

このような経緯があったとしても，動学的一般均衡モデルが支配する世界で，経済主体の期待形成を内生化し，統一的に理解しようとする手法だけで満足するのではなく，この先，非線形な相互作用による自己組織化，秩序相の形成など，複雑系が内包する視点を軸に知識社会学的に研究してみてはどうか，とシュンペーターが訴えているような気がしてならない．1986年に発足した「国際シュンペーター学会」での最近の報告を見る限りでは，このことを確認できる．

知識社会学との関連で

　ここでは，シュンペーターとの関連で知識社会学について十分な紙幅を割けないが，ひとこと付け加えておく必要があろう．既にポスト資本主義における知識社会学が叫ばれて久しいが，今のところ知識社会学で市場と企業家のあり方をきちんととらえることのできる理論を，われわれはまだ確立していない．その原因は，労働，資本，土地などといった生産に用いられる生産要素とは異なる特質をもつ知識を資源としてどのように取り扱うか，ということがネックになっているからだ．こうした伝統的な経済観に基づいて知識を取り扱おうとする限り，知識とその知識を生み出す主体としての企業家の活動をとらえることはできない．

　われわれにはこのような問題提起を真摯に受け止め，市場経済における企業家の能力を公平に評価し，知識のもつ有意義性と合理性を考察する必要があると痛感している．知識はもともと他の資源とは異なり，その取引において「量」ではなく「質」が問われるものであり，しかも，古い知識は新しい知識により早急に陳腐化するため，知の最前線にいる企業家には顧客に選ばれる新製品のアイデアが次から次へと求められる．したがって，従来の完全競争を前提とした一般均衡理論では，シュンペーターの説く「創造的破壊の過程」，すなわち知識を生み出すことによりミクロとマクロを取り巻く環境を変えていく企業家活動のダイナミズムの過程を理解することはできなかった．しかし，こうしたダイナミズムの過程こそが知識社会を動かしていく原動力なのだから，われわれはそれに真剣に取り組むべきである．ところが，ミクロとマクロの中間のメゾ領域を前提とした多様な現象とのかかわりについてはいまだ，問題解決の枠組みが適切に処理されていない．

　複雑系の科学が意識されるようになるのは，1930年代まで待たねばならない．複雑系は線形のような完結したシステムの中に閉じ込め，同一化して理解することはできないので，その研究のためには「ミクロ・メゾ・マクロ」という分析枠組みがK. ドップァー，J. フォスター，J. ポッツによって提起されている．実際にシュンペーターがそこまで意識していたかどうかはわからないが，その後のネオ・シュンペータリアンを見ればわかるとおり，知識や技術の進化など，これまでポスト・ケインジアンが十分な関心を払ってこなかった問題に

も果敢にアプローチし，成果を挙げている[51]．このようにシュンペーターの残した知識や技術を内包する経済社会学を発展させる地道な努力が，シュンペーター研究者にとって大きな刺激になり，知識社会学の進歩に貢献できると考える．知識は社会の中で発展し成長する一個のメカニズムであり行動原理である．

第4節　計量経済学・数理経済学・経済統計学の小史：シュンペーターとの関連において

　振り返ってみると，シュンペーターがウィーン大学に入学したのは1901年である．限界革命の洗礼は受けたものの，その当時の確率論と推測統計学の置かれた状況は，まだまだ未熟なものにすぎなかった．近代統計学が確立するのは1920年代まで待たなければならない．しかし，彼が1908年に著した処女作『理論経済学の本質と主要内容』の第3部第5章「理論経済学の発展可能性」は，計量経済学的な核心に鋭く迫った業績の1つとして注目に値する[52]．

　このことを押さえた上で，私が本節で試みようとするのは，計量経済学，数理経済学，経済統計学のそれぞれの生い立ちやその違い，あるいはそれらの関連を述べるのではなく，シュンペーターが学び育った時期から，第2次世界大戦後までの計量経済学，数理経済学，経済統計学の変遷を概観し，彼との関連で捉え直す作業である．

　ただし，この分野も後に述べるように，1990年代に入ってからようやくR. W. フォーゲルとD.C. ノースが計量経済史あるいは数理経済史の開拓者としてノーベル経済学賞を受賞したくらいだから，いまだ未整理の分野である．周知のとおりD.N. マクロスキーのようにはっきりと，ノーベル経済学賞に輝く学者の一部に実証分析を欠いた独善的なものがあり，到底科学とは呼び得ない代物だと警告する学者もいるくらいだ[53]．シュンペーター自身はエコノメトリクスを，経済と統計と数学の三位一体として，いわば複合科学のように解していたようである．しかし，ここでは漠然としておくわけにもいかないので，1890年代から1950年代まで，ちょうどシュンペーターが育ち活躍した時代に合わせ，当時の状況をできる限り再現し彼を位置づけてみよう[54]．

1890年代〜1900年代：経済現象へ数理統計学の手法が適用されはじめた時期

時代が資本主義の黎明期にさしかかった時，ドイツの数学者ガウスとフランスの数学者ルジャンドルによって最小二乗法が発見され，19世紀末にはイギリスの遺伝学者・優生学創始者F.ゴルトンや，かつてシュンペーターが学んだことのあるK.ピアソンの下で統計的方法が体系化された．その中にあって，功利主義の哲学・倫理学から経済学の研究に入ったフランシス・Y.エッジワースは，ボックス・ダイアグラム，無差別曲線，契約曲線，極限定理などを自由競争市場における契約と交換の理論にはじめて導入したり，経済的価値を測定するために指数を用いたり，先験的確率論や誤差法を統計学に応用したりしながら，広範な範囲にわたって先駆的な業績を残す．

エッジワースのように経済現象に数学や統計学，確率論の手法を適用した研究は他にもなかったわけではないが，経済現象についての実証的な統計的研究が現れるのは，1890年代のA.L.ボーレーやG.U.ユールの研究まで待たなければならない．この間，実にウイリアム・ペティの『政治算術』(1690年)が出版されて2世紀以上も経っている．1900年代に入ると，J.P.ノートン，L.マルシュ，D.ヘロン，R.H.フッカなどによってようやく本格的な究研がはじめる．一体なぜ，経済学の数理統計的分析はこのように長期にわたって知性の怠惰が続いたのだろうか．シュンペーターも1906年の論文「理論経済学の数学的方法について」(*Zeitschrift für Volkswirtschaft, Sozialpolitik und Verwaltung* 誌)の中で，エッジワースにならって微積分法を「経済学の母語」(Muttersprache der Ökonomie)[55]だと叫んだが，当時の経済学者からほとんど無視される．

1910年代〜1920年代前半：数理的手法が経済学に導入され，統計的研究が盛んに行なわれるようになった時期

制度学派のT.B.ヴェブレン，J.R.コモンズ，W.C.ミッチェルなどが台頭した時期だが，1885年の米国経済学会の創設が経済学研究に統計的方法を結びつける大きな転機となる．

例えば，数理経済学者として後に著名になったI.フィッシャーの貨幣数量

説が発表されたり，ヘンリー・L. ムーアが労働の限界生産力による賃金率決定を統計的に検証したりする一方，ワルラス体系の動態化と需要関数の導出が，H. シュルツ，F.V. ワーフ，H. ワーキング，L.H. ビーン，M. エゼキュールなどに影響を与える．シュンペーターが，近代の計量経済学はこの論文からはじまったともいわれるムーアの『賃金の法則』（1911年）の書評を書いたのもこの時期である[56]．ムーアはその後，『経済循環——その法則と原因』（1914年）を公にし，経済学者に全くなじみの薄かった調和解析やフーリェ解析を用いたり，需要関数の統計的測定を行なったりして計量経済学における先駆的な貢献を果たす．

1910年代末からハーバード大学経済研究委員会では，ウォーレン・M. パーソンズを中心とした経験主義的な景気予測や，全米経済研究所（NBER）でもW.C. ミッチェルの景気予測がはじまる．20年代の後半には，P.H. ダグラスとC.W. コブのいわゆるコブ=ダグラス生産関数と，それを巡る論争がはじまり，これは40年代まで続くことになる[57]．

1920年代半ば～1930年代：事後的統計主義から事前的統計主義へと転換した時期

この時代はG.V. ユールが行なった一連の時系列解析の中から，ナンセンス相関を計算してしまう場合があることがわかり，大いなる波紋を呼び起こす（ユール「なぜわれわれは時系列間で無意味な相関が得られることがあるのか」*Journal of the Royal Statistical Society* 誌，1926年）．この問題はその後，1986年のP.C.B. フィリップスによって証明されるまで待たなければならない．いま1つ大きな問題は，統計学的に方程式を確定しても，それが需要曲線を表すのか供給曲線を表すのか判然としないということだ．そもそもこの問題は，E.J. ワーキングが1927年の論文でムーアが導いた正の勾配をもつ新しい型の需要曲線の解釈を巡って提起したものである．この統計的に需給曲線を求める際のおとし穴（ピットフォール）の問題を巡って，レオンティエフ（1973年ノーベル経済学賞受賞），ラグナー・フリッシュ（1969年ノーベル経済学賞受賞）らの論争がはじまる．特にフリッシュの貢献は，時系列へのあてはめをよくするために回帰方程式の変数の数を増やしていくと，変数間に一定の関係

（線形の関係）が生じ，意味のないパラメータ値が推定されてしまうという「多重共線性に関する問題」を提起した点にある．

このように1920年代は統計的手法の問題点について論議される一方で，マクロ的動態理論の数学的展開と統計的方法によるパラメータの推定を行なうM. カレツキ，R. フリッシュらの景気循環論の研究が見られる．これらの研究の成果を継承し，連立方程式体系のマクロ計量経済モデルを開発したのはJ. ティンバーゲン（1969年ノーベル経済学賞受賞）である．そしてもう1人，忘れてはならないのは，ケンブリッジの数学者兼哲学者フランク・P. ラムゼー（1903-30年）である．彼は，J.M. ケインズの確率論の批判を通じて主観的確率論を体系的に展開したり，A.C. ピグーの要請で最適課税を論じたり，貯蓄の割合と資本水準の変化に関する最適成長モデル——今日では「ラムゼー・モデル」と呼ばれるもの——を開発したりする．

ところで，統計学の理論的発展は，R.A. フィッシャー，E.S. ピアソン，J. ネイマンらによって，新たな段階を迎える．しかし，母集団の想定に基づく確率的な推定と検定の論理（小標本理論）は統計データのランダム性，独立性を仮定できるのに対して，時系列データは連続的に変化するため，独立性を有しないので，それを社会経済現象の分析に適用することは困難だというのが当時の一般的な考え方であった．これに対して，T. クープマンス（1975年ノーベル経済学賞受賞），G. ティントナーらによって時系列解析にもサンプリング理論を取り込む試みがなされる[58]．

1930年12月29日，クリーブランドで開かれたアメリカ経済学会・統計学会の合同大会を契機に，R. フリッシュ，I. フィッシャーなど16名が中心になって，計量経済学会の創設した記念すべき日でもある．この設立総会の議長は当時ボン大学教授であったシュンペーターが務め，資金難から刊行が遅れたが1933年1月，シュンペーターの論文「計量経済学の常識」がこの学会誌 *Econometrica* の創刊号の誌面を飾る．4年後の1934年12月21日，日本でも日本経済学会（現在の日本経済学会の前身）が40名足らずの会員でスタートした記念すべき日である．

また，第3章第1節でも詳論するようにウィーンの数学コロキウムで，オーストリア学派の創設者カール・メンガー（Carl Menger）の息子でウィーン学

団の一員であったカール・メンガー (Karl Menger) が親友の K. シュレジンガーを中心に据え，フォン・ノイマン，モルゲンシュテルン，A. ワルトなどと理論経済学の研究を開始し，オーストリア学派に欠けた一般均衡体系を問題にし，その均衡解の存在証明を行なったことは，統計的な検定や推定から離れて，後の経済学のあり方を公理系へと変える大きな契機になる．このように 1910 年から 30 年代にかけて，計量経済学にとってはシュトゥルム・ウント・ドラング（疾風怒濤）の時代だったということができる．

1940 年代〜1950 年代：確率論的な接近法に基づく計量経済学とゲームの理論の方法論的基礎を確立した時代

第 2 次世界大戦中，コールズ委員会（1932 年設立，コールズ財団の前身）を中心に開発された計量経済モデルは，それまでの単一方程式から連立方程式の体系となり，方程式のパラメータを確率論的に推定し，検定するという手法が体系化される．中でも，時系列にも母集団-標本図式を持ち込んで解釈し，同時連立方程式の体系として構成したモデルのパラメータを同時推定するというT. ハーヴェルモ (1911-99 年，ノルウェー生まれ．R. フリッシュの下で研究し，その後コールズ財団に参加．1989 年ノーベル経済学賞受賞．主論文「連立方程式体系の統計学的インプリケーション」*Econometrica* 誌，1943 年 1 月，および「計量経済学の確率的接近法」*Econometrica* 誌，1944 年 7 月など）の研究は，その後の計量経済学の展開に大いに貢献することになる[59]．

現代経済学の基礎は一方では一般均衡理論，他方では市場を含めたさまざまな経済システムにおける戦略的行動を解明するゲーム理論によって支えられるといっても過言ではない．後者の先駆的業績がフォン・ノイマンとモルゲンシュテルンの 2 人による共同研究の成果である著作『ゲーム理論と経済行動』（1944 年）によって誕生した．また 1949 年には，弱冠 21 歳のジョン・ナッシュが書いた博士論文「非協力ゲーム」が注目され，翌年，多数のプレイヤーによるゲームにも，均衡が存在することを鮮やかに証明した僅か 2 ページの小論が『米国アカデミー会報』（1950 年 1 月）に掲載される．これが，後に「ナッシュ均衡」と呼ばれるもので，戦略的状況を分析する非協力ゲーム理論の地位を不動にする．この非協力ゲームの均衡の分析に関する理論の発展に寄与した

功績により，ナッシュは1994年にノーベル経済学賞を受賞する．彼のアイデアがもつ最大の魅力は，2人ゼロ和ゲームの理論からの解放を保証したところにある．彼の伝記は事実と多少違うようだが，シルヴィア・ナサーによって『ビューティフル・マインド——天才数学者の絶望と奇跡』(1988年) という本になり，その後映画化されアカデミー賞4部門を受賞する．

　ところで，一般均衡やナッシュ均衡の存在証明に用いられた「角谷の不動点定理」で有名な角谷静夫 (1911-2004年，イェール大学名誉教授) も1940年代，フォン・ノイマンがプリンストン高等研究所で行なったゲーム論のセミナーに参加したり，50年代，ナッシュも小平邦彦 (1915-97年，1959年日本人初のフィールズ賞受賞) がプリンストン高等研究所で行なったセミナーに積極的に出席したりして勉強していた．ただし，ゲームの理論といえども完全ではないので，帰納的ゲーム理論のアプローチが試みられている．なぜなら，この理論の前提には情報や知識を相手も同じレベルで認知できる（あるいは認知すべきだ）という思い込みがあるからだ．

　その他，1943年にフランス人の経済学者モーリス・アレ (1911-2010年，ノーベル経済学賞受賞) が一般均衡の安定性に関する研究で先駆的な貢献を果たしたり，シュンペーターの教え子のリチャード・M.グッドウィン (1913-96年) が非線形経済動学 (非線形力学と経済動学を合わせた造語) の開拓者としての先駆的な業績を残したりした．数理計画の分野では，G.B.ダンツィクによる線形計画法 (1947年) とH.W.クーン=A.W.タッカーによる非線形計画法 (1951年) が開発され，それが最適化問題に応用されたり，経済学者によって独自に発展させられたりした．

　シュンペーターは1940年から41年まで計量経済学会の会長に就任し，学会の発展に尽力する．また，微分方程式に確率概念を持ち込んで，確率微分方程式という分野をはじめて構築した伊藤清 (1915年生まれ．2006年第1回ガウス賞受賞) が1942年，数学者仲間のサークル誌に発表した「Markoff過程ヲ定メル微分方程式」(『全国紙上数学談話会』244) や，これを発展させた1951年の英文論文によって，瞬間ごとに偶然的要素が介入する現象を記述する方程式の基礎を確立した．この方程式の理論は，R.C.マートンとM.S.ショールズのデリバティブ（金融派生商品）理論に応用され，彼らは後に述べるように

1997年のノーベル経済学賞を受賞する．

1950年代以降の研究には，これまでの成果を現実の経済分析へ応用する試みがある．特に *Econometrica* 誌をはじめ各種の雑誌に発表された計量経済学の方法論的問題に関する多くの論文では，計量経済モデルを構築し，識別し，パラメータの推定と検定等の理論的，数学的な整理と基礎づけが行なわれると同時に，連立方程式システムのパラメータを推定するための種々の方法が開発される．

この時の議論の出発点となったのは，連立方程式システムのパラメータを通常の最小二乗法を適用し求めても，一致推定値が得られないというT.ハーヴェルモの指摘である．これ以後，2段階最小二乗法や制限情報最尤法，一般化モーメント法などが開発される．また，計量経済学的モデルには誤差項が付され，さらに誤差項間および誤差と変数との間には相関がないということが仮定され，1950年に，この問題はJ.ダービンとG.S.ワトソンによって *Biometrika* 誌で取り上げられ，回帰分析における系列相関の有無を判定するための「ダービン・ワトソン比」となり，今日に至る．

その他，T.ハーヴェルモが経済諸量の相互依存を仮定して同時連立方程式モデルをつくり，パラメータの同時推定法を考えたのに対し，ヘルマン・ウォルド（1908-92年．ノルウェー生まれ，ウプサラ大学教授．主著『需要分析——計量経済学的研究』1952年，L.ユレインとの共著）は逐次モデルをつくり，パラメータを方程式ごとに最小二乗法によって逐次的に求める方法を編み出す[60]．もう1つ忘れてはならないのが，1920年代にR.A.フィッシャーによって排撃を受け，退いたいわゆる逆確率に基づく統計的推測の理論が50年代に主観確率に基づいたベイズ理論として返り咲く．しかし，わが国だけかも知れないが，依然として真実は確率によって決まらないとベイズ理論を批判する者もいる．

1954年6月には，アロー（1972年ノーベル経済学賞受賞）とフランスのエコール・ノルマル・シュベリウールでブルバキ学派の数学の教育を受けたことのあるドブリュー（1983年ノーベル経済学賞受賞）による競争的経済における均衡の存在証明が *Econometrica* 誌上ではじまり，これまでの方程式の数と未知数の数を数える段階から，不等式体系を駆使する段階へと飛躍的な進歩を

もたらす．また同時に，R.W. クラウアー（1926-2011 年）と D.W. ブショーによって，一般均衡の安定性ではなく，多数財市場の安定性に関わる論文「ストック・フロー経済における価格決定」も前掲の *Econometrica* 誌に発表された記念すべき年でもある．その後，ドブリューが『価値の理論──経済均衡の公理的分析』（1959 年），そしてアローとハーンが『一般均衡論』（1971 年）を著すことで，公理系のこの理論は一応総括されることになる．一般均衡体系の歴史的解釈は第 3 章第 1 節で改めて述べるので，ここでは省略する．

このような経過を踏まえて計量経済学の応用的研究のほうは，需要関数，消費関数，生産関数，費用関数など多方面にわたって展開される．中でも，クライン（1980 年ノーベル経済学賞受賞）= ゴールドバーガーのマクロ経済モデルの研究は，世界的な規模の計量経済モデルを使って予測する手法を確立する一方で，マクロ計量経済モデルの源泉となる国民所得統計を整備した S. クズネッツ（1971 年ノーベル経済学賞受賞）や J.R.N. ストーン（1984 年ノーベル経済学賞受賞）などがその時代をリードする．しかし，コンピュータの処理能力の飛躍的な向上とあいまって，マクロ計量経済モデルの政策シミュレーションが行なわれるようになるが，政策変数の変更は経済主体の期待の変更を通して構造モデルのパラメータに変化を与えるので，パラメータ一定の下で，政策シミュレーションを行なえば，それは誤った結果をもたらす，とロバート・ルーカス（1995 年ノーベル経済学賞受賞）によって批判される．その間に，実証分析の方法としての計量経済学がモデルをテストするのではなく，そのモデルの正しさを保持するための「確証主義」になりすぎているといったポパーリアンからの方法論的批判が提起されたり，モデル定式化の方法に対する補完という意味で LSE アプローチが登場したりする．

ここに来て金融市場データの時系列分析への応用で，90 年代以降，ノーベル経済学賞の授賞のあり方も変わりつつある．例えば，1990 年の 3 人の共同受賞者，H.M. マーコウィッツ（分散投資理論），M.H. ミラー（企業ファイナンス理論），W.F. シャープ（資産価格論），1997 年の R. マートンと M.S. ショールズの「デリバティブの価値評価理論」，そして，2003 年の C.W.J. グレンジャーと R.F. エングルの「経済時系列の統計分析手法の開発」でそれが頂点に達した感がある．特に，グレンジャーの業績は，ある経済学者をして「計量

経済学のテキストを書き換えた『共和分』と『単位根』の概念」とまで言わしめたほどである．これらの検定の普及は研究者のみならず，金融市場アナリストにとっても不可欠な分析道具になるだけに，われわれにとっても目が離せなかったが，残念ながら成果が生まれる前の2008年9月，リーマン・ショックに陥り，世界経済を混乱へ導く．

2008年11月，イギリスのエリザベス女王が新校舎落成に臨むためロンドン・スクール・オブ・エコノミクスを訪問した際に，「なぜエコノミストの誰1人，今回の金融危機を予測できなかったのですか」という素朴な質問を教授陣に投げかけたというエピソードが世界中を駆け巡る．

経済学の第2の危機

経済学の数学的モデルとその数理統計的分析にはこのような歴史はあるものの，1971年12月，アメリカ経済学会のリチャード・イーリー記念講演でジョーン・ロビンソンが「経済学の第2の危機」(The Second Crisis of Economic Theory) を宣言して以来，計量経済学，数理経済学，経済統計学が自己目的化（経済学を数学的定式に乗せることそのものが目的になってしまうこと）するにつれて，その問題点や限界について議論されるようになったことも忘れてはならない．

ジョーン・ロビンソン自身，経済学の第2の危機を解決するためにはどのような道筋があるかを考える．そのために，経済学の長い歴史を振り返って，そこから，現実の経済を分析するために有用な考え方を引き出すことからはじめる．すなわち現在とは，変えることのできない過去と，まだ知られざる将来との間に存在し，絶えず動いて止まらないものである．人間活動というものはすべて，この歴史的瞬間である現在という時点で行なわれるという立場に立って，経済学の新しい構想をわれわれに語る[61]．ロビンソンが常に念頭においたのは，経済学は現代的自覚のない，単なる知的遊戯に堕してはならないという警告である．

振り返ってみれば，シュンペーターの問題提起の背景には，なぜ数学が経済現象へと適用が可能なのか，換言すれば，数学が経済現象に適用可能となる条件は何かという問題意識が常に潜んでいたように思われる．しかしながら，ワ

ルラスの均衡方程式が実際に解をもつことを数学的に論証することはできなかったが,シュンペーターがウィーン大学で学んだ 1901 年からハーバード大学へ職を求めて移った 1932 年までは,ちょうど限界革命と計量経済学,数理経済学,経済統計学の黎明期との狭間であったことを斟酌すれば,彼にとっても空白の時代であった.

　オーストリア学派にとってシュンペーターは,異端児ということができるかもしれない.それというのもオーストリア学派の中に生まれ育ちながら,彼はオーストリア学派の第 3 世代(第 1 世代はカール・メンガー,第 2 世代はベーム-バヴェルク,フリードリヒ・ヴィーザー)を担わず,むしろその外に自らの理想を求めたところに,彼の異端の一端がうかがえるからだ.

第3章　資本主義における発展と変動の理論的展開

第1節　シュンペーターの分析的視点

　第3章に入るに当たり，われわれはここまでの本書の構成を振り返り，一度整理しておいたほうがよかろう．まず第1章「シュンペーターに対する評価」では，彼の業績をできるだけ公正に評価し，生涯貫いた真の姿を先行研究や新たな文献リサーチから可能な限り吸収し，新たなシュンペーター像を描いてみた．第2章「シュンペーター理論体系の基礎」では，かつてウィーン大学の学生であったシュンペーターが価値判断論争から何を学び，純粋経済学をいかにイメージし，その後自らの科学観をどのように形成したかを検証してみた．この第3章では，資本主義における発展と変動の形成過程で問題になる「資本主義と企業家」，「社会階級と帝国主義」，「資本主義と景気循環」の3分野に着目し，これらを解明するために本章のテーマを設定してみた．
　さて，「資本主義と企業家」，「社会階級と帝国主義」，「資本主義と景気循環」の3分野を考察するに当たり，彼の分析視点がいかに形成されたかを問いただすことから始めよう．われわれがとらえようとする経済現象は，その経験する範囲が非常に限られた事実からなるにもかかわらず，それですら，いざ記述するには自ずと限界を感じざるを得ない．その上，経済学では実験が不可能であり，現実世界は一般的法則を導くにはあまりにも複雑だから，経済学が分析対象としたものはどちらかと言うと，資源配分，所得分配，資本蓄積，経済成長などの数量還元（あるいは要素還元）の可能な領域に限られている．これらにとって決定的なのは単一要因ではなく，むしろ複数要因の相互作用だから，われわれが問題を分析するに当たってはまず，本質的な複数要因の絡み合いの場

を設定しなければならない．

　この手続きを最もエレガントでシンプルに行なえるのは数学的なモデルである．このようにして定式化されたモデルが，これに組み込まれた諸要因の相互作用の帰結として，どのような静学的パフォーマンスないしは動学的パフォーマンスを持つかを解析することによって，問題の核心が解明される．

　実は純粋理論とは，このようなモデル的世界に関する論理なのである．周知のとおり，古典派の学者の中ではリカードウが最も純粋理論に近い内容を持っていた．そして，オーストリア学派の祖師メンガーや，マンチェスターのオーエンズ・カレッジ（晩年は母校のユニバーシティ・カレッジ・ロンドン）教授のジェヴォンズが経済理論の純粋化をさらに進め，フランス人クールノー，ワルラスなどの数理学派によって純粋経済学が確立されたといっても過言ではない．

ワルラスの一般均衡理論

　これらの人びとのうち，私がシュンペーターとの関連で取り上げるのはもちろんワルラスである．ワルラスは1874年に『純粋経済学要論』の第1分冊を出版し，限界効用分析を厳密な数学用具を用いて定式化することによって，需要と供給の関数，均衡の決定法則を導く．その3年後の1877年には，その第2分冊を発表し，一般均衡分析の道具を生産要素の価格決定の問題に応用し，生産理論を提示し，1900年に決定版（第4版）を出版する．その後，加筆訂正された最終版が1926年，彼の死後に出版される．

　ワルラスの一般均衡理論に対するこれまでの関心は，あらゆる市場において需要と供給を均衡するように価格が調整されるという価格分析であったが，最近の研究では，需要に対して供給がどう調整されるかという数量調整の分析に移りつつある．これは非ワルラス経済学者からすれば，ケインズ流のマクロ理論に対するミクロ理論的基礎づけだと見られるが，見方を変えると，ワルラス理論の単なる否定でしかないともいえる．しかし，価格調整から数量調整へという一般均衡論の発展の歴史を振り返ってみると，これこそがワルラスの中心命題，すなわち模索過程理論の一般化に他ならない．ワルラスの理論は広く認められるよりもはるかに動態的だと言ってよいのかもしれない[1]．

第 3 章　資本主義における発展と変動の理論的展開

　ワルラスを本格的に研究した数理経済学者の森嶋通夫は，自著『ワルラスの経済学』を書き上げるに当たり，一般均衡理論は，偉大な経済学者たちが自らの社会観を反映するために提示した経済学モデルだと言いながら，次のような感想を述べている．「通常の見方では，ワルラスは消費者選択，市場間の関係および価格機構を強調し，オーストリア学派とヴィクセルは，時間選好と迂回生産の構造……を強調した．またケインズは政府と中央銀行の経済的役割，ヒックスは予想や一時均衡，時間を通じての完全均衡を強調した等々である．この伝統は，第 2 次世界大戦後完全に変わってしまった．戦後いままで，経済学者は数学的能力で互いに競い続けてきたが，新しい社会観が提示されることは全くなかった．いまや一般均衡の理論家は，先駆者の発見した定理や法則を証明したり，反証を挙げたり……することにのみ興味を示しているように思える」[2]と．これに対して『ワルラスの経済学』の目的は，そのような方向で貢献することではなく，むしろワルラスの経済観を彼の主要著作『要論』から抜き出し，その経済観に合致するように彼の数学的経済モデルを再構築し，これらのモデルがいかに働くかを調べることだと説く．森嶋が提示したモデルは，多少問題を抱えながらもその後の新ワルラス派経済学に多大なる影響を与えることになる[3]．

　シュンペーターが均衡に関する方程式体系を「精密経済学のマグナ・カルタ」[4]と呼んだように，ワルラスの著『要論』は，疑いもなくその基礎となる法典である．しかし，著者の名前だけが先行し，これだけの書物でありながら，世に出る文献は極めて少ない．これは一体どうしたことだろうか[5]．

　そうなった経緯を正当に評価するのは困難だが，次のように説明することが許されよう．ワルラスの『要論』は極めて煩雑であったため，経済学者がパレートやヴィクセルのようなワルラスの後継者によるいっそう精練された説明に頼ることが多かったこと，その中で均衡の存在の問題が重要であったにもかかわらず，交換および生産のモデルについて吟味がなされ，その際ワルラス体系それ自体よりも，それを単純化したカッセル体系が取り上げられたことなどを理由とすることができる．そう言えば，ワルラスの消費者均衡理論は，ある消費者の効用関数を前提に，その極大化を通じて需要関数を導出するところにあったが，ワルラス自身の定式化の不十分さと曖昧さのためにローザンヌ学派の

伝統とはならず，かえって需要関数，あるいは逆需要関数が経験的に与えられたとき，極大化を通じてそれを生成する効用関数が存在するか否かが問題になり，効用理論における積分可能性問題の意味をパレートによって再確認されるに至る．

また，このような議論の中で，別の観点から次のような指摘もある．「ワルラスの一般均衡理論が，現代の理論経済学の共通の財産になっているのとは対照的に，それが持つ思想的な側面については，これまであまり注目されることがなかった．ワルラスを研究してきた経済学者たちは，一般均衡理論こそがワルラスの完成した唯一の完全な理論と考え，その現代経済学への貢献のみを問題にしてきた．一般均衡理論の背後にあるワルラスの社会ヴィジョンや政策的意図を，検討するに値しないものと考える研究者が多かったからである」[6]．このような考え方の典型的な学者として，御崎加代子はシュンペーターを挙げており，同じような指摘は，ワルラス研究者のアルバート・ジョリンクによってもなされている[7]．

なぜシュンペーターは，ワルラスの経済均衡の一般的条件を確立した純粋交換経済だけを高く評価し，ワルラスの純粋交換経済の背後にある思想を無視し得たのだろうか．

このような経緯の中で，単なる方程式の数と未知数の数が等しいというワルラスの考え方（しかし，この考え方は方程式系の解，いわんや一意解の存在のためには，必要でもなければ十分でもないのだが）から前進し，連立方程式に経済的に意味のある均衡解が存在するか否か，あるいはそれが存在するとすれば，均衡は一意的であるかどうかがその後の経済学者の間で興味の中心になったのは，1930年に至ってからのことだ．例えば，不均衡状態が成立するときに，これに対して価格や数量がどう反応するかを示す多少の動学仮定をさらに付け加えることとすれば，この場合のあり得べき均衡の安定性をも研究することができるとわかったのは，ウィーン学団におけるフォン・ノイマンとA. ワルトのおかげである[8]．この間，1870年代の限界革命から数えて，実に半世紀以上の歳月を要した．

フォン・ノイマンとA.ワルトの貢献

　一体なぜ，経済学においてはこのように長期にわたって知性の怠惰が続いたのだろうか．この問題は後ほど解くとして，フォン・ノイマンの「経済学の方程式体系とブラウワーの不動点定理の一般化について」[9]はもともと，1932年のプリンストン高等研究所での数学セミナーで触れたものである．この発表は，線形不等式体系ですべての経済部門が均等に成長するモデルの斉一成長解の存在を証明することに力点がおかれたもので，ノイマンはこの問題を交差定理と呼ばれるブラウワーの不動点定理を一般化した補助定理によって解く．ただし，彼の発表は黒板を使った30分足らずのものだったらしい．これは後に求められて，K.メンガー編 *Ergebnisse eines mathematischen Kolloquiums* 誌（第8巻，1937年）に収められることになるが，しかし当時，この論文に注目した経済学者はほんの数えるほどしかおらず，サミュエルソンですら，1940年の初めまで聞いたことがなかったと述懐する（フォン・ノイマンの英訳論文が *Review of Economic Studies* 誌に掲載されたのは1945年になってからのことであった）．後に，ノーベル経済学賞を受賞したサミュエルソンをはじめ，ケネス・アロー，L.カントロヴィッチ，T.C.クープマンス，G.ドブリュー，ロバート・ソローの6人の仕事は，この論文をベースにしたものである．

　例えば，ノイマンとN.カルドアの会話の触りの部分を紹介しているノーマン・マクレイの著『フォン・ノイマンの生涯』（1992年）を参考にしながら，ノイマンがいかに発想したかを再現してみよう[10]．

　ある日，ノイマンはブダペストでカルドアに聞いた．「今の経済理論が，成長率を最大化する最適経路を目指すならどんな手段でやろうとしているのか，その辺を数式で書いたコンパクトな本はないか」，と．そこでカルドアは，レオン・ワルラスに始まる1874年以降の数理経済学をまとめたクヌート・ヴィクセルの著『価値・資本および地代』（1893年）を彼に貸してやる．ノイマンはいつもどおりの電光石火でその著書を読み終え，カルドアに感想をこうもらす．

　ワルラスの方程式体系なんか興味はないね，それには理由が3つあるよ．第1に，限界効用の考えは，代替可能性を強調しすぎる半面，成長にとって補完的な条件を形成する諸力を軽くみすぎていること．第2に，ワルラスの方程式

体系によると，負の価格ベクトルが解として得られる可能性を排除できないケースも出てくること（これは無償で廃棄するような条件が維持される場合には，負の価格が生じることもあることが指摘されている）．そして第3に，この困難を脱却するためには，束縛の強すぎる等式の体系を不等式化したほうがよいということ，すなわち満足でも成長でもよいけれど，何かを最大にしたければ，それに伴ってほかの条件も変わること——これらをきっちりと認識すべきだ，とノイマンは言う．

1928年には既に，ノイマンは1944年の『ゲームの理論』につながる論文の構想を練っていたことになる．彼の関心は，ワルラス流の方程式体系ではなく，取引行動を表せる行列（マトリックス）だったのである．

ワルラスと全く関係のないノイマンがなぜこのような発想を得たのだろうか．30年代にはケインズ学派の人びとが火をつけたマクロ経済学の論争が起こったけれども，ノイマンはどちらの論陣にも興味を示さず，米国陸軍省弾道研究所のアドバイザーとしてミサイルの弾道計算を高速に行なうための開発にさっさと移ってしまう．実は，この短い会話の中に，今から考えれば誤解しているところも散見されるが，経済学史上エポック・メーキングな発見がいくつも隠されていたことになる．

一方，A.ワルトは，1935年から36年にかけてワルラス＝カッセル一般均衡体系を発展させ均衡の存在問題を解き，これまたサミュエルソン，アロー，ドブリュー，ライオネル・マッケンジー，二階堂副包などに多大な影響を与えた．ワルトのオリジナルの論文は戦火によって失われたものもあるが，「新しい生産方程式の非負の一意解について」(K.メンガー編 *Ergebnisse eines mathematischen Kolloquiums* 誌，第6巻，1935年)，「経済価値論の生産方程式について」(同上誌，第7巻，1936年)，「数理経済学の方程式システムのいくつかについて」(*Zeitschrift für Nationalökonomie* 誌，第7号，1936年) の3論文が特に重要である[11]．ここでの彼の貢献は，線形計画問題における「双対性の定理」を経済学に導入したり，カール・シュレジンガーとともに，ワルラス＝カッセル一般均衡体系のために「相補スラック条件」を開発したり，ヴィーザーの転嫁理論を経済学に呼び戻し，非線形プログラミングを経済学に持ち込んだりしたところにある．また，サミュエルソンに後に影響を与えること

になる顕示選好の弱公理の概念を導入したり，粗代替性のアイデアにおける初期の形を定義し，均衡の一意性を証明したりしたことも評価されている．

ワルトの3つの論文の中でも，第1論文の生産関数における非線形の方程式の解が非負となるための条件を示したものと，第3論文の一般均衡体系における均衡の存在証明をはじめて解いたものとが特に重要である．ただひとこと断っておくが，彼の経済学上の貢献は，少なくともこれまでの日常的な解釈，あるいは経験的な意味内容から解放し，数学上の形式化，公理化に眼を向けさせたところにある．この点だけでも限界革命をはるかに凌ぐ革新的進歩をもたらしたことになる．

ワルト（1902-50年）はハンガリー（現在はルーマニア）生まれ．地元の大学を卒業した後，ウィーン大学のカール・メンガー（Karl Menger）の下で5年間，微分幾何学を研究し純粋数学者になると同時に，ウィーン・コロキウムで経済学に触発される．1938年の夏，コールズ財団に招かれ渡米，その後，H.ホテリングの世話でカーネギー財団研究員兼コロンビア大学教授として活躍したが，インド大学に招かれた時，南インドで飛行機事故に遭遇し，57歳で生涯を閉じる．ワルトの業績は幾何学にはじまり，コレクティフ，数理経済学，計量経済学，そして数理統計学と広い範囲に及んでいる．特に数理統計学における統計的決定論と逐次分析が最大の業績（わが国はこれに対する関心が低い）として認められ，その他，コレクティフの存在証明，ノンパラメトリック推定，ゲームの理論などにかかわる．

他方，ノイマン型コンピュータの開発者として著名なフォン・ノイマン（1903-57年）も同じハンガリー生まれ．ブダペスト大学の大学院で数学を学びながらスイス連邦工科大学とベルリン大学に在籍し，ゲッティンゲン大学の先生方と交流するほど，非凡な才能に恵まれていた．それ故に，彼は「万能の天才」とささやかれ，26歳の時にプリンストン大学に迎えられ渡米し，その後プリンストン高等研究所の終身教授の地位を与えられ，そこで純粋数学，量子力学，コンピュータ・アーキテクチャー，プログラミングなどでその才能を遺憾なく発揮する．とりわけ，彼は経済学を直接学んだことはないが，人間の経験と切り離したところに数字は存在しないという信念を持っていたため，「不動点定理の一般化」，「ゲームの理論」，「経済拡大モデル」（1945年の英訳

された当時は「一般経済均衡モデル」）で，数理経済学の進歩に多大の貢献をなすことになる．前述したように，彼の小論文がサミュエルソン，アロー，カントロヴィッチ，クープマンス，ドブリュー，ソローの6名のノーベル経済学者を生んだといわれるくらい大きな影響力を及ぼす．残念ながら，これまた癌のため54歳の若さで亡くなる．

シュンペーターと彼らとの交流がどのようなものであったかどうかはわからないが，シュンペーター自身は，これらの一連の出来事を経済学にとって「思いがけない偶然の幸福だ」と語る．

このようにして1928年からウィーン・コロキウムでは，オーストリア学派の創設者カール・メンガー（Carl Menger）の息子で，当時ウィーン大学から教授職の資格を得たカール・メンガー（Karl Menger）がカッセル体系の不等式化に最初に取り組んだK.シュレジンガーを中心に据え，フォン・ノイマン，モルゲンシュテルン，ワルトなどとオーストリア学派に欠けていた理論経済学の研究を開始した．今から考えると，彼らが試みた一般均衡モデルにおける均衡解の存在証明は単に歴史のいたずらではすまされない数理経済学史上，画期的な意義を有する[12]．

池尾愛子によれば，K.メンガーは活動的な数学者で，1930年末の計量経済学会の設立者の1人であり，当時の日本人とも交流があった．「彼は1931年春には来日し，その時，彼の学生であるK.ゲーデル（Kurt Gödel 1906-78年）の『形式化された数学の不完全性』についての仕事をいちはやく日本に紹介した．1932-34年にはウィーン留学中の水谷一雄（1897-1981年）もコロキウムに出席しており，彼の帰国後の諸論文は後に，『数学的思惟と経済理論』（1956年）として出版された．水谷は，1930年代の *Ergebnisse eines mathematischen Kolloquiums* を日本にもち帰って，経済学にかんする部分は安井琢磨に手渡した」[13]．しかし，安井がワルドの論文の重要性に気づいたのは，戦後のことだった．

安井琢磨の貢献

安井がその当時，このことの重要性に気づきいち早く展開をしたら，日本人で初のノーベル経済学賞の栄誉に浴したかもしれない．彼は学生時代，東京大

学客員教授の A. アモンからワルラス研究についての手ほどきを受けたり、シュンペーターが来日した折、「経済理論を研究するつもりなら、ワルラスから始めなさい」とアドバイスを受けたりしたため、その後、1933 年から 40 年にかけて精力的に『経済学論集』（東京大学経済学会）にワルラスに関する 5 論文を投稿する。これらの論文は後に『安井琢磨著作集』（第 1 巻、1970 年）に所収されるが、当時のワルラス研究の水準からみてもエレガントでかつシンプルなものに仕上げることに成功している。ヒックスがローザンヌ学派の一般均衡理論のもつ限界を乗り越えながら、スウェーデン学派の静態的単位期間の連結を包摂した『価値と資本』を出版し、動学化の一歩を踏み出したのは 1939 年、サミュエルソンが動学的安定理論の立場から批判を加えた博士論文を *Econometorica* 誌上で発表したのは 1941 年である。これに対して安井がワルラス、ヒックス、サミュエルソンの理論を発展させたり、リャプノフ関数（Lyapunov function）を用いたりして動学的安定条件や、安定の一般理論を発表したのは 1948 年から 50 年にかけてなので、決して遅くはなかった。

ところが、研究者同士でお互いに評価する風潮のないわが国にあって、安井の貢献については、都留重人が次のように評する。「1 つは、安井が 1948 年に発表した『経済的均衡の動学的安定条件』と題する論文である。後世の歴史家がこれを見ると、1947 年にアメリカで公刊されたサムエルソンの *Foundations of Economic Analysis* を読んだうえで、安井が書いたかのように思うかもしれないが、実はそうではなかった。このサムエルソンの書物は、私が 1948 年に入手し、その直後に安井に貸与したが、それは、彼の右の論文が印刷所に送られてのちのことであった。やや専門的な点ではあるが、定差方程式系の安定条件にかんして、サムエルソンがきわめて複雑な展開をしたのにたいし、安井は、フロベニウスのマトリックス理論を適用し、その安定条件が数学的にはシュールとコーンが解明した条件に帰することを明らかにしたのである。……そこで安井は、サムエルソンに手紙を書いて、このことを伝えたところ、折り返し *Econometorica* に寄稿するようにと勧められたのであったが、安井は、『経済理論に応用しうる数学上の定理を再発見するということは大したことではない』として、それに応じなかったのである。

更にもう 1 つのエピソードは、安井が 1950 年に発表した『安定の一般理論』

にかんするものである．この論文執筆の過程で，安井は，非線型体系の安定条件の解をうるのに，ロシアの数学者リアプーノフの1892年の研究論文が利用できることを発見したのだが，この時も，時間的優先を国際的に確立しようとはせず，おかげで，『リアプーノフ理論再発見』の功労者は，ほぼ10年ものちのアローとハーウィッツということになったのであった」[14]．都留は，このように安井の独創的な業績が国際的に見ても決して遜色のない点を挙げている．返す返す残念なのは，当時の安井を的確に評価する日本人の経済学者がいなかった点である．

K.J.アローとF.H.ハーンは，一般均衡理論の集大成となったその著『一般均衡分析』（1971年）の中で，当時の状況をビビットに描写する．「ワルトの論文は，そこに使われる分析道具がソフィスティケーテッドされていたばかりでなく，議論そのものも複雑であったため，近づきがたい数学的な深遠さを有していた．そのせいか，これらの論文が数理経済学者たちの間で知れ渡るにつれて，その難しさゆえに彼らのやる気を刺激した反面，これと同じくらい，彼らの意気を消沈させたことも事実である」[15]．

シュンペーターの純粋理論

ワルラスの一般均衡理論とその後の発展の中で，これとは別に周知のとおりレオンティエフが国民経済において，ある一定期間に行なわれた財貨・サービスの産業間の取引を行列表示してまとめた産業連関表（投入産出表）に着手し，その方法を用いて最初に米国を対象として作成したのは1936年，その完全な研究成果が『アメリカ経済の構造，1919〜1929年——均衡分析の実証的適用』となって出版されたのは5年後の1941年である．また，モーリス・アレ（1988年ノーベル経済学賞受賞）が『経済学研究』（後にタイトルを『純粋経済学概論』に変更）の中で，粗代替性のアイデアにおける初期の形を仮定し，一般均衡の安定化を論証したのは1943年である．その数年前に，前述したようにヒックスが1939年に『価値と資本』を刊行し，ワルラスの一般均衡理論についての明快な解説を与える．ことにパレートが導入した限界代替率の概念を拡充したり，ワルラスの「タトヌマン・プロセス（模索過程）」[16]の概念の替わりに，単位期間として「週」[17]の概念を導入したり，さらにワルラスの一

般均衡モデルについて，その均衡解の存在を証明することができたとしても，現実に，そのような均衡価格体系，および生産・消費のパターンが実現するようなメカニズムは存在するだろうかということを問題にした．

いま1つは，1960年代も半ばに入ってから，H. スカーフによって均衡価格を近似的に計算する不動点アルゴリズムが提唱され，当時としては画期的な出来事であった．なぜなら，それまでのワルラス型一般均衡モデルにおける均衡解の存在証明は，位相数学の「不動点」を駆使したものだったが，このアルゴリズムのおかげで，天文学的な計算を必要とせず，均衡解の存在が斬新に証明でき，同時に均衡解そのものを有限回の反復計算によって解くことが可能となったからだ．今日はその応用一般均衡モデルが経済学の各分野で盛んに議論されるようになり，その一方，戦略的非協力型ゲームにおける「ナッシュ均衡」が現れてから，均衡理論は一気に現実味を帯びるようになる．

私にとって不思議なのは，なぜシュンペーターがワルラスの一般均衡体系内にとどまって，処女作の執筆に取り掛かったのかということだ．

当時のドイツ歴史学派が抽象的認識あるいは普遍的認識よりも，具体的認識あるいは個性的認識性を信奉する環境の中で，純粋理論の方法論的基礎を明らかにし，理論の立場を擁護するためであったと考えられる．確かに，シュンペーターを純粋理論家ならしめたのは，1908年に出版した処女作『本質と主要内容』(特に第5部第5章「理論経済学の発展可能性」に注目)だが，しかしその著は，決してドイツ語圏における純粋理論の擁護だけを目指したものではない．その内容は，「経済的諸量の均衡状態を記述することが経済学の問題である」[18]という件からもうかがえるとおり，ワルラスの一般均衡理論を柱に，ジェヴォンズ，メンガー，ベーム-バヴェルク，ヴィーザー，マーシャル，J. B. クラーク，パレート，バローネなどの学説を取り入れ，静学的理論の性質と限界を究明する一方，理論経済学の数学的分析のあり方とその発展可能性を模索する．私にとってシュンペーターが処女作『本質と主要内容』を出版した年，すなわち1908年はまだ，ヨーロッパでは計量経済学の始動さえ感じられなかった時期だけに驚嘆に値する．

それでは，シュンペーターが研究対象としたワルラス自身は当時，どうしていたのだろうか．実はワルラス研究家として著名なW. ジャッフェによれば，

「ワルラスは主著『純粋経済学要論』(1874-77年)を書いた後も,世間からあまり注目されなかったので,自分の論文や『要論』のコピーをフランスやその他の国の経済学者に批評を乞うという手紙を添えて送っていた」[19]. ワルラスの経済学に関する書簡が,ワルラスとその同時代人との間で——例えばオーストリア学派に限ってみれば,メンガー,ベーム-バヴェルク,ヴィーザー,リチャード・リーベンなどと——交わされていたため,徐々にではあるが,注目されはじめたところである.

ウェーバーの科学論

以上,述べたこととは別に注視しなければならないのは,シュンペーターの学生時代に方法論争が終焉を迎えつつあったものの,それを目の当たりにしたため,とりわけそれが彼にどのような影響を与えたかどうかである.これは紛れもなくオーストリア学派の祖師メンガーと歴史学派の総帥シュモラーとの「方法論争」,その後のウェーバーと後期歴史学派の一部の人びととの「価値判断論争」のことを指すのだが,シュンペーターはこれらの対立を自らの体系内で統一し,これらの矛盾を克服しようとしたのだ.

当時の状況を振り返ってみよう.メンガーは,シュモラーらの歴史学派の人びとによって経済の一般的法則が無視され続けたので,経済学の理論的研究の擁護と,理論的研究の歴史的方法に対する関係を,自らの著『社会科学,特に経済学の方法に関する研究』(1883年)の中で,次のように明確に示した[20]. この点に関しては,前章において既に述べたので,論点だけをかいつまんで説明しておこう.

まず何ゆえメンガーを注目するのかと言うと,彼は経済学の領域には特殊な目的の3部門のための科学があると指摘した初期の経済学者の1人だからである.ここで詳しく述べる余裕はないが,彼は次のように経済学を3部門に分け検討する.すなわち,その第1は経済の歴史的諸科学であり,第2は理論的経済学であり,そして第3は経済の実践的諸科学である.しかし,経済学を「理論」,「歴史」,「政策」の3領域に区別する方法は理論的に必ずしも妥当するものではない.なぜならば,これらの領域は重層的に関連しあっているからだ.このように見ると,区別それ自体は分析手法上の相違に他ならず,先のメンガ

ー自身による3部門の区別のうち，歴史と他の2者との区別はきわめて明確だが，理論と政策の関連については特別な省察を加えていない．

　この論争ではシュモラーはメンガーを無視したが，実質的には，メンガーのほうに分があったといわねばならないものだ．後期歴史学派にとってのこの不名誉な出来事は誰かが濯がなくてはならず，実はその役を買って出たのが，マックス・ウェーバーであった．

　ウェーバーの科学論が当時のドイツ学界に投げかけた波紋は大きかった．なぜかと言うと，当時は前述のとおりドイツ歴史学派がシュモラーを総帥として活発な活動をしており，かのマーカンティリズム時代の再現を思わせるような形で経済理論「即」経済政策の論議が横行していたが，ウェーバーの論文「社会科学的および社会政策的認識の"客観性"」(*Archiv für Sozialwissenschft und Sozialpolitik* 誌，1904年) はその時流に対する鋭い批判と警告を含んでいたからだ．

　ウェーバーの言おうとするところを私なりに整理すれば，次のようになろう．経済政策における第1の中心的な課題は政策目標の達成のためには，どのような政策手段が，どのような条件の下で，どれほど効果的であるかを一般的に検討すること，第2の課題は，政策目標としての最適状態とは何かを理論的に究明すること，そして第3の課題は，政策目標とその目標を達成するための手段の結果とを実際に実行する前に，比較秤量することである．

　しかしながら，この価値判断論争には残された未解決の問題が多々ある．その1つは，本来の決定的問題，すなわち最終の経済行為によって達せられる目的に関する経済学的判断を，果たして科学的基礎から与えることができるか否かという問題である．科学がもし，ウェーバーの言うようにSein（存在）の研究のみにたずさわるものだとすれば，われわれはSollen（当為）に関しては何事をも発言し得ないのか．例えば，経済は市場経済的，競争経済的に構成すべきか，それとも計画経済的，管理経済的に構成すべきか，いわゆる資本主義体制は廃止すべきか維持すべきか，社会主義体制はそれに代替し得るものかどうか，そもそもいずれの経済体制がすぐれているかなど，これらの問題は，ただ人びとによって異なる世界観に基づいてのみ答えられるのか，それとも何らかの意味で科学的に答えることが可能なのか．20世紀初頭の価値判断論争

は，ついにこの問題を未解決のまま現代まで残す羽目になった．

ところで，シュンペーターによれば，「方法論は，体系の最初にではなく最後におかれるべきだ」と言う．だが，その理由をここではいちいち詮索しないでおこう．彼が長い年月を費やして作り上げた学問の体系は，いまだに多くの問題をわれわれに投げかける．このことは，最近のシュンペーターに関する研究成果を一瞥すれば看取される．

シュンペーターの場合，処女作『本質と主要内容』と，その後に出版された『経済発展の理論』や『景気循環論』は，一貫して資本主義の発展と変動の形成過程を分析することを目的としたものである．この目的を果たすために彼はまず，『本質と主要内容』においては「静学」(Statik) と「動学」(Dynamik) の区別を根本的なものとし，静学を重視するが，それが『経済発展の理論』においては「経済循環」(Kreislauf der Wirtschaft: circular flow of economy) と「経済発展」(wirtschaftlichen Entwicklung: economic development) という用語の下で，静態と動態の現象面と理論面に区別し，動態を重視する．さらに，『景気循環論』に至っては，R. ブリッシュの定義に従って，静態的分析は定常的あるいは循環的流れの理論を対象に，動態的分析はイノベーションを起動する発展現象を対象にしながら静学と動学の用語を使うのをできるだけ控える．このような変遷はあるものの，シュンペーターの学問世界が以前から二元論になっているという指摘は，シュンペーター研究者の間でささやかれてきたところである．

なぜそうなったのだろうか．それは経済の発展のない状態，すなわち静態理論の枠組みを前提に，その上に経済の発展した状態，すなわち動態理論の枠組みを調和させようとしたものだからである．そもそもシュンペーターの立場は，いわばマッハ的道具主義――もともと理論は結果の予測をすることだから，予測と結果に整合性さえあれば，理論それ自身の真偽を問わなくてもよいという考え方――の応用とも言い得るものだ．つまりシュンペーターは，理論には分析に有用であるかどうかの別はあるが，真偽の別はないと考えたため，論理実証主義にとらわれることなく，問題を解いていくというプラグマティズム的態度を貫く．にもかかわらず，シュンペーターの二元論を基に新たな展開が見られるものの，二元論そのものは多くの問題をはらんでいるといってよい．この

件についてはこの後の「静態と動態の区別」でもう一度，詳しく議論することにしよう．

一般均衡理論に対する批判

　そもそも社会科学としての経済学は，いかに分析道具としての理論を発展させることができたのだろうか．ここでもう一度，一般均衡理論そのものの議論に戻り，その中身を若干吟味しておこう．既に言及したとおり「均衡」という言葉自体は物理学からの借用である．したがって，一般均衡理論への物理学の影響は明白である．さて，そこに見られる因果関係の代わりに関数関係を重視するという考え方は，19世紀における物理学の思想の忠実な反映にほかならないことがわかる．しかしながら，消費者の効用関数と生産者の生産関数を所与とし，均衡分析の立場から経済現象を把握しようとする際に，どのような限界を有するのだろうか．ここでは経済体系における相互に依存する関係に着目しながら，竹内が批判した一般均衡理論を糸口として議論を進めよう．

　竹内によれば，一般均衡理論そのものは，経済学というものにビジョンを与えるものとして有意義であり，またその数学論は魅力的だが，しかし，経済現象の解釈は，すべて一般均衡理論のレベルまで下がらねば，完全に科学的とはいえないという考え方は，ちょうど18世紀において，すべての自然現象を物質の運動に還元しようとしたのと同じ過ちを犯すものだ，と[21]．ここでは経済学における一般均衡理論と物理学の違いを指摘しておくにとどめる．それは物理学においては，運動方程式の形は厳密に定められているのに対して，経済学の場合には，その中に含まれる関数の形はほとんど全く特定化されていない．実はこの点が問題なのである．

　竹内の「経済学の科学性について」の主要な論点を整理して言えば，次のようになろう[22]．なるほど運動方程式の場合，そこに現れる物体の質量や初期条件などは観測によって定められるべき未知数として含まれており，これに対して経済学の場合，そこに含まれる未知パラメータの数が多いだけだ，と経済学者は主張するかもしれない．しかしよく考えてみると，1つの経済社会の中のすべての経済主体の効用関数と，その置かれている条件とを観測するというようなことは，原理的には困難なことである．しかも，それができさえすれば，

経済についても厳密な予測ができるというのは，すべての原子の位置と運動量を観測しさえすれば，宇宙の全未来が完全に予測できるというのと同じ程ばかげているからだ．にもかかわらず，このような知性の統合を夢見る若い経済学者が後を絶たないのはなぜなのか．一般均衡理論の持つイオニアの魔力かもしれない．

シュンペーターの静学的均衡理論に対する批判

このような議論の延長上で考えなければならないのは，安井琢磨が最も力を注いだシュンペーターの静学的均衡理論に対する批判を改めて吟味する作業である．

まず気になるのは，オーストリア学派に固有な帰属理論をワルラス体系に接合させたシュンペーターの試みをどう評価したらよいか，ということである．安井は，シュンペーターがすべての経済行為を交換関係に還元し，事実上交換関係が存在しない場合でも，あたかも存在するかのように議論を進めることに懐疑を抱き，次のように問題を提起する．「交換関係，したがって価格を説明することが『われわれの唯一のつとめ』であって，各経済主体の所有する財貨数量とこの財に賦与する価値関数（限界効用関数，シュンペーターはしばしばこれを需要関数と混同している）とが，価格を説明するための2つの基礎的与件となる．この2つの与件から効用の極大条件を通じていわゆる限界効用均等の法則が導かれる」[23]．要するに，効用の極大を求める経済主体がそのすべてであって，生産過程をも生産物と生産用役の交換として認める立場からは，効用の極大者とは区別された別個の経済主体である生産者＝企業家を取り込む余地がないはずにもかかわらず，ここでは，すべての財の生産は，あたかも自己消費のための生産現象であるかのように取り扱われ，生産用役はすべて潜在的な消費財（享楽財）と看做される．ゆえに，生産用役は直接的には消費欲望を満足させず，したがって価値関数を欠いているにもかかわらず，この価値関数を享楽財のそれから導出することが問題となる．

このように享楽財の価値関数から生産用役，あるいは生産財のそれを導出するという問題は，効用の極大者だけを唯一の経済主体と考え，限界効用均等の中に経済理論を展開するというシュンペーターのアプローチだが，これをどう

位置づけたらよいのだろうか．帰属理論の問題，すなわち高次財（低次財の生産に役立つ財で，それ自体として固有の効用を有しない生産財）が，低次財（欲望を満足させるために直接役立つ財で，本来的な効用を有する消費財）の効用から帰属されるという問題は，ワルラスの体系には無縁なものなのだろうか．

　これに対して安井の答えはこうである．「ワルラスにあっては，効用極大原理に基づいて経済行為（需給行為）を決定する経済主体（家計）とならんで，これとは別個のカテゴリーとして利潤極大原理に基づいて経済行為を決定する生産者＝企業家の存在が認められている．この企業家にとっては，彼の生産する享楽財は供給の対象であって消費の対象ではなく，したがってこれに対して価値関数を認めず，認めない価値関数を生産財に帰属させることは不可能であるし，また家計にとっては，彼の需要する享楽財には価値関数を賦与するとしても，彼の供給する生産財は企業家の手に渡って享楽財に変形されるのだから，享楽財に対する自己の価値関数を企業家のものとなった生産財へ帰属させることは無意味である」[24]と．

　結局，帰属問題はオーストリア学派の伝統の中で何らかの意味を持つかもしれないが，シュンペーターは静学的均衡理論の中へ異質な問題を持ち込んで，いたずらに紛糾させたことになる．しかし一方では，彼は『本質と主要内容』の第4部で均衡状態の「運動法則」を取り上げ，静学体系の均衡値が与件の小さな変化によっていかなる方向に移動するかを究めることになる．この件に関して安井は，1908年の同書が「比較静学の問題」を提示したのは時代を先取りする卓見だ，と一定の評価を与える反面，この問題の解明に当たり，シュンペーターはテイラー級数の展開で初歩的な誤りを犯しているばかりではなく，何が解決すべき問題であり，何が解決に際して前提とされるべき条件であるかを明確に区別していないと批判する[25]．なお，比較静学のシュンペーターに対する私の評価については，第3章第4節の中の「シュンペーターの景気変動モデル」でも改めて取り上げる予定である．

　後に，シュンペーターが不備な点があるとして，『本質と主要内容』を絶版にした理由の1つは，安井によってこのように取り除かれたことになる．国際的に見ても日本におけるシュンペーター研究のレベルが高いのは，このような

先行研究者がいたおかげである．安井の解説はその後も続くのだが，シュンペーターの静学的均衡理論との関連で重視しなければならない問題点は，以上のとおりである．

そもそもシュンペーターはなぜそのような発想を得たのだろうか，私の考えを述べることでまとめに代えさせていただきたい．周知のように，経済の諸関係について連立方程式による一般均衡モデルを最初に定式化したのはワルラスである．ワルラスの理論は，経済に変動や攪乱のない静態の均衡理論であるのはあまねく知られているところだが，それでは，なぜワルラスが静態の均衡を重視したのか．

この問いに対する答えはこうである．ひとたび均衡が成立した場合には，一方では経済の内部から，この均衡を破壊するようなエネルギーは生ぜず，他方では経済の外部から何らかの攪乱が生じた場合には，経済の内部に，この外的攪乱に適応あるいは順応する運動が引き起こされるだけである．したがって，ワルラスの立場からすれば，経済体系に生じる変動は，ちょうど静寂な湖に石を投げ波紋が広がった場合のように，政治的，社会的等々の経済外的な力に対する適応現象にすぎない．しかし，シュンペーターにとっては，「均衡それ自身で攪乱するエネルギーの源泉がある」[26]と感じ取っていたことになる．

さて，シュンペーターの『本質と主要内容』に対する問題点の指摘は，ひとまずこの辺にしておき，次に，シュンペーターの「総合化」の問題についても検討しておいたほうがよかろう．

われわれは「総合化」の問題について話を進めるに当たり，塩野谷祐一の問題提起，すなわち彼が説く対立・隠喩・逆説のレトリックをもって全体が１つの知的まとまりを示せるならば，シュンペーター体系を容易に理解することができるかどうかをまず問題にしたい．シュンペーターの経済学の全体を理解しようとする場合，そのためにとられるべき方法として，経済についての理論の体系とメタ理論の体系からなる２構造アプローチを挙げているが，果たしてそれはシュンペーター解釈として有効なのだろうか[27]．

塩野谷の提示したアプローチについては，その論点をかいつまんで述べれば次のようになろう．マルクスにおける経済と観念の関係は，下部構造と上部構造として把握され，経済から観念への一方的規定関係が重視されたものだが，

シュンペーターのアプローチはそれは代わる総合的社会科学を意図したものだという．すなわち，シュンペーター体系は，経済についての「理論」の体系と，「メタ理論」の体系との2構造アプローチから形成されている．その理論とメタ理論の中身は，それぞれ3層構造からなり，理論の体系は経済学，経済動学，経済社会学から，メタ理論は科学的方法論，科学史，科学社会学からなる．これがシュンペーターの総合的社会科学に対する塩野谷の解釈である．

ここで注目すべきは，社会と精神，とりわけ経済と経済学という，ともに進化の過程にある2つの研究対象に対して，理論の体系とメタ理論の体系が向けられており，それぞれ3層の部分が，経済に対する社会学的接近および科学に対する社会的接近という類縁性の存在を示唆した点である．

2構造アプローチについてこれ以上議論する余裕はないが，シュンペーターの解釈を通じて社会科学を説いた塩野谷の著『シュンペーター的思考——総合的社会科学の構想』（1995年）と，その姉妹編でシュンペーターの知識社会論についての批評を「レトリック」論議の視点から試みた『シュンペーターの経済観——レトリックの経済学』（1998年）を参照してもらいたい．

ただ一部の経済学者から塩野谷のシュンペーター解釈は，シュンペーターの展開した体系を後から結果としてみた場合の1つの整理の仕方としては非常に示唆的だが，余りにも自己完結的過ぎるという批判を招く．説明のためにレトリックを使うのは問題ないが，レトリックはどこまでいってもレトリックであって，論証ではないはずである．問題は，塩野谷のシュンペーター解釈が正しいかどうかではなく，それが現在において新しい理論を発展させようというときに有用であるかどうかである．

シュンペーターの「総合化」は，これまで多くの社会科学者の関心を引き付けながらも，その体系的解釈は成功せず，シュンペーター学派を形成するに至っていない．しかし，彼が今日まで，単なる思想史上の存在としてではなく，われわれが認めてきた市場原理や経済活動を反省し，それにさまざまな社会的，政治的要素を織り込んだ上で見直すという「総合化」に対して，さまざまなビジョンや分析道具を明示し得たのは，シュンペーターの総合的社会科学が貴重な知的パラダイムを内蔵している証である．この辺が新古典派やケインズ主義の経済学者と違うところだが，果たして社会科学にとって総合化は可能なのだ

ろうか．人間と社会の全体としての現象を統一的に解明しようとする社会科学にさまざまな課題を突きつける．

静態と動態の区別

ここでは，先ほどから問題になっているシュンペーターの静態と動態についても1つの結論を出しておいたほうがよいかもしれない．ことに静態といった場合，何も変化しない状態を意味するものではないが，あらゆる経済行為は時間を通して営まれるとすれば，静態といえども時間から切り離すことはできないはずである．もし時間が何らかの意味をもち得るとすれば，それは認識対象としての静態・動態を区別する問題ではなく，むしろ静学・動学をどうとらえるかという見方の問題だということができる．

要するに，静学は時間のうちに流れる静態をその構成要件の機能においてではなく，かかる成立過程から結果する均衡状態を一時的にとらえ，一定の与件の下で繰り返し生起する経済過程を分析するものであり，動学は静態において与件が変動するとき，何と何が関係しどのように連続的に変化するか，その過程を解明するものである．したがって，静態・動態はともに時間のうちに流れるといえる．つまり，静学は一瞬の切り口において把握するために，時間的間隔が除かれ，動学は1つの経過において把握するために時間的間隔が介在する．静態と動態の区別には諸説があるようだが，われわれはこのように理解しておいたほうがよかろう．

既に述べたようにシュンペーターはまず，『本質と主要内容』においては静学を重視するが，それが『経済発展の理論』においては動態を重視する．さらに，『景気循環論』に至っては，周知のようにR.フリッシュの指摘で，静学（statics）と動学（dynamics）の区別は分析手法上の相違によるものであって，研究対象とする現象の性質によるものではないということから修正を余儀なくされる[28]．結局，動学という用語が時間つき変数を含む異時点間の経済量に関するものとなり，静学が時間つき変数を含まない同一時点の経済量に関するものとなる．

ところが，シュンペーターの動学はもともと，伝統的な静学に時間的要素を導入したものではなく，静学的理論の基礎的仮説である経済人（ホモ・エコノ

ミクス），すなわち合理的人間の行動原理に代えて，いわば非合理かつカリスマ的な企業家の行動原理を設定することにより，短期的，静態的な均衡における交換の理論に代えて，発展の理論を定式化することによって，長期的，動態的な発展のメカニズムを分析しようとしたものだ．しかし，シュンペーターが1911年に著した『経済発展の理論』は現代の動学概念に立脚したものではなく，それは当時の分析道具の水準からみて，致し方なかったことかもしれない．問題なのは，ワルラスは自己のモデルから均衡――任意の状態ではなく，特殊な状態――での取引を慎重にも排除していたが，シュンペーターはそれをモデルに組み込み，重大な問題が生じるという事実にまったく注意を払わなかったということだ．

サミュエルソンの「動態的過程分析」

その後，サミュエルソンが動態的過程に関する分析に本格的に取りかかる．彼は若かりし時，ハーバード大学でエドウィン・B．ウィルソンの講義に出席し熱力学を学んだり，化学平衡に熱力学を適用し平衡移動の原理を突き止めたアンリ・ルシャトリエ（1850-1936年，フランスの化学者）の研究に熱心に取り組んだりしただけのことはあって，その論文「動態的過程分析」（ハワード・S．エリス編『現代経済学の展望』1948年）の中で，静態と動態の性質を次のように手際よく解説する．「静態論は，相互に依存する関係式によって経済変数を同時的，瞬間的，あるいは無時間的に決定することに関係する．歴史的に変化する世界でさえも静態的に取り扱えるのだから，その変化するおのおのにおいても静態均衡の継起的状態として取り扱える……．

異なる時点における経済変数が関数的に関連するということ，またこれと同じことだが，経済変数とそれらの変化率，それらの『速度』，『加速度』もしくは『微係数の高次微分』との間に関数的関係があるということが動態論の本質である．おのおののかかる動態体系は，一組の『初期条件』に対する主導的反応，もしくはある変化する外的条件に対する反応のいずれかとして，それ自身の時間的行動を作り出すということを記しておくことが重要である……．

大多数の動態的経済過程は次の2つの部類のうちの1つに帰する．すなわち，(a)『期間分析』で取り扱われる不連続な過程と(b)『比率分析』で取り扱われ

る流れを含む連続な過程とがこれである」29)．その上で，サミュエルソンは数学の教科書的な説明を加えるという念の入れようである．

　歴史的視点から俯瞰してみれば，1925年を境に動態的な世界で物事を考える新しい方法が整備されたと考えてよい．そのためか，サミュエルソンが動態的過程分析で差分方程式と微分方程式を用いるようになってから，安定や，ある限定された均衡の周りの変動するズレを研究し，循環論，価格理論，所得決定論などの領域で高度な動態モデルを精緻化できるようになったといえよう．

　とはいっても，差分方程式や微分方程式で解けるものは非常に限られていることから，シュンペーターは，自分の教え子のサミュエルソンなどが頻繁に使用するようになった差分微分方程式を「メドゥサの顔のごとく経済学者をおびやかす差分微分方程式」などと言って幾分皮肉っていた．

　確かに，マッハルプのように「シュンペーターが経済理論の構造に対して試みた真に革命的な変革は，利潤，企業家，利子のごとき若干の最も重要な経済的概念を，『静学』の領域から追放して，『動学』の領域へ引き入れた点にある」30)という解釈もできるが，しかし，純粋な静態モデルから動態モデルへの単なる移行というのではなく，前者はあくまでも後者と独立してプログラムされていたと考えられる．こうした見方は，善かれ悪しかれシュンペーターの学問世界そのものといってよい．にもかかわらず，資本主義の発展と変動を本質的に非連続的な発展過程とみなすシュンペーターの発展理論は，それだけに，連続的な経済成長過程とみなす新古典派の経済学者や，動学化されたケインズ体系を信奉する研究者から慇懃なる無視が続くことになる．

　シュンペーターの発展理論は，企業家によるイノベーションの遂行を経済発展の統一的なメカニズムとして定式化しようとしたもので，企業家による創造的破壊を外生的な出来事でなく，経済発展の過程で内生的に生じる現象として描く点に狙いがある．シュンペーターの理論はその限りでは「統一発展理論」といってもよい．

　この関連でひとこと付け加えると，R.F.ハロッドですらその後の1973年に著した『経済動学』の中で，静学と動学という二分法を力学から経済学に取り入れたのは，決して不適切ではないと述べる．「静学という言葉は，既に経済学の一部で広く用いられてきたところである．しかし動学のほうはそれほどで

はない．また動学という言葉は，力学の二分法に対応しない仕方で用いられることがしばしばである．

　静学および動学の双方に，実証研究の基礎として役立つそれぞれの基本的公理が存在しなければならない．……しかし，今日に至るまで動学には基本的公理の欠落が重くのしかかり，このことがいまだハンディになっている」[31]と．ハロッド自身は，公理系の無矛盾性の立場から動学を批判的にとらえながら，ケインズのマクロ経済学の静学的限界を乗り越えるべく，産出高（または国民所得）が均衡状態において連続的に変化（成長）する独自の動学化を試みるが，必ずしも成功を収めているとは言い難い．

　現実世界と実践に関わる経済学と，そのような対象をもたない純粋理論という公理系の数学観と結びつけて議論するにはどうしたらよいか．そう考えると，「経済学は公理系の上に成り立つ単一の建造物ではなく，個別状況に合わせて作られた個々のモデルの膨大な集積物だ」と言われるのも宜なるかなだ．だが，いかなる公理系といえども「直観的歴史的妥当性」を有するものであるかについては必ずしも数学者の合意が得られているとは限らない．

第2節　資本主義と企業家

　次にわれわれは，新古典派の経済学者からあまり注目されなかった資本主義における企業家の機能について論じてみよう．なぜなら，企業家の果たす機能を論ぜずしてシュンペーターの資本主義論を語ることはできないからだ．シュンペーターによれば，資本主義は長期的に経済構造の変化を伴う発展現象そのものであり，このような資本主義経済の動態的発展の過程は，企業家によるイノベーションの遂行と銀行家（あるいは銀行）による信用創造によって引き起こされるものだ．これがシュンペーターの資本主義の発展と変動に対するビジョンである．ここで問題になるのは当然，前者の企業家である．

　この企業家の機能については，シュンペーター以前から若干の経済学者によって論じられてきたところである．例えば，古くはカンティヨンがおり，次いでJ.-B. セー，J.S. ミル，ワルラス，C. メンガー，シュモラー，A. マーシャル，F.Y. エッジワースがおり，シュンペーターの同僚のA.H. コール，D. マ

ックリーランド，そして，近年に至ってF.H. ナイト，I.M. カーズナー，W.J. ボーモル，H. ライベンシュタイン，P.F. ドラッカー，A.D. チャンドラー・ジュニアなどが企業家の機能に注目した学者たちとして挙げることができる[32]．

また別な面から経済主体として人間を取り上げたという意味では，マルクスが最大の功労者であり，またウェーバーが禁欲的プロテスタンティズムの倫理がいかに資本主義形成期の精神へ転化するかという点に着目したことも重要な意義を持つに違いない．あるいはソースタイン・ヴェブレンが現代の大企業家を「産業の将帥」(Captain of Industry) と呼んで，その機能を重視したのは，米国で進行する資本主義の確立過程を内在的に批判するためであり，この「産業の将帥」という彼独特の用語でもって，ただ生産過程に直接投資するだけでなく，生産過程の所有権にも投資するという経済的社会的関係を特徴づける二分法が，暗黙の前提になっている．

このように資本主義における企業家の機能について考察した学者は決して多くはないが，ここで問題にするのはもちろんシュンペーターである．

シュンペーターの企業家論の特徴

それでは，シュンペーターの企業家論の特徴は何かと言えば，次の2つに要約することができる．1つは企業家を特別な階級の人間でなく，多くの困難を乗り越え，事業を成功へと導く強い意志と実行力をもった個性の強い「エリート的人間」として描いているところにある．しかも，単なるエリート主義ではなく，社会的な機能を有するか否かを問題にした点においては，後に述べるように，V. パレートやG. モスカ，R. ミヘルスなどの先駆者から強い影響を受けていることがわかる．

いま1つ，シュンペーターの特徴は，企業家の活動に影響を与える資本主義の文化構造要因に着目し，その文化構造要因に含まれる行為の目的や動機といったことについて，既に初期の時代から批判的だが注目したところにある[33]．仮にわれわれに求められるものが，一定のイデオロギーに依存する資本主義観ではなく，あくまでも事実を発見しそれを解釈するための道具主義 (instrumentalism) の観点から，すなわち観察可能な資本主義現象を組織化し，結果の予測をすることを目的としたものであるなら，そこで展開されるシュンペー

ターの企業論から汲み取るべきものが多い．

　もちろんシュンペーター自身も認めるように，彼の企業家論でもって理想的な企業家像を描いたり持続可能な資本主義のすべてを説明したりすることはできない．特に，企業家の多様性を考えてみれば，シュンペーターの生きた時代と，今日のように，市場経済のグローバリゼーションに伴う金融自由化と，組織を超えた情報ネットワークの加速化やデジタル化の進行した時代とでは，いささか趣を異にする．したがって，シュンペーターの企業家論をそのまま現代に当てはめて，単に批判するというわけにはいかない．

　シュンペーターの企業家は単一の個人に限定しているわけではないが，企業家を特別な才能の持主であると同時に，社会的な機能を有するか否かの側面から取り上げた点にその特質がある．私はこの点についてもう少し考察を加えてみよう．

　まず企業家は，資本家とは異なる存在である．この点を最初に抑えておきたい．シュンペーターの概念では，あえて企業家は原則として事業の立ち上げや，運営のための資金を所持しなくてもよい．もちろん資本家が企業家であっても一向に構わないが，この場合の企業家は無条件にある社会階級に結びつけて考えてはならない．シュンペーターは企業家たる条件を資金ではなく，むしろそれぞれの社会的に必要な機能を果たす上での個々人の「適性（Eignung）の相違」に求めているからだ．この「適性の相違」については，次の第3節「社会階級と帝国主義」で詳しく述べるつもりだが，資本主義の発展と変動に関するシュンペーターの説明は，必要な資金を銀行の信用創造によって調達するところからスタートする．このようにシュンペーターの動態の純粋モデルでは，イノベーションは銀行による信用創造がなければ，実現できないという前提が置かれている．

　この場合の「信用」とは，本質的には「購買力」を創造するための力であって，企業家に対して単に既存の「購買力」を譲渡することではない．すなわち，この信用の供与による購買力の創造こそが，資本主義の発展と変動を原理的に特徴づける．

　この点をシュンペーター自身の言葉でもって語らしめよう．なぜなら，新結合に必要な生産手段の購入に用いられる資金は，かりにその企業家が所持しな

いとすれば，どこから調達されるかという問題が残されるからだ．シュンペーターによれば，「常に問題となるのは，既に従来から誰かの手元に存在していた購買力を移転することではなく，無から新しいものを創造し，これが従来からある流通に参入することである．新しい購買力を創造するための信用契約が，それ自身流通手段ではない何らかの実体的担保に基づく場合にも，同じように無から創造されるといわなければならない．そしてまさにこれこそが新結合の遂行のための典型的な金融の源泉だ」[34)] と説明する．

　その上で，「銀行家は単に『購買力』という商品の仲介商人であるのではなく，またこれを第一義とするのではなく，何よりも商品の生産者である．しかも現在ではすべての積立金や貯蓄はことごとく銀行家の下に流れ込み，既存の購買力であれ新規に創造される購買力であれ，自由な購買力の全供給はことごとく銀行家の下に集中するのが常だから，彼はいわば私的資本家に取って代わり，その権利を剥奪するのであって，いまや彼自身が唯一の資本家となるのだ．彼は新結合を遂行しようとする者と生産手段の所有者との間に立つ」[35)] と．シュンペーターが銀行家を「交換経済の監督者」と呼んでいるのもそのためである．

　シュンペーターの銀行家による信用創造の重視は，正統派の経済学者のように貯蓄の増加を通じて資本蓄積が進行すると考えず，企業家のイノベーションの遂行による将来の生産物を担保として，あるいは将来の収益を見込んで実現される信用契約，すなわち，この場合の信用とは企業家に譲渡する目的でなされる購買力の創造としてとらえたため，最近の経済発展論の展開に画期的な一石を投じることになる．

　この点については，塩野谷の次の文章を読めば，おおよそその違いが理解できよう．「革新的投資は貯蓄によってではなく，信用創造によって賄われる．利子は貯蓄と投資を媒介する実物経済概念ではない．経済発展の世界では，貨幣はこのように信用創造という形を通じて実物経済に介入するから，貨幣数量説に固有の貨幣ヴェール観は否定されなければならない．貨幣の増加は，財の相対価格を不変にしたまま，一般物価の上昇をもたらすのではなく，革新の導入を通じて生産構造を揺り動かし，景気循環を生み出す」[36)] と．このように経済発展における貨幣の役割について，シュンペーターの考え方は，正統派の経

済学者と異なり経済をすぐれて貨幣経済として認識している．

　これまでの議論からもわかるとおり，シュンペーターにとって，独立変数は企業家のイノベーションである．この場合，彼にとって企業家とは，経済学の前提となる単に合理的な経済人（ホモ・エコノミクス）を意味するのではなく，あくまでもイノベーションを遂行する経済主体としての企業家，すなわち超人的とも呼びうる非日常的性格を有し，その意味では非凡な卓越性を有し，創造的に古い秩序を破壊する者である．それ故に，定常的循環における既存のルーティン・ワークをこなす管理者もしくは経営者（シュンペーターの言葉ではドイツ語の Wirt）とも異なるし，ましてや単なるアイデアや科学的原理を生み出す発明家[37]と同じではないが，所有と経営を分離したところの専門経営者であっても，経済を従来の軌道から新しい軌道へ乗せていく限り企業家である．ここで企業家が新しい市場を切り開いていくというのは，畢竟するにイノベーションの遂行はもとより，組織における資源配分のパターンを変え，新しいビジネス・モデルを導入できるような担い手の変更を意味する．

現代版シュンペーターの「新結合」

　次に，シュンペーターがその著『経済発展の理論』の第2章「経済発展の根本現象」で取り上げた"Durchsetzung neuer Kombinationen"（新結合の遂行）の定義を需要と供給から論ずるのではなく，市場を創造するためにはどうしたらよいか，経営学やマーケティング理論から再構築してみれば，経済学者の視点とは別のものが見えてくる．新古典派はどちらかと言うと，均衡状態のプロセスよりも，均衡状態そのものに注目するあまり，企業家が持つ特徴的な貢献から関心がそれてしまい，イノベーションや企業の本質を非常に狭い科学技術の知の領域に関する問題だといって無視してかかったからだ．この新結合の遂行の概念には5つのパターンが含まれているので，さっそく検討を加えてみよう（ただし，これらのパターンの英訳は，レドヴァース・オピーの英語版に必ずしも従っていない）．

　第1に「新しい製品の開発」（development of a new product）――これは単なる新製品を開発すること（「プロダクト・イノベーション」）だけでなく，従来の製品に対する改良や代替品の開発も含まれる．したがって，これに伴い製品

間の競争は激しくなり，製品の機能を高めることもさることながら，消費者の価値観の多様性に応えるものが要求される．その際，自社ですべてを手がけるのではなく，オープン・イノベーションのように外部活用をするものまで，さまざまな形態のものが今日では出現し，また，ただ作ればよいというのではなく，商品のコモディティ化を避けるためには価値次元の転換が問われている．

　第2に「新しい生産方法の導入」(introduction of a new method of production)――つまり，研究開発，製造，物流の過程を改善・改良することによって，より高品質でかつ低廉な製品を作り出す新しい生産方法の導入である．この意味するところは，「プロセス・イノベーション」であって，決して科学的に新しい発見に基づく必要はないが，商品の商業的取り扱いに関する新しい方法を含むのは言を俟たない．その手法の1つとして顧客を囲い込むために，カスタマーズ・リレーションシップ・マネジメント（CRM; 顧客関係性管理）などの手法が導入され，顧客との長期的関係維持をはかり，そのデータ・マイニングを用いて需要予測をしながら，顧客が求める製品を人件費の安い中国やインド，ASEAN（東南アジア諸国連合）などで効率的かつタイムリーに生産する仕組みを考え出すことである．

　その上で，複雑な機能を持つ「モノづくり」プロセスをある設計思想（アーキテクチャ）に基づき，これまでの「すり合わせ（インテグラル）型」から積み木に似た独立性の高い単位の「組み合わせ（モジュラー）型」に分解し，構成要素間をクライアントや部品納入業者と共有されたインターフェースでつなぐことによって汎用性をもたせ，クライアントや部品納入業者と自社が発信する有意な情報を結合させ，企業がもつ組織ケイパビリティを図る戦略が必要である．

　第3に「新しい市場の創造」(creation of a new market)――もちろん重商主義の時代のような販路の開拓は姿を消し，アマゾン・ドット・コムなどのような既存商品の新しい販売方法で市場を開拓するか，あるいはブルー・オーシャン戦略のような競争のない未知の市場空間をいかに創造するかが問われる．すなわち，「マーケティング・イノベーション」そのものだといってよい．今日ではPOS（販売時点情報管理）システムやGIS（地理情報システム）の普及，その後のICタグ（電子荷札）の開発と合わせて，サプライチェーン・マネジ

メント（SCM；供給連鎖管理），すなわち，主に製造業や流通業において，原材料や部品の調達から製造，販売という生産から消費に至る商品供給の流れを「供給の鎖」ととらえ，それに参加する部門・企業の間で情報を相互に共有・管理することで，ビジネスプロセスの最適化を目指す一方，消費者ニーズを的確にとらえ，新たな高付加価値な商品を供給し，未開市場を新たに創造するなどがそれである．

第4に「原料や半製品の新しい供給源の獲得」(conquest of a new source of supply of raw materials or half-manufactured goods)――この場合に供給源を自前主義でまかなうか，外部を活用するかは問わない．現代はグローバル化する中でeMP（電子市場）の進展やアプリケーション・サービス・プロバイダー（ASP；データ交換のプラットフォームをベースとして，企業のソリューション・ベンダーの役割を果たす業者）の出現によってサプライチェーン・マネジメントの環境が一変しているので，セキュリティ上のリスク管理とともに，外部から低価で安定的かつ長期的に入手可能にする手立てを考えたり，知的財産権を他社に開放したりする「サプライチェーン・イノベーション」に向けた取り組みをしなければならない．

第5に「新しい企業組織の実現」(carrying out of the new organization of any industry)――シュンペーターの時代は，例えばトラスト化による独占的地位の形成，あるいは独占的地位の打破による企業の新組織を実現することであった．しかし今日では，取引のスピードが要求され，企業の合併・買収（M&A）などのような多様かつ柔軟な企業間の協力や協調関係が中心で，市場を取り巻く環境は日々変化しているだけに，速度の経済をかなえるためのコラボレーション型のエンタープライズ・リソース・プラニング（ERP；企業の経営資源――人事，財務，生産，物流，販売，情報――の有効な活用によって企業の効率を高める計画）を実行できるような企業組織の新たな形態が求められる．

シュンペーターの新結合の遂行は，その当時から新しい製品と新しい生産方法をあげているように，単なる「プロダクト・イノベーション」だけではなく，「プロセス・イノベーション」を含むものである．次に新しい市場の創造を提案する「マーケティング・イノベーション」や，新しい供給源の価値連鎖にインパクトを与える「サプライチェーン・イノベーション」を取り上げ，最後に

新しい企業組織の実現によって経済成長の要因となるものを定式化（生産方法の変化を組織面からアプローチ）することに腐心していたことがうかがえる，いわゆる「組織イノベーション」というものまで含んでいる．

　読者は，従来とは異なる生産方法によって結合すること，つまり新結合の遂行という言葉に惑わされないでほしい．この意味するところはまだ利用していない生産手段の結合だけではなく，これまで利用している生産手段を転用ないしは転換するところにも使われ，相互依存的発展プロセスの不確実性を内在化していることがわかる．シュンペーターがイノベーションの本質を「われわれが取り扱おうとしている変化は経済体系の内部から生ずるものであり，それはその体系の均衡点を動かすものであって，しかも新しい均衡点は古い均衡点からの微分的な歩みによっては到底到達し得ないものである．郵便馬車をいくら連続的に投入しても，それによって決して鉄道を得ることにはならない」[38]という比喩でもって表現し，慣行軌道から新しい軌道への変更だけでなく，新しい担い手の出現を強調したのもそのためである．

　今様に言うと，「電話機をいくら連続的に投入しても，それによって決してインターネットを得ることにはならない」ということになろうか．新結合が旧結合の淘汰によって遂行される市場においては，これまでの電話会社の経営の慣行軌道を破壊させ，新たにインターネット接続というプロバイダーを出現させ，さらにそれに伴って起こる付随的な諸現象――例えば，光ファイバーケーブルの敷設，クラウドコンピューティング事業の大規模な展開やスマートフォンの普及，そのアプリケーション開発など――の過程をも支配する事情があることをシュンペーターは論証したかったといえる．

　このように従来のＳ字カーブの延長線上に表れるのではなく，リチャード・フォスターがその著『イノベーション――攻撃側企業の優位性』(1986年) の中でも述べたように，新たなＳ字カーブとして表れる．すなわち，Ｓ字カーブはどちらかというと，ほとんどいつもペアで表れ，その２つ１組のＳ字曲線の狭間の部分が技術の不連続 (discontinuity) 時点，つまり１つの技術が他の技術に取って代わる時点を示す[39]．

　ただし，実体として新たなＳ字カーブをかなえる打ち出の小槌があるのではなく，それが生まれる出会いを通して新しいものをダイナミックに作り出す

仕組みを認識し，長期的に見ると新結合の遂行が経済発展の最大の要素になるということである．

これは後に，ロバート・ソロー（1987年ノーベル経済学賞受賞）によって経済諸変数が持続的な成長を続けるような定常状態を仮定することで明らかにされる．すなわち，生産要素（労働と資本）の時間を通じた増加と，技術進歩の2つに分け，これをモデル化してアメリカの1人当たりの所得の増加の多くの部分が技術進歩によるものだということを実証したため，ハロッド＝ドーマー・モデルを超え，その後の経済成長理論に大きな影響を与えることになる．

イノベーションの今日的視点

さて今日の学問の世界では，イノベーションのあり方をいかにとらえているのだろうか．イノベーションの分野で卓越した業績を残した後藤晃，エベレット・ロジャーズ，ジェフリー・A.ムーア，エリック・フォン・ヒッペル，ティーヴン・L.ヴァーゴ，ロバート・F.ラッシュ，ヘンリー・チェスブロウ，リチャード・R.ネルソン，シドニー・G.ウィンターの9名の先行研究者を取り上げ，イノベーションを生み出すメカニズムとその普及過程，イノベーションがもたらす競争社会における格差問題，イノベーションにおける顧客との価値共創などを手短に概観しておこう．

（1）例えば，わが国における産業組織論の第一人者である後藤晃によれば，イノベーションとは新しい製品や生産の方法を成功裏に導入することを意味し，イノベーションにとっての基本的な視点を次のように提示する．「1956年の『経済白書』は『もはや戦後でない』という名文句で有名である．この経済白書では，イノベーションを『技術革新』と訳して使っている．しかし，イノベーションにとって，技術は重要ではあるが構成要素の1つである．十分条件ではなく，必要条件といってもいい．技術的には成功したが，売れずに赤字を出した『新製品』はいくらでもある」と[40]．

イノベーションの定義で成功裏に導入するとは，それにより利益があがることを意味する．イノベーションが成功するためには，開発すべき新しい製品のコンセプトを定め，市場調査を行ない，生産し，価格を付して，流通チャネルに乗せて販売するといった一連のマーケティング戦略が必要になる．これをす

べて自前で行なう必要はないのだが，誰がどのような形で担うにせよ，これらの活動が必要である．このように考えると，後藤の説明では失敗したイノベーションをマーケティング戦略の観点から否定的にとらえている．

確かに，創造の場では失敗から学ぶことも多いが，商品化の場ではそれが許されない．いずれにしても成功するか失敗するかは事前にはわからないので，それに対する対応能力を養っておく必要がある．時間は待ってくれないのだから，企業にとっては失敗を重ねるうちにその開発競争から退かざるを得ず，われわれは，厳しい現実を直視しなければならない．

（2）次に，イノベーションの普及過程について数々の輝かしい研究成果を上げたニューメキシコ大学名誉教授のエベレット・ロジャーズは，イノベーションを「個人あるいは他の採用単位（an individual or other unit of adoption）によって新しいと知覚されたアイデア，習慣，あるいは対象物だ」[41]と定義する．この定義は，あるアイデアが個人や組織にとって新しいものと映れば，過去のものでもかまわないが，若干歴史的な規定性に乏しい一般化された定義になっている．強いてロジャーズの研究の特徴を挙げれば，シュンペーターのように企業家によるイノベーションの遂行を問題にするのではなく，イノベーションがいかに普及するか，その普及のプロセスが研究対象になる．それ故に，イノベーションが個人や組織によって採用され，それがコミュニケーション・チャネルを通じて，時間の経過の中で社会システムの成員の間に伝達されるプロセスを重要視する．

彼の貢献はイノベーション普及において，イノベーションの意思決定過程を5段階，すなわち第1の「知識段階」，第2の「説得段階」，第3の「決定段階」，第4の「実行段階」，第5の「確認段階」の5段階をモデルで示し，イノベーションを社会システムの成員によって採用される製品の普及度合いと時間の関係をグラフ化したところ，その曲線はS字カーブを描く，そのことに気づいた点である．なぜなら，革新性のある人びとほど新製品を早く手にし，そうでない人びとは遅くてもいいと考えるからだ．

その上でロジャーズは，新製品の採用を早い者から順に，①イノベーター（革新者），②初期採用者，③初期多数派，④後期多数派，⑤ラガード（採用遅延者）の5種類に分類し，これを「イノベーション採用者カテゴリー」と名づ

け，その場合 S 字カーブは正規分布として描くので，それにイノベーション採用者カテゴリーを適用する．その結果正規分布では，平均値（μ）から標準偏差が $\pm 1\sigma$ のところだと，全体の 68% をカバーし，これが平均値から標準偏差が 1σ から -2σ のところだと，82.5% をカバーする．この分類によると，平均値より 2σ を引いた点から左側残り半分の 2.5% のところに新製品が出れば，すかさず反応するイノベーターがいる．次に市場全体の 13.5% を占める初期採用者がおり，やがて多数派（初期多数派と後期多数派）が属する一般市場（市場全体の 68%）へと進展するという．ここで重要なのは自ら情報を集める初期採用者が，オピニオン・リーダーとして判断する新しい価値観が初期多数派に及ぼす影響力である．

（3）以上のように考えると，イノベーションとは本質的に市場における不確実性への挑戦だが，成功裏に導入することを前提とする．しかし何事も，最初からすべてが成功を収めるとは限らない．初期市場で話題になったがメインストリーム市場で普及しなかった例は枚挙にいとまがない．マーケティング界の世界的権威者ジェフリー・A. ムーアはその理由を，ロジャーズの仮説を駆使しながらハイテク市場に求める[42]．イノベーションは一般に，多数派の追随者が控えるメインストリーム市場へと，スムーズに浸透していくかのように見えるが，そう簡単にはいかないようだ．ムーアは，ハイテク製品においては初期市場を形成するビジョナリー（「初期採用者」に相当）とメインストリーム市場を左右するプラグマティスト（「初期多数派」に相当）との間にキャズム（深い溝）があり，それを飛び越えるよう努めなければ短命に終わる場合が多いことを突き止める．

では，キャズムを飛び越えるにはどうしたらよいのか．ムーアはこれに対して，時代を超えて永続する企業を実現するための「カテゴリー成熟化ライフサイクル」[43]なるイノベーションの普及仮説を提示する．

前述したように，初期市場とメインストリーム市場への移行段階でその属性に大きな隔たりがあるため，ある特定の顧客層へ向けてホールプロダクトを素早く作り上げるとともに，口コミ効果を駆使し，マーケットにおけるリーダーシップをいかに実現するかがカギになる．具体的には，プラグマティストである初期多数派を次々と攻略するためにはそれまでとの購買特性の違いを考慮し，

まず確実に攻略できるニッチ市場を攻略して実績をつくることから始める．それを足がかりに次々と同じようなニッチ市場を攻略する「ボーリンググレーン戦略」を実行に移すことで，テクノロジーが応用分野においても広範に採用され，トルネードに乗って見事に舞い上がる段階へと進む．それはあたかもボーリングで一番ピンを倒し，次々に他のピンを倒していくのに似ていることから命名されたもので，メインストリーム市場への足がかりを築く戦略である．

ムーアの最終モデルは横軸に時間，縦軸に市場の成長を取り，この「テクノロジー導入ライフサイクル」を第1段階に添え，第2段階の「成長市場」，第3段階の「成熟市場」へと駆け上がり，第4段階の「衰退市場」，最終の第5段階の「ライフサイクルの終焉」を持って，全体として「カテゴリー成熟化サイクル」を構成する．ムーアのキャズムについての考え方はもともと，前述したようにロジャーズのイノベーション採用者カテゴリーと製品ライフサイクルを基礎に組み立られている．言い換えれば，「製品ライフサイクル対応型」のイノベーションと呼べるものだが，イノベーションの発見手法を扱ったものではなく，あくまでも，時代を超えて永続する企業の筋道を実証的に調査したものである．そのためか，イノベーションのダイナミックな市場（時間を通じて発展するプロセス）に振り回されて問題を定式化するには至っていない．

一般に，いかに買ってもらうかは顧客をいかに満足させるかにかかっており，顧客満足度のモデルは知覚された成果と期待との相関関係できまる．すなわち，顧客の期待値を上回るイノベーションのパフォーマンスがあったときに生まれるが，この場合，単純にイノベーションのパフォーマンスを上げることではなく，逆に顧客の期待値をさげてもらうことでもなく，企業にとって顧客から喜びを引き出す何かが必要である．というのは，ある程度満足している顧客でも一般的に低価格で小型化され，さらなる機能の絞り込みによって使い勝手が良いものであれば，他社の製品へ簡単に乗り換えてしまうからだ．したがって，機能的満足度に加え，感情的，精神的喜びを引き出す何かが必要で，単なる合理的な優位を超えた顧客との信頼関係をいかに築くかが重要な鍵になる．

（4）ところで，現代の資本主義市場ではグローバルネットワークそのものが注目され，かつ金融の国際化が進展すると同時に，持続的に利潤を求めて投資活動をするのが常であるとすれば，そのような過程を推進するのは，旧来のや

り方のみを踏襲する単なるルーティン・ワークをこなす管理者もしくは経営者ではなく，イノベーションの遂行を自らの仕事とする企業家が必要となる．しかも，現代では企業家からの働きかけだけで完結するのではなく，イノベーションの源泉が多様化する中で，情報の非対称性を背景にリード・ユーザー（先端顧客）にもその役割が求められる．市場では売り手と買い手が対峙するが，一般には売り手が保有する情報と買い手が保有する情報の間には情報の分布に偏り，すなわち各取引主体間において大きな情報格差があるからだ．

　このような現象をつぶさに観察し独自の仮説を唱えたのが，マサチューセッツ工科大学教授のエリック・フォン・ヒッペルである．彼は「情報の硬直性」（information stickiness）という概念を用いて，情報の硬直性がもたらす重要な帰結の1つは，情報の非対称性を生み出すことにあると規定する[44]．この情報の硬直性とは，ある所与の単位の情報をその情報の受け手に利用可能な形で，ある特定の場所に移転するのに必要なコストを表す概念である．情報の硬直性を高める要因としては一般に，「情報の種類」，「情報の使い手の属性」，「移転される情報の量」を挙げることができる．イノベーションにおいてはこのように情報の硬直性の低いリード・ユーザーの果たす役割に着目し，「情報の硬直性」仮説が生まれ，リード・ユーザーとの協働による創造ということがこれまでのイノベーション研究に新しい視点を提供している．

　(5)また，ハワイ大学教授のスティーヴン・L. ヴァーゴとアリゾナ大学教授のロバート・F. ラッシュによって，従来の商品ドミナント・ロジック（G-Dロジック）から新たなサービス・ドミナント・ロジック（S-Dロジック）の概念[45]が提唱されて以来，経営学やマーケティング分野における価値の創造に関わる発想の転換が求められている．なぜなら，企業の活動における価値提案のサービス概念を拡張し，サービスをオペラント資源（ある環境に操作を加える資源，あるいはオペランド資源に作用する資源）である知識や技術の適用としてとらえるこの概念は，その論理基盤となるS-Dロジックを踏まえた価値共創の議論の中心となるからだ．現状ではS-Dロジックの意義や有効性は必ずしもはっきりしないが，企業が顧客との関係形成を通して，顧客の文脈価値を生成，支援する過程で，価値を共同で創造することである．その過程で生成される価値は，取引が成立するときに決まるような交換時点の価値ではな

く，むしろ商品を購入しそれを利用する一連のプロセスの中で顧客がその価値を最大限に引き出すような使用段階での価値で決まる．ここではS-Dロジックを検討することで，価値共創とイノベーションの接点を見出し，これまでのように商品とサービスを分け，二元化してとらえるのではなく，商品をサービスの提供のための単なる媒介として位置づけ，サービスの相対的重要度と意味を関連づけることによりその背景や状況そのものを解釈する．

　われわれは現代のIT革命やビッグデータの活用が叫ばれている中で，リード・ユーザーや顧客との相互作用を通じてそんなにうまく価値を創造することができるかどうかは未知数だが，次にオープン・イノベーションを提唱するカリフォルニア大学バークレー校ハース・ビジネススクール教授のヘンリー・チェスブロウの理論を応用しながら，わが国のエレクトロニクス・半導体産業に当てはめて解釈すれば，このようになろう[46]．

　イノベーションの現場がグローバルネットワークの発達を通じて情報の多様性とデジタル化の急速な進展を見たことから，企業が自前の経営資源だけで研究開発（R&D）や販売・マーケティングをする企業組織型の垂直統合モデルよりも，自社の目的にかなうように外部の研究開発力を取り込んだり，時には知的財産権を他社に開放したりするカリスマ的企業家型の水平分業モデルのほうが比較優位を持つと考えられる．裏を返せば，イノベーションを内部化したクローズド・イノベーションの企業では，販売・マーケティング面で深刻な競争劣位に直面することになる．

　別言すると，企業組織型の垂直統合モデルが有効に機能するのは，市場が比較的秩序を保っている場合であり，これに対してカリスマ的企業家型の水平分業モデルが効果的に働くのは，市場に逆風が吹き荒れカオス的状況の場合である．オープン・イノベーションが求められる時に企業組織型ではこれに対応できず，商品のコモディティ化の罠に陥り，後で価格を下げても売れなくなるからだ．現在のように，組織を超えた情報ネットワーク化とデジタル化が地球規模で進展し，設計段階でも製品段階でも容易に模倣され，追いつき追い越されてきたわが国のエレクトロニクス・半導体産業では，従来にも増して「スピード」と「変化」への対応力が求められる．

　ところで，シュンペーターの説くようにイノベーションは供給サイドで起こ

るものだとしても，需要サイドで何が起こっているかを理解するために，フォン・ヒッペルやS.L. ヴァーゴ，R.F. ラッシュの「顧客ニーズ対応型」のイノベーションの概念に従って，市場との関係性を問い直してみることはことのほか重要な意義がある．

　これまでの商品中心からサービス中心へのパラダイム・チェンジが求められる中で，その価値を最大限に引き出すような利用段階での価値に対するオペラント資源である知識や技術を適用し，顧客とともに価値を創るという枠組みでとらえなければならない．この場合，顧客が単に求めるものを提供するのではなく，これまで欲しいと意識さえしなかったものを生み出したり，あるいは顧客のこれまでの経験に責任をもち，機能的，感情的，精神的満足を引き出せるものを提供したりするビジネス・モデルを構築することが課題となる．

　(6) 最後に，イノベーション研究の第一人者，コロンビア大学名誉教授のリチャード・R. ネルソンは，シュンペーターの言う「創造的破壊」の過程が経済に与える影響に着目し，次のような新しい知見を示す．すなわち，彼はシュンペーターのようにイノベーションの遂行を企業家だけに求めず，組織のルーティンにおけるイノベーションを重視する．その場合のイノベーションは単なる技術革新のみを指すのではなく，市場の創出，開発・生産・流通プロセスの改革や法制度改革など，社会システム全体の見直しを通じ，持続可能な社会の実現を目指すという実に幅広い意味を持たせる．ネルソンはそれを解き明かすに当たり，進化経済学を応用し，経済の長期的変化の過程でイノベーションがどのような役割を果たすかをモデル化し，経済成長に与えるインパクトを分析する．

　そのネルソンがペンシルバニア大学ウォートン・スクール名誉教授のシドニー・G. ウィンターと著した『経済変動の進化論』(1982年) によれば，シュンペーター的競争についての分析に，正統派理論のような「選択肢はすべて知られており所与のものだ」という前提を用いるのは困難だという．「進化理論では，選択肢は所与ではなく，いかなる選択の帰結も知られていない．いくつかの選択は，他のものより明らかに悪いが，事前にどの選択が最適かどうかわからない．この前提に基づけば，多様な企業行動が実現的に存在することが予測できる．同じ市場のシグナルを受けても企業によっては異なった反応をする．

シグナルが比較的新しいものである場合には一層反応は異なる．実際，このような企業の反応の多様性は，さまざまな可能な企業行動が試されることになるという意味からも望ましいものである．競争のもつ1つの機能は，企業組織の面から見ると，多様性をもたらすことにある．また競争のもつもう1つの機能は，これまでより積極的な意味において実際に結果的に良かった選択に報い，悪かったものを抑えることにある．長期的に見れば，競争システムは，平均的に良い選択をした企業が勝ち，一貫して間違え続けた企業が排除されるか改革を迫られかどちらかだ」[47]．

ネルソン゠ウィンター・モデルの観点から市場システムをみれば，そこは企業行動や企業組織の実験場であり，その結果を評価するための装置だということがわかる．このような見解は，新古典派経済学やケインズ経済学から示されなかっただけに注目に値する．

その上で，シュンペーターの説く競争社会も「格差」，すなわち勝ち組と負け組を生み出す点に注意を促しながら，もし経済成長が人びとに強いる負担がきわめて大きい場合には，公共政策にそうした犠牲を減らす役割を課し，しかも，それは資本主義のダイナミズムがそがれないよう配慮されなければならない，と彼らは言う．

生物学でいう進化論に基づいたシミュレーション・モデルを構築し，イノベーションや模倣が産業や経済の成長・衰退に与える影響を分析し，他に先駆けて一般化した彼らの『経済変動の進化論』は高く評価することができる．本書は，これによって進化経済学の理論書としての地位を不動とした[48]．

以上，私はシュンペーター以後，イノベーションに関する概念や法則を次々と発表し，注目を集めてきた9名の先行研究者を吟味したところ，とりあえずイノベーションをロジャーズ゠ムーアの「製品ライフサイクル対応型」と，ヒッペル，ヴァーゴ゠ラッシュの「顧客ニーズ対応型」，チェスブロウ，ネルソン゠ウィンターの「ケイパビリティ対応型」の3つに分けることができた．換言すれば，前者を「供給主導型イノベーション」，後者の2つをそれぞれ「需要創出型イノベーション」と「カリスマ的企業家型イノベーション」と呼ぶことができる．いずれにしても，企業が成功する鍵は，矛盾を抱えながら，すなわち誰もが納得するような経済的合理性を欠く中で，消費者をいかに取り込み，

いかに関心を持ってもらうかにかかっているが，問題はそれを誰がいつ行なうかである．

　なお，ネルソン＝ウィンター・モデルおよびイノベーションにおけるシュンペーターの現代的意義との関連づけについては，第4章第2節の「シュンペーター的競争モデル：ネルソン＝ウィンターの貢献」および第5章第2節「資本主義とイノベーション」で改めて検討するつもりだ．

第3節　社会階級と帝国主義

　ところでシュンペーターは，当初から経済学が広範な領域をカバーするなんて微塵も考えていなかったようである．例えば，1932年に居をドイツから米国へ移しながらも，苦心して仕上げた浩瀚な著『景気循環論』を，もし数学を用いて説明したら，比較静学に対する先駆的貢献が評価され，ノーベル経済学賞を受賞したかもしれない．もっともシュンペーターの生前にはこの賞はなかったのだが――．

　比較静学の問題に満足すべき解釈が与えられたのは，周知のように，シュンペーターの教え子であるサミュエルソンの博士論文（1941年）が現れてからのことである．実はこの学位審査のための口頭試問に当たって，真偽のほどははっきりしないが，1つのエピソードが残っている．シュンペーターがこの論文がとても優れていたので，審査後「やあ，われわれは彼から合格点をもらえたのだろうか」と同僚の審査委員であったレオンチエフとハンセンに尋ねたという逸話である．合否を決める立場にいるシュンペーターをして彼らに愚問を発するほどサミュエルソンは優秀だったという証である．サミュエルソンはその論文の中で，仮定された条件（関数関係）の下で，指定されたさまざまな与件（パラメータ）をもって，与えられた変数（未知数）の均衡値の決定を示すのが比較静学の課題だと喝破した[49]．サミュエルソンは1970年，静的，動的経済理論を開発し，経済科学における分析の水準向上に貢献したとしてノーベル経済学賞を受賞する．

　振り返ってみると，シュンペーターが描いた与件の学としての経済学は，それまでの新古典派やケインズ派の経済学者が意識的に排除し，積み残してきた

領域である．これが経済学のフロンティアを拡大するのに貢献することになる．われわれは，これをシュンペーターの「経済社会学」と呼ぶことにしよう．経済社会学とは経済分析がその対象外に置き去りにしてきたところの制度的与件に着目し，社会学的な分析視点から取り扱うものである．言い換えれば，経済学者が意識的に排除し積み残してきたものを，つまり与件としてきたものを，もう一度経済学の体系に取り入れる作業に他ならない．彼が単なる経済学者以上の者だといわれるゆえんも，実はこの辺にある．

シュンペーターの社会階級理論

われわれがここで一歩踏み込んで考えるべき問題は，シュンペーターの「社会階級の理論」である．彼の論文「社会階級論」(1927年，正式なタイトルは「人種的に同質である環境内での社会諸階級」) は，その後の1942年に発表された『資本主義・社会主義・民主主義』でも再び取り上げられるものの，最初にこの問題に手を染めてから完成に至るまでに，実に16年の歳月を要したものである．このような経緯からも明らかなとおり，彼が中世ドイツの封建貴族と19世紀の産業ブルジョアジーについての階級変動をいかに注意深く考えていたかをうかがうことができる．

それでは，彼は社会構造をいかにとらえていたのだろうか．しかし，その話を進める前に，シュンペーターに先立って指導者（エリート）と階級形成の関係について展開した論文には，すでにG.モスカの「政治階級の理論」やR.ミヘルスの「寡頭制の鉄則」，V.パレートの「エリートの周流理論」などが存在していた．また，シュンペーターの資本主義的経済過程を取り上げるとき，われわれが企業家による資本主義制度の内在的進化の側面にのみ眼を奪われたとすれば，おそらく彼の業績を正当に評価したことにはならない．確かに，資本主義制度の内在的進化には社会組織や社会規範の変化を伴うが，しかし，こうしたことへの配慮というものは，新古典派経済学ではあまりにも希薄であったといえる．

シュンペーターの社会階級論は，マルクスの階級論を意識して書かれたというだけでなく（『経済発展の理論』の日本語版に寄せた序文によれば，シュンペーター自身は意識していなかったそうだが），階級形成を単に資本主義だけ

とかかわらせて論じることの限界を指摘し，さらに封建制度までさかのぼるとともに，一族や一家の階級の移動にも広く目を配り，階級現象の究極的な根源が個々人の指導力との関係における「適性の相違」に基づくことを論証したものである．シュンペーターはもともと，社会の実体を多様な社会階級の寄せ集めとして把握し，社会階級はそれぞれ独自の能力を果たすために形成され，彼はその能力を適性と呼んで，社会的に必要なものとして社会から要請されるものだと同時に，社会環境に規制されるものだと考えた．したがって，これは資本主義がマルクスのような労資の対峙からなるというような前提を置く考え方を否定し，企業家を中心としたイノベーションの遂行による経済発展の図式を説明するための予備的考察に他ならない．

ところで，われわれは資本主義の本質を解明する上で，確認しておきたいことがある．それは，誰が資本主義をコントロールしていたかということである．シュンペーターは，この問題を『資本主義・社会主義・民主主義』の第2部「資本主義は生き延びうるか」でも引き続き考察する．歴史的に見ても，資本主義の支配者はブルジョアジーではないのは事実である．確かに，近代資本主義の胎動とともに出現し，経済活動を盛んに展開してきたのはブルジョアジーだが，有産階級は政治について無力であり，その国民を指導し得ないばかりか，自分自身の階級利益を守ることさえおぼつかない存在であることを自覚していた．そのため，ブルジョアジーは主人を必要とした．では，誰が主人になったのか．それは，政治の先頭に立ち，国家を管理し，軍を統制してきた貴族である．彼らがブルジョアジーを政治的に支え，ブルジョアジーが彼らを経済的に支えてきた．畢竟するに貴族とブルジョアジー，この2つの社会階級による「積極的な共生」（active symbiosis）があったからこそ，上手にやってこられたのである．すなわち，貴族とブルジョアジーによる二重統治が機能し，シュンペーターの意味する「共生の理論」が展開される．

だがここで，われわれが当面問題とすべきは，資本主義的経済過程における発展と変動の担い手である企業家と階級の関係である．なぜなら，社会階級は個々人の能力と社会との関係において，つまりその社会の要求する能力を有するか否かによって決定されるからだ．もちろん人種の相違やその他の異質な点を捨象するとすれば，その社会の要求によりよく対応し得る個々人が，より多

くの富と権力を掌握することになる．

　当然，時代あるいは経済制度によって個々人に要求される能力は異なるが，対象を資本主義社会に限ってみても，そこで最も必要とされるものは，イノベーションの担い手である企業家の能力である．もし企業家がイノベーションを遂行し，信用メカニズムを動かし，事業化に成功した結果，首尾よく多額の企業家利潤を得たとすれば，彼はたちまち「持てる者」として有産階級の一員に加えられる．だが，ここで注意すべきは，一度イノベーションの遂行に成功し，莫大な企業家利潤を得たからといって，その後においてブルジョアジーとしての階級が永久に保証されるわけではない．

　以上のことから，シュンペーターの社会階級の概念は，地主，労働者，資本家，経営者といった経済関係上の概念ではなく，あくまでも資本主義社会において求められる企業家の能力を具えているか否かにかかっている．したがって，例えば労働者から企業家が生まれ得るし，地主や資本家も企業家になり得るのだが，企業家それ自体は階級構成とか階級闘争とかに関連して考えられた社会現象での階級ではない．結論から先に言えば，シュンペーターの企業家は現実の具体的な企業家を抽象化して得られたものではなく，彼の階級理解の道具として企業の機能を人格化した概念である．

　シュンペーターが社会階級の本質を，その社会が必要とする能力に対して，個々人がいかにそれに対応し得るかといった裏には，前述のように同一階級内における上昇と下降，あるいは各時代の求めるもの自体の変化による階級を超えての移動という二様のものが含まれている．その意味するところは単なる階級内あるいは階級を超えての移動だけではなく，階級を構成する主体として自己の自己に対する関係性を統治することそのものにかかわる．したがって，シュンペーターの階級論には自己への配慮が欠かせないといってよい．

　ところが，このようなシュンペーターの階級論が，どこまで歴史的現実を写し取っているのかと問われれば，直ちにそれがあてはまるというわけではない．ことに経済制度がいかなるものであれ，企業家はその経済発展の原動力として存在し続けるから，シュンペーターはあまりにも資本主義制度の内在的進化にとらわれすぎているともいえる．要するに，シュンペーターが階級現象の究極の根源をどこに求めていたか．それが問題なのである．その答えは，「個々人

の適性の相違」(individual differences in aptitude)[50] に置かれている．それは絶対的な意味におけるものではなく，それぞれの時における社会的に必要な機能を果たす上でのものだと同時に，その機能を果たす上での指導力との関係におけるものである．特に彼が強調してやまないのは，一族あるいは一家の適性の相違だと説くが，必ずしも集団に断っておらず，個々人でもよい．したがって，シュンペーターによれば，階級構造とは社会という有機体の器官でもなく，法律的，文化的な実体でもなく，個々人がその社会的価値により，究極においてはその「適性の相違」に応じ，序列づけられることによって出来上がるものだ．

　このような問題意識の下で論じられた社会階級論は，長い年月をかけ熟慮しただけのことはあって，彼の思想体系の中でも中心的な地位を占めるものだといってよい．そもそも，シュンペーターは社会の実体を多様な社会階級の寄せ集めとして把握し，社会階級はそれぞれ独自の機能を果たしており，その機能は社会から要請されたものだと理解する．すなわち，社会と個々人の関係においては，個人は自律的に選択しているつもりでも，社会環境によって一定の枠に縛られ，「枠の中での選択」を行なっているに過ぎない．ことに企業家との関連においてみれば，彼は資本家のもつ剰余価値がそのまま増加していくというマルクスの見解には与せず，企業家は資本家とは異なる存在だと考える．それ故に，マルクスのように資本主義が労資の対峙からなるという考え方を否定し，企業家のイノベーションの遂行によって資本主義の発展と変動のスキームを説明するための前提を満たす条件が必要であった．

　このような前提条件の下では，あえて企業家は原則として事業の立ち上げや，運営のための資金を所持しなくてもよいことになる．もちろん資本家が企業家であっても一向に構わないが，この場合の企業家は無条件にある社会階級に結びつけて考えてはならない．企業家たる条件は資金ではなく，むしろそれぞれの社会的に必要な機能を果たす上での「個々人の適性の相違」に置かれているからだ．シュンペーターの企業家は単一の個人に限定するわけではなく，集団（シュンペーター自身の言葉では「一族あるいは一家」）でもかまわないが，企業家を特別な才能の持主であると同時に，社会的な機能を有するか否かの側面から取り上げた点にその特徴がある．したがって，シュンペーターの企業家の

条件は何かと問われれば,それは企業家を特別な階級の人間でなく,多くの困難を乗り越え,事業を成功へと導く強い意志と実行力のある個性の強い「エリート的人間」に限定して描いたところにある.

シュンペーターの帝国主義論

次に取り上げなければならないのは,シュンペーターの帝国主義論である.そもそも彼の論文「帝国主義の社会学」(*Archiv für Sozialwissenschaft und Sozialpolitik* 誌,第46号,1919年)が発表されたのは,第1次大戦後のことだったが,その2年前にロシア語で出版されたレーニンの『帝国主義論』(1917年)を読んでいたかどうか定かでない.このシュンペーターの論文は,古代から近代までの歴史上に現れた帝国主義の実態を基に,その国の資本主義そのものの内在的論理と結びつけずに,国民の心理的性向や社会構造と結びつけ,ホブスンやネオ・マルキシストですら見落とした国家の際限なき拡張を強行しようとする無目的的な行為について批判的に言及したものである.

既に,シュンペーターの『帝国主義と社会階級』(1951年)の編集に携わったポール・M. スウィージーは次のように述べている.「シュンペーターの帝国主義は,建物の一部をなす石の1つではなく,建造物を建てるための支えとなる支柱の1つだということができる.

他方,社会階級の理論は,彼のグランド・デザインの中で異なった地位を占める.シュンペーターにとっての――この点では(その他多くの点でもそうだが)彼は疑いもなくマルクスに強く影響された――資本主義は,すべての社会制度がそうであるように,1つの過渡的な現象にほかならない.それは歴史のある時期に生まれたものであり,現に生存の途上にあり,遅かれ早かれ消滅する.この観点からすれば,完全な資本主義の理論というものは,3つの部分からならなければならない.すなわち,生成の理論,機能と発展の理論,それに衰退の理論である.シュンペーターの労作の大部分は機能と発展の理論に関したものだが,これでは尽きないのだということを,彼はよく知っていた」と[51].

スウィージーのこのようなシュンペーター解釈に対する O.H. テイラーなどの批判はしばらく措くとして,シュンペーターはその論文「帝国主義の社会学」の最終章,すなわち第5章で「帝国主義と資本主義」で次のように言及す

る．彼は歴史をとらえるに当たって，それは必然的なものでも偶然的なものでもなく，今の時代に過去の時代が共生しているという歴史観を披露する．

マルクス主義理論のように，資本主義であればこそ帝国主義が発生し発達するのだという，いわば進化理論に基礎を置くものではなく，シュンペーターに言わせれば，帝国主義はいわば隔世遺伝的なものである．要するに，それは「社会構造における隔世遺伝であり，個人的，心理的感情の性向における隔世遺伝である」[52]．社会構造や個人的，心理的感情の性向は決して自由でもなく本能でもなく，外部の経済的，社会的，政治的規範に従属しながら変容する存在だからである．問題は自己決定できる主体の概念の捉え方が鍵となる．例えば，帝国主義における戦争への意思の説明では目に見える抑圧的な社会権力が支配し，戦争したのではなく，主体的に自己をコントロールする権力を作り上げてきたのである．確かに，支配階級の内政的な利害関係により好戦的な性向と結びついたり，戦争政策によって経済的，社会的利益を得る人たちの影響力が好戦的な性向と結びついたりしたが，帝国主義は主体的に自己を支配する権力のテクノロジーを作り，存続させてきたのである．しかも，「純粋な資本主義の土壌の上には，帝国主義的衝動は育ちにくい」[53]というのがシュンペーターの基本的な立場である．

ここで，あえてシュンペーターの帝国主義論に関する先行研究を取り上げれば，次のような論点が浮かび上がる．例えば，伊東光晴によると，資本主義の段階を区別することなく，プロイセン＝ドイツという現実への批判であると同時に，それがオーストリアを巻き込み，第１次世界大戦へと進む現実を前にした帝国主義への批判でしかない[54]．そう言われると，シュンペーターは「標語としての帝国主義」と「帝国主義の実践」を区別しているに過ぎない．それ故に，シュンペーターの帝国主義論は，ドイツ帝国主義を一般化する割には，イギリス帝国主義を公平に取り扱っていないという批判を受ける．また，都留重人によると，シュンペーターの帝国主義論の弱点は，資本主義の独占的な側面と帝国主義とを結びつけることに成功しながら，その独占的な側面を純粋の資本主義とは別個のものだ，と断定したことから生じている[55]．

確かに，このように批判することもできないわけではないが，もっともシュンペーターが独占資本主義との関連で重視したのは，輸出依存的独占資本主義

(export-dependent monopoly capitalism) である．輸出依存的独占主義では労働者の貧窮化が問題になるが，それはマルクス主義者が輸出依存的独占主義を過大評価したからだ．輸出依存的独占主義は，資本主義発展の内在的法則から生まれたものではないというのがシュンペーターの基本的な考え方である．要するに，帝国主義が資本主義の必然的発展段階の1つだとか，帝国主義諸国による植民地分割戦争が始まるなどを考えるのは根本的に間違った見方だ，このようなことを立証したかっただけである．シュンペーターが亡くなる前年，すなわち1949年の夏，世界情勢研究所公開セミナー (Haddon House Lecture at the Institute of World Affairs) で，シュンペーターは帝国主義ではなく，労働者優先主義——ここで労働者優先主義とは，労働者の利益が支配的な段階にある資本主義社会——が資本主義の最終段階だという説を唱える．

この第3節ではシュンペーターの帝国主義論に対する論者の批評を紹介しながら，私の見解を簡潔に述べるにとどめるが，いずれにしても，帝国主義という用語はもはやその歴史的インプリケーションを失い，論者によってはその概念規定が異なり，しかも一般的に相手を批判するための強力なインパクトを持つようになった感が否めない．そのため，シュンペーターの帝国主義を正当に評価するには，従来の固定概念にとらわれない帝国主義の構造とその歴史的過程を分析する必要がある[56]．

ある時代から他の時代に移行するには，一方で時代を画するような出来事が必要だが，他方で人びとの習慣やものの考え方，あるいは政治組織などが，一夜にして全く新しいものに置き替えられてしまうのではなく，旧時代と新時代とが長きにわたって共存しながら少しずつ移行する．したがって，シュンペーターの貢献はこのような事実に目を向けさせ，次の時代を考えなければならないことをわれわれに示唆したところにある．

以上，「社会階級と帝国主義」については，解明できた点は必ずしも多くはないが，若干なりとも寄与できたと思われる．

第 4 節 資本主義と景気変動

シュンペーターの景気変動論

次に「資本主義と景気変動」の問題を取り上げ，本章の最後にしたい．

私にとって，シュンペーターが『景気循環論』の「序」の劈頭において述べた次の言葉を忘れることができない．すなわち，「景気循環を分析するというのは，資本主義時代の経済過程を分析することに等しく，それ以上でもそれ以下でもない」[57]という一節である．私は，これを受けてシュンペーターにおける資本主義と景気変動の関係に興味を覚えた．当然，シュンペーターの景気変動論を資本主義との関係でとらえるには，この節だけで語ることには多少無理があるので，その中心課題となるべき資本主義経済における循環的変動に焦点を当てて考察する．

実は，1926 年に彼が『経済発展の理論』の第 2 版を発表した時，初版の最終章である第 7 章「国民経済の全体像」をそっくり省くことになる．彼は，その理由を経済発展のメカニズムの説明と，その発展および他の社会的，文化的領域における発展との間における類比や関連を考察したため，一部の人びとから「文化社会学の断片」としてとらえられたからだと説明する[58]．

既にしばしば論じたように，シュンペーターの景気変動論の特徴は，イギリス，ドイツ，そして特に米国における企業システムの開花に関する詳細な事例を通じ，景気変動という事実の中に資本主義の本質が内在していることを一般理論たらんとするところのものだ．その場合，彼の理論体系の外部構造を形成する企業家によるイノベーションの遂行にすべてが依存し，イノベーションが独占的支配力を実現する．

しかし，M. ドッブはこのようなシュンペーターの見解に対して疑問を投げかけた初期の 1 人である[59]．この議論はある程度正しいかもしれないが，イノベーションの進化は，独占にもかかわらず起こるのであって，独占だから起こるのではないからだ．確かにドッブの指摘を待つまでもなく，イノベーションは生き物のように自律的に進化発達するのなら，そのような独占的な企業が経済全体にわたって均等に台頭するわけではないので，独占はその結果でしかな

く，市場に適応したイノベーションだけが勝手に群れをなし生き延びるということになる．

そうだとすれば，なぜシュンペーターはこのような前提を置いたのだろうか．その答えはこうである．景気変動は一方でイノベーションの過程が進めば，他方で，そのいきつく先に企業家利潤を伴わない一種の均衡状態が現れ，それがまた次のイノベーションの準備段階を形成すると考えたからに他ならない．この点については，後ほど改めて考察するが，彼のように資本主義的経済過程を発展と変動という形でとらえようとする場合，その出発点において，まさにこの均衡状態がプログラムされていたと理解しておく必要がある．この場合，イノベーションは経済の均衡状態に近いところで起こりやすいという点が重要なのであって，したがってその担い手である企業家の発生も資本主義的経済の内生的条件そのものによって規定されることを暗黙の前提としている．

ドップに続いて，シュンペーターの因果関係の捉え方に不明確な点があると指摘したのは，ほかならぬ村上泰亮である．村上は「創造的破壊の過程が独占的企業を生みがちなことを指摘する点では彼は正しいが，独占的企業なしにはこの過程が進行しないかのように述べている点では誤解を作り出しており，後者の論点については大いに議論の余地があるだろう」[60]と，これまた疑問を投げかける．

ドップや村上のような批判は，これはこれで甘受しなければならないが，シュンペーターの考えは，完全競争を理想とする観点から資源の最適配分を阻害するものとしての独占が悪だという教科書的な考え方ではなく，動態論的把握から1つの立場を示したにすぎない[61]．実は，ここでは独占でも短期的なものだけではなく，長期的な独占をも取り上げ，その独占が長期になればなるほど非効率となり，次なるイノベーションによって破壊されるということを一方で論証し，特許制度が機能することの重要性をもう一方で強調したかったのである．なぜなら，特許はそれが認められる期間にわたって人為的に独占が許され，しかもそれに対して投資を奨励するから，それこそ資本主義経済では正当化されるものだからである．ただし，シュンペーターといえども，独占が動態的競争過程に及ぼす影響や特許競争における財のもつ補完性については残念ながら言及していない．

しかしながら，われわれはシュンペーターのような考え方をどう評価すればよいのだろうか．例えば，サミュエルソンはその著『経済分析の基礎』の中で次のようなことを言う．「純粋に静学的な立場から判断すれば，独占または特許制度は全くの悪であって，疑いもなく原子論的競争や自由貿易に劣っているように見えるかもしれない．しかし，動学の世界においては，これらの判断は逆転して考えなければならない．……事実，資本主義を支える方策はまさにこれらの発展の要因と極めて密接に結びつく」[62]．このようにサミュエルソンの指摘を待つまでもなく，うすうす感じていたのだが，新古典派経済学の領域においては，独占や特許制度の及ぼす影響について十分に議論してきたとは言い難く，もっぱら総需要管理の可能性について議論を戦わせてきたに過ぎない．

シュンペーターの景気変動モデル

　いま一度戻って，資本主義において景気変動が何故起こるのかを考察しておこう．シュンペーターの景気変動のモデルを分析すればわかることだが，前期のモデルと後期のモデルでは異なる．最終的には，「繁栄」（prosperity），「後退」（recession），「不況」（depression），「回復」（recovery or revival）の4局面から形成される（第1図参照）．その場合，変曲点（point of inflection）から景気の山頂を経過し次の変曲点に至る局面と，その変曲点から景気の谷底を経過し，次の変曲点に至る局面をこのように表す．前者の局面，すなわち繁栄と後退の時期を「好況期」と，後者の不況と回復の時期を「沈滞期」と呼ぶ．また，景気の山頂の分岐点から変曲点を通過し谷底に至る局面と，景気の谷底の分岐点から変曲点を通過し山頂に至る局面を次のように表す．前者の局面，すなわち後退から不況を「収縮期」と，後者の回復から繁栄を「拡張期」と呼び，このうち「繁栄」と「後退」という2局面を，彼は第1次接近ないし2局面モデルと呼ぶ．

　問題はAの基準点から出発し，2局面を経た後にBの新しい均衡の状態において経済が静止することなく，さらなる下降に突入する．山と谷の変曲点とは曲線の凸と凹の転換点だが，ここで重要なのはある状態を持続させようとする基準点，すなわち，イノベーションの群生によって発生する「繁栄」の局面への出発点であり，シュンペーターが「均衡の近傍」と呼んでいるものである．

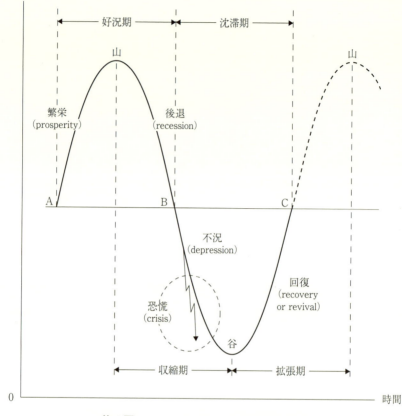

第1図 シュンペーターの景気変動モデル

シュンペーターの景気変動モデルは、「繁栄」「後退」「不況」「回復」の4局面から形成されている。その内、「繁栄」「後退」という2局面を第1次接近ないし2局面モデルと呼び、それに「不況」と「回復」を加え、第2次接近ないし4局面モデルと呼び、これで一応完成する。なお、変曲点のA、B、Cは、シュンペーターの「均衡の近傍」を表す。

　そして、経済体系がイノベーションの群生によって、「繁栄」の局面を実現した後は、それを無限に拡張することはなく、下方への転換点の後に出現するのが「後退」の段階である。

　この「後退」の段階はそれに先立つ繁栄現象への適応過程だというのがシュンペーターの基本的認識である。この「後退」過程において、適応が次第に進

むことによって新しい均衡の状態が生じ，ついには「不況」に突入する．彼はこのような一定水準以下の経済状況，すなわち「不況」を正常な吸収過程ないし整理過程とみなし，これに対してパニック，信用体系の崩壊，破産の蔓延とその波及結果を特徴とする急激な下落過程，すなわち「恐慌」を異常な吸収過程ないし整理過程とみなし，それぞれを区別する[63]．

だが，経済は一方的に「不況」を深めていくわけではない．「繁栄」に頂点があるように，「不況」にも底があって，やがて経済は持ち直す．そのため，「回復」過程は，いわば「不況」の必然的な結果として生じるものだといえる．言い換えれば，それは資本主義が本来的にもっている自律的回復の機能に他ならない．かくして，最初の「繁栄」，「後退」の2局面に「不況」と「回復」の2局面を加え，循環のパターンができあがる．これを彼は第2次接近ないし4局面循環モデルと呼び，彼の景気変動のモデルは，この第2次接近ないし4局面循環をもって一応完成するが，実は後でも述べるように，これに満足せず第3次接近をさらに試みる．

ここで重要なのは景気の方向性ではなく水準である．したがって，この考え方の特徴は景気が「均衡の近傍」よりも上方にあれば，すなわち繁栄が始まり，それが天井を打ち，その後陰りが生じ，後退局面が終了するまでを「好況期」とみなし，下方にあればすなわち不況が始まり，それが底を打ち，回復に向かい元に戻るまでを「沈滞期」とみなす．

しかしながら，冷静に考えてみれば，シュンペーターのモデルは，均衡とその一時的擾乱，そして均衡回復というトートロジカルな議論でしかなく，このような見地を貫くシュンペーターの考え方は，均衡の絶対化，すなわち予定調和的な振る舞いが想定され，究極には均衡の成立をもって安定した秩序内での循環的変動があるだけである．仮にシュンペーターが，純粋モデルないし第1次接近から一歩前進して現実へ近づいたとしても，こうした現実の均衡は，理論的均衡と異なるので，「均衡の近傍」という概念を用いたのだが，これをいかに理解しておけばよいのだろうか．少なくとも，ある方向に向かおうとする傾向とそれを制約する諸条件との相互作用を通じて，均衡と循環的変動が生ずるメカニズムを提示しなければならない．いずれにしても，「均衡の近傍」によってより現実に接近するためには，これらの「均衡の近傍」と統計的に観察

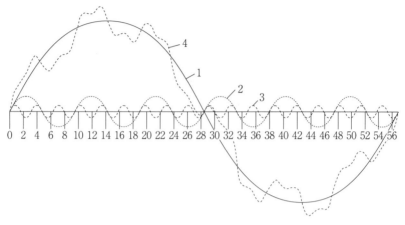

第2図　シュンペーターの3循環合成図式

シュンペーターの景気循環論では,曲線1＝長期循環(コンドラチェフ循環),曲線2＝中期循環(ジュグラー循環),曲線3＝短期循環(キチン循環),曲線4＝1～3の和を表す.このうち,曲線4がシュンペーターの3循環合成図式である.この場合,「繁栄」は0年から始まり,およそ13-4年で天井を打つ.その後,「後退」は約28-9年まで続き,不況局面へと落ちて行く.「不況」は43-4年まで続き,ついには底を打って回復へと向かう.「回復」はその後,56-7年までかかり,これで出発点の均衡の近傍へ戻る.

出所：Schumpeter (1939) *Business Cycles: A Theoretical, Historical and Statistical Analysis of the Capitalist Process*, vol.1, New York: McGraw-Hill Book, 213.

される循環的変動との間に何らかの理論的説明が必要である.

　確かに,このように批判するのは可能だが,たとえ経済体系がある不安定な均衡点に決して近づくことはないにしても,そのような均衡点の比較静学的分析は決して無意味ではないと思われる.なぜなら,その均衡点はそれ自身,決して実現することはないにしても,その経済体系の長期的,平均的状況を示すものだからである.シュンペーターを対象に考えると,これまでの不安定均衡の意義を否定してきた対応原理に対する新解釈の1つとして注目に値するものだといえよう.

　ところで,シュンペーターは前述したように第3次接近を試みるに当たって,3循環合成図式というものを編み出す.それには次のような3種類の波を加算的に重ね合わせて提示する(第2図参照).

　第1は,周期が40カ月前後の「キチンの波(キチン循環)」と呼ばれるもの

である．これは主として在庫投資の動きに支配されるところから，在庫投資循環とも，あるいは小循環（短期波動）とも呼ばれ，米国の経済学者ジョセフ・キチンによる，1890 年から 1922 年にかけてイギリスと米国の月ごとの手形交換高や物価，利子率などの周期について分析した研究論文「経済的要因における循環と傾向」（*Review of Economics and Statistics* 誌，1923 年）が基になっている．

　第 2 は，「ジュグラーの波（ジュグラー循環）」と称されるものである．フランスの医師兼経済学者クレマン・ジュグラーがその著『フランス，イギリス，アメリカにおける商業恐慌とその周期的発生』(1860 年）において取り上げたもので，それは経済指標に基づく世界初の周期的な景気循環論である．周期は大体 10 年前後であり，主として設備投資の動きを反映することから，これは設備投資循環，あるいは資本主義の景気変動の中で最も重要性の高い波であることから，主循環（中期波動）とも呼ばれる．

　第 3 は，「コンドラチェフの波（コンドラチェフ循環）」と名付けられたものである．これはロシアの経済学者ニコライ・ドミトリエヴィチ・コンドラチェフが，欧米主要資本主義諸国の各種のデータを駆使し価格と生産量の変動を分析し，長波の発現形態のあることをロシア語で発表した小論文「景気の大循環」（『景気変動の諸問題』創刊号，1925 年）にさかのぼることができる．翌年，この論文はドイツ語に翻訳され，*Archiv für Sozialwissenschft und Sozialpolitik* 誌に掲載される．さらに 10 年後，W.F. ストルパーにより一部の資料が省略された形でドイツ語から英訳され，*Review of Economics and Statistics* 誌 (1935 年) に掲載され，これが G. ハーベラー編『景気循環論読本』(1944 年) に所収される．コンドラチェフが提起した景気波動は，周期が 50 年ないし 60 年と非常に長いために，大循環（長期波動）とも呼ばれ，資本主義の歴史の中で，わずか 3 回程度しか現れておらず，現在においてもなおその波動の存否が論じられるほどだ．

　資本主義経済における循環的変動メカニズムを研究するに当たって，今日のように，複雑系フーリエ関数（共鳴自動変調フーリエ関数）やロジスティック関数を用いて景気循環波動をシミュレーションできる時代と異なり，複数の循環を合成して分析するのは複雑さを増すだけで，ほとんどメリットがないと考

えられた時代に，第2図のように長期を含み，総合的に考えたのがシュンペーターの3循環合成図式である．しかし，彼は1つのコンドラチェフには，6つのジュグラーが，そして，その1つのジュグラーには，3つのキチンが含まれると言いながら，3つの循環は，お互いに加算的に重ね合わされるものと仮定する．この場合，彼にとっては周期の短い循環よりも，長い循環のほうが重要になり，しかもこの長い循環でもその下降期が重要になる．というのは，長期循環の下降期では，市場全体が成熟から衰退へと移行し，それらの構造変化を与件とする新イノベーションの創造が十分予想されるからだ．この新イノベーションの登場は，旧イノベーションの行き詰まりに伴って起こり，その限界を超えるような不連続で新たなイノベーションが現れ，イノベーションのブレークスルーが起こる．当然，イノベーションと一口にいっても，その懐妊期間や経済状態によってその効果は異なることに注意しなければならない．

いずれにしても，われわれが問題にしなければならないのは，長期循環の下降期であることを忘れてはならない．したがって，シュンペーターにとっては，上述したように「不況」からの単なる「回復」局面と，イノベーションの群生によって発生する「繁栄」段階とは，初めから区別している．ちなみに過去3回のコンドラチェフ循環を導いたイノベーションは，古い順に18世紀の80年代から1842年までの，木綿をつむぐ紡績の機械化による産業革命，次が1842年から1898年までの蒸気と鉄鋼の時代，第3が1898年からの電気と化学，自動車の時代[64]，これに対して，今われわれが経験しているものがあるとすれば，IT，バイオテクノロジー，ナノテクノロジーなどを挙げることができよう．

このような経緯を踏まえ，G.メンシュが『技術の行き詰まり──イノベーションは不況を克服する』（1979年）で，イノベーションのトレンドをコンドラチェフ循環と対比したところ，非常によい相関が得られ，景気の落ち込むところでイノベーションが活発になるという結論を導いた．しかし，これはC.フリーマンやN.ローゼンバーグから論証の妥当性を巡って批判される．

にもかかわらず，尾関修はメンシュ説にも一定の理解を示しながら，次のようなコメントをする．「シュンペーターは，景気循環の可逆性の根拠を技術（イノベーション）に見出したが，イノベーションは資源の新しい利用形態であり，景気循環の不可逆性の実体ではあっても，可逆性の根拠としては納得し

にくい．景気循環が規則的可逆性を示すので，これに対応するため，歴史的に多様なイノベーションが人間によって繰り返されたと理解するほうが，その反対よりも，より納得しやすい．しかし，イノベーションが発生しなければ，可逆性も失われるので，シュンペーター説によって，基礎的なイノベーションの不連続的発生を実証し，『革新は不況を克服する』としたメンシュの説にも根拠がある」[65]と．

このように積極的に評価するコメントがある一方，コンドラチェフが指摘した5つの長期波動因——「技術革新と投資」，「戦争と革命」，「金生産量」，「新フロンティアの開拓」，「農業」——のうち，シュンペーターが「技術革新」だけを一方的に強調する道を選んだのは，彼の体系にとって致命的な欠陥を有すると批判する者もいる．この場合，批判となる理由を改めて問えば，およそ50〜60年の超長期のうねりの中で，戦争やマネーサプライの役割は無視できず，長波はその天井で資源制約にぶつかり，1次産品，基礎資源，エネルギーなどの価格の上昇を伴う恐れがあるからだ．しかし，シュンペーターの説く「イノベーション」のカテゴリーは，コンドラチェフの言う「新フロンティアの開拓」などをも含めた非常に広義の概念であることに注視すべきだ．

また，サイモン・クズネッツのような批判もある．すなわち，シュンペーターのような均衡状態において企業家がイノベーションを遂行する3循環合成モデルでは，論理的説明がみえてこない．どんなことかと言うと，シュンペーターの理論的モデルでは，このような第1次的要因（均衡，企業家，イノベーション）と，統計的に観察された事実とを直截簡明に結びつけることができないからだ[66]．確かに，このような批判を認めることはやぶさかではないが，われわれにとって重要なのは，ある時代の認識は，限られた期間を生きる個々人の時間軸に左右されるが，長い歴史の時間軸で資本主義体制の問題を考えなければならないという観点である．この問題は第5章「シュンペーターにおける資本主義の現代的意義」で改めて議論したい．

ケインズ以後の景気循環論

振り返ってみれば，景気循環を市場における不均衡化の帰結としてではなく，均衡そのものを変動の過程としてとらえるようになったのは，周知のとおりマ

クロ経済学と計量経済学が成立する 1950 年代まで待たなければならない．その意味では，シュンペーターの『景気循環論』(1939 年) はまだ統計資料が十分に整備されていない時期だけに，タイミングが悪かったというしかない．当時，ミハウ・カレツキがポーランド語で『景気循環論的研究』(1933 年，英訳は *Econometrica* 誌，第 3 号，1935 年 7 月) を発表したり，またハロッドが『景気循環論』(1939 年) を刊行したりしたが，ケインズ自身は『一般理論』の中で「景気循環に関する覚書」という章を展開しただけで，本格的な景気循環に関する論文を発表しないまま亡くなった．そのため，カレツキのこのポーランド語モノグラフは，ケインズ理論の相当部分をそれ以前に予見しているだけでなく，混合差分微分方程式で解くことによって数学的にも厳密に分析されており，その上所得水準のみならず，所得分配も考慮に入れている点で非常に優れていたことが後に判明する．

　一方，ハロッドの『景気循環論』はケインズの『一般理論』と同じ年に出されたものだが，この時すでに，ハロッドはケインズから送られた『一般理論』の校正刷りを読んでいた．その後，ケンブリッジの研究プログラムのほうはハロッドの敷いた道をたどり，ケインズの理論が長期的成長と内的な周期性をもつ変動に対してどんな意味を持つかにシフトする．ここでは特段立ち入って議論することはしないが，シュンペーターが活躍した 1920 年代から亡くなる 50 年までに，A. ローウェ (1926 年．以下，著書や論文が発表された年)，E. スルツキー (1927 年)，R. フリッシュ (1933 年)，カレツキ (1933, 1939, 1943 年)，カルドア (1935 年)，サミュエルソン (1939 年)，L.A. メッツラー (1941 年)，デューゼンベリー (1949 年) など，今日でも十分味読に耐えうる各著書や論文が発表されている (なお，参考文献リストにこれらの著書や論文を掲げておいた)[67]．

　シュンペーターの発展理論は，景気循環論の研究者の間ではいかに評価されてきたのだろうか．戦後の景気循環論の研究者あるいはポスト・ケインジアンの循環的成長理論の代表者にとって，理論形成の基礎に抱く共通の認識は，循環 (サイクル) と趨勢 (トレンド) は互いに孤立して変動するではなく，相互に関連し合って変動するものであることを，経済の主要な事実から一般的に帰納し得る結論だと認められたところにある．ところで，実際のモデルを構築す

る際に，循環と趨勢を関連させるやり方は必ずしも同じではないが，シュンペーターの発展理論は循環（Kreislauf）と発展（Entwicklung）が不可分な形で動くことを 1911 年という早い時期に示し，これを理論として体系づけようとした点で優れている．

ただ残念なのは，ケンブリッジ・サーカス（Cambridge Circus）のような非公開の研究会を組織し，例えば，レオンティエフやサミュエルソン，トービンなどの若手の協力を得て，長期的，微視動学的モデルを構築することもできないことではなかったが，シュンペーター自身，自らの学派を作ろうとする弟子たちに，school とは魚などが群れをなすという意味にひっかけ，「School を作るのは魚などだ」と言ってシュンペーター学派を作るようなそぶりを全然見せなかったということだ．

続けて言うと，ケインズ以後の景気循環論とシュンペーターの発展理論との違いについても，次のように比較することができる．周知のとおりケインズ以後の景気循環論は，線形モデルと非線形モデルに大別できる．この 2 つのタイプのモデルはどちらも決定論的に分析されたり，確率論的に分析されたりするので，われわれにとってこの 2 つの理論のもつ側面をあらかじめ的確に把握しておくことが有意義だろう．

カレツキやハロッド以降の現代の景気循環理論は，特にサミュエルソンの着想をヒックスによって発展された 2 階非同次差分方程式の均衡モデルがあり，この差分方程式体系で考えたヒックス＝サミュエルソン以降，微分方程式体系で考えた R.M. グッドウィンの内生的非線形景気循環モデルや，投資関数についての非線形性を取り入れたカルドア型景気循環モデル，マネーサプライや物価水準などの名目的要因でなく，生産技術や財政政策などの実質的要因によって景気循環が引き起こされるとするリアル・ビジネス・サイクル理論などがある．その間ポスト・ケインジアンが，短期的，巨視静学的なケインズの分析と長期的，微視動学的なシュンペーターの分析を巨視動学の視点からその融合を試みてきたが，必ずしも成功を収めていない．したがって，ここではサミュエルソンなどによって展開された乗数と加速度因子の相互作用としての分析から，年間産出高増減率の維持および変化する場合をもって長期動態化とせず，あくまでもシュンペーターのような資本主義の不均衡，不安定に着目し，それが自

らを再生産する機構をもっていることを論証しようとした意義を学び，それを生かした新たなモデルを打ち立てる姿勢が求められる．

かつてシュンペーターの教え子でもあるリチャード・M. グッドウィンが，シュンペーターの記述的モデルから脱皮をはかるべく，前述のように内生的非線形景気循環モデルを開発する．グッドウィン理論の重要性は非線形の投資関数を用いたところにあり，これが経済の循環を生み出す役割を演じるが，成長に関しては課題が残る．ただし，こう言ってもピンとこないかもしれないが，グッドウィンの『カオス経済動学』（1990年）は従来の趨勢と循環に焦点を合わせたものではなく，内生的，不規則的，波状の成長を可能にすることのできる理論体系であり，差分方程式体系と微分方程式体系の双方を含む動学モデルを提供している．

しかし，いずれの景気変動論をもってしても，実証的な裏づけを求めるのはきわめて困難なことを歴史が如実に物語っている．現象を解くというのは，具体例を抽象化，すなわち現象に備わっている特徴や属性を削ぎ落としていくプロセス，それを一般化，すなわち現象を構成する要素を取り出し，それらの構造を明らかにし，現象に普遍性を持たせていくプロセスを経て，法則・概念を導き出さなければならない．ところが，われわれはこのように具体的世界から抽象的世界へは条件さえ整えば行けるが，逆に抽象的世界から具体的世界へはそう簡単に行けない．なぜなら，法則・概念を理解できても，一般化を具体化するには着地点が無数にあって1つに定まらないからである．かつて，リカードウが実際的な問題を解決するに際し，単純化された抽象的理論を無批判的に政策提言に適用したため，シュンペーターは「リカードウの悪弊」と呼んで，これを忌み嫌った．

経済学は，不確実性が内在化する具体的現象と単純化された抽象的理論の間のギャップを埋めるべく，分析道具を磨いてきたが，いかなる理論体系もいわばテンタティブであって，常に改められるべき立場にあるとしか表現のしようがない．いま求められるのは，シュンペーターとの関連で言えば，超長期的な統計が整備される中，現代資本主義における循環的変動メカニズムをイノベーションの視点から長期的かつ動態的に再構築することがわれわれに残された課題である[68]．

第3部　資本主義のパラドックス

第4章　企業家とイノベーションの理論

第1節　企業家の歴史

　前章の第3章「資本主義における発展と変動の理論的展開」で検討してきた内容を概括すれば，次のように表すことができる．すなわち，資本主義における発展と変動の形成過程で問題になった「資本主義と企業家」，「社会階級と帝国主義」，「資本主義と景気循環」の3分野に着目し，シュンペーターが資本主義における指導者像をどうイメージしたかを跡づけ，シュンペーターの社会階級論においてこれまではっきりしなかった企業家の概念を明らかにし，資本主義における循環的変動に焦点をあてて，イノベーションの果たす役割との関連で捉え直すことができた．中でも，シュンペーターの「企業家」は複雑に絡み合った具体的な企業家現象を抽象によって一般化して得られたものではなく，彼の階級理解の道具として企業の機能を人格化した概念であることがわかった．

　本章では前章で論じた企業家の世界にさらに一歩踏み込んで，これまで不透明であった，いわばシュンペーターの理論体系にとって最も重要な課題となり得るイノベーションを遂行する経済主体としての企業家に着目し，その全体像を徹底的に解明したい．そのためには，本章ではまず企業家の歴史を振り返り，次に企業家によるイノベーションの遂行にはどんな問題が横たわっているかを取り上げ，その過程でネルソン＝ウィンターによる「シュンペーター的競争モデル」を検討したり，「モノづくり」の事例を通し，企業組織型の垂直統合モデルとカリスマ的企業家型の水平分業モデルの比較を試みたりして，イノベーションの持つインパクトを探ってみよう．

　おそらく企業家については，資本主義の全体にかかわるほどのテーマではな

いけれども，経済発展のプロセスなどとのかかわりでとらえるならば，それは直ちに主要なテーマとならざるを得ない．シュンペーター自身も述べているように，資本主義のエンジンを起動させ，それを動かし続ける基本的な推進力は，企業家によるイノベーションの遂行と銀行家（あるいは銀行）による信用創造によって引き起こされるものだからである．ここではまず，企業家の概念について歴史的視点から若干俯瞰しておこう[1]．

　この事情を明らかにするためには，人類が硬貨を発明し，交換が始まったところまでさかのぼらなければならないが，ここでは15世紀にまでさかのぼって考えてみよう．というのは，中世においては世界を神が創造したとみなしたが，ルネサンス期には人びとはこの神学的束縛から解放され，ありのままの人間を許容し，尊重するヒューマニズムが社会の原理となったからだ．中世ヨーロッパの都市の城郭内に住んでいた商人や手工業者などの平市民がこの原理の担い手であり，この人びとが資本家へと成長する過程で，個人主義，自由主義，合理主義とともに近代社会を形成する．とりわけ注目すべきは，中世のスコラ哲学からルネサンスにかけての転換期である．商業資本主義のこの時代では，企業家といっても主に貿易に従事する冒険的な商人に対して，あるいは商業の機能を通じて社会分業が進むにつれて，主に仲介をする一種の請負業者に対して用いられる程度であったが，彼らはプロテスタンティズムの教義との関係で，私有財産と企業家精神のあり方を問題にした．この点についてはスコラ派の後継者である自然法の哲学者，そしてさらには古典派経済学の基礎を築いた重商主義者へと受け継がれていくことになる．

　われわれは，時代に先駆けて『商業一般に関する試論』（1755年）の第1部第13章「欧州では企業家が冒険をしてまで物産や商品の流通，交換，生産を行なうことがある」で企業家理論を体系的に展開したリシャール・カンティヨン（c.1680/90-1734年アイルランド生まれ，1708年フランスに帰化）にそれを求めることができる．シュンペーターによれば，このカンティヨンによる企業家に関する概念規定があったからこそ，フランスの研究者は企業家のもつ積極性，革新性を評価することができたという．それを引き継いだのは，企業家の機能が生産要素を組み合わせて生産組織体を作り出す点にあるとしたJ.-B.セー（1767-1832年）である．P.F.ドラッカーは，セーを再発見したシュンペ

ーターを高く評価してやまない[2]．

　イギリスにおいては，古典派の祖アダム・スミスがR. カンティヨンから多大な影響を受けたにもかかわらず，地主，資本家，労働者を問題にしたが，企業家という要因を無視し，その後のD. リカードウおよびリカードウ学派，N. W. シーニアにおいても，企業家を独自に取り上げることはなかったので，J. S. ミルの出現まで待たなければならない．ミルは，資本家の役割の中に隠された企業家を独立的要因として取り出し，資本家と企業家の職能を分離し，企業家を表す言葉にフランス語の"entrepreneur"を当て，経済学者の間で復及させ，その後マーシャルの企業家概念を受け継いだF.Y. エッジワースによってこの"entrepreneur"という語が英語圏でも一般に用いられるようになった．

　ドイツにおいては，福祉行政と干渉政策を重視する官房学派の学者たちが企業家について一定の理解を示し，ドイツ語の"Unternehmer"という言葉を用いているところを見れば，彼らにとっても馴染みの深いものであったに違いない．企業家に関する分析は，フォン・チューネン (1783-1850年) の著『孤立国』（第1巻1826年，第2巻1850年）で大きな前進を遂げ，フォン・マンゴルト（1824-68年，ドレスデン生まれ．ゲッティンゲン大学およびフライブルク大学教授）において頂点に達する．マンゴルトはその著『企業家利得論』（1855年）において，企業家利得はその特異な能力に対するレントだという考え，すなわち能力差賃料説を展開し，企業家を独立した生産要素として取り扱うべきだと説く．この考えは後に，A. マーシャルに影響を与えることになる．もちろんシュンペーターも『経済発展の理論』（1911年）において"Unternehmer"を用いる．

　しかしながら，『企業家論の系譜』（第2版，1988年）を著したR.F. ヘバートとA.N. リンクによれば，「マンゴルトの理論は，企業家の理念型についてよりも，むしろ不確定で競争的な環境において企業家がなさねばならない意思決定，すなわち技術の選択，生産要素の配分，生産のマーケティングといったことをもっぱら扱ったものだ」[3]という．そう考えると，マンゴルトは，イノベーションに成功するということが企業家の重要な役割だと認めているものの，企業家の配分機能により大きな関心を示したため，彼の貢献は成長や発展という動学に属するよりも，静学に属するものだといえる．

企業家とは何か

このように「企業家」概念についての捉え方は異なるものの，不思議なことに現代の経済学には全く出てこないが，経営学ではしばしば「経営者」という言葉を使う．この言葉はどちらかというと，管理者的な意味合いをもち，企業組織の管理運営に当たる人格を指す場合が多いようだが，これに対し林周二は次のようなコメントをする．「企業家のほうは文字通り"事業を企てる"人格であり，半ばルーティン的な業務に従事するというより，経済的な危険を冒しつつ，つねに新規のビジネスへ積極的にチャレンジしてゆく近代的な人格を指す．……歴史的には merchant すなわち商人という言葉が，もともとそれに該当していたはずであるが，個人商人による営業活動そのものが，近代に至って会社ことに株式会社のような有限責任の株主所有の法人形態を挙って採るに及んで，法人そのものとしての商人とは別途に法人を代表する自然人を指す企業家という言葉が登場し，必要に応じ使われるようになった」[4]と．

林のこのような概念規定があったにもかかわらず，企業家の定義については，いまだ経済学上でも経営学上でも統一されず，混沌とした状況にある．しかし，これまでの研究成果を概観すれば，その中からすばらしい業績も生まれている．例えば，制度学派の祖師 T.B. ヴェブレンの『企業の理論』（1904 年）が世に出てから 1 世紀以上を経ている．その後，不確実性を確率によって予測できるリスクから峻別し，何が起こるかどうかわからない不確実性に巧みに対処しうる能力に企業家の機能の本質をみたフランク・ナイトをはじめ，市場を利用する取引費用の概念を用いて企業組織の存在意義（とりわけ契約理論）を解明した R.H. コース（1991 年ノーベル経済学賞受賞）が現れ，コースの主要論文「企業の本質」が *Econometrica* 誌（第 4 号）の紙面を飾ったのは 1937 年 11 月である．

1940 年代から 60 年代にかけては，H.A. サイモンが『経営行動』（1947 年）や『人間行動のモデル』（1957 年）などで組織理論を公にし，このサイモンに J.G. マーチが加わり，『オーガニゼーションズ』（1958 年）を発表する．続いて，E.T. ペンローズが『企業成長の理論』（1959 年），R.M. サイアートと J.G. マーチが『企業の行動理論』（1963 年）をそれぞれ刊行する．また，論文としては，*American Economic Review* 誌（第 58 巻第 2 号，1968 年 5 月）に掲載

されたW.ボーモルの「経済理論における企業家」とH.ライベンシュタインの「企業家機能と発展」が注目を浴びる．

このように概観してみると，ヴェブレンの『企業の理論』が上梓されて以来，ほぼ10年おきに企業家に関する名著がこの世に現れたことになる．

この現象はその後も続き，1970年代から80年代にかけては，ロビン・L.マリスが企業成長の理論を『企業経済論』（編著1971年）の中で発表し，A.O.ハーシュマンが組織の成長・衰退に関する理論を『退出・抗議・忠誠』（1970年）で発表し，K.J.アローが組織における情報と権威の重要性を説いた『組織の限界』（1971年）を刊行する．これ以降も，新しい制度学派の旗手O.E.ウィリアムソン（2009年ノーベル経済学賞受賞）がコースの取引費用の概念を用い，市場を補完する企業組織の存在理由を説いた著『市場と企業組織』（1975年）を，そしてH.ライベンシュタインが慣行という概念を用い，企業内部の非効率性を暴いた著『企業の内側』（1987年）を公にするが，いずれも部分的に書かれた書物であって，いまだ体系的に書かれた書物はこの世に得ていない．

そもそも「企業」および「企業家」を経済学ばかりでなく，経営学ではどのように扱ってきたのだろうか．この辺の整理をつけておかないと議論が先に進まないので，その際の有効な根拠になり得る池本正純の見解を糸口にしながら議論を推し進めてみるのも1つの方法だと思う．まず，経済学と経営学の間にはそれぞれ異なった考え方があるのは確かなようである．例えばどちらかと言うと，経営学のほうでは「企業」をア・プリオリに組織として規定してかかるのに対し，経済学のほうでは組織としての存在意義がややもすれば希薄になり，生産技術を所与とした生産関数の下で利潤の最大化をはかる経済主体の1つに過ぎない．また，「企業家」というとき，経営学のほうでは企業組織の持続的成長と発展の起点となる役割を担う人間として重視するのに対し，経済学のほうでは環境である市場に対する対外的働きかけをする人間として取り上げる傾向がある[5]．われわれはこのように経済学と経営学の捉え方ですら異なる状況の中で，「企業」[6]および「企業家」論を展開するには自ずと乗り越えなければならない限界があることをまず，認識しておかなければならない．

最も注目すべきは1974年9月，ペンシルベニア大学において開催された国

際コンファレンスでの報告である．このコンファレンスで「内部組織の経済学」(Economics of Internal Organization) が初めて議論され，「内部組織」という概念を使って経済学と経営学を架橋することが試みられたからだ．この大会の内容を改めてみれば，K.J. アロー，ロバート・ウィルソン，ロイ・ラドナー，スコット・ブーアマン，O.E. ウィリアムソンなどが報告し，後に *Bell Journal of Economics* 誌 (1975年春季号) に収録される．中でも，この雑誌の序文を書いた A. マイケル・スペンス (2001年ノーベル経済学賞受賞) の内部組織の経済学についての件である．彼は，内部組織の経済学とはある点では古い主題たる企業の理論に対する新たな呼び方だと説き，その中身は市場と組織を取引の代替手段としてとらえ，市場を通じて取引を行なうか，それとも取引を組織の中に内部化するかの選択は効率によるものとし，そこでの資源配分ないし意思決定のプロセスを取引コストや情報コストという鍵概念を用い，新たな観点から解明しようとする[7]．

確かに，「内部組織」という概念を使って市場と組織を架橋することにある程度成功したとはいえ，企業家論を真っ向から取り上げたものではない．

これにはイスラエル・M. カーズナーの出現を待たなければならない．周知のとおり，彼は1930年にロンドンで生まれ，少年期をケープタウンで過ごし，地元ケープタウン大学に入学したり，一時ロンドン大学の学外生になったりしながら，1954年，ニューヨークのブルックリン・カレッジを卒業し，ニューヨーク大学大学院に進学する．その大学院でフォン・ミーゼス教授との運命的な出会いから，自らその後継者としてネオ・オーストリアンを名乗り，ミーゼスのプロクシオロジー (人間行為学) に基づきながら独自の「企業家発見の理論」や「市場プロセス論」を展開する[8]．

カーズナーによれば，企業家活動とはまだ利用していない市場機会に対して，不均衡状態を均衡化する過程である．もしそうであれば，シュンペーターのように企業家を均衡の攪乱要因として位置づける必要はない．彼の基本的な考えは，市場を「均衡メカニズム」の問題としてではなく，「プロセス」の問題としてとらえる．その上で，企業家活動とはいかに企業家がアラートネス (alertness; 機敏性——企業家が前もって見逃している利潤機会を機敏に取り込む資質) に富んだ働きかけをし，企業家の無知から生じる不均衡を相互に調整

するにはどうしたらよいかを問いただす行為だ，と[9]．

　シュンペーターとカーズナーではそれぞれの捉え方はこのように異なるものの，不均衡においてこそ利潤が発生し，その後には新しい均衡へ向かうという点では両者は一致する．このような文脈からR.F.ヘバートとA.N.リンクは両者の企業家像を次のように比較する．「シュンペーターの企業家はどちらかと言うと，能動的であるのに対し，カーズナーのそれは受動的であり，また，シュンペーターの企業家は発展機会を創出するのに対し，カーズナーのそれは『社会が既にもっている経済発展の潜在的能力』，しかし情報不足のためにまだ十分に利用していないそのような潜在能力を引き出すのを助けるものだ」[10]と．

　ここでヘバートとリンクの考えを紹介したのは，このテーマを論じる際の問題の解決に貢献し得ると思ったからだ．例えば，カーズナーとシュンペーターの比較研究から何か得られるものがあるとすれば，カーズナーの分析は企業家の役割を仲介人としての機能に求め，そこに潜在する取引機会を取り込むことに力点がおかれている．つまり市場の不均衡状態における絶えざる発見と修正こそが企業家の役割であり，この発見と修正によって不均衡は埋められ均衡化へと働く，これこそが市場プロセスであり，その際に企業家を機敏性へと駆りたてるのが市場の競争に他ならない．

　これに対して，シュンペーターの分析はこの市場プロセスを定常均衡ととらえたため，競争と発見からなる市場プロセス本来の意義と，その中の企業家の役割を無視する結果になっている．それでは，カーズナーとシュンペーターの分析は相容れない存在なのだろうか．私はこれに対して1つの見解を示しておきたい．カーズナーの企業家は市場における需給の不整合を発見し，すばやく取引に仲介することによって利潤を上げるのに対し，シュンペーターの企業家はイノベーションによって新たな生産曲線へ移行し，利潤機会を創造する．このような捉え方の違いはあるにせよ，カーズナー型の「市場プロセス」とシュンペーター型の「創造的破壊のプロセス」が重なり合って起こると考えたほうが現実的であるかもしれない．このような捉え方のほうが市場における競争概念の本質を見抜いているような気がしてならない．どうだろうか．

　最近，内外で本格的な研究がされているので，いずれシュンペーターとカーズナーの比較研究や，市場と企業家を巡る現実可能性のある説明体系などが進

み，新たな展望が開かれることを望む．とりわけオーストリア学派は，新古典派とは異なり徹底した主観主義や方法論的個人主義，知識や不確実性に関する取り組みに多面的な特徴をもち，市場と企業家の本質に迫っているが，解明できた点はいまだ多くはない．

ハーバード大学企業家史研究センター

次に，シュンペーターとの関連でどうしても避けて通れない問題がある．それは何かと言えば，「ハーバード大学企業家史研究センター」(The Harvard University Research Center in Entrepreneurial History) の果たした役割をどう位置づけるかという問題である．振り返ってみると，戦後の混乱した状況の中で，資本主義経済の動態的発展の主要な要因をなす企業家と，それを支える経済的，文化的，社会的基盤に対する歴史的視点からの見直しが叫ばれ，米国の資本主義の発展に対して企業家の果たした役割に注目すべきだという議論が沸き起こる．こうした議論の下で，単なる経営や管理などの歴史的発展を研究する経営史とは異なった研究が開始されたのである．実は，このような企業家史学の発展に中心的な役割を果たしたのが，アーサー・H. コールである．

彼の著『社会環境における企業』(1959年) が刊行された時，ハーバード・ビジネススクールではしばらくの間，同書を巡って議論が沸いたようである．かつてハーバード大学留学中，コール教授から親しく指導を仰いだ中川敬一郎は，当時の出来事を次のように伝えている．「コールの著書がそれほどの影響を与えたのは，企業家史学の打ち出した『文化要因』的アプローチのためだけではなかった．コールは同書のなかで，およそ『組織』というものが，社会経済的諸条件への短期的な対応の産物に止まるものではなく，企業という『組織』は，合目的的な諸行為の累積を通じ『生物学的な成長』の結果として生成発展する独立の歴史的主体であり，その組織のあり方が逆に企業行動はいうまでもなく，一国の経済発展のあり方をも左右することを強調した」[11]と．要するに，「組織」というものが短期的な経営効率の問題に止まらず，長期的な社会的要因として把握されることによって，経営学における組織論の研究に新しいパースペクティブを開き，経営史学において「組織史」的研究が推進される契機になったことを説く．

コールはある意味で,「ハーバード大学企業家史研究センター」を拠点として, 企業家史学の始祖と呼ばれるシュンペーターの下で学問形成の第一歩を踏み出しながら, それに対して批判的に自らの理論を展開した学者である. 同研究センターは, 1948 年にロックフェラー財団の献金とカーネギーからの特別資金援助によって経済学者, 歴史学者, 社会学者, 経営学者が参加し, 中でもシュンペーター, トマス・C. コクラン, リーランド・H. ジェンクス, フリッツ・レドリッチの 4 名の長老が主力メンバーとなり設立したものだ.

このような成り立ちを加味しても,「企業家史」の誕生を直截にシュンペーターに求めるのには, いささか躊躇を感じざるを得ないという意見もある[12]. コールはシュンペーターのように非連続性に着目せず, むしろ経済の動態性については累積的, 循環的成長といういわば連続性に着目し, また企業家の活動をシュンペーターのようにイノベーションの遂行のみに限定せず, 経営管理や外部への適用にまで拡大している[13].

そうこうしているうちに, 1950 年にシュンペーターが他界すると, 企業家史研究は独自の道を歩むこととなり, それに伴い 1958 年にロックフェラー財団からの資金援助打ち切りもあいまって閉鎖されるに至る.

企業家概念の導入

このような経緯があったものの, 次に問題にしたいのは, なぜシュンペーターが一般経済史の中に企業家という概念を導入したか, という点である.

何故なら, 行動主体に過度に合理性を仮定したこれまでの経済学においては, 企業家を意識的に排除し, 抽象的な経済人(ホモ・エコノミクス)を前提としてきたからだ. かつて, ドラッカーがその著『イノベーションと企業家精神』(1985 年) の中で,「あらゆる経済学者のうちで, ヨーゼフ・シュンペーターだけが企業家とその経済に与える影響について関心をもっていた. 他の経済学者といえども, 企業家が主要な存在であり, 経済に対して大きな影響を持つのは承知していた. しかし, 彼らにとって企業家とは, あくまでも経済の外生変数であり, 経済に重要な影響を与え, 経済の形を左右する存在ではあっても, 経済を構成するものではなかった」[14]と述べている.

J.S. ミルなどの古典派経済学者を経て, 新古典派経済学の祖アルフレッド・

マーシャルで頂点に達した企業論がその後の経済学者らによって，特に彼らが経済理論を築き上げるに当たって，実際のビジネス界にある事実の多くを故意に無視してきた．だからと言って，彼らがその事実を認めたがらなかったとみなすべきではないが，こうした判断に対し，H.A. サイモン（1978年ノーベル経済学賞受賞）は，この経済学の前提と人間行動との関連から新しい基本概念を提起したはじめての学者である．

直視しなければならない明らかな自己矛盾は，企業の経済理論や組織の経営理論は，人間が少なくとも合理的だろうと「意図」して行動する状況での人間の行動を取り扱おうとするのに，仮に新古典派経済学がいうところの全体的合理性を仮定すると，企業やその他の組織に見られる内部構造の問題は，大部分消滅してしまうということだ．もし，これを企業家のように限定された知識と技術をもって選択する有機体に置き換えれば，この自己矛盾は解消し，理論の輪郭が浮かび上がる．有機体による，選択のための現実世界におけるこの単純化が，単純化されたモデルと現実との間の乖離をもたらす．しかし，この乖離が逆に組織行動の多くの現象を説明するのに寄与するのだとして，「限定合理性」（bounded rationality）の概念を取り入れることを，サイモンは提唱する[15]．

このようにサイモンのような学者が後に現れたものの（1980年代に入ってから，ウィリアムソンの取引コストの経済学に大きな影響を与える），ややもすると合理性の名の下に行動主体を同質的だと仮定し，そこからの結論が全体に及ぶかのごとく考え，その科学性を主張しがちな従来の新古典派に対し，シュンペーターは批判的であったということができる．われわれは彼の文脈からその理由を次のように確認し得る．「観察者によって迅速で合理的だというような行動を仮定するのは，いかなる場合でも虚構である．しかし，このような虚構であっても，事物がその論理を人びとの頭に叩き込むだけの時間が十分にあるのであれば，それは真であることが実証される．これが当てはまる場合には，その限界内において，人びとは案じてこの虚構を用い，その上に理論を打ち立てることができる．……しかし，このような限界の外では，われわれの虚構は現実への近似性を失う．伝統的理論がそうであるように，この場合でも依然として虚構を固執するのは，本質的なものを覆い隠すことになり，またわれわれの仮定が現実から乖離している他の場合と異なって，根本的に重要であり

独特である事実を無視することになり，またこの事実がなければ存在しないような現象の源となる事実を無視することになる」[16]．サイモンを先取りするようなシュンペーターのこの発言を聞けば，彼も限定的合理性について思いを巡らしていたのだろうか．確かにそうかもしれないが，シュンペーターの文脈から言うと，明らかにマルクスの関心と別に企業家を前提にしなければならない理由があったと考えられる．これは後ほど説くことにする．

　もともとシュンペーターの企業家史に関する貢献は彼の全体系からすれば，わずかなものに過ぎないが，ここで注視すべきは，ハーバード大学の企業家史研究センターの創立記念論文集『変革と企業家』(1949年)へ寄稿したシュンペーターの論文「経済理論と企業家史」である[17]．この論文は単に経済進歩における企業家史の研究のあり方を明示したばかりでなく，それ自体としてみえることがない企業家の社会的機能を意識させた点と，企業家利益を構成するのは単なる生産性の向上ではなく，むしろこうした会社に投入された資産価値の増加，すなわちこれが産業の富の源泉だとした点にある．なお，シュンペーターの役割を含め，同研究センターにおいて活動した人びとの業績と回顧については，ヒュー・G.J. エイトケン編『企業家史の探求』(1965年)に収録されている[18]．

　企業家史の研究の対象も方法もシュンペーターないしコールによって議論された頃と，その後とではかなり異なる．このような動向の中で，例えば1927年以来，ハーバード・ビジネススクールにおいてN.S.B. グラース教授（代表作『ビジネスと資本主義』1939年，『アメリカ経営史のケースブック』H.M. ラーソンとの共著，1939年）や，その後継者であるラーソン教授（代表作『経営史入門』1984年）によって個別企業を中心とする経営史の研究が本格的に手がけられるようになったため，これまでよりははっきりと「経営史」と「企業家史」の両者の相違が人びとに意識されるようになる．

　こうなった経緯について，栗田真造がその本質を見事に描き出している．「経営史と企業家史とは形式的には前者が事例研究を基調として特定の企業を対象とするのに対して，後者は経済理論を基礎として企業家活動をその歴史的・社会的背景に照応させて取り扱うとの研究態度上の相違は，これを認めるのにはやぶさかではない．しかしながら，両者の研究内容を検討するときには，

実質的には種々の点において相交錯した成果が発表されている，との印象が深いのである．……そこには同じくハーヴァード大学を拠点としながら，経営大学院と経済学部それぞれの存在価値が個別に主張される結果として，前者を中心として経営史の研究機関がもたれ，後者には企業家史研究所が設けられている」[19]と．結局，留意すべきは両者間に介在する相違点に固守して異説を唱えるのではなく，むしろ，両者が発生史的に従来の経済史研究にあきたらなさを感じ，これを経営史あるいは企業家史の名のもとに補完しようとした意図を，いかに的確に評価できるか，それにかかっているといってよい．

　その後の企業家史の変遷を鑑みればわかるとおり，われわれは大きく二派に分けることができる．そのうちの一派は，シュンペーターの提唱する企業家史と呼応するように，各国の経済発展の違いを説明するために経済史的関心からシュンペーターの企業家概念を批判的に展開するハーバード大学教授のアレクサンダー・ガーシェンクロンを中心とした人びとと，いま別の一派は，シュンペーター門弟の1人であり企業家史研究センターの機関誌『企業家史の探求』の初代編集者であるヘンリー・ロソフスキーの企業家の機能を巡る議論に参加した人びとがこれに当たる[20]．

　前者のガーシェンクロンはその論文「社会的態度，企業家精神と経済発展」(『経済進歩』1955年)の中で，企業家の歴史に関するハーバード研究センターは，アーサー・コールの有能な指導の下で過去5年にわたり，経済史に対する企業家的アプローチに多くの時間と思考を割き，また企業家精神に対する社会的態度という問題にかなりの注意を払いつつも，合衆国における企業家研究は，主として2つの源泉から知的な刺激を受けてきたと言う．「それは当然のことながら，経済変化のプロセスにおいて革新的な企業家に焦点的な役割を与えるシュンペーターの経済発展の理論から大きな影響を受けている．実のところシュンペーター教授は，1950年に死去するまでハーバード研究センターと親密にかかわりあっており，シュンペーター仮説……の豊かさは，まったく当然のごとく，その後に続く研究の多くを方向づけることになった．しかしながら，社会の内部における企業家の立場という問題がフィールドで調査する者の心に焼きつくにつれて，極めて早い段階で，もっと厳格で包括的な社会学的フレームワークが必要だと感じられるようになった」[21]．

そのようなフレームワークは既に，社会心理学，人類学，社会学といった学際的領域の上でも育まれており，その最も強力な分析，すなわち社会システムを構造と機能に分けて分析した構造-機能主義モデルや社会的システム存続のための機能的要件をまとめた AGIL 図式などは，おそらくタルコット・パーソンズ教授たちが過去 20 年間に打ち立てた社会システム理論の中に見ることができる．ガーシェンクロンの指摘を待つまでもなく，かつてパーソンズはシュンペーターのよき理解者であると同時に，晩年のシュンペーターとハーバード大学の合理化研究会で一緒に取り組んだ仲だけに，社会学における統一理論を築き上げる意図をもって提起された彼の構造-機能分析は，この分野における最大の貢献である．

後者のロソフスキーについては，彼が 1955 年 12 月 17 日，名古屋大学で行なった講演 "The Entrepreneurial Approach to Economic History"[22] に注目すべきである．これについては既に，酒井正三郎がロソフスキーの論文を評論し，中でも企業家史が注目を浴びるようになった経緯として，経済理論における経済発展ないし経済成長の分析への関心の高まりをあげ，次のように述べる．「企業家史はもともと企業家についてのシュムペーター的ビジョンから生まれているが，それは単にシュムペーター体系の証明ではない．シュムペーターは多くの人々が見逃していたものに注意を喚起した点で，偉大な貢献をしているが，同時に彼は企業家の厳密な定義のために，経済史の研究を極めて困難にしている」[23]と．このようなコメントからもわかるとおりロソフスキーには，一定の理解を示しながらも，シュンペーターの定義には批判的であったことがうかがえる．

いずれにしても，経済発展一般が要求する企業家機能は，時間・空間を通じて必ずしも一様でないため，シュンペーターの定義するような形でそれを研究するには，われわれにとってそう簡単なことではない（この問題は第 4 章第 2 節の「シュンペーター的競争モデル：ネルソン＝ウィンターの貢献」で改めて取り上げる）．そのためか，ロソフスキーといえども企業家の機能をシュンペーターの定義よりもはるかに広義に解釈し，その必要性を訴える．例えば，経済発展の過程がその躍進期において，(1)外国人もしくは外国の国家，(2)自国の政府，(3)銀行，(4)民間人などによって示される企業家機能に大いに依存し

ているため，今後の研究課題として(1)企業家を生み出す経済的風土の本質とその影響に関する調査，(2)企業家機能の国際比較，(3)企業家の意思決定過程に関する研究，(4)企業家の成功事例だけでなく，失敗の事例研究などの必要性を訴える．

かつてハーバード大学でコール教授からも直接指導を仰いだことのある中川敬一郎の考えも取り上げておこう．というのは，ガーシェンクロンやロソフスキーだけでなく，中川もこの問題について検討に値すべき1つの提案を行なっているからだ．それでは早速，中川が提案した内容について吟味してみよう．

1940年代末になって登場した企業家史学は，経営史学のあり方に対するある種の批判的勢力を形成し，その理論的な源泉はいうまでもなくシュンペーターの経済発展の理論に求めることができると説く．その上で，シュンペーターにおける企業家は，経済循環に対してその内部から革新をもたらす独立した人間主体だから，企業家そのもののあり方は，その企業家が働きかける対象である経済過程からではなく，むしろ経済過程からは切り離して説明されなければならないという．なぜなら，企業家そのものの性能ないし活動を直接的な研究対象としようとする企業家史学の出発点がそこにあり，企業家活動が主として文化的構造といった経済的要因以外の要素によって説明されなければならない理由——すなわち企業家史学は，生活目標（life objective），価値体系（value system），社会的格づけ（social ranking），行動の形式（pattern of conduct）といった特定社会に固有な文化的要因に従って，特定社会における企業家の性能ないし活動を体系づけられたもの——があるからだ[24]．

このことから経営史学的議論の色彩を払拭し，社会制度史的考察へと深化していった中川の問題解決の枠組みを明示すれば，次のようになろう．彼はまず，企業家活動の社会的環境としての文化的諸要因そのものが，長期的にはやはり経済的過程のうちに生み出されることに注目し，企業家活動を経済的過程から独立に文化的要因によって有効な説明を施し得るのは，社会組織や社会規範が極めて長期にわたって社会的に制度化された場合にのみ取り上げられるものだという．われわれは最初に，このことをしっかり押さえておかなければならない．もしこれを無理して文化的要因だけによって説明しようとすれば，理論の枠組みを越えた宿命的誤謬に陥らざるを得ない．なぜなら，制度化された文化

的構造によって企業家活動が一方的に規定されたかのように見えるが，そうではなく，そうした文化的構造の制約に抗しつつ，その中にあって新しい価値体系や行動の様式を打ち出すことによって企業家活動についての分析枠組みを整えられるからだ．

　企業家史学の研究から解明できた点は以上のごとくであるが，次にシュンペーターのイノベーションと企業家論に戻り，さまざまな見解を年代順に整理してみよう．

第2節　企業家におけるイノベーションの理論

「与件」を巡るハイエクのシュンペーター批判

　われわれは，「企業家におけるイノベーションの理論」を本格的に取り上げる前に，次のことだけは議論したほうがよさそうだ．それは市場についての見方である．周知のとおり，新オーストリア学派の見方は学者によって若干異なるが，新古典派の均衡理論のように市場を均衡メカニズムととらえるのではなく，経済プロセスの不確実性ととらえるため，新古典派の見方と根本的に異なる．そのためか新オーストリア学派を代表するハイエクやカーズナーなどの思想が注目され，わが国においても早くから彼らのビジョンが研究の対象とされてきたところである[25]．

　新古典派の経済学者によれば，経済学は所与の資源に対する最適配分の問題を取り扱うものだといい，その場合，この所与の資源を配分する方式には市場経済的方式と計画経済的方式があるというふうに議論を進め，代替的方式間の技術的優劣について論じる．しかし，このような経済体制論の問題設定に対して批判的考察を加えた学者がいる．

　誰かと言うと，それは最初に市場認識においてマイケル・ポランニーの影響を受け「自生的秩序論」を展開し，市場の本質を規定したフリードリヒ・ハイエクである．ここでは，ハイエクの言説をいちいち取り上げる余裕はないが，もし人びとが経済システムについての完全な知識を持っていれば，資源の最適配分の条件を提示することができるはずである．しかし現実には，われわれの知識は必ずしも集中化・統合化された形で存在せず，しかも時には間違った知

識として，あるいは不完全で分散化された断片的な知識として常態化した形のほうが多い．したがって，そのような状況の中では問題を解くことは難しく，むしろそのような解をもたらす市場過程は，きわめて多様な個人的目的を果たすためであったり，個人相互の利益のためであったりしながら，結果としてある種の調和をもたらす．

確かに，ハイエクの完全競争批判に見られるように，そこには市場や選択基準の変化が発生し，各人の所有する知識も経験によって時間とともにより正確に，あるいはより豊富になるのは事実だろうが，それがいかに市場に内部化されるかについては，ハイエクといえども残念ながら応えていない．

カール・ポランニーの言説を待つまでもなく，19世紀に成立した市場社会システムはごく特殊な偶然の産物でしかなく，実は社会と市場の間には緊張関係が常に存在することを認識しなければならない．ここでわれわれは市場経済を導入しさえすれば，教科書に書かれているように効率的資源配分が自動的になされるなどと単純に考えるのではなく，市場と公共的な活動があいまってはじめて，人びとの自由や福祉の増進を促すことができる，と考えるべきだ．

もっともハイエクによれば，シュンペーターが経済問題の「与件」をあまりにもストレートに鵜呑みにするので，これに対して次のように批判すると同時に，均衡分析の本来の意義を問い直す．「『与件』という用語のあいまいさが不注意な人びとに仕掛けた罠に，シュンペーターほどの経済学者がはまってしまったのは，単純な過ちとして説明することはできないからだ．それはむしろ，われわれが扱わなければならない現象の本質的な部分を習慣的に無視する接近法には何か根本的に間違ったところがあることを示唆する．この本質的な部分とは，人間の認識が不完全であるのは避けられず，その結果知識が絶えず伝達され，獲得される過程が必要だということである．連立方程式を用いる数理経済学の大部分の接近法のように，事実上，人びとの知識が状況の客観的事実と一致するという想定から出発する接近法は，われわれの重要課題であるものを体系的に説明から除外してしまう．私は，決して均衡分析がわれわれの体系において有用な機能を持っていることを否定しようとするものではない．しかし，それが何人かのわれわれの指導的思想家たちを惑わし，均衡分析の描く状況が現実の諸問題の解決に直接的な関連をもつと信じさせるようになるならば，そ

の時はまさにわれわれが，均衡分析は社会過程を扱うものでは全くないのであり，それは主要な問題の研究に対する1つの有用な準備以上の何ものでもない，ということを思い起こさなければならない時なのである」[26]．同じオーストリア学派で育った第3世代のシュンペーターと，第4世代のハイエクでは，経済問題の「与件」の置き方に対する見解がこのように異なる．

いずれにしても，ハイエクのように市場を観察し知識の発見の手続きとみなす論者と，均衡理論を分析のために利用する道具とみなすシュンペーターとの間には関連性がないとみてよい．ハイエクの知識観というものは，人間の認識や行為から生じた意図せざる結果として生み出された暗黙的な関係を明示することに力点がおかれるが，一方シュンペーターのように，仮説や理論の目的は事実に適合するか否かで，理論それ自身の真偽を問わないと最初から決め込んで方法論を展開しているので，観察と理論の独立性が互いに共通の前提として認められるからだ．それこそがオーストリア学派の特徴，すなわちこの学派の内部での主観主義や方法論的個人主義を通じ，知識が成長していくことこそがこの学派の特徴である．確かに，市場と経済の意味をとことん考え抜いたハイエクだけのことはあるが，しかし，ハイエクといえども，市場に対して経済のメカニズムがいかにすればよく働くか，その大事なところを不問に付す．

フォン・ミーゼスの企業家論

いま1つ，われわれはシュンペーターとフォン・ミーゼスの企業家論の違いについても触れておいたほうがよかろう．というのは，イノベーションを遂行する経済主体という面に重点を置くシュンペーターと，人間行為の面から企業家活動をみようとするミーゼスのそれとではどのような相違があるか，それが問われているからだ．

この点について長谷川啓之の比較研究は，両者の核心に鋭く迫った業績の1つとして注目に値する．すなわち「ミーゼスの企業家は，……意思決定者であり，市場の不均衡を除去する役割を果たす．そこには，シュンペーターのいう技術革新を導入することで経済発展を促進する役割も含まれている．だが，ミーゼスにとっては，それだけでは範囲が狭い．技術革新を企業家が導入する場合にも，技術的に実験可能な多くの方法の中から，人びとが最も緊急に必要と

する方法で最も適したものを選択する必要がある．ミーゼスにとり消費者が企業家活動に与える影響はきわめて大きい」[27]と．このように評価した上で，長谷川は消費者の需要の変化に対応するための，資源配分上の動力として企業家活動を位置づけることのほうが重要だとし，ミーゼスのほうに軍配を挙げる．

そう言うと，R.F. ヘバートと A.N. リンクも経済成長の観点から，シュンペーターとミーゼスの差異をとらえ，ミーゼスの成長の制約条件はシュンペーターのようなイノベーションではなく，実質的貯蓄の大きさにあるという．

このような展開を含め，われわれは，シュンペーターの人間行動（集団性）とミーゼスの人間行為（意味性）の観点からの比較研究も重要な課題だと考える．しかしながら，「何らかの経済発展を促すためには，その前に設定されなければならない特定の前提条件が必要だ」とするシュンペーターの企業家モデルに反論を唱える経済学者はいなかったのだろうか．今，これに答えるだけの余裕はないが，シュンペーターのイノベーション論は市場の当事者である供給側の視点に立つものなので，もう一方の当事者である消費者の視点から考え，消費者の欲求にどう応えていくか，あるいは消費者の使用にどうような価値を見出すことができるか，これらの問題を捨象しているからだ．

シュンペーターの「イノベーション」

ここで一度，原点に戻ってシュンペーターの説く「イノベーション」とは，いかなる意味内容を有するのだろうか，この中身をいま一度整理しながら，議論の筋道を確認しておこう．シュンペーターは，イノベーションについて次のように語る．「商品の供給方法に対する変化という言葉で，われわれはそれを文字どおりに受け取れば，含意するよりもはるかに広い範囲の出来事が考えられる．まさに標準的事例として役立つかもしれない新商品の導入をも含める．既に，使用されている商品の生産についての技術上の変化，新市場や新供給源泉の開拓，作業のテイラー式組織化，材料の処理に対する改良，百貨店のような新事業組織の設立――略言すれば，経済生活の領域での『異なったやり方でことを運ぶこと』――すべてこれらのことは，われわれがイノベーションという言葉で呼ぼうとするものの事例だ」[28]と．

この引用文は，シュンペーターが「イノベーション」という言葉を定義づけ

るために使った箇所である．もっとも，これが最初に述べたところではないが[29]，よくシュンペーターの「イノベーション」という言葉は，彼の著書のどこにも見当たらないと平気で一流雑誌や新聞に訴える方がいるので，参考のためにシュンペーターの文章を上記のように掲げておいた．ついでに言うと，Innovation の頭文字 I は大文字で書かれている．なお，わが国ではこの言葉は一般に「技術革新」と訳しているが，シュンペーターが言う本来の意味はそれらよりももう少し広く，社会に変革を与えるビジネスの仕組みを含んでいる．余談だが，社会に変革を与えるビジネスの仕組みまでもが今日では特許の対象になると言ったら，シュンペーターは何と応えただろうか．今世紀のサイバー資本主義の出現に対する彼のコメントを聞いてみたかったものである．

　本書では特段の配慮を払う必要がない限り，「イノベーション」をそのまま用いる．シュンペーターがドイツ語 "neue Kombinationen" を最初に用いたのは 1911 年の著『経済発展の理論』においてである．その後，1927 年 12 月の論文「景気循環の解明」（*Econometrica* 誌，第 7 号）で "innovation" という英語をはじめて使用し，前述したように 1939 年の著『景気循環論』第 1 巻で，その内容を具体的に説明する．ただし，『景気循環論』でいうイノベーションと，『経済発展の理論』における新結合とは必ずしも同義ではなく，『経済発展の理論』では，企業家の新結合の遂行によって生産関数を絶えず変革させることだと考え，曖昧であったが，『景気循環論』では，同じ生産関数における生産要素の数量的変化ではなく，不連続時点を経て新たな生産関数の設定を意味する．

　ここで重要な点は，イノベーションそのものではなく，「イノベーションの遂行を自らの機能とし，その遂行に当たって能動的要素となるような経済主体」という件である．つまり，誰がその役割を担うのかと言えば企業家である．この場合の企業家とは，単なる発明・発見者と同義語ではなく，イノベーションを実現するという強い意志をもち，それを普及させる行動力のある人だ．したがって，株主，経営者，技術者などいずれの職業上の地位や階級に属するかというのは，企業家のカテゴリーにとってはどうでもよいことである．故に，企業家とは固有の名前で呼ばれなくても，旧く陳腐化したものを破壊し，新しい有用なものを創造する先見性や独創性に加えて，信用メカニズムを動かし，

それを事業化させる能力を兼ね備えた人であればよい．

とりわけ注目しなければならないのは，シュンペーターが企業家に求める能力で最も大切なのは「洞察力」と「精神的自由」と「抵抗を克服することのできる意志」だ，と述べた点である．

まず，この場合の「洞察力」とは「それは事態がまだ確立されていない瞬間においてすら，その後，明らかになるような仕方で事態を見通す能力である．人びとが行動の基礎となる根本原則について何の成算も持ち得ない場合においてすら，またまさにそのような場合においてこそ，本質的なものを確実に把握し，非本質なものをまったく除外するような仕方で事態を見通す能力である」[30]．

次に「精神的自由」とは，慣行軌道や思考習慣の殻を破るような自由な意志のことである．この慣行軌道や思考習慣から逃れることの困難さは，次のような原因による．例えば，経済主体が慣行の軌道から一旦外れると，新しいことへの対応が困難になって再び慣行の軌道に立ち返ったほうがやりやすくなるからである．これは潜在的意識の中にある固定的な思考習慣が経済主体の行動の障害となって立ちはだかるため，日常生活に見られる慣行の軌道や固定的な思考習慣からの自由をまず保障しなければ，イノベーションの遂行に対する心理的な障害を克服できない．このような精神的自由とは，日常的必要を超える大きな力の余剰を前提としており，それは独特なものであり，その性質上稀なものである．

最後に「抵抗を克服することのできる意志」とは，新しいことを行なおうとする抵抗にいかに立ち向かうか，あるいは一般世論の側から必要な協力を得るにはいかにしたらよいかということである．既存のパラダイムからの脱却がイノベーションの重要な要素となるだけに，注目に値する発言である[31]．

「創造的破壊」の過程

シュンペーターは，イノベーションを遂行すべきその発展形態を「創造的破壊」（Creative Destruction）の過程というパラドックスの一形態であるオクシモロン（撞着語法）で表現する．1942年に出版された『資本主義・社会主義・民主主義』の中で，彼は「資本主義のエンジンを起動させ，それを動かし

続ける基本的な推進力は，資本主義的企業の創造にかかっている」[32]と述べ，その上で，創造的破壊の過程を世に問う．すなわち，新消費財，新生産方法，新輸送方法，新市場の開拓，そして新産業組織の形態によってもたらされるものは，不断に旧いものを破壊し新しいものを創造し，絶えず内部から経済構造を革新化する産業上の突然変異と同じ過程だということを世に問う．シュンペーターにとっては，この「創造的破壊」の過程こそ，資本主義についての本質的事実——まさに資本主義を形づくるものであり，すべての資本主義的企業がこの中で生きなければならないもの——であるといえる[33]．

この場合の「創造的破壊」とは当然，破壊をすれば創造がもたらされるといった単純な意味ではないにしても，異時点間での競争概念を要求するため，いまだに立証されていない．しかし，企業家が直観によってイノベーションを発見し，短期的には独占をもたらすものの，長期的にはその独占自身が非効率かつ旧式となり，新たなイノベーションによって破壊されるという点は何だかわかるような気がする．ただし，この直観の中身が吟味され一般化されたときには，本来の直観の持つ意味が薄れるかもしれない．「創造的破壊」の過程からではなく，逆に「有機的融合」の過程からシュンペーターのイノベーションを批判することはできないものだろうか．

ところで，シュンペーターは一般均衡理論の犯した過ちについても暗に批判する．「われわれは，すべての要素がその真の特徴や究極的効果を出しつくすには相当の期間を要する過程を取り扱っているのだから，その過程の成果をある所与の一時点からみて評価する余地はない．……ところが一時点をとらえ，たとえば寡占的産業……の行動をながめて，その内部での周知の運動と反運動とが高価格と生産量制限以外のなにものをも目的としないというふうに考える経済学者は，まさしくかような仮定を置いているのだ．彼らは，瞬間的な状態の与件を，あたかもそれに対しては過去も将来もないかのごとくに受け取り，これらの与件に関連せしめて利潤極大の原則をもってこれらの企業の行動を説明しさえすれば，それでまさに理解すべきものを理解しつくしたと思い込んでしまう」[34]．これは，一般均衡理論のもつ現実世界に対する虚構性に通じる批判の先取りとみなすことができる．

また，シュンペーターは競争の作用の仕方について次のように述べる．「経

済学者は，今やっと価格競争だけしか研究しなかった段階から抜け出しつつある．品質競争や販売努力が理論の聖なる領域内に入ることを許されるや否や，価格変動は支配的地位から追放される．しかしなお，彼らが実際に注意を集中しているのは，生産方法，特に産業組織形態の不安な条件下での固定的な類型内における競争に過ぎない．だがいかにも教科書的なものとは別の資本主義の現実において重要なのは，このような競争ではなく，新商品，新技術，新供給源，新組織形態（例えば支配単位の巨大規模化）から来る競争である，——この競争は，費用や品質の点における決定的な優位を占めるものであり，かつまた現存企業の利潤や生産量の多少をゆるがすという程度のものではなく，その基礎や生存自体をゆるがすものである．したがって，この種の競争は他のものに比してはるかに効果的である」[35].

　これらは一定の図式によって概念化される必要があるため，シュンペーターはその場合，次のような制度論的かつ組織論的アプローチを説く．つまり第1は，制度的枠組み，すなわち社会的，法制的，技術的条件は比較的よく理解されているので，歴史の各発展段階において，企業家とはいかなる人間であり，どのような仕事をしたかを類推すること，第2に，貿易，製造業等の組織形態は，後天的に獲得されたものだという点に注目すること，第3に，こうした組織は，企業家が経済活動を行なった後に形成されるのであって，はじめに組織ありきで，その後で企業家が経済活動を行なうというような誤った認識に注意を払い，分析枠組みのプロセスを明示すること，第4に，企業家活動の分野あるいはその方法といった点についても，それらは企業家活動の結果として明らかになるものだから，制度も組織も歴史の中で企業家活動を通し作られてきたことなどを強調する．

　以上，シュンペーターにおける企業家とイノベーションの理論に関する分析枠組みである．この枠組みは現実には，企業家史の研究に影響を与えたものの，経済学の発展において何ら理論的位置づけをもたず，特に完全競争の下で成り立つ均衡論をないがしろにしたため，これまで主流派の経済学者の間でほとんど語られることがなかった．だが，シュンペーターが真に貢献した点は，理論によって現実を説明することではなく，理論が現実から特定の制度的，組織的要因を抜き出すことで，現実をよりよく説明するための枠組みを提示したとこ

ろにある．この分析視点を欠いたまま，今日に至ったのは経済学者の知性の怠慢と責められても致し方ない[36]．

それが後に経営学者ドラッカーの先見性などに深甚なる影響を与えることになる．周知のとおり，ピーター・F.ドラッカーの父親アドルフ・ドラッカー（Adolf Drucker）がオーストリア＝ハンガリー帝国の政府高官やウィーン大学の教授を務めた関係からシュンペーターと親交を持ち，ピーター・ドラッカーとはまだ幼少の頃からの知り合いであった．その関係からか，ピーター・ドラッカーの中心命題はマネジメントの枠組みから論じたものであり，課題解決のための組織の内部と外部に対する原理と方法を示し，「企業の目的は顧客の創造だ」と定義し，その場合に重要な役割を果たすものはマーケティングとイノベーションの２つに限られるという．ちなみに，彼は社会や経済における非連続な発展と，それをもたらす影響との間に時間的差を発見し，利用することのできる企業家の役割を論じることに主眼を置く．ただし，シュンペーターとドラッカーでは「企業」と「マネジメント」の捉え方が次のように異なる．

シュンペーターは「企業」と「マネジメント」の活動を区別し，前者を新しいアイデアを具体化し事業を起こすことだとし，後者をゴーイング・コンサーンの管理をする活動だと簡単に位置づける[37]．一方，シュンペーターが生きた時代と異なり，企業規模が拡大しゴーイング・コンサーンするには，新しい産業社会に対応する組織が必要だという認識が高まり，そのような状況の中でドラッカーは組織をして成果を上げさせるための道具・機能・機関として「マネジメント」を定義し，その主要な役割にマーケティングとイノベーションを組み込み，「企業」の存在意義を明らかにする．この場合，ドラッカーにおけるイノベーションとは何を意味するのだろうか．われわれはイノベーションを引き起こす仕組みや，そのメカニズムをある程度整理しておいたほうがよかろう．

ドラッカーが説くイノベーションとは，その本質を問うものではなく，イノベーションが起こる機会に注目し，富を生み出す新しい能力をもたらす要因を抜き出したところにその特徴がある[38]．要するに，ドラッカーの展開するイノベーション論は企業行動におけるイノベーションと模倣の研究開発（R&D），企業規模との関連からイノベーションの及ぼす影響について分析したのではなく，どちらかと言うと，イノベーションの機会を見つけるために何をしたらよ

いかを問い，イノベーションに対する信頼性と確実性を内部と外部の環境の変化レベルによって類型化し，実現可能性の枠組みを提示したところにその貢献がある[39]．

しかしながら，ビジネス界ではドラッカーの先見性に満ちたコンセプトなどにはいつも支持者が絶えないが，学界では仮説の信憑性を事実に照らしてどう判断すればよいか，実証的なところを必ずしも検証されてなかったり，彼が好んで言う「未来に起こる出来事」が非反復的な外因性の出来事に大きく影響を受けたりするため，学問として取り上げるにはドラッカーの命題が日常的な意味や解釈から解放され，論理的分析に耐え得るそれなりのものでなければならない．

わが国だけかもしれないが，このような問題を抱えながらも企業家に「事を起こす」ように背中を押すのか，「自ら動く」ように仕向けるのか，それとも言葉で表せないほどの何か「オーラ」があるのか，ドラッカーの人気は衰えるところを知らない．

企業家を駆り立てる動機

学問としてのイノベーション論を語るには，解決しなければならない課題はまだまだ多いが，次に論ずべきは，企業家として内在化された成功水準を基に，物事を成し遂げようとする動機の問題である．例えば，シュンペーターは企業家の動機を次の3点に絞り込む[40]．第1は，企業家として「私的な帝国を築き上げようとする夢想と意志」であり，第2は，企業家としての「勝利と成功への強い意志」であり，そして第3は，企業家として「新しい世界を創造する喜び」である．森嶋通夫は，シュンペーター的企業家の世界を「ニーチェにおける英雄主義」，一方，ワルラス的均衡の世界を「数多くの無名プレイヤーの目立たない日常行動の集積」だと巧みな比喩を用いて活写する[41]．この関連で言うと，われわれは1人の小さな存在としての労働者を団結させようとしたマルクス的革命の世界と，エリートとしての企業家にイノベーションを遂行させようとしたシュンペーター的創造破壊の世界とは対峙するように見えるが，マルクスの文脈における「労働者」を，シュンペーターの「企業家」に置き換えてみれば，シュンペーターがマルクスから影響を受けていることが確認できる．

第4章　企業家とイノベーションの理論

　その後の企業家に関する流れについては，R.F. ヘバートと A.N. リンクが次のような見解を打ち出す．すなわち，20世紀の文献の多くは，シュンペーターのイノベーション理論とイノベーション過程の中での企業家に関する考え方から発せられたのは確かなようだが，現代の研究者はシュンペーターに対して別の形で反応している．例えば，ある学者はシュンペーターの説を認めた上で，企業家やその役割を研究するのに別な方法論的アプローチを取ることに主な関心を寄せ，ある学者は，均衡の攪乱要素と見るシュンペーターの企業家についての性格づけを斥け，むしろ均衡化作用を担う者として企業家を描こうとし，またある学者は，企業家についてのこれまでの考え方を独自の緻密さで飾りつけ，新たな理論体系を構築しようとしている[42]．

　ところで，イノベーションそのものが持つダイナミズムから総合的に把握し，その特性が経済成長とどうかかわるかということに取り組んできた者にとっては，これまでの現状分析のあり方に不満を募らせている．われわれはこのような不満の原因をどこに求めたらよいのだろうか．その原因を探ってみれば，最近の研究者がイノベーションの発展段階をブラックボックスとして踏み込まず，イノベーションの普及に伴う企業行動を中心とした解明に終始したり（第3章第2節を参照），企業にとって事前の技術進歩の可能性についてはすべて同じだとみなし，企業行動におけるイノベーションと模倣の研究開発（R&D）の関係に焦点を当ててこなかったりしたからだ．もともと経済学とイノベーションのかかわりにおいて，発展のプロセスにおけるコストと不確実性の問題が横たわっているため，われわれはいまだ，進化する動態モデルを構築できずにいる．

シュンペーター的競争モデル：ネルソン＝ウィンターの貢献

　何とこの問題に果敢に取り組んだ者がいる．新古典派の利潤の最大化や均衡に関する前提を保持しながら，シュンペーターの貢献を取り入れようとするこれまでの試みとは別に，シュンペーター的競争——そこには勝ち組と負け組が存在し，このプロセスは連続的な不均衡の過程——に注目し，この難問に世界で初めて進化理論（Evolutionary Theory）からアプローチしたのがリチャード・R. ネルソンとシドニー・G. ウィンターである．彼らの問題の解き方は，

選択肢は所与ではなく，いかなる選択の帰結（事前にどの選択が最適か）も知られておらず，この前提に基づき，多様な企業行動が現実的に存在することを予測するというものである．この裏には，競争システムにおいて，長期的には，平均的に良い選択をした企業が勝ち進み，一貫して間違いを犯す企業が撤退を余儀なくされ，あるいは改革をせまられるという現実の厳しい掟がある．手始めに，ネルソン=ウィンターは企業規模の分布を時系列から見直し，動学競争による勝ち組と負け組のパターンを時間の経過とともにいかに変化するかを調べることから始める．

それでは，ネルソン=ウィンター・モデルの組み立て方を簡単に一瞥しておこう[43]．まず，イノベーション型の企業と模倣型の企業が1つの同質的な製品を生産すると仮定する．その場合，(1)この産業は右下がりの需要曲線に直面し，それぞれの企業はどの時点においても自らが知っている中で最適な1つの技術を用いること，(2)すべての技術は，規模に関する収穫不変と固定的投資係数で特徴づけられること，(3)企業は要素市場から必要な補完的生産要素を購入し，最良の技術を使い，与えられた資本ストックで許容される最大限の水準で生産すること，(4)要素供給は完全に弾力的で，要素価格は期間内で一定であると仮定し，それぞれの企業が用いる技術が，その単位費用を決定すること，(5)企業の資本ストックと技術が所与とすれば，産業全体の生産量も製品価格も決まり，それに伴いそれぞれの企業の価格，すなわちコストマージンも同時に決定されること，(6)それぞれの技術は資本1単位当たり同じ量の補完的生産要素を必要とするが，技術は資本1単位当たりの生産量で異なる．ただし，産業が直面する生産要素の価格は一定である．かくして，資本1単位当たりの費用はすべての企業を通じて一定だが，生産物1単位当たりの費用はモデルの中では変数として扱うこと，以上である．

このような前提条件の下で，ネルソン=ウィンターは企業行動におけるイノベーションと模倣の研究開発（R&D），その企業戦略上のあり方を明らかにしようとする．

要するに，イノベーション型の企業と模倣型の企業のいずれもが資本1単位当たりのこれらの研究開発への支出によって定義づけられる．企業の成長のためのイノベーションと模倣に関する政策は，その規模とともに，これらの活動

への研究開発支出を決定する．ネルソン゠ウィンターの特徴は，両方の種類の研究開発を2段階のランダム・サンプリングのプロセスとしてモデル化したところにある．

この場合，所与の期間においては企業がイノベーションの集合，あるいは模倣の集合から成功を収める確率は，企業のこれからの活動への支出に比例する．そのため，多くの期間が経過する中で，一期間において実現された平均的なイノベーションと模倣に成功する回数は，企業が一期間においてこれらの研究開発に支出する平均的な額に比例する．したがって，イノベーションでの成功は代替的な多数の技術の確率分布からのランダムに新しい技術を獲得することであり，この確率分布をどう特定化するかが課題となる．

模倣での成功は間違いなく企業が現存するベスト・プラクティスをコピーすることである．このモデルでは，研究開発を行なうことにおける規模の経済は存在しないが，大規模な企業の占有可能性における優位性は存在する．ネルソン゠ウィンターは，企業がイノベーションで成功するときのサンプル分布について2つの異なる定式化をもって検討する．この異なる技術変化のレジームは，産業の生産性の成長と産業の研究開発支出との間のきわめて異なった関係で対応していると考えられるからだ．前者は「サイエンス型」と呼ばれるもので，イノベーティブな研究開発の成功するときのサンプル分布が産業の外部で起こる場合――例えば，大学で起こっている基本的な研究の進歩によって時間とともに有利になっていく場合――である．後者は「累積的技術型」と呼ばれるもので，イノベーティブな研究開発の成果の分布は現在企業の生産性の周りに分布しており，技術機会が外生的な要因によって決定されることがない場合である．

ここでネルソン゠ウィンターは，価格‐費用比率の分析を行なう[44]．例えば，企業のある期の資本ストックと技術を与えると，その期の生産量が決定される．すると需要曲線が価格を決定し，生産性水準が生産費を決定し，各企業の価格と単位費用との比率が決定される（ここでは，すべての生産要素は資本と比例的で，かつすべての生産要素価格は一定という仮定のもので，研究開発費を無視すると，生産のための資本への収益率は価格‐費用比率の単調増加関数である）．したがって，企業を拡大するか縮小するかは想定される資本の物的減耗

率と企業の投資の資金調達能力の組み合わせの制約の範囲内で，その企業の価格-費用比率と現在の市場シェアによって支配されると想定する．すなわち，企業の現在の市場シェアが大きいほど，拡大を誘発する価格-費用比率は大きくなければならないが，逆にこの関係を変化させることで，投資行動を描くことができる．これらのパターンから，企業自らの生産量の拡大が産業に与える影響を想定し，シミュレーションを行なう．

　このシミュレーションについては次のように示すことができる[45]．すなわち，産業の需要曲線の弾力性は1だと正しく認識しており，同じように弾力性が1の供給曲線に沿って産業内の自社以外の企業は反応すると考える．まず，2つのパターンを対比させることから試みる．1つは，この仮定よりも市場を損ねることへの心配が大きいことを織り込んでいるもので，もう1つは，一切心配していないというものである．前者をクールノー戦略と呼び，ここでは企業は，資本ストックの目標を設定するに当たって，産業の需要曲線の弾力性の正しい評価と他の企業は生産量を一定に保つという考えに基づいて行動する．後者では，企業は自らの生産量の水準の増減により価格は何ら影響を受けないと信じているように行動する．つまり，この企業は価格受容者（プライス・テイカー）として行動する．

　このモデルは確率的な動的システムを狙ったものだといえる．そこでは，時間が経てば，新しい技術が見出されるのに伴い生産性レベルは上昇し，単位生産費用は下がるようになる．これらの動学的な力の結果により，時間とともに価格は低下し産業の生産量は増加するから，相対的に利潤の高い企業は拡大するが，低い企業は縮小せざるを得ない．

　われわれはここで一度，ネルソン゠ウィンター・モデルと新古典派のモデルを比較することによって，これまで述べてきたことを総括しておこう[46]．われわれが抑えておきたいのは，ネルソン゠ウィンター・モデルにおいて企業が取る戦略は，最大化の計算によって導かれるものでもなく，また産業は均衡しているという想定にとらわれるものでもない，ということである．なぜなら，新古典派のモデルのように進化の過程を所与とすれば，システムを均衡に向かわせる力のスピードや効果という問題をそのままにしておくこともできるし，また，企業の成長率が異なるということが，産業が向かうような均衡を形づくる

役割を見過ごすこともできるからだ．実のところ，シュンペーター的競争が示唆した重要な点はこうである．企業は成長のために革新者になるほうがよいか，模倣者になるほうがよいか事前にわからず，また，研究開発費をどの程度支出するのが適切か否かも実際にはわからないまま推移するという点である．結局，時間が経過して，初めてどの選択がよかったか悪かったかわかるというものだ．

ネルソン＝ウィンターが検討してきたシュンペーター的競争モデルでは，産業構造において初期には低かった集中度が次第に上昇していく傾向がある一方，他方で，最初から産業構造が集中している場合は比較的安定している．この中でことさら重要な指摘は，ある企業がイノベーションにいつも成功した場合，あるいはたった一度のイノベーションで他を圧倒するほど大きかった場合，企業は莫大な利潤を手に入れ，その利潤が成長をもたらすことによって競争優位になり，結果として非常に集中度の高い産業構造がもたらされる．

次に，このような演繹的な推論を重ねながら具体的な命題を確かめる作業に入る．そこでネルソン＝ウィンターが考えた条件は，企業活動の主眼がイノベーションではなく，模倣だとするならば，産業の集中度は顕著に低くなるのはなぜか，ということである．

その時，彼らが組み立てたモデルはこうである．彼らはシュンペーター的競争の動学的力が集中に与える影響を検証するため，企業の規模分布を確率モデルの一種として捉え直す．具体的には，ジブラ法則（Gibrat's law）を用いて，企業の全体数が一定であるとし，ある期からその次の期への企業の成長率は，企業そのものの違いから独立し確率分布に従って生み出されるとみなす．その確率分布は，すべての企業に対して同じであり，いつでも一定である．つまり，企業規模と成長率の分布の間に関係がなく，系列相関がないとみなす[47]．

この場合，企業規模の分布は対数正規分布に近くなる．そこで，ネルソン＝ウィンターは実際の企業の成長率や規模に近づけるために，確率モデルに次のような工夫を施す．彼らのモデルは成長率の系列相関を作り出す仕組みに配慮し，企業の成長率と規模（市場シェア）は独立ではないとする．なぜなら，系列相関は，企業が今期に平均以上（平均以下）の技術をもつ場合，来期も平均以上（平均以下）の技術をもつ可能性が高いという事実に基づいているため，利益率と成長には系列相関が発生するからである．ネルソン＝ウィンター・モ

デルでは，このような系列相関が，研究開発や企業のマークアップ率が企業規模と無関係だとしても発生するとしている[48]．

もし，すべての企業が同じ研究開発方針を採用し，イノベーションと模倣活動への支出が，資本単位当たりで決められたとした場合，規模の大きい企業のほうが小さい企業より研究支出は大きく，また，企業が模倣によって成功する確率は，研究開発支出に比例しており，したがって企業規模に比例する．これには１つの疑念が生じる．すなわち，大企業が中小企業に比べて，常に新技術を獲得する可能性が高く，技術フロンティアにより近いところにいて，安定的な発展をする傾向があるのか，言い換えれば，企業が模倣によって成功する確率は研究開発支出に比例的であり，大企業のほうが技術フロンティアに近い位置にいて，持続的な成長を続ける可能性が高いと考えてよいのか，という問題である．

しかし，ネルソン＝ウィンターはこのような規模の優位性に対し懐疑的な立場を取る．「大企業が中小企業よりも速く成長する結果，大企業は自らがもつ市場への影響力を考えて，投資水準を抑制する可能性がある．要するに，大企業はあまり生産費を拡大しすぎると価格の下落に圧力をかけてしまうので，自らさらなる投資を控える傾向がある．この効果を考えると，大企業の成長率のばらつきは小さくなる．企業の平均的な成長率は小さい企業では高く，その後企業規模の増加とともに横ばいになり，そしてやがて下落し始める」[49]．ネルソン＝ウィンターは，このようなジブラ法則からの乖離が実証データと整合するか否かをシミュレーションする[50]．その結果，同じ規模の企業４社と16社で試みた場合を比較し，前者のケースのほうが後者より初期の企業分布が安定的に保たれ，また，企業規模の最終的な分布も潜在生産性の成長率や模倣の難しさなどの要因についての影響をあまり受けていないことが検証されたという．

以上，ネルソン＝ウィンター・モデルの骨子だが，シュンペーターがイノベーションとの関係で提起した論点，すなわち市場構造とイノベーション活動の成果との関係を見ることができず，いささか生産技術のイノベーションと模倣に偏っている嫌いがする．ネルソン＝ウィンターはシュンペーター的競争モデルと言いながら，実際はシュンペーターとは異なる自分たちの選択メカニズムを組み込んでいる．しかも，ネルソン＝ウィンター・モデルでは，投資が効率

の悪い産業から退出し，新しい産業へ参入していく移行過程の分析がなされていない．ここでは退出については2つの理由が考えられる．第1は設備投資が減価償却より少なくなると，資本ストックがその最低水準より少なくなる場合である．第2は投下資本利益率が負の値をとり続け，業績評価指標がその最低水準より小さい値をとる場合である．この2つの場合では企業の資本ストックはゼロ，つまりその産業から退出が起こると考えられるからだ[51]．

　振り返ってみれば，新古典派の経済学者はもともと，イノベーションや企業家の機能を非常に狭い科学技術における「知」の領域の問題ぐらいにしかとらえなかったため，シュンペーターの言うような発明とイノベーションを峻別したり，生産方法の変化を組織面から分析したりということの重要性に気づかなかった．そのため，研究開発における規模の経済性と大規模企業の専有可能性における優位性をとらえた理論モデルは存在したが，市場構造を内生的要因ととらえたものではなかった．ネルソン＝ウィンターの貢献は，進化理論に拠って組織内の定型化された行動，すなわちルーティンの概念と技術進歩を捉え直し，企業が成長のためにイノベーションを遂行したり，生存のために模倣されたりすることに着目し，他に先駆けシュンペーター的競争モデルを構築した点にある．

　ただし，われわれはこのモデルに残された課題として，次のようなものを挙げることができよう．

　1つはシュンペーターの時代にはなかったことだが，ベンチャー・キャピタル（CV）やコーポレート・ベンチャー・キャピタル（CVC）などの資金調達の独自な媒介的な役割が企業に与える影響についてであり，いま1つは，所得格差の拡大と，それが時間を経て市場構造と技術進歩に与える影響についてである．いずれにしても，イノベーションに関するデータの数が少なく，本来の力を発揮できない面もあるが，にもかかわらず，シュンペーター的競争モデルを試論として断片的にせよ示せたのは，なにがしかの現代的意義がある．なぜなら，経済成長をこれまでのように単なる生産量の拡大と生産性の増大に依存するよりも，イノベーションや模倣に成功するほうが持続可能な経済成長として遥かに大きなインプリケーションを持つからである．このように進化的な経済過程をシミュレーションできるようにしたことで，その後のシュンペーター

的競争モデルの拡張を可能にし，新しい理論，すなわち企業と市場の問題を解くダイナミック・ケイパビリティ理論の誕生のきっかけになっただけでも大きな貢献である．

第3節　イノベーションにおける企業家の役割

次にわれわれが検討しなければならないのは，イノベーションにおける企業家の役割である．例えば，シュンペーターの企業家論から導かれる結論は，企業家の役割が経済発展の起動力になるばかりでなく，資本主義の文明までにも影響を及ぼすということだ．その意味では，利己心や効用の世界だけを対象にするのではなく，理念や倫理の世界に合理的な目的を見出そうとしたシュンペーターの企業家類型は，かつて交流のあったW.ゾンバルトの『近代資本主義』(1902年)やM.ウェーバーの「プロテスタンティズムの倫理と資本主義の"精神"」(1904-05年)，『一般社会経済要論』(1923年)から少なからず影響を受けたともいえる[52]．しかしそうは言っても，人間類型をあらゆる側面から分解し，人間がその行動様式をどの程度備えているか，それを測定する方法をいまだわれわれは確立していない．このような限界を踏まえつつも，私が最も注目したのは資本主義経済下における企業家の役割である．

さて，少数のエリートのみに付与される企業家という名は，イノベーションの遂行を自らの機能とし，その遂行に当たって能動的要素となることによって経済主体たり得るわけであり，そこで信用供与とあいまって企業家活動を活発にさせるのが，銀行による信用創造である．この点ではかつての学友であるルドルフ・ヒルファディングの「資本信用」と通じるところがある．しかし，シュンペーターにとって，信用は常に創造されるものとなっているが，その効果に対する理論的究明がなされていない．私としては銀行だけが創り出す「純粋信用理論」だけでは，十分ではないと考える．というのは，純粋信用理論とは考え得るかぎり最も不安定なものなのにもかかわらず——例えば，流通してない退蔵貨幣の形態もあるにもかかわらず——シュンペーターの議論では，信用を創造する上で銀行だけに無制限の力を与えているからだ．したがって，シュンペーターの動態の純粋モデルでは，イノベーションは銀行による信用創造が

なければ実現できないという前提を置いているため，銀行自身もイノベーションの遂行の成否に関わることを事後的に知る以外に，事前に審査をすることができないはずである．にもかかわらず，シュンペーターにおける銀行の信用創造は，経済発展における貨幣を銀行信用に絞り，その機能を強調しただけの純粋モデルなので，このような批判は少し酷かもしれないが，シュンペーターの信用概念の未整備がわざわいしていることは否めない．

しかも，こうした変遷の道を歩んできた資本主義経済は，何故に崩壊することになるのだろうか．シュンペーターの分析は，企業家機能が無用化するということに着目し，資本主義の未来を展望する．

ただし，企業家機能の無用化に関する彼の理論は，企業家機能だけが前面に出るため，例えば，大企業では1人の企業家よりも，むしろ社長，専務，常務といったライン組織や，それにスタッフが加わり補佐するライン・アンド・スタッフ組織の視点が重要であるにもかかわらず，この点が欠如しているという批判もある．しかし，この批判は必ずしも正鵠を射ていない．なぜなら，大企業のライン組織やライン・アンド・スタッフ組織に直接言及していないものの，シュンペーター自身，ハーバード大学企業家史研究センターの創立記念論文集『変革と企業家』(1949年)の中で，「企業家の機能はある人物，特にある1人の人物によって体現される必要はない．どの社会環境にも企業家の機能を満たすためのそれぞれのやり方がある．……改めて述べるが，企業家の機能は協力して果たすことが可能であるし，しばしばそのように実行されている．大企業の発展に伴い，このことは明らかに大きな意義を持つようになってきた」[53)]と断っているからだ．

結局，シュンペーターの見解には変化があるものの，企業家機能の無用化論は企業家機能の生成，発展，衰退という過程を前提としながら，次なる基本的枠組みや条件を作っていくための内在的進化の理論だといえる．もちろん，彼自身も企業家機能の無用化，即資本主義の崩壊というのでは，あまりにも芸がなさ過ぎるので，次の3点を付け加える．

第1は，資本主義の擁護壁の後退，すなわちその意味するところは，これを支えていた旧貴族階級から新興ブルジョアジーへの移行である．

第2は，資本主義を支える制度的枠組みの弱体化，これは主に私的所有制度

と契約の自由における脆弱化を意味する．

　第3は，資本主義に対する敵対的雰囲気の醸成，言い換えれば，人びとの平等化志向と知識人の体制批判の盛り上がりによるところである．

　これらの指摘は資本主義にとって明らかに無視しえない出来事だが，あまりにも急進的すぎないだろうか．マルクスは，周知のとおり資本主義はいつまでも生きながらえないと結論し，その『資本論』のうちにこの結論にとって共通の判断基準を示したが，いつ，いかなる過程で崩壊が起こるかという問題については何も示さなかった．シュンペーターの資本主義崩壊論も，それが説明しようとする諸現象に関して多くの異なった解釈あるいはしばしば逆説的な解釈を打ち出し，結論としてマルクスと同じ見解を打ち出したが，崩壊における内容と方法を規定し，理論的展開にとって普遍の基礎を提供するような概念を必ずしも見出すことができなかった．資本主義の将来については，第5章「シュンペーターにおける資本主義の現代的意義」で改めて述べるつもりである．

マーシャルの企業家論

　本節を閉じるに当たり，企業家論の観点からマーシャルとワルラスを取り上げ，検討しておこう．

　まず最初に問わなければならないのは，経済発展がいかなる状況にある場合に，企業家活動の「場」が与えられるかという問題である．周知のように，人間の研究としての経済学を展開し，ケンブリッジ学派の経済学者たちに多大な影響を与えたマーシャルは，社会が発展する原動力を企業家の経済的騎士道 (economic chivalry) に求めたことでも知られている．その彼が著した『経済学原理』第8版の「序文」で，経済的進化の基本コンセプトを次のように掲げる．「経済的進化は漸進的なものだ．その進歩はときに，政治上のカタストロフィーによって停止したり，あるいは逆転したりすることもあるが，その前進的動きは決して突発的なものではない」[54]と．これを端的に示すために，彼はかの有名な "*Natura non facit saltum*"（自然は飛躍をせず）というラテン語の諺を用い，「連続性の原理」を明示する．

　このような経済的進化の基本コンセプトの下では，企業家（マーシャルの言葉では undertaker）の役割を遂行する能力は生まれついてのものであり，誰

もが持っているわけではないことを，マーシャルは鋭く見抜いていたことになる．それは，彼の次の文章を読めば理解できよう．「つまり努力しても得られるわけではないし，将来の利益を見越した犠牲を払っても生み出されるものではない天与の並外れた才能，それらの才能によって，企業家は普通の人びとがその教育と人生の出発とのために同じような投資を行ない，同じような努力をして獲得しうると期待される所得を上回る余剰所得を得ることができる」[55]．

マーシャルはこのような認識の下で企業家機能に着目し，それに必要とされる能力を次のように規定する．

第1に，企業家は商人としてまた生産の組織者として，自らの業種が取り扱う事物について徹底した知識を持ち，危険を引き受けなければならない．そのためには，生産と消費の動向を予測し，消費者ニーズに合った新商品を開発し，生産技術を改善する機会をとらえる能力が必要である．

第2に，企業家は雇主としての役割において人間の天性の指導者でなければならない．すなわち企業家は，自らの中にある企業心と創造力を引き出す力を持たなければならないと同時に，全般的な統率力を発揮し，企業の中心的な計画において，秩序と統一を維持しなければならない．

1919年，マーシャルはその著『産業と商業』の第2編第10章「企業組織，課題と必要とされる能力」でも，企業家に要求される能力についてより鮮明に企業家の果たすべき機能と連動させながら言及する．

マーシャルの企業家論は，前述したようにその論点を整理して行けば，不確実性を確率によって予測できるリスクから峻別し，その測定不可能な不確実性に巧みに対処しうる能力に企業家の機能の本質をみたフランク・ナイト，あるいは市場を利用する取引費用の概念を用い，企業組織の存在意義（とりわけ契約理論）を解明したR.H. コースに引き継がれている．一方では，均衡の自動化を批判しながら——言い換えれば，不均衡状態の耐えざる発見と修正をしながら——最適フロンティア上で生産を行なうことを企業家の必須の条件としたカーズナー，そして取引費用の概念を用い，市場を補完する企業組織の存在理由を説いたウィリアムソンなどにも引き継がれている．

しかし，シュンペーターは，「『内部』経済を『外部』経済に転換する」[56]ことを重視したマーシャルの企業家論から十分に影響を受けたにもかかわらず，

マーシャルが企業家活動の特徴を「日常事務管理の中に埋没させている」[57]と言って，余り評価していない．私が調べた限りでは，マーシャルは企業家機能を重視するばかりでなく，市場機構の機能と労働者階級の能力と実質賃金の上昇の解明にも力を注いでいることが判明している．シュンペーターのマーシャル批判は，マーシャルを対極的に位置づけながら自説を展開したため，ちょうどコインの裏と表のような関係にあることがわかる．そう考えると，これまでのようにシュンペーターの制度論的かつ組織論的アプローチからマーシャルの機能的アプローチを批判するというのではなく，両者の相互補完関係を軸にした新たな展開が求められよう[58]．

ワルラスの企業家論

次にワルラスの企業家論についても若干検討を加えておいたほうがよかろう．ワルラスにとっての企業家とは生産用役を需要し，それを結合し生産を行なう第4の人格を企業家に与えたため，生産用役の所有とは完全に区別される．「土地の所有者を，それが誰であるにせよ，地主と呼び，人的能力の所有者を労働者と呼び，狭義の資本の所有者を資本家と呼ぶことにしよう．そしていま，上記の所有者とは全く別に，地主から土地を，労働者から人的能力を，資本家から資本を借り入れ，これら3つの生産用役を農業，工業あるいは商業において結合することを職分とする第4の人格を企業家と呼ぶことにしよう．……科学的観点から，われわれはこれらの職能を区別し，それによって企業家と資本家を同一視したイギリスの経済学者たちの誤りや，企業家を企業の指揮という特殊な労働を行なう者と考えて，これを労働者とする一部のフランスの経済学者たちの誤りを避けなければならない」[59]．

ワルラスの理論で注目しなければならないのは，生産要素を次のようにシンメトリーにとらえている点である．すなわち，労働を企業家に貸す人は労働者であり，土地を企業家に貸す人は地主であり，資本を企業家に貸す人は資本家である．この場合，労働，土地，資本，この3つは対等の生産要素であり，これらを有機的に結びつける役割を企業家に与え，その企業家は労働と土地と資本をそれぞれ借り，そして借りたことに対してそれぞれ報酬を支払う．それが賃金であり，地代でありそして利子である．

ここで問題になるのは、企業家には利潤が発生するか否かである。つまり、生産物を考えた場合、その生産物をつくるのに使った費用（費用というのは生産要素に支払った分、すなわち地代、賃金、利子の合計）とその市場価格を比べてみて、市場価格のほうが高ければ、利潤を発生し、市場価格のほうが低ければ、損失をこうむることになる。それが等しくなれば、企業家の利潤が均衡ではゼロになる。これがワルラスの考えた企業家の利潤の仕組みである[60]。

ワルラス研究者の御崎加代子は、ワルラスが企業家と資本家を区別した理由について次のようなところに求める。「そもそも、資本家と区別された企業家という概念そのものは、フランスの経済学においては、18世紀のカンティロン……以来の伝統であり、所有と経営の分離、つまり株式会社の登録という歴史的現実の到来を待たずとも、ワルラスの時代には、少なくとも理論上は、何の目新しさもなかったはずである。従ってむしろ注目すべきは、ワルラスがあえて、企業家利潤を消滅させたという点である。セーはすでに、技術革新など、20世紀のシュンペーターの企業家論を彷彿とさせるような議論をしていたからである。ワルラスにとっては、企業家利潤をゼロとすることの方が、むしろ画期的だったと考えるべきである」[61]。

ワルラスにおいて企業家利潤が均衡ではゼロになるというのは、生産物の市場価格がその生産費に等しくなるということである。なぜワルラスはそう考えざるを得なかったのか。一般に企業利潤がゼロになる場合には、次のようなことが考えられる。企業は利潤を求めて自由に参入するので、最終的に利潤がゼロになるか、あるいは仮に参入が自由でなくとも、生産関数が1次同次（規模に関して収穫不変）であれば、企業の収入はすべて生産要素に分配され、利潤が発生しないことを意味するにすぎない。

シュンペーターの場合はどうなのか。静態的経済では、総生産物の価値は本源的生産要素としての労働用役と土地用役に帰属されねばならないので、それぞれの用役の所有者（労働者、地主）以外の所得は存在しない。畢竟、静態において企業家が存在しないので、企業家利潤を取り扱うことができない。企業家利潤が生じるのは、新結合を遂行する発展形態においてのみ、すなわち動態的過程で発生する現象なのである。

ついでにわれわれは、シュンペーターの企業家利潤のほかに、静態における

利子の問題も確認しておいたほうがよかろう．中でも注目すべきは，シュンペーターにおいてはいわゆる正統派のいう利子論を認めようとはしなかったという事実である．『本質と主要内容』において彼は，頑固なまでに「静学の枠内で利子理論を樹立しようとする試みは，はじめから失敗だ」[62]と言う．爾来，「経済循環」から生じる利子の可能性を排除し，企業家利潤に利子の源泉を求めようとしたシュンペーターの考え方は，その後の企業家史における企業家という概念の規定に大きな影響を与える．

シュンペーターはその著『経済発展の理論』において，前述の『本質と主要内容』での論点「静学の枠内で利子理論を樹立しようとする試みは，はじめから失敗だ」ということを敷衍し，「『静態的』経済は生産利子を知らない」[63]と主張する．ある意味で『経済発展の理論』はそのサブタイトル「企業家利潤・資本・信用・利子および景気の回転に関する一研究」からもうかがえるように利子論に関する専門書でもあるのだが，しかし恩師ベーム-バヴェルクから，*Zeitschrift für Volkswirtschaft, Sozialpolitik und Verwaltung* 誌（第22号，1913年）の巻頭をかざった論文「資本利子の"動態的"理論」で，静態概念の欠陥があったにもかかわらず，帰属理論の一般原理に対する誤解からゼロ利子率の命題を導き，かえって資本利子の問題を困難にしたと批判される．

シュンペーターは，すかさずそれに反論し，さらにベーム-バヴェルクも最終所見として再批判を加えるという形で論争が行なわれた．この論争は前掲 *Zeitschrift für Volkswirtschaft, Sozialpolitik und Verwaltung* 誌上で100ページにも及び，双方が自らの意見を述べるにとどまったが，ベーム-バヴェルクは翌年，63歳をもって生涯を閉じたので，この論争はあっけなく幕切れとなってしまったが，しかし今日でも十分味読に耐え得るものだ．

静態における利子の存在はいまだ論争が続いているようだが，近年，この論争に終止符を打つべく，ある論評を加えたのが根岸隆だ[64]．彼はこの問題に関する従来の考察がベーム-バヴェルクとの関連での静態における利子が正であり得るか否かの問題に偏りすぎ，シュンペーターにとってより本質的な問題，すなわち動態，発展過程における利子の性格の問題についての吟味が不十分であったとし，自ら再論を試みる．その結果，ベーム-バヴェルクにおいては資本の供給にかかわる貯蓄方程式が不足し，シュンペーターにおいては，静態と

第4節　企業家とイノベーション理論の課題

シュンペーターの逆説

　最後に，ここでシュンペーターおける「企業家とイノベーション理論」ついての課題を取り上げ，本章を締め括ろう．まず，われわれはシュンペーターとの関連でこれまでマーシャルとワルラスの2人を取り上げ，それぞれの企業家論を吟味してきた．これに対して，シュンペーター自身の企業家論は，均衡理論を批判した上で，企業家の役割を前面に打ち出したところに諸問題の根源があったといえる．

　シュンペーターがなぜそのような批判を受けなければならないか，その原因を探って行けば次のようなところに帰着する．すなわち，シュンペーターのように均衡論的枠組み批判から長期的に考えてしまっては，市場の創造を発揮できる余地は古い秩序を破壊し，新しい秩序を創るところにしか見出せず，またイノベーションの理論に立つシュンペーターからは，長期的な視点のイノベーションの遂行については解明できても，短期的な視点の消費者欲求あるいはその掘り起こしには対応できない．こうした将来にかかわる現象を一般均衡モデルに取り込もうとしたD. ドブリューやその追随者たちの試みも皆，このような困難な問題に直面し，いまだモデル・ビルディングに成功していない．これはシュンペーター理論の不備ではなく，このことを避けてきた経済学者の怠慢を責めるべきだろう[65]．

　これとは別に，かつてシュンペーターから影響を受けたハーバード大学の企業家史研究センターの出身で，アメリカの大企業における事業部制組織と階層的経営組織の成立を研究したアルフレッド・D. チャンドラー・ジュニアは，現代の大企業体制では1人の企業家よりも，むしろ社長，専務，常務といった経営組織の果たす役割のほうが重要だと指摘しながら，特に企業家を取り上げる場合には，この経営組織までもこれに含めた垂直統合（vertical integration）を考察すべきだと説く[66]．そう言うと，O.E. ウィリアムソンも「シュン

ペーターは……産業の最適な組織という事柄をいくぶん不明瞭なままに残した」[67]と批判するのもそのためだと思われる．

　また，記憶に残っている人もいると思うが，ハーバード大学においてシュンペーターの同僚だったジョン・K. ガルブレイスが1967年，その著『新しい産業国家』の中で，専門技術者集団の大企業体制を「テクノストラクチュア」(technostructure) という概念でもって，巨大化した企業組織と経済部門の計画化体制という両側面から変貌する資本主義の現状を分析し，将来を予測してみせた．しかし，20世紀末から大企業における官僚制組織化の閉塞感が問題になり，再びシュンペーターが議論されるきっかけとなる．

　先に論じたように，シュンペーターの企業家に対する問題指摘は，30年代の大不況をもって終わっており，現在の段階についての分析ではない．しかし，シュンペーターといえども，企業家がいかにしてもたらされるか，あるいは企業家が自らの機能をいかにしたら果たせるかといった不確実性の問題が横たわっているものについては，不問に付す．

　ドン・タプスコットとアンソニー・D. ウィリアムズは1つの例として，1991年にフィンランドのヘルシンキに住む若いプログラマー，リーナス・トーバルズが創設した「リナックス」(Linux) という名のオペレーティング・システムを挙げる[68]．周知のように，このプログラムは，それを改変する者が他の人にも利用できるように開放しなければならないという条件をつけて，無償で使えるようにした．「オープンソース」と呼ばれるこの原則は，明らかに知的財産権に対する挑戦であった．しかし，IBMがこれを受け入れたのち，事態は一変する．情報の開放がかえって企業に利潤をもたらすということが判明したからだ．

　IBMがこのようにオープンソースの原則を受け入れたのは，別に立派な経営上の戦略からではなく，そのままではマイクロソフトに勝つ見込みがないと考えたからだ．このような成り行きをつぶさにみると，追い詰められたところで競合他社の独占を妨害するには，企業がもっている知的財産権を自ら公開せざるを得ない場面にも直面することがある．この意味するところは，何も著作権などによって守られることがベストではなく，いわゆる「シュンペーターの逆説」とでもいってよい現象である．

これまで述べたように，情報という概念が「希少性」や「所有権」という市場経済にとっての基本的概念の枠を揺るがしている．人類が使うすべての情報を集め発信するという壮大な理念をもって設立したグーグルのCEO（最高経営責任者）エリック・シュミットが，2006年8月9日の「検索エンジン戦略会議」(Search Engine Strategies Conference) で言及した「クラウドコンピューティング」に対する問題提起はまさしくマイクロソフトへの挑戦に当たる．すなわちマイクロソフトの考えでは，ハードウエアもソフトウエアも企業や個人が自ら所有し情報を処理したり保存したりするものであり，「クラウド」現象のようなところではインターネット経由で最適化されIT環境の下で，多くの人びとが集まり，いつどこからでも共同で編集することを可能にするものだからである．その象徴的な出来事がインターネット上のフリー百科事典「ウィキペディア」(Wikipedia) の出現に代表される．多くの人びとがそれを無償で利用できるようになったため，従来の百科事典や用語辞典が廃刊を余儀なくされただけではなく，人びとは，これまでの体系性の煩わしさから脱し，しかも階層性にとらわれず，伝統でさえ1つの情報に過ぎないとみなすようになる．ただ現状では著作権が侵害されたり，名誉毀損が放置されたりするなどの責任体制のないウィキペディアではさまざまな問題を抱えるが，まずは時代が確実に変化していることを認識しなければならない．まさしくマス・コラボレーションに対する寛容さが認められなければ，組織を超えたネット主役の情報の多様性はもちろんのこと，資本主義の未来を正しく予測することはできない．

例えば，今日のようにグローバルネットワークの発達を通じ情報の多様性とデジタル化の進展で大きな変革にさらされた市場では，企業が自前の経営資源だけで研究開発（R&D）や販売・マーケティングをする企業組織型の垂直統合モデルよりも，自社の目的にかなうように外部の研究開発力を取り込んだり，知的財産権を他社に開放したりするカリスマ的企業家型の水平分業モデルのほうが比較優位を持つことが検証されている．

ヘンリー・チェスブロウの仮説に従えば，イノベーションを内部化したクローズド・イノベーションの企業では，販売・マーケティング面で深刻な競争劣位に直面することになる．企業組織型の垂直統合モデルが有効に機能するのは，市場が比較的秩序を保っている場合であり，これに対してカリスマ的企業家型

の水平分業モデルが効果的に働くのは，市場に逆風が吹き荒れカオス的状況の場合である．すなわち企業にとって新市場開拓と頻繁な新製品の投入に追われ，自社ですべてを賄うことに対して比較優位を持てなくなった場合には，企業組織型では組織間の成員の合意が成立するには時間がかかりすぎるので，カリスマ的な企業家のトップダウンでスピーディな意思決定のほうがよい．

いずれにしても，シュンペーターのイノベーションをモデル化するには，新古典派経済学のような利潤の最大化や均衡に関する前提を保持するより，イノベーションは非日常的でめったに起こり得ないものではなく，日常の業務として組み込まれるという「イノベーションのルーティン化」と結びつけたほうが現実との適合性を有するように思われる[69]．一見シュンペーターの逆説のような事実の中にこそ，資本主義の前例なき経済成長の秘密が隠されているといえる．既に第3章第2節でも述べたように，競争相手をもち活発にイノベーションを行なう寡占企業からなる現代の産業では，モノづくりを「モノ」と「つくり」に分離し，「モノ」の企画開発やデザインは自前のクローズド・イノベーションで行ない，技術の共通，標準化した「つくり」は外部を活用するオープン・イノベーションに切り替え，カリスマ的な企業家のほうが成功している．このことから，市場の状況に鑑み，オープン・イノベーションとクローズド・イノベーションの利点を最適に組み合わせたモデルを構築しなければ，企業は存続できる保証がないといわれる所以である．

マイケル・ポランニーの「暗黙知」

このようにイノベーションに関する競争市場の多様性は何を意味するのだろうか．これに対するアプローチはいろいろ考えられるが，今日のイノベーションの中心課題はあくまでも発見に用いられる言葉と意味の明示的な関係を超えた「知」，すなわちマイケル・ポランニーの説く「暗黙知」(tacit knowing)をいかにイノベーションの現場にも応用できるかどうかにかかっている．

まず問題にしたいのは，そもそもイノベーションのプロセスについての仮説を一様な記述で表すことができるかどうかだ．イノベーションとは現行の知識や技術が示唆する可能性を探求することによってもたらされることが多いからである[70]．われわれは，これを解くためにイノベーションは精神の暗黙の能力

によって達せられるに違いないとイメージし，イノベーションのメカニズムにおいて，問題は制御ではなく，「知ること」（知識）と「存すること」（存在）の間に何かがつながっていることに気づく必要がある[71]．

いまだ推測の域をでないが，それこそが M. ポランニーの言う「ダイナモ-オブジェクティブ・カップリング」(dynamo-objective coupling) 現象に他ならないと考える．要するに，これは一種の「知ること」と「存すること」が関わる現場で，「ひらめき」や人びとの「自由な参加」，異なる人間との「結びつき」などが原動力になって，イノベーションを生み出す構造の深化が起こるときに生じる現象である．いずれにしても，イノベーションのメカニズムは予想のつかないもの，検証のしにくいものであり，ましてやそれを他者に意識（あるいは理解）させるには大変な努力を要するものである．したがって，自分の意識はより多くの「暗黙知」に支えられているため，他者との「共有知」を求める中で記述したり，表出したりするのは極めて困難な作業であることがわかる．

それはわれわれの意のままにならないものだが，カリスマ的企業家がイノベーションをビジネス・モデルまで落とし込んでうまく活用できるのは，このような困難な作業を乗り越える総合的思考とコラボレーション・スキルを持ち，イノベーションとコストパフォーマンスの課題に対応するプラットフォームを形成し，競争市場での地位を確立する努力を惜しまなかったからだ．確かに，結果から見ればそうだが，変革は効率性になじまない面があるため，企業が一歩踏み出せない原因になっている．イノベーションというのは，その言葉に意味があるのではなく，何かをプランしている間に起きる事象なのである．

あえて，イノベーションに関する暗黙知を共有知として表すプロセスを明示せよと言われれば，近代マーケティングの父と評されるフィリップ・コトラーとスペインの ESADE ビジネススクール教授のフェルナンド・トリアス・デ・ベスが説くイノベーションを成功させる新しい枠組み，すなわちイノベーションの「A-F モデル」が参考になるかもしれない．われわれは，イノベーション・プロセスをパラメータ化できないでいるので，企業組織に組み込むために A-F 概念を用い，ダイナミック・ケイパビリティの視点から吟味すれば，次のように言うことができる[72]．

A: Activators 新しい知の組み合わせによるイノベーションを始動させる人
B: Browsers 周辺の知を活用し，イノベーション・プロセスに即した新しい知を探究し，判断材料を供する人
C: Creators イノベーションとして結実することを目的とした多様性の中からアイデアを思いつくことのできる人
D: Developers アイデアをビジネス・モデルにまで発展させることのできる人
E: Executors 市場へのイノベーションの投入を効果的に実行できる人
F: Facilitators イノベーションのために資金を供給し，後押しできる立場にある人

従来のイノベーション・プロセスでは，各段階やそれぞれの局面によって必要な人材を決めたが，「A-Fモデル」では，先に役割ありきでスタートし，参加者がプロジェクトでの自発的なやりとりや必要に応じて触発されながら，自らのプロセスを設計し実効性のあるものにしなければならないため，創意あふれるイノベーションを生み出す環境が優先される．ことに日本企業からイノベーティブな製品が出てこないのは事業を立ち上げる「アクティベーター」や新しい知を探究し判断材料を提供する「ブラウザー」，それを効果的に実行する「エクゼキューター」はいるが，しかし，試行可能なコンセプトに作り替える「クリエーター」やビジネス・モデルにまで発展させる「デベロッパー」を育てる企業風土が未成熟であったり，あるいはベンチャー・キャピタルやコーポレート・ベンチャー・キャピタルなどにかかわらず，資金を供給できる「ファシリテーター」を育てる金融市場が発達しなかったりしたからである．

ただ一言断っておきたい．日本ではイノベーションに対して悲観的な議論が支配的になりがちだが，スイスに本部を置く世界経済フォーラム（Word Economic Forum）が世界148カ国・地域を対象に公表しているグローバル競争力指標（GCI: Global Competitiveness Index）の「イノベーション」の項目を見れば，わが国は「企業の研究開発費」（2位），「研究者・技術者の人材確保」（4位），「特許の登録件数」（4位），「イノベーション能力」（6位），「研究機関の質」（9位）ではトップテンに入る高い評価を得ている．それに対し「産学連携」（17位），「先進技術製品の政府調達」（37位）では低い評価となっており，

総合では5位となっている[73].

　結局，競争力においてはイノベーションのプロセスで勝つが，事業化のプロセスで負けるという日本の構図が浮かび上がってくる．その原因を探れば，まず考えられるのは，商品やサービスのイノベーション的特性に関する知識を利用するという準備を主流派の経済学者が省いたことで，現代の消費社会における最も重要な需要局面を取り扱うのができないようにさせたのが一方にあり，他方，多くの場合イノベーションが市場の発展プロセスに応じてどう変化するか，という知識進化の場を見抜けなかったからだ．確かに，主流派の経済学者が知識の複雑さに対応するようなビジネス・モデルに容易に取り組まなかったことにもよるが，それにしてもシュンペーターに端を発した「イノベーション・モデル」は，われわれ研究者に対しても絶えず挑戦を投げかけることになる[74]．われわれにとってイノベーションの理論をもって直截的に現実を説明するのではなく，その理論が現実から特定の要素を抜き出すことで，現実をよりよく説明する分析枠組みをどう構築するか，イノベーション・モデルの構築は，今後に向けて一層重視すべき研究課題だといわなければならない．

第5章　シュンペーターにおける資本主義の現代的意義

第1節　資本主義の基本構造

　振り返ってみれば，本書の目的は，序論でも述べたようにシュンペーターの資本主義論に着目し，彼の理論体系に横たわる思想やイデオロギーをあぶり出し，その現代的意義と限界を問うところにあった．すなわち，シュンペーターにおける資本主義の発展と変動を題材に彼の理論体系に対してさまざまな光を当てることで，資本主義の基本構造を明らかにすることであった．それ故に，私は本書全体を通して，シュンペーターの説くイノベーションの理論が，今日の豊かな資本主義社会を作り上げるのにどのような影響を及ぼし，あるいはいかなる成果を上げたかを検討してきた．この最終章では，これまでの議論の総括として，シュンペーターが求めてやまなかった資本主義の未来を展望し，彼の論理構造の核心と現代的意義がどこにあるかを究明してみよう．

　なんと不思議なめぐり合わせだろうか．マルクスが亡命先，ロンドンで没した1883年，その同じ年にシュンペーターとケインズはともに，20世紀における資本主義が直面する不安定な問題とその本質を解決しなければならない運命を背負って生まれてきた．

　1983年9月，彼らの死没・生誕百年を記念して，オランダ北東の町クローニンゲンで，「マルクス・ケインズ・シュンペーター」に関するシンポジウムが開催された．このシンポジウムに日本から出席した小谷義次は帰国後，次のような報告を行なっている．「そこでの討論の課題は，この3人の経済学者の歴史的ヴィジョンを対比するなかから，現代資本主義社会の歴史的発展過程についての，ひとつの解釈を生みだしえないかという点にあった」[1]と．

さて，シュンペーターとケインズについてだが，この2人の巨星が自らのプライドを捨てきれず，知的交流をしなかったのは，20世紀の経済学にとって誠に不幸な出来事であった．このような趣旨の発言をしたのは，アーサー・スミシーズである[2]．

1936年当時，ハーバード大学においてケインズの新著『雇用，利子，貨幣の一般理論』に対する世間の熱狂的歓迎ムードとは裏腹に，シュンペーター自身はかなり醒めていたようだ．スミシーズによれば，「シュンペーターに対するケインズの無関心」に対して，「ケインズに対するシュンペーターの敵意」に原因があったと回顧する[3]．同年代の2人がなぜそうなったのだろうか．

憶測の域を出ないが，それには次のような経緯が絡んでいたと思われる．ケインズがシュンペーターに先駆け，1930年に『貨幣論』を公刊したため，シュンペーターは，自らの貨幣論に関する草稿の出版を断念せざるを得なかったことによる．しかしその時，ケインズにおいても事情はそう変わらなかったようだ．というのは，後輩のD.H.ロバートソンの理論から大きな影響を受けたケインズは，貨幣数量説のドグマから脱却すべくそこで展開した自らの理論を「基本方程式」として提案してみたが，どうしても消費財の価格水準Pをうまく説明することができず，彼が6年余りの歳月をかけた野心作も手直しを余儀なくされていたからだ．

シュンペーターが当時，若手経済学者によって結成されたケンブリッジ・サーカス (Cambridge Circus) の活動内容を知っていたのだろうか．今となっては知る由もないが，シュンペーターはケインズの『一般理論』に与えたリチャード・カーンの影響を高く評価し，「ほとんどケインズの共著者というに近いものがある」[4]と論評したが，後にカーン自身によってそれは否定される．

「サーカス」とは何か．「サーカス」とはケインズが『貨幣論』を出版したのを契機に，1930年11月，その内容を検討する目的で組織化された非公開の研究会である．この研究会はサークルを意味するサーカスと呼ばれ，会員は，ケンブリッジ大学の若手経済学者であるR.カーンを中心に，P.スラッファ，オースティン・ロビンソン，J.ロビンソン，D.H.ロバートソン，それにオックスフォードから研修に来ていたJ.ミードであったが，ロバートソンは最初の会合に1回出席し，後は出てこなかった．しかし，サーカスは翌年5月に解散

し，選抜された学部学生のためのセミナーへと発展的に解消されたが，サーカスがケインズ革命に与えた影響については，いまだ意見のわかれるところだ．

にもかかわらず，ケインズ経済学研究の第一人者である浅野榮一が内外のさまざまな文献に当たり，次のような結論を導く．「カーン論文〔雇用乗数に関する論文〕と，この論文の見解を受け入れてそれをもとに行なわれたサーカスの討論は，ケインズのいう貨幣理論をたんなる物価水準決定の理論から同時に産出高・雇用量の決定の問題を扱う理論へと変えていくうえで，決定的な影響をケインズに及ぼしうる内容を含んでいた．しかし，カーン論文もサーカスの討論も，投資が貯蓄を超えた場合に生ずる産出高と雇用量の増加分を確定するための理論については決定的な前進をもたらしたが，それが社会全体としての産出高・雇用量水準の決定の問題に対して持っている意味についてまだ十分に考慮するに至っていなかったということは，このあとの『貨幣論』から『一般理論』への発展におけるケインズの役割がたんなる受動的なものに終始したのではなく，むしろ彼自身の独自性を介入させる余地が十分存在したことを示唆しているように思われる」[5]と．

なるほど，ケインズが並の経済学者と違い，一流の経済学者といわれるゆえんは，『貨幣論』で解決できなかった困難な問題に対して，引き続きこのように『一般理論』で新たに挑戦したところにある．この飽くなき知的探究心が後に「ケインズ革命」として一世を風靡することになる．立場は対照的にあった，当時のシュンペーターの複雑な心情をE.シュナイダーやR.スウェドバークがみごとなまでに活写している[6]．ところで，シュンペーターのケインズに対する反発が実際にいかなるものであったかは別として，シュンペーターはその後，『貨幣と本位貨幣』（*Geld und Währung*; 実際にこのタイトルで刊行予定の広告を雑誌に掲載）の出版を予定するが，結局宙に浮いたままになる．それが1970年に至ってシュンペーターの草稿がフリッツ・K.マンの手で編集され，『貨幣の本質』（*Das Wesen des Geldes*）というタイトルで公刊され，続いて1996年にはL.ベルティとM.メッソリによってシュンペーターの遺稿の中から別の数章が発見され『貨幣論集』（*Il trattato sulla moneta*）として刊行される．

このようにシュンペーターが自己の貨幣論を完成させなかったため，今日に

至るまで，シュンペーター研究にとっては大きな障害になっている．シュンペーター研究において貨幣・金融（信用）理論を深く掘り下げた研究が軽視されてきたのは，疑いなく彼自身の体系の未整備が禍していたといえる[7]．

シュンペーターの貨幣論

シュンペーターの貨幣論については，それを避けて通るわけにも行かないので，とりわけ同時代のケインズとの比較においてその経済学上の意義を確認してみるのも1つの方法だ，と考えることができる．

例えば，A.スミシーズによると，シュンペーターは自らの理論体系にケインズの理論を組み入れることによって，自分の利子理論に欠けたある種の重要なヒントを得ることができたはずだという．すなわち，「シュンペーターが主として分析の力点を集中したのは，貸付資金の需要は企業利潤の見込みに依存するという論点であったからだが，他方，その資金の供給面については，彼は何らまとまった分析をしなかった．これが金融市場の条件に依存するのは確かだとしても，金融市場における条件がその他の経済体制の動きといかに関連しあうかという点は明らかにされていない．これに対してケインズの理論は，利子率が貨幣的要因に依存するだけではなく，同時にまた貯蓄や投資の収益性にも等しく依存するというのはどういう訳なのかを明らかにしている．もちろんケインズの理論といえども，『一般理論』におけるがごときのままではなお断片的なものに過ぎない．例えば，物価変動はただ暗黙裡に考慮しているにすぎず，銀行制度についても論じることさえしていなかった．しかしケインズは，シュンペーターが自己の理論を完成し得たであろう道筋だけははっきりと指摘したと言える．さらにまた，流動性選好と不確実性の関係についてのケインズ派の考え方や，静態状態に近づくにつれて利子が低下する傾向をもつというケインズ派の考え方も，特にシュンペーターの理論体系に適合させるべきだったものとしてあげることができよう」[8]と．

スミシーズが言うように，ケインズの貨幣論とシュンペーターの貨幣論がお互いに補完的なものとして役立つためには，次のような課題を克服しなければならない．

シュンペーターの貨幣論ではケインズのように利子率水準は明示的に取り扱

われないので，金融緩和政策による貨幣数量の調整，すなわち外生的貨幣供給の問題は容易に取り扱うことができない．なぜなら，シュンペーターにおいては貨幣需要がいかなる経済主体において生じるかを対象にしたため，外生的貨幣供給ではなく内生的貨幣供給になっており，しかも，消費に基づく貨幣需要と投資に基づく貨幣需要の区別は事後的にしか明らかにされていないからだ．そうならざるを得ない理由として，企業家のイノベーションの遂行が時間的に均等に分布せず，また企業家のイノベーションの遂行が国民経済に与えるインパクト，すなわち波及効果の大きさが事前に確定できないことなどを挙げることができる[9]．

　以上の比較から，一方のケインズの貨幣論は企業家のインセンティブを等閑視し，マクロ経済だけを取り扱ったので，政策的処方箋としては優れているが，他方のシュンペーターの貨幣論は，そのような実践的な勧告に興味を示さず，経済発展が純粋に静態的経済からはじまることを前提に，動態的経済の純粋理論の解明に終始したため，経済変動理論の拡張を可能にしたといえる．したがって，シュンペーター・モデルでは現実の貨幣経済への応用は困難なものの，ケインズ・モデルより劣っているとは一概に言えない．というのは，シュンペーター・モデルでは，貨幣経済面での動態的問題群の本質，あるいは生成過程の解明を目的として経済学体系を構築したため，単なる集計的からくりを超えた拡張可能性がその裏に隠されているからだ．

　しかし，このような議論とは別に，C. フリーマンのような見方もあるので，紹介しておこう．すなわち，ケインズが『貨幣論』(1930年)の第27章「投資率の変動──1. 固定資本」の中で，景気循環における投資の主要な変動についてのシュンペーターの説明を明らかに受容したにもかかわらず，「ケインズとケインジアンのいずれもが技術イノベーションの決定的な役割に関する認識を追究しなかったのは，返す返すも残念である．実際，『一般理論』においてケインズが技術や資本ストックの現実の変化とは無関係な資本の限界効率の永続的低下という大いに人為的な概念を導入した時，ケインズは技術無視の立場に戻ってしまった」[10]という見解である．

　いずれにしても，今となっては両者の意見を聞くわけにはいかないが，この貨幣に関して生じる最も興味深い問題は「不確実性」の事実と結びつくことだ

と指摘したのは,シュンペーターの教え子のサミュエルソンに他ならない.彼はその著『経済分析の基礎』(1946年)の中で,貨幣需要と効用理論に見られる序数選好分析との関係を,次のように明らかにする.「シュンペーターのような経済学者にとって,貨幣の特異性は,その直接の有用性の欠如にあり,またその価値が通常の効用の用語では説明できない点にある.……ワルラスにおいてすでに何年か前に示されたように,効用分析を貨幣の特異な性格をも考慮に入れるように修正するのは可能であった.……そして,ケインズの経済学上の貢献が数々語られ尽くされた現代でも,ワルラスにおける流動性選好,所望現金などの精密な議論を再検討するのは特に得るところが大である」[11]と.

もっともわれわれの知るところでは,ケインズ以前にメンガーによっても提起されたことがある.残念ながら,シュンペーターはその成果を有効に活用させることができなかったが,シュンペーターの貨幣的理論について,注目しておかなければならないことがある.それは,近年の金融取引のグローバル化に伴い経済活動に占める金融部門の比重が重視されるにつれ,シュンペーターがかつてその著『経済分析の歴史』(1954年)の第6章「価値と貨幣」[12]において,貨幣的理論における対立を実物的分析と貨幣的分析に分類したことの意味を,再吟味する作業が残されるからだ.

この作業は,かつてポスト・ケインジアンといわれる陣営の人びと,例えば,A.レイヨンフーヴッドやR.W.クラウアーなどによっても取り組まれてきたが,ようやく本格的な研究がC.ロジャーズによってその緒についたところである.彼はその著『貨幣・利子および資本』(1989年)の中で,「本研究は,新古典派の貨幣的理論家が現在直面しているジレンマを提示することからはじめられた.結局,このジレンマは,シュンペーターが実物的分析と呼んだものの伝統の中で貨幣的理論を発展させようとする試みからもたらされた矛盾にほかならない…….実物的分析においては,実物的諸力が長期均衡を決定し,貨幣は中立的,すなわちヴェールになっている…….こうした見解の不毛性に光を当てるとともに,それが経済について歴史的に時代遅れの概念,すなわちセーの法則を成立させる自営の農業者と職人からなる農業的な商品貨幣経済に基づくことを読者に気づかせることにあった」[13]と.もはや十分に発展した金融部門をもつ資本主義において,セー法則の仮定を想定するのは有効ではないと

いわんばかりだが，新古典派貨幣的理論のジレンマに陥ることを避けるためには，実物的分析の枠組みを捨て去り，貨幣的分析の伝統に沿って貨幣的理論の基礎からはじめる必要があると，シュンペーターの前提を暗に批判する．

このようにロジャーズは，実物的諸力と貨幣的諸力の相互作用に関する貨幣的理論の展開を批判的に分析した上で，実物的要因に固守する経済学に代わる貨幣的経済学の視点から理論構築を試みる．なぜなら，この問題はヴィクセリアンとネオ・ワルラシアンの対立を解決しないまま，ケインジアンおよびマネタリスト，フリードマンに引き継がれたが，その間，ヒックスの $IS\text{-}LM$ モデルにヴィクセリアンとネオ・ワルラシアンの両タイプが並存するという異様な有様を呈し，今日に至っているからだ．シュンペーターの提起した問題はいまだヴェールに包まれたままで，金融部門を経済学が取り込めない原因の1つになっているが，シュンペーターが正当化したのは，定常的循環の世界であったことを忘れてはならない．

振り返ってみれば，貨幣的理論の歴史は，ヴィクセルが財市場均衡における実物資本財収益率としての自然利子率と貨幣利子率の連結メカニズムを定式化したことにより，貨幣的理論が本格的にスタートし，戦後はケインズの流動性選好とヒックスの $IS\text{-}LM$ モデルがそれに取って代わることになる．しかし今日，金融取引の規模や役割がボーダレス化するにつれ，かえって金融市場を一般の財市場と同様に取り扱うネオ・ワルラシアン理論が経済学の主流となりつつあるが，ロジャーズはこのネオ・ワルラシアン理論に対しても懐疑的である．

なぜそうなのか．この訳を説明するのはわれわれにとってそう簡単なことではないが，次のことは原因の1つに数え上げることができよう．金融取引が内外で莫大な規模に達するボーダレス化した世界においては，物々交換モデルに基づく，金融市場を一般の財市場と同様に扱う理論には妥当性がないからだ．要するに，現代の貨幣的理論は，理論的に厳密であろうとすれば，貨幣がなくても済むモデルだけを取り扱わなければならず，逆に，貨幣現象をリアルに取り込もうとすれば，理論的厳密さを犠牲にしなければならないというパラドックスに陥っているからだ．かつてシュンペーターの教え子であるハイマン・P.ミンスキーも言ったように，金融市場の不安定性に関する分析も盛んになりつつあるが，われわれの金融システムを安定化させ得る戦略変数を持ち合わせて

いない.経済学が金融部門を取り込めないでいる最大の理由がここにあると同時に,世界規模で起こる金融危機に対する的確な対策を打ち出せない原因にもなっている.

シュンペーターとケインズの関係

次に貨幣論上のシュンペーターとケインズの比較とは別に,彼ら自身がお互いをどう評価したかをみてみよう.例えば,シュンペーター自身が寄稿したケインズへの追悼論文「ジョン・メイナード・ケインズ——1883-1946 年」(*American Economic Review* 誌, 1946 年 9 月) の中で,「私自身がケインズと相知ったのは,やっと 1927 年になってからに過ぎないが,それによってまったく印象を新たにした」[14] と回想する.このようにシュンペーターはケインズに直接会ったことはあるものの,その時の印象は今 1 つぱっとしなかったようである.R.E. ハロッドの『ケインズ伝』(1951 年) では意図的に述べられていないが,ケインズは当時,それまで続いたブルームズベリー・グループの画家であるダンカン・グラント,その他の数多くのホモ仲間との淫らな生活に別れを告げ,ロシアのプリマバレリーナのリディア・ロポコヴァと結婚し,大著『貨幣論』の執筆に取り掛かった時期である.爾来,ケインズが亡くなるまで,知的交流をしようと思えば 20 年近くもの歳月があったはずだが,両者の交流は周知のとおり途絶えたままだった.両人の関係はこのようなものだったが,しかし,シュンペーターは時々若い研究者をケインズに紹介するためには,その労をいとわなかった.

彼らの言動から憶測するしかないが,P.F. ドラッカーは「シュンペーターは,ケインズの解そのものはことごとく間違っているとしたが,理解ある批判者であった.ケインズの一般理論が世に出た時,当時ハーバード大学経済学部の大御所的存在であったシュンペーターは,学生に対し一読を勧めるとともに,ケインズの労作は,貨幣に関する自分の初期の論文を完全に凌駕していると語った.

ケインズもまた,シュンペーターこそが,尊敬に値する同時代の数少ない経済学者の 1 人だとした.ケインズはその講義において,シュンペーターが第 1 次世界大戦中に出版した著作のうち,特に計算貨幣 (*Rechenpfennige* (that is, money of account))に関する論文は，自分にとって貨幣について考える最初の刺激になったと繰り返し言っていた」[15]と述べる．

ケインズが講義においてそのような発言をしたかどうか確認できないが，ケインズが唯一（書簡は別として）取り上げたのは，その著『貨幣論』（1930年）の第2巻「貨幣の応用理論」における固定資本についての投資の変動を巡る議論においてである．「固定資本の場合には，なぜ変動が投資率に生じるかを理解するのは容易である．企業家は，獲得される利潤についての予想によって，固定資本の生産に着手しようとしたり，そうすることをあきらめようとしたりする．多くの小さな理由は別にして，なぜこれらが刻一刻変わり行く世界で変動するかについての，主要な変動についてのシュンペーター教授の説明は，無条件に是認できるだろう」[16]と言いながら，イノベーション理論について言及するところでは，シュンペーターから直接の引用ではなく，W.C. ミッチェルからの孫引きで済ませる．このようにケインズがシュンペーターから直接影響を受けた形跡は見当たらない．その原因の1つは当時，ケインズはシュンペーターのように信用創造を問題にしたのではなく，利子率の変化がいかに投資率の変動につながるかに関心を寄せていたから，シュンペーターには興味を示さなかったというのが妥当なところではなかろうか．

前述したドラッカーのような好意的な批評とは反対に，シュンペーターの下で学んだことのあるポーランド生まれで満州育ちのエフセイ・D. ドーマーは当時を振り返り，次のような感想を述べる．「シュンペーターは，ケインズ経済学を，大不況から生まれたどちらかと言うと，浅薄な教義であって，それを超えるほどの価値はあまりないとみなした．彼は，ケインズ主義がマクロ経済学の発展に果たした主要な役割を評価できなかったのである．彼は，私にとっての偉大な3人の先生の1人（他の2人は，シカゴ大学のジェイコブ・ヴァイナーと哈爾濱の法律教授ニコライ・ウスロリアノフ）に違いなかったが，当時の仲間の学生たちには，ほとんど影響力がなかった」[17]．続けて，「確かに，シュンペーターのクラスに座り，彼が次から次へと学生たちに向けて投げかける発想に耳を貸すのは，私にとって楽しい学業の一部に違いなかったが，なんといっても私のハーバード滞在中のハイライトは，アルビン・ハンセンとジョン・ウィリアムズが共同で教えていた『財政政策セミナー』であった」[18]と．

後にドーマーは，ケインズ型の短期的与件配置の状況が持続されるような経済において，しかも完全雇用の長期的条件が可能な世界に興味をもち，ついにハロッドと同じ経済成長モデルを開発し，周知のとおりハロッド゠ドーマー・モデルとして戦後の経済学界をリードする．

　また，柴田敬がハーバード大学での短期研修を済ませ，その足でイギリスにケインズを訪ねた時，ケインズが柴田に対して「君はシュンペーター教授のところで勉強していたそうだが，タウシッグ（1859-1940年）教授は偉い人だったけれども，きわめて大きい間違いをした．それは自分の後任者としてシュンペーターを選んだことである」[19]と語ったことからも推察できるとおり，ケインズはシュンペーターをそれほど評価していない．

　シュンペーターとケインズの感情的な対立は別として，私の世代にとってずうっと不思議なことが1つある．当時の日本の経済学者が何ゆえ，シュンペーター経済学からケインズ経済学へ簡単に移ることができたのか．早坂忠の中山伊知郎に対するインタビューからその片鱗をうかがうことができる．

　1979年，早坂は雑誌の座談会上でシュンペーターの下で学んだことのある中山に対してこう質問する．「ケインズに取り組まれる以前の先生の学問遍歴を拝見するとクールノー，ゴッセン，ワルラス，シュンペーターという線を辿っておられますね．シュンペーターとケインズを，先生は当時ご自身の中でどのような関連をもって受け止めておられたのでしょうか」[20]．これに対する中山の答えは「他の人々がみると不思議に思うかもしれないが，私がシュンペーターをやっていたときに疑問に感じたのは，シュンペーターには貨幣論がないのではないかということだった．シュンペーターの場合は，スタティックな理論においては，貨幣の本質論はあるけれども利子を含んだ現実的な貨幣理論が欠けている．いわば，所得数量説に立脚してリアル・タームで経済を考えており，ノミナルな問題が軽く扱われています……．

　そういうときに，ケインズが現れたわけです．ケインズの場合は，短期的な理論ではあるけれども，不況克服のためのスペンディングを主張している．これがシュンペーターの信用創造と同じような概念なのかどうかよくわからなかったが，少なくともケインズは一方で，それまで概して見逃されていた保蔵貨幣の問題に注目して，流動性選好説をもってきて通貨需要を説明し，1つの貨

幣的理論としての体系をつくり上げている．その点に大きな興味を覚えたように思います」[21]．

その後で，中山はシュンペーターもケインズもお互いに学びとるべきことがまだまだあったので，学問的な交渉を深めなかったのは心残りと言いながら，「シュンペーターには，動態論の中には信用理論があるけれども，静態論と動態論を統合した貨幣論がない．

ところが，ケインズにおいては，信用理論は予備的・投機的・営業的などすべての動機を含んだ貨幣として現されるわけです．ケインズの分析において，果たしてシュンペーターのいうような静態論，動態論を本当に包み込めるだけのものがあるかどうかはわかりません．しかし，シュンペーターにない道具立てがあることは事実であって，それがかなりどぎつい形で出ています．

こういうわけで，全体経済を動かす土台になっている貨幣の役割を包含した貨幣論をつくることと，静態論と動態論を結びつけることとは，私の頭の中では同じ問題意識からで出ているのです」[22]．

中山がシュンペーターの下で学び，その後，ケインズ経済学へ浮気（かつて安井が中山に投げかけた言葉）した理由がわかったような気がする．しかも，実際はこのように中山はスムーズにケインズ経済学を受け入れていたのである．もっとも中山自身にシュンペーターとケインズを比較したまとまった論文がないので何とも言えないが，貯蓄を超える投資に必要な資金がどのようにして賄われるかという問題を考えてみると，銀行の信用創造の役割を重要視したシュンペーターにケインズのマクロ的な均衡分析を用い，動態的なアプローチが可能ではないかと思いを巡らせていたのかもしれない．

シュンペーターとケインズの関係について，それでは中山以外の他の研究者らはいかにみていたのだろうか．例えば，伊東光晴においては，シュンペーター経済学の現代的意義を次のように衝く．経済にとって重要なのは，需要サイドを操作することだけでなく，何よりも供給サイドのイノベーションを具現化することである．供給サイドのイノベーションを怠り，有効需要操作だけを行なった国が国際競争に敗れるのを見れば，結局，シュンペーター的ビジョンをもたずに，有効需要操作だけの短期的視点では何ら成果を生みえなかった，と[23]．シュンペーター以後，供給重視の反ケインズ的政策論を展開した手品の

ようなサプライサイド経済学にもこのような考えがなかったわけではないが，伊東の指摘はまさに卓見である．

　これに対して，需要の飽和こそケインズとシュンペーターが交叉する一点だ，と吉川洋は主張してやまない．「『一般理論』のなかでケインズも，エジプトのピラミッドや中世の教会と対照させながら現代における需要の飽和について述べている．1つのモノ・サービスが生み出す『限界効用』は急速に低下する．ケインズはこうして生じる需要の飽和を『有効需要の理論』の基礎に見ていたわけだ．ケインズはそこで止まってしまう．そこから先がシュンペーターの出番である．需要の飽和を突破するもの，それこそがほかならぬイノベーションであるからだ」[24]．吉川においては需要と供給が密接に連動することに鑑み，ケインズとシュンペーターの関心，すなわちイノベーションと需要の好循環を現代に復活させようと説く．

　強いてわれわれもひとこと付け加えると，不況を脱し，経済を成長へ導くのはシュンペーターの言う企業家であり，その企業家の前向きな精神こそがわれわれを救うとしたら，ケインズも『一般理論』の第12章で企業家精神の真髄を南極探検にたとえ，説明している．つまり，企業が将来の利得の正確な計算に基づいて行なわれるのではなく，アニマル・スピリッツ（人間の活動を欲する内的衝動）によって行なわれるのだ，と次のように述べる．「もしアニマル・スピリッツが鈍り，自然発生的な楽観がひるんで，数学的期待以外あてにできなくなるとしたら，企業は衰え死んでしまうだろう」[25]と．このようにシュンペーターとケインズの長期期待に対するビジョンのあり方が共通しているところもあるので，ケインズにアニマル・スピリッツの概念を経済学に導入してもらえたら，経済人を前提とする経済学のあり方も企業家を前提とする経済学に変わっていたかもしれない．

　ケインズの『一般理論』に遅れること3年，シュンペーターのライフワークと呼ぶにふさわしい畢生の大作『景気循環論』（1939年）は，成長と循環の関係を究明するのではなく，イノベーションと長期波動を含む複合循環の関係を明示したにすぎなかったため，ほとんど見向かれることもなく放置される．そのような状況をつぶさに見て，ある経済学者は自らの心境をこう書き留める．『景気循環論』は長い時間をかけ，数多くの文献にあたり出来上がった力作で

あるにもかかわらず，過去30年余りの間にその真価を確認したという人に出くわしたことがなく，多くのシュンペーター研究者も，はっきり言ってこの点を回避しているようだ，と[26]．

この点に関して，われわれには即答するだけの余裕がないが，ヒックスと比べれば興味ある結果が出るかもしれない．周知のように，シュンペーターの『景気循環論』の出版は1939年である．実はヒックスの『価値と資本』が出版された年でもある．

ともあれ，ヒックスのワルラス解釈からシュンペーターとの違いを浮き彫りにすることができるかもしれないので，とりあえずヒックスが提起した論点を糸口として議論を進めてみよう．「われわれがワルラスの方程式を拡張するだけで，ずいぶん多くの洞察が得られると私は信じる．確かにそう信じるからして，私は本書のかなりの部分においてワルラスの方法に従い，この方法が旧来の部分におけると同様に，否おそらくより多く，光明を投じる新たな分野があることを示したい．市場の相互関連のメカニズムをたとえ図式的でも，示せるというのは偉大な業績である．われわれはワルラスに立ち戻って，価格体系を全体として観察しないかぎり，満足には解決できない原理問題のいくつかが残される．

けれどもこれらの功績にもかかわらず，経済学者の多く（真摯にワルラスを研究した人びとでさえ，恐らくその大多数）が結局，ワルラスの接近方法についてある種の不毛性を感じていたのは確かである．彼らは言うだろう．なるほどワルラスは全体系の描写を与えるが，それは非常に遠方からの描写であって，結局のところ，事物がいかに動いていくかはあまり明らかでないが，ともかくもどうにか動いていくだろうという保証以上にはほとんど出ないということである」[27]．

かくして，ワルラス理論のかかる不毛性の理由は，ヒックスによれば，ワルラスが進んでその一般均衡の体系に対する変化の法則を導き出すに至らなかった点にある．ワルラスの理論では一定の資源と選好が与えられたとき，確立される価格がいかなる条件を満たさなければならないかを告げることはできるが，嗜好や資源が変化すればどうなるかは説明できない．

ここにヒックスの新たな苦悩が始まるが，シュンペーターにおいては残念な

がらヒックスのような解釈に至っていない．もっとも，われわれはヒックスの『価値と資本』の真の貢献をどこに求めたらよいのだろうか．ヒックスについてはいろいろな解釈が可能かもしれないが，彼によって消費者の家計や企業などの主体的均衡から市場の均衡へ，交換から生産，そして資本形成や貨幣の導入へと，単純なモデルから複雑なモデルへと積み上げることで，はじめてミクロ経済学の基礎と分析方法が確立されたといっても過言ではない．

われわれはヒックスの考えを浮き彫りにしたのは，何もシュンペーターにヒックスのような解釈を求めて批判するという意図からではなく，シュンペーターの問題意識を論じる際の有力な材料になり得る，と思ったからだ．

シュンペーターの『景気循環論』はこの時代のモデル形成への志向と相反するものであった．確かに，彼が乗数と加速度因子の相互作用によって景気循環の現象を分析したのではなく，イノベーション的要因に依存する長期的，動態的循環過程を問題にしたからだ．したがって，シュンペーターの結論に賛成するかどうかは別に，景気循環の理論と歴史（統計）の問題の出し方と考え方の中に，われわれの学ぶべきものがあると考えたほうがよい．J.ティンバーゲンもシュンペーターへの追悼論文の中で，「シュンペーターは明らかに大部分の計量経済学者とは『別の世界に生きた』人であった」[28]と評したのもこのためである．しかし，このことが別の意味で経済学のフロンティアを拡大することに貢献する．

シュンペーターが散々苦心して書き上げたわりには，いま1つ評価がわかれた『景気循環論』とは裏腹に，大いに好評を博したのが『資本主義・社会主義・民主主義』（1942年）である．シュンペーター夫人によれば，実は『景気循環論』を書き終えた後，軽い気持ちで書き上げられたものだという．この著作が彼の著書の中で最も多くの版を重ね，世界中で最も多くの読者を擁するに至るなど，誰が予想し得ただろうか．皮肉にも，「著書というものは，書いた本人の意図とはかかわりなく，それ独自の運命をもつものだ」と語ったのは，ほかならぬシュンペーター自身である．

第2次世界大戦中のこの時期にシュンペーターに続いて，奇しくもカール・ポランニーの『大転換』（1944年）とハイエクの『隷従への道』（1944年）という名著が立て続けに世に出たのは，単に歴史のいたずらでは済まされないよ

うな気がしてならない．確かに，ポランニーのような比較体制的な資本主義論から自己調整的市場（すべての生産が市場における販売のために行なわれ，すべての所得がそのような販売から派生するような機構）の欠陥を指摘したり，ハイエクのような全体主義体制批判から自由を擁護したりすることは多くの経済学者の興味を引くところだが，しかし，こうしたテーマは，経済理論を理解してさえいれば，誰にでも書けるという代物ではない．書き手の眼界の広さや見識の高さ，加えて洞察の深さによるところが大であるところを見れば，シュンペーターは，資本主義論を論じ得る学者の1人であることがうなずける．

第2節　資本主義とイノベーション

　資本主義を実質的にリードしてきたのは誰か．それは企業家だというが，シュンペーターはなぜそう考えたのだろうか．ワルラスの一般均衡理論はそれがいかにシンプルでかつエレガントな理論で組み立てられようとも，資本主義は経済を超えたさまざまな社会的，文化的，政治的制度などによって支えられ発展してきた．このことを一番熟知していたのがシュンペーターである．ここに彼の新たな挑戦が待ち構えていたことになる．

　これに関連してもう1つ指摘しておかなければならないことがある．それは不況あるいは恐慌に対する認識についてである．周知のように，当時のマルクス主義の人びととケインズ学派の人びとでは，異なった見解を示していたのである．これに対してシュンペーターは，そのどちらにも味方せず，不況といえども資本主義のもつ景気変動のリズムの一齣にしかすぎず，とりたてて特別扱いするほどのものではなく，「不況は『お湿り』だ」と言ってのける．ただし，シュンペーターといえども恐慌やパニックに対しては，単に市場に任せておけばよいと考えず，避けるべき混乱であり，しかるべき手を打たなければならないと認識していた．

　しかし，シュンペーターの考えに対しては，S. クズネッツが1940年6月の *American Economic Review* 誌上で，企業家能力の配分と経済活動の循環的性質との関係で異議を唱える[29]．だがそうは言っても，短期的視点に基づく政策の有効性を求める前に，われわれはシュンペーターの仮説に耳を貸すべき

だろう．なぜなら，1970年をピークとして現在がおそらく長期波動（コンドラチェフの波）の下降期にあるという見方を支持するとすれば——もちろんコンドラチェフ説には理論的にも統計的にも不備な点のあることを承知の上で——，1970年～2013年，14年，あるいは1970年～2021年，22年に至るまでの43年，44年から56年，57年間の資本主義的経済過程のあり方を，いかにしてシュンペーターのモデルで描き得るかという課題が残されるからだ．

このことに関しては，岩井克人が既に「シュンペーター経済動学(1)～(3)」（『季刊現代経済』1981年12月～1982年6月）の中で，経済構造を内部から革命化する創造的破壊の過程を体系の中核に据え，新たな長期的動学の可能性を模索している．

この論文を発表するに当たって，岩井は次のようなコメントを付す．「それは，資本主義企業により革新，模倣，成長といった現象を，将来まで見透かせる予想能力をもった（超）合理的な経済主体の最適化行動の結果としてではなく，絶えず生存あるいは成長のために競争している企業同士の複雑な相互依存関係が生み出す不均衡過程として分析しうる手法を開発する試みだ．また，それは同時に，経済成長や技術進歩といった『長期的』経済現象をも一種の不均衡過程と見なすことによって，長期を均衡と同一視し，不均衡を単なる短期的問題として無視する伝統的な経済観に対する1つの批判を目ざすものである」[30]．

確かに，岩井のモデルは表面的にはシュンペーターの動学化だと威勢がよいが，市場構造と技術進歩を結ぶ関係をないがしろにした非常に限定されたものになっている．何もこれは岩井だけに限ったことではなく，R.R.ネルソン，S.G.ウィンター，F.ラーメイヤ，そしてG.シルバーバークなどのシュンペータリアンを見ればわかるとおり，彼らが果敢に動学化モデルに挑戦してきたが，いまだ成功するに至っていない．

独占のもつ意味

シュンペーターは1910年代を境として，それ以前が「競争的資本主義」の時代，それ以後を「トラスト化された資本主義」の時代に分けて，両者間における独占あるいは独占的競争のもつ意味の相違に注目し，分析を行なっている．

これまでの独占あるいは独占的競争に関する議論を踏まえて整理するならば，われわれは次のように説くことができる．独占が発生した場合，新古典派の経済学者は停滞型の企業を警戒し，シュンペーターはイノベーション型の企業を重視し，前者は独占的競争の結果への関心，後者は独占的競争の過程への関心にそれぞれ対応する．特に，シュンペーターは独占の形成によって一層イノベーションを促進できることを強調したが，M.ドッブはこの見解に対して疑問を投げかける．なぜならば，この議論はある程度正しいかもしれないが，技術の進歩は独占にもかかわらず起こるのであって，独占だから起こったのではないからだ[31]．そうであれば，シュンペーターの独占に対する考え方をどのように理解しておけばよいのだろうか．シュンペーターにおける独占の位置づけは，現象面では一種の独占擁護論だといえるかもしれないが，本質面では資本主義から社会主義への可能性を探るための分析装置としての役割が暗黙裡に隠されている．

　デイビッド・ベサンコ，デイビッド・ドラノブ，マーク・シャンリー，およびスコット・シェーファーの4名はその著『戦略の経済学』（第3版，2004年）の中で，「シュンペーターは，自由市場のさまざまな利点を売り込むときに，価格競争の結果にもっぱら焦点を当てる経済学者を批判した．本当に重要なのは価格競争ではなく，新製品や新技術，新種の組織間の競争だった」[32]と指摘する．シュンペーターの創造的破壊は静態的効率性よりも動態的効率性に重点を置き，企業家が意思決定に際して利益の最大化を求めるのではなく，動態的遂行能力をいかに発揮できるか否かによって決まる．それ故に，競争的資本主義が過ぎ去り，トラスト化された資本主義にとってかわるというのがシュンペーターのシナリオである．

　その他，シロス=ラビーニによるシュンペーターの独占的大企業論に対する批判もあるが，いずれにしても，現実の企業の浮沈はどうなっているのだろうか．われわれは米国におけるイノベーションの歴史からそれを学ぶことができる．例えば，1970年代から80年代の不況に苦しんだ米国は，90年代に入って大復活を遂げる．そのきっかけになったのは株主と顧客を重視し，徹底的に経営効率を追求した大企業のカムバックと，ITを駆使しながら，次々と新しいものを商品化する企業の群生，いわゆるベンチャー企業群の活躍が同時進行し

たからだ．

　ダウ工業株30種平均に採用される企業は一般に，株式の時価総額がトップクラスの企業で占められる．ところが，90年代に入ってインテル（法人化1968年，ナスダック上場1971年，ダウ工業株採用年1999年），アップル（法人化1976年，ナスダック上場1980年），マイクロソフト（法人化は1981年，ナスダック上場1986年，ダウ工業株採用年は1999年），シスコシステムズ（法人化1984年，ナスダック上場1999年，ダウ工業株採用年2009年），2000年代に入ってグーグル（法人化1998年，ナスダック上場2004年）といったその当時，米国の店頭株式市場のナスダック（1971年発足）上場の新興企業が，ダウ工業株30種に採用している銘柄であるゼネラル・エレクトリック（法人化1892年，ダウ工業株採用年1896年）やエクソン・モービル（法人化1882年，ダウ工業株採用年1928年），デュポン（法人化1802年，ダウ工業株採用年1935年）といった伝統的大企業の時価総額を上回る勢いであった．明らかに，小さな企業を瞬く間に巨大企業に成長させる仕組みが90年代から2000年代までに働きはじめていたことになる．

破壊的イノベーション

　このベンチャー・ビジネスの興隆は，決して偶然の産物ではなく，ハーバード・ビジネススクール教授のクレイトン・M. クリステンセンが分析したように「破壊的イノベーション」が影響を及ぼしていたとしか考えられない．

　クリステンセンは，イノベーションを破壊的イノベーション（disruptive innovation）と持続的イノベーション（sustaining innovation）の2種類に大別し，中でも破壊的イノベーションの概念を用いて，「優良企業は優れているゆえに失敗する」[33]と，いささかパラドクシカルな発言をしてやまない．彼が説く破壊的イノベーションとは，これまで本流のマーケットに君臨していたイノベーションの維持をあえて妨げようとするイノベーションのことであり，したがって持続的イノベーションによって生み出された市場をもほとんど代替するものである．その上で，破壊的イノベーションを「ローエンド型破壊」（過保護に育った顧客を低コストのビジネス・モデルで攻略するイノベーション）と「新市場型破壊」（従来の製品・サービスにない性能などを提供することで新た

な需要を掘り起こすイノベーション）に二極分化し，当然，既存企業に対して即効性があるのは「ローエンド型破壊」である．これに対し「新市場型破壊」とは最初，打倒すべき相手が既存企業ではなく，無消費者——つまり何らかの理由で消費経験のない顧客やしたくてもできない顧客——を対象に異次元のパーフォマンスで戦いながら，結果として新市場型破壊で既存のリーダー企業を駆逐するものである．

このようなイノベーションの二極分化現象がなぜ起こるのだろうか．その原因を探れば，既存企業が本流の市場でリーダーたらんとする努力——利ザヤの薄い収益源を破壊者に明け渡す代わりに，持続的イノベーションで高い利益を上げる行為——そのものがかえってあだとなり，いずれ企業の生存を脅かす潜在的脅威になることを突き止め，クリステンセンは次のような研究調査結果を発表する．

この研究調査から判明したのは，ある条件の下では既存企業が破壊的技術にうまく対応してないということだ．この破壊的技術とは持続的技術と異なり，一般的に低価格で小型化され，多機能でありながら絞り込みによって使い勝手が良いが，企業にとっては利益率が低いところにその特徴を持つ．そのためか最初は無視されるが，しかし，いったん顧客が求めるところの商品化に成功すると，上位市場の主流製品に取って代わることになる．

ただし，破壊的技術がそれぞれの市場のローエンドで求められるパーフォマンスを常に維持し，顧客のニーズをそのまま抱え込むことができるか否かは別問題である．顧客が製品・サービスに対して支払っても構わないと思う支払意志額の問題が想定されるので，すべてが既存市場を奪うものに成長するわけではなく，ニッチ市場で存続するに過ぎない場合もある．いずれにしても，クリステンセンの破壊的イノベーションに関する議論は企業側の盛衰から見たモデルだが，現象面でそれが起こっているというなら，それこそ破壊的イノベーションの解が投資の収益性との関係から求められてしかるべきだ．

例えば，ビジャイ・ゴビンダラジャンとクリス・トリンブルが唱える「リーバス・イノベーション」もその延長上で考えることができる[34]．リーバス・イノベーションの基本は，新興国において顧客が求めるシンプルな機能の低価格製品を開発，販売・マーケティングし，逆に先進国にも投入するというビジネ

ス・モデルである．確認しておきたいのは，これまでの多国籍企業のような先進国で生産したものに，機能を落として低価格で輸出することではない．新興国の市場規模はとてつもないスピードで拡大し，生活水準の向上のために新たなイノベーションが求められている中で，新興国の顧客のニーズに関心を向け，単なる生産拠点から消費拠点としてとらえなければならない．なぜなら，先進国の「明日なる主流市場」としての可能性を秘めているからだ．

市場は極めて人間的だが，選択の条件は意外に厳しいものなので，新興国に経営資源を投入し，権限を与え，新進国への逆流も甘受しなければならない場合が出てきた背景には，真の競争力とは高い技術を保持することではなく，顧客に選ばれるものを持っているかどうかにかかっている．変化の激しいグローバル市場環境で生き残るには高い技術力の上に胡坐をかいた企業ではなく，市場環境に最もうまく適応した企業であることは言を俟たない．

オープン・イノベーション

このような環境の中で日本企業のこれまでの「モノづくり」のプロセスをオープン・イノベーションの視点から基本的に考え直さなければならないところにきている．そのためにはまず，「モノ」と「つくり」に分けて考え，かつてのようにすべて自前で賄う垂直統合モデルから，細かいことは別に「モノ」の企画開発やデザインは自前で考え，「つくり」は中国やインドなどの東アジア諸国の賃金の安いところに，あるいは技術の共通化・標準化したものは外部市場を活用し，利益を出す水平分業モデルに切り替える必要がある．わが国のエレクトロニクス・半導体企業の失速は，知的財産の戦略転換をないがしろにし，組織を超えた情報ネットワークの加速化とデジタル化の進展で大きな改革にさらされている時代に，相変わらず垂直統合型の合理的な戦略を駆使し，自前で生産設備を増強し，市場の最上層まで登りつめたことがあだとなって，利益を回収する前にコモディティ化の罠にはまって行き場を失ったことが，停滞の主要な原因である．

われわれはそれを解決するにはまず，製品コストやキャッシュ化速度を国際比較しなければならない．わが国のエレクトロニクス・半導体企業は既に，2008年のリーマン・ショック前でも自己資本利益率（ROE）は海外企業の4

割弱であったように，例えば，最近の韓国サムスン電子との時価総額，売上高，営業利益などを比べてみても「失われた20年」の遅れから大幅に業績を落としており，回復の兆しがみえない．ところで，個別企業の詳細なデータが手元にないので，推測の域を出ないが，わが国のエレクトロニクス・半導体企業における「部材費」，「直接販売費」，「減価償却費」は，海外のライバル企業とほぼ同じだと仮定できる．その場合，「組み立て加工賃」，「一般管理費＋間接販売費」などが高いので相当圧縮し，「特許などの使用料」などで増額が見込まれるので，それでカバーし，製品コストを全体で20～25％位まで下げる必要がある．また，キャッシュ化速度（CCC: Cash Conversion Cycle）とは「在庫回転日数（DIO: Days Inventory Outstanding）＋売掛債権回転日数（DSO: Days Sales Outstanding）－買掛債権回転日数（DPO: Days Payable Outstanding）」の計算式で表せることから，仕入による現金支出から売上による現金回収にかかる期間を割り出すと，わが国のエレクトロニクス・半導体企業は40日前後かかるが，米国のアップルはマイナス20日（すなわち20日前）前後に回収を終えている．これらの差を埋めるのは至難の業である．加えて，万が一の知的財産訴訟に備え，これに十分対応できるよう準備をしておかなければならない．

　要するに，自社の製品が変種変量生産であろうと短納期対応であろうと，長期ビジョンの下での進化と大量生産による製品のコスト・ダウンは基本的に欠かせないため，外部を活用するしかない場合があるということだ．1990年以降，例えばその受け皿として台湾の鴻海（ホンハイ）精密工業が，中国で展開している製造業のグローバル・アウトソーシングといわれるEMS（Electronics Manufacturing Service: 電子機器受託製造サービス）がわれわれにとって参考になりそうだ．そこでは受託生産するに当たり，単にこれまでのようなOEM（Original Equipment Manufacturer: 相手先ブランドによる製造）メーカーの役割だけでなく，製造する製品の設計から開発まで手掛けるODM（Original Design Manufacturer: 相手先ブランドによる設計・製造）メーカーとしても対応し，成果を上げている．ただし，原則として川上である「モノ」の企画開発・デザインと，川下である販売・マーケティングには関与しない．瞬く間に世界最大のEMSメーカーになった鴻海精密工業の中国における現地法人，富士康科技集団（フォックスコン）が請け負っている製品の一部を挙げれば，

インテル社や AMD 社のマザーボード，デルやヒューレット・パッカード社のパーソナルコンピュータやインクジェットプリンター，ソニー・コンピュータエンタテインメントのプレイステーションや PSP，任天堂のニンテンドー DS や Wii，マイクロソフトの Xbox 360，アップルの iPod, MacBook Air, iPhone，携帯電話ではモトローラ・モビリティー，ノキア社などがある．

部品の大半を海外から調達するため「アッセンブル・イン・チャイナ」とでもいってよい様相を呈している．カリスマ的な企業家である郭台銘（テリー・ゴウ）社長によるスピーディな意思決定はもとより，デザインや機能の設計変更に迅速に応えるための 3D プリンターの活用による金型作成の低コスト化，時間短縮化，場合によっては逆提案するなどしながら，クライアントや部品納入業者との知的財産権を重視し，信頼関係を保っている．われわれはこのような現象が起こった背景をどのように理解しておけばよいのだろうか．

その原因を探っていけば，市場のグローバル化と顧客ニーズの多様化する中で，企業は新市場開拓と頻繁な新製品の投入に追われ，自社ですべてを賄うことの限界に至っていたからに他ならない．アップルが 2013 年に発表した『サプライヤーリスト』によると，iPhone を製造するのに全世界から供給される部品は 748 社で，そのうち 600 社がアジア地域に存在する．例えば，中国本土からは 44％ の 331 社の部品供給があり，毎年供給体制が向上しつつある．日本からは 20％ の 148 社で，中国に次いで 2 位であり，韓国からは 5％ の 38 社である[35]．

米国の市場調査会社の IHS アイサプリによると，645 ドルで販売されているアップルの iPhone 5s モデルの容量 16 ギガバイト版の場合，納入価格は 207 ドル（容量 32 ギガバイト版の販売価格は 749 ドル，納入価格は 217 ドル，容量 64 ギガバイト版の販売価格は 849 ドル，納入価格は 238 ドル）と推定している．その主な内訳は，NAND 型フラッシュメモリ 10.40 ドル，DRAM 10.45 ドル，ディスプレイとタッチスクリーン 44.00 ドル，プロセッサー 17.50 ドル，カメラ 18.00 ドル，無線関連 34.00 ドル，ユーザー・インターフェースとセンサー 6.50 ドル，ブルートゥース等 5.00 ドル，電源管理 8.50 ドル，バッテリー 4.50 ドル，機械・電気機械 33.00 ドル，同梱品 7.00 ドルの計 198.85 ドルの部材費，それに組み立て加工賃の 8.00 ドルを加えると約 207 ドルになる．

中国での組み立て加工賃はわずか8ドル，iPhone 1台当たりの納入価格207ドルで見れば，3.8％に過ぎない[36]．

わが国の部品メーカーも相当貢献していることがうかがえるが，問題はなぜわが国の企業がiPhoneのような価値次元の転換と差別化の発想ができず，国内市場で独自の進化を遂げたガラパゴス化と揶揄される現象に突入してしまったのか．携帯電話に関するわが国政府の排他的で規制の多い政策の失敗があったにせよ，企業経営者の責任は重い．事業の再構築を成し遂げるには，グローバル化の進展を見極めながら，しなやかでしたたかな企業家精神——活力のためにはいったん世に問うてみて，事が起こったらその時になって考えるくらい——のほうが望ましい．臥薪嘗胆の気概でもって臨んでもらいたいと思うのは私だけではなかろう．

世界最大のEMSとしての鴻海精密工業の問題は，中国での人件費の高騰やアップル関連事業の受託に相当偏っているところにある．今のところ中国における現地法人，富士康科技集団が広範な要求に対する製造力のレベルの高さと受託する生産台数の多さでカバーしているが，台湾の和碩聯合科技（ペガトロン）や啓碁科技（ウィストロン）なども参入しているため，いつまでも関係が続くわけでもないので，脱アップルへ向けての新たな動きが注目される．

一方，iPhoneと競合関係にあり，日本から技術者を招いたり，素材や部品，工作機械などを購入したりしながら，グローバル展開を果たす上でローエンド型破壊的イノベーションと経営資源の再配分のビジネス・モデルを用いて成功を収めた韓国サムスン電子の主力商品ギャラクシーSシリーズも製造の拠点をベトナムへ一部移している．地の利と人件費の安さを生かしたベトナムはスマホ生産世界一の中国を追い上げ，サムスン電子に納入する部品各社も現地に集まり，エレクトロニクス・半導体企業の集積が進んでいる．他方，中国の北京小米科技（シャオミ）のような通信キャリア主体ではなく，自社サイト主体の販売方式でコストを抑え，半導体設計会社と組み，ローエンド型破壊イノベーションのビジネス・モデルを駆使した新興スマホメーカーが台頭する中で，スマホ2強のサムスン電子とアップルの苦戦が強いられている．

われわれは既に，第3章第2節でデジタル化の影響によって製品の開発段階でも設計段階でも容易に模倣されることを取り上げたり，第4章第4節で市場

の置かれた状況によるオープン・イノベーションの優位性の違いを問題にしたりしてきたが，この視点から解明できたのはほんの一部に過ぎない．既に組織や立場を超えたネットワークが企業の成長を後押しているからである．それに対して1つの解決策を提供してくれるのがオープン・アーキテクチャ戦略の考え方である．すなわち，複雑な機能を持つ「モノづくり」プロセスをある設計思想（アーキテクチャ）に基づき，これまでの「擦り合わせ（インテグラル）型」から積み木に似た独立性の高い単位の「組み合わせ（モジュラー）型」に分解し，構成要素間をクライアントや部品納入業者と共有されたインターフェースでつなぐことによって汎用性をもたせ，その上でクライアントや部品納入業者と自社が発信する有意な情報を結合させ，企業がもつ組織ケイパビリティを図る戦略である[37]．

　ところで米国と比較すれば，わが国が一番ベンチャー・ビジネス支援で後れを取っていることがわかる．米国では1980年，議会が中小企業と企業家精神を向上させるために「特許商標法修正法（通称，バイ・ドール法）」を制定し，それ以降，中小企業を対象とした規制緩和，税制改革，政府調達の開放，資金調達の多様化など大胆な政策を打ち出し続けた．日米間で中小企業の定義が異なるので，正確性を欠く恐れのあることを承知の上で言うと，米国における中小企業数は日本の5.8倍の2,800万社に増え，大企業が雇用を減らす一方で，ベンチャー企業が雇用を増やし続け，新しい仕事の2割近くは中小企業によって創出され，そしてイノベーションは大企業の2.5倍を生み出し，特許の半分以上をベンチャー企業が所有する．

　このような調査結果を目前にして，イノベーションそのものが大企業で日常業務化すると言った晩年のシュンペーターの予測を間違いだと批判するのは容易である．大企業体制の確立した米国において，一方では株主と顧客を重視し，徹底的に経営効率を追求した大企業のカムバックと，他方では成熟した大企業に代わってIT産業を中心とするベンチャー企業群の活躍を見るにつけ，イノベーションが大企業での日常業務化することと，成熟した大企業に代わってベンチャー企業が群生することをどのように解釈したらよいか，シュンペーターの仮説をそのまま実証するにはきわめて複雑な問題が立ちはだかる．

第3節 資本主義は生き延びることができるか

インフレ・ターゲット論争

　次にシュンペーターとの関連で問題にしたいのは、こうした資本主義的経済過程がどこまで継続可能かということだ。こんな議論の延長上で出てきたのが「インフレ・ターゲット論争」である。このインフレ・ターゲット論でいま1つわからないのは、貨幣量を増やすのは実質的な富の増大であるにもかかわらず、社会全体にとって、もし物価が上昇しその副作用として長期金利が上昇しても、個人消費が出てきて、企業の設備投資が増える保証がどこにも見当たらないという点である。

　シュンペーターが1934年に書いた「不況」（D.V. ブラウン他著『復興計画の経済学』に所収）に関する短いレポートの中からその治癒策に関する部分を汲み取れば、次のようになる。「最も難しいのは、不況が単に抑制されねばならない悪い出来事といったものではないということだ。そうではなく、不況とは何かが変わらねばならないというシグナルなのであって、それは、つまり以前の経済状況に対する調整が行われねばいけないことを意味する。中でも、これは治癒策としてのインフレにも当てはまる。インフレでもって病気を治そうとして、あまりにも上昇させてしまうと、戦後〔第1次世界大戦後〕の欧州で経験したように、不況を偽りの繁栄に変えてゆくことになるのは間違いない。そうした偽りの繁栄のところまで到達した場合、最終的には治癒策が導入されたときよりもさらに悪い破滅的な状態につながっていくのだ」[38]。

　シュンペーターの場合ははっきりしている。ケインズのように「長期的に見ると、われわれは皆死んでしまう」[39]、つまり短期的な不況を放置することの代償は計り知れないと考えずに、不況は決して悪い出来事ではなく自ら治癒する力をもっているため、中途半端な刺激策でいくら回復させても、むしろ資本主義の新たな危機を助長させるだけだ、とシュンペーターは警告する。「すべてのケースにおいて、……回復は自ら生まれてきた。……しかしそれがすべてではない。つまり、われわれの分析をもってすれば、不況からの景気回復は経済自らが回復の動きを示さない限り健全なものではない。人為的な刺激策だけ

でいくら回復しても，それは不況というイベントがまだその『事業』のうちで完成させていない部分を残すに過ぎず，そればかりか調整不良となっている未消化の残された部分，すなわち処理ないし清算されねばならない新たな調整不良個所を増やし，それがひいては次の危機発生のリスクとなって企業を脅かしてしまう．何故ならば，問題は基本的に金融と信用に存在するのではないわけだから，この種の金融政策は調整不良部分を長期的に維持し，悪い状態を一層悪くさせるのが関の山であり，将来において追加的な問題を生み出す可能性のほうが高いのだ」[40]．

　資本主義が生き延びてきたのは不況があって調整されるからだと言わんばかりの，このようなシュンペーターの考えに対して経済学者はどのような評価を下したらよいのだろうか．例えば，シュンペーターに対する批判が竹森俊平によってなされている．ただし，今となっては若干状況が変わってしまったところもあるが，彼はシュンペーターとアーヴィング・フィッシャーの理論を切り口に，現代の日本の構造改革議論，とりわけ「不良債権処理」と「デフレ対策」のどちらを優先すべきか，という選択をわれわれに迫る．

　その中で不良債権処理を急ぎ，駄目な銀行や企業を市場から退場させるべきだと主張する「清算主義」（破壊を徹底することこそが次の段階での創造につながると考える思想で，その代表がシュンペーター）にも全く耳を傾けないわけではないが，要注意先企業に銀行が「追い貸し」を行なえば，ますます市場原理，企業競争が野ざらしになり，一般企業もつぶれかねないし，国民の税金も無駄になるとした上で，竹森は次のような問題を提起する．すなわち，デフレを早めに止めることができなければ，間接金融を要しない資本力がある大企業のみが生き残り，体力のない中小企業，そして資本力に乏しいベンチャー企業の育成などは絵に描いた餅になりかねないという．

　このように，シュンペーター対フィッシャーの論戦から，現代の「構造改革派」と「リフレーション派」（景気を刺激するためにインフレーションを引き起こさない程度に通貨供給量を増やすことを主張する人びと．ここではフィッシャーのディス・デフレーション論から導き出されるリフレ主義の人びと）の論点を照射し，フィッシャーに軍配を上げる．その理由の１つとして創造的破壊が進むのはマクロ経済が安定している時であり，構造改革を進めるにはデフ

レを止めるリフレ政策が優先されなければならない，と竹森は力説する[41]．

確かに，1回限りのイノベーションによって生じるブームの局面を問う場合には，このような議論もあり得るが，しかし，シュンペーターが問題にしたのは景気循環（あくまでも business cycles）のある局面における絶えざるイノベーションの遂行による動態の過程，あるいは利子率と貨幣制度の関連を論証することだから，それにデット・デフレーションを結びつけ，フィッシャー理論の優位性だけを強調すれば，シュンペーターの論点を無視することになりかねない．もしこれを議論するならば，デフレと不況は別物だという認識から議論を始め，グローバリゼーションがディスインフレーションにどんな役割を果たしたかを分析する必要がある．

シュンペーターがその著『景気循環論』（1939 年）の第 15 章「世界恐慌とその後」の中で，「安定した資本主義というのは形容矛盾だ」[42]と喝破するところを見てもわかるとおり，その意味するところは，資本主義は本質的に内生的な経済の発展と変動の過程であり，もしもこの発展と変動が止まれば，崩壊するという彼の危機意識から発せられた言説である．

加えて，シュンペーターが代表作『経済発展の理論』を刊行した翌年，すなわち 1913 年に発表した論文「利子率と貨幣制度」（『オーストリア経済人協会年報』）で，貯蓄による信用供給が増加する場合について述べた後で，貨幣的考察においても財的考察においても，この2つの見解が名目利子率の高さに対して貨幣制度の影響が及ぶということで一致するとしながら，それは，契約当事者が貨幣価値の変動を予測する場合であるという．「例えば，紙幣増発によって貨幣の購買力の低下が予想されるときには，貸付資金の出し手は，彼を脅かしている資本損失を高利子率で埋め合わせようとするだろう．もし，将来における実質所得の減少の期待が貨幣市場における供給を収縮させたり，あるいは実質負担の減少の期待が貨幣市場の需要側を増大させたりするならば，高利子率が実現されるだろう．貨幣増加がこの限りで利子率の上昇要因となるのは，既に……フィッシャーその他によって強調されている．確かに，これは貨幣的考察の視点からも，財的考察の視点からもあてはまる」[43]としてフィッシャーに一定の理解を示す．

また，シュンペーターは，貨幣や信用が実体経済を包むだけの名目上の存在

とみなす貨幣ヴェール観を批判した上で，次のように述べる．この論文で，「私は利子率と貨幣制度の関連を論証しようとしただけである．それは，モルヒネの使用を薦めようと思わなくても，モルヒネが痛みを鎮める作用があるという事実を確定するのはできるということと同じである．この比喩は，さらに先にまで進めることができる．利子率を引き下げるのは，疑いなく多くの痛みを鎮めるけれども，この痛みの原因をもとから除去することにはならない．経済界における実業家の1人ひとりは，病人と同じに，危険な薬に頼るよりは痛みに耐えようと考えるかもしれないが，個々の具体的な場合には，どんな薬でも使いたいと思うほど痛みは激しいかもしれない」[44]．

このように中央銀行の低金利政策はモルヒネと同じように作用するため，実業家が痛みに耐えかねてその薬を欲するかもしれないが，それによって痛みの原因を根本から取り除くことにはならない，とシュンペーターは診断を下す[45]．

シュンペーターの「統一発展理論」

これまで長々と展開したシュンペーターの資本主義論に関する議論の内容を概括しなければならない時に，われわれはそろそろきたようだ．

シュンペーターは自らの理論体系を構築するに当たって，まずワルラスの静態理論に対して動態理論を調和させ，またシュモラーの歴史研究を理論研究と対等に位置づけ，マルクスの経済進化に対して創造的破壊の過程でもって解き明かそうとした．そしてコンドラチェフの長期波動に対してそれに短期・中期波動を組み入れた3循環合成図式でもって景気循環を描き，経済発展にとって不可欠な要因だとした．そのため，シュンペーターの理論体系はワルラス，シュモラー，マルクス，コンドラチェフの独創性に富んだ科学的観念の核心に自らの理論を対比させ，その上で思考の枠組みを意識的に作り上げ，それが企業家によるイノベーションの遂行と銀行家（あるいは銀行）による信用創造とあいまって，豊かな資本主義社会を実現するための真の要因になったと考える．

シュンペーターが目指したものはその限りでは「統一発展理論」であり，それは次のような構造になっていることがわかる．すなわち，第3図を見ればわかるとおり，シュンペーターは自らの発展理論を基軸に，その周りにワルラスの静態理論，シュモラーの歴史研究，マルクスの経済進化，コンドラチェフの

長期波動を配置し，その上で発展理論を統一させる形で体系化している．そして，外部の構造に企業家によるイノベーションの遂行と銀行家（あるいは銀行）による信用創造をもってきて現実と対応させ，これが外界の資本主義と絡み合い，その発展と変動を形成する．

その意味では，シュンペーターが理論を体系的に把握するこだわりはギリシャ以来，西欧の思想に脈々と受け継がれているキリスト教的な世界観である．このようなスケールの大きな世界観を描くことで，シュンペーターの統一発展理論を駆使して進化経済モデルを構築する試み，すなわち資本主義をある意味で1つのシステムとしてとらえ，その場合，経済を市場において取引する進化的過程——これは同時に旧システムを破壊する過程——として，知識や技術を創造的に獲得するダイナミック・モデルに基づいて設計される「進化経済モデル」を構築する道が開かれたといっても過言ではい．

最後に，このワルラス，シュモラー，マルクス，コンドラチェフの4名のうち，われわれはシュンペーターとマルクスを比較してみよう．なぜなら，シュンペーターが自己の理論を展開する上で，最も尊敬し私淑したのはワルラス，シュモラー，コンドラチェフではなく，マルクスであったからだ[46]．ことにワルラスの一般均衡理論は静態理論であり，資本主義体制の内生的発展のビジョンを有していないので，マルクスを相手に自分の理論を構築した節がある．

その証拠にシュンペーターとマルクスにおける共通の課題をあげれば，なんといっても歴史の経済的解釈を巡ってのものがある．これは基本的にマルクス理論でいう下部構造が上部構造を規定するという立場を示すものだが，しかし，シュンペーターはこうした一方が他方を規定するようなツリー型モデルの因果関係よりも，関数関係でもって歴史の経済的解釈にあてようようとした．ただし，両者は必ずしも互いに排除し合うものではない．シュンペーターがマルクスから受け継いだものは階級闘争の理論ではなく，唯物史観のもつ歴史観を超えたところのもの，すなわち社会的生産過程が内在的進化をもたらすという見方である．われわれが，シュンペーターの方法論を問題とする場合に，最初に押さえておかなければならないところである．

ここであえて議論のために唯物史観（materialistische Geschichtsauffassung）を取り上げておこう．周知のとおり唯物史観の古典的定式化は，マルク

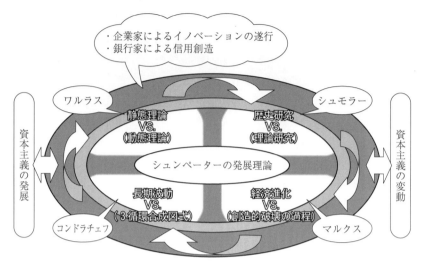

※（　）内はシュンペーターが打ち出した理論．

第3図　シュンペーターの統一発展理論

スの『経済学批判』の序文の中に与えられている．いま，それを要約すると次のようになる．

（1）人間社会は決して固定不同なものではなく，歴史的に成長，発展，衰退の過程をたどる．社会発展を推し進める決定的な力は，物質的財貨の生産様式であって，それは生産力（生産における人間の自然に対する働きかけ）と生産関係（生産に際しての人間と人間の一定の結びつきやつながり）という対応物の統一である．

（2）人間の意志が自らの存在を規定するのではなく，逆に人間の社会的な存在がその意識を究極的に規定する．生産関係の総体としての「社会の経済的構造」が現実の土台であって，法律制度や政治制度や宗教，哲学，芸術などのイデオロギー的関係を上部構造としてとらえられなければならない．

（3）生産関係は生産力の性格および水準に必ず対応するという経済法則は，人間の意識や意志や意図から独立した客観的なものである．生産力は生産の最も動的な革命的な要素であって，生産様式の発展は常に生産力の発展から，そして何よりもまず生産用具の発展から始まる．一度結ばれると停滞する傾向

のある生産関係に対して，生産力は流動的である．生産力はそれが発展していくある段階で，古い生産関係と矛盾し衝突するようになる．その結果，遅かれ早かれ社会革命によって，古い生産関係は生産力の発展水準と性格に照応した新しい生産関係にとって代わられ，上部構造も変化する．

（4）新しい生産力とそれに照応した新しい生産関係とは，古い制度の胎内で，人びとの意識的活動の結果としてではなく，人びとの意志から独立に発生する．現在の支配階級は，現存の社会制度を維持するためにあらゆる権力とイデオロギーを利用するし，これに対抗して，発展しつつある生産力の担い手である階級が革命的勢力として結集される．

（5）このようにして人類は，原始共同体，奴隷制，封建制，資本主義を通過して，再び無階級の社会主義社会へと発展していく．階級闘争の法則は，敵対的な階級が存在している社会だけに固有であって，その最後の資本主義社会に至って生産力と生産関係の矛盾は最も鮮明になる．労働者と資本家の階級闘争の結果，プロレタリアートの究極的な勝利によってこの対峙は止揚され，階級社会としての人類の「前史」は終わる．

以上，唯物史観の定式化によれば，社会のそのときどきの経済的構造が現実の土台であって，それぞれの歴史的時期の法律制度および政治制度，ならびに宗教的，哲学的その他の考え方からなる上部構造の全体は，究極においてこの土台から説明されなければならない．つまり社会関係は，物質的関係とイデオロギー的関係に分けられ，後者は前者の上部構造に過ぎないものであり，前者は自分の生活の維持を目指す人間の活動の形態として，人間の意志や意識とは別個に形成されるものである．しかし，シュンペーターによれば，社会的事実は少なくても直接には人間行為の結果であり，したがって経済的事実といえども経済行為の結果であり，経済的事実の領域はかくして経済行為の概念によって限定されるものだという．

それ故に，シュンペーターは，例えばマルクスの唱えた窮乏化論に対しては批判的であったが，経済過程の内在的進化に関する分析に対しては高く評価してやまなかった．そのことは，シュンペーターの次の文書を読めば理解できよう．「マルクスの思想の一般的図式において経済発展は，当時のあらゆる他の経済学者の場合のように経済静学に対する１つの付録ではなく，実に中心的な

テーマをなすものであった．そしてマルクスは，経済過程がいかに，それ自らの内在的論理の力によって自己を改変しながら，絶えず社会的枠組み——事実において社会全体——を変革していくかを示す課題に，その分析力を集中したのである」[47]と．

なるほど，シュンペーターはマルクスと同じように古典派の否定から出発し，資本主義に対する予測を試みた点では同じ土俵の上に立つが，シュンペーターが真に考えたのはこれまでの競争的な資本主義像を修正することであった．そのため，資本主義経済発展の原動力をマルクスのように資本家階級による資本のあくなき蓄積衝動に求めず，企業家による絶えざるイノベーションの遂行に求める．要するに，シュンペーターは資本主義を通じて生産が行なわれる産業主義（あるいは産業体制）を基軸とし，既定の事実と歴史的過程に照らして，資本主義をコンドラチェフの長期波動にキチンの短期波動，ジュグラーの中期波動を組み入れ，3循環合成図式的に解明するという仕事に自己を限定したと言わざるを得ない．

シュンペーターにおける資本主義の視点

畢竟，シュンペーターが展開した資本主義論は，資本主義という1つの特殊な経済体制のもつ経済社会的な意味を明らかにすることであった．そもそもシュンペーターは「資本主義」をいかに定義していたのだろうか．われわれが注目するのは，1936年1月18日のワシントンD.C.の合衆国農務省大学院で行なった講演原稿である．これは後に，R.スウェドバーク編『ヨーゼフ・A.シュンペーター——資本主義の経済学と社会学』（1991年）に収められる．その中でシュンペーターは，資本主義を広義と狭義に分けて定義する．まず，広義の資本主義は生産の管理が私的なもので，私的利潤のために私的主導権が行使される体制とみなし，狭義の資本主義とは，私的所有によって特徴づけられた体制のすべてのうち，生産要素の新結合を実行し，信用創造を伴って生じる体制だという[48]．

その後，1946年版の『エンサイクロペディア・ブリタニカ』の中で，彼は「ある社会が資本主義と呼ばれるのは，その経済過程が民間企業経営者の指導に委ねられる場合である．というのは，第1に，土地，鉱山，工場設備などの

第 5 章　シュンペーターにおける資本主義の現代的意義　　　237

非人格的な生産手段の私的所有，第 2 に，私的取引のための生産，すなわち民間の創意による私的利益のための生産を意味するものといってよいからだ．しかし，第 3 に，銀行が与える信用制度は，資本主義体制が機能する上に欠くことができないものだから，厳密に言うと，この定義の中には含まれないけれども，これを他の 2 つの基準に付け加えなければならない．普通の用語では，『資本主義的』という形容詞が現代社会のほとんど一切の現象に用いられる．とりわけ，これに代わる体制である社会主義との関連においてみられる場合が殊にそうなのだ」[49]と．

　シュンペーターはひとまず，資本主義の根本は私的所有制と私的利益のための生産であるとした後で，初期資本主義，重商主義的資本主義，完全な資本主義というように，現代の局面までの歴史的発展を振り返りながら，資本主義の将来を展望する．

　従来のシュンペーター研究者たちは，シュンペーターの資本主義論に対してどのような評価を下してきたのだろうか．ここでは代表的な先行研究者の見解を紹介しながら，われわれの考えも述べておこう．例えば，玉野井芳郎はシュンペーターの資本主義の見方をこう解説する．この見方で特徴的なのは，経済学において資本主義という体制が，1 つの歴史的な広がりにおいてとらえるという点である．つまり資本主義という経済体制は，永遠の体制ではなく，いつか別な社会がそれにとって代わる，そういう意味で始まりと終わりのある社会だといえる[50]．これに対してわれわれは，シュンペーターが資本主義は昇華すると称したことから次の点を付け加えておく．彼の資本主義の概念は，資本主義の発展過程で資本主義それ自身の制度的メカニズムを切り崩しながら，社会主義の制度的メカニズムのための条件を作り出す内生的発展の論理であり，その論理を基幹システムとし，歴史の不連続性をサブシステムとして構成される．

　いずれにしても，シュンペーターの資本主義は進化を伴うものである．ここで，「進化とは何か」といったん問えば，それはある時点で「飛躍」しなければならないことを宿す．すなわち，進化論的資本主義論は，誕生から成長・発展，そして変質・衰退という段階説によって描かれるということだ．

　もっとも，進化をこのように単純に社会ダーウィニズムのように考えず，アルビン・トフラーの科学史の考え方に拠りながら，ニュートン主義の科学から

プリゴジン主義の科学への「飛躍」を，パラダイム・チェンジとしてとらえることもできる．例えば，ニュートン主義の科学は，初期条件によってあらゆる事象が決定され，偶然が何の役割も演じない世界であり，まさしく時間の可逆性と空間の同質性において特徴づけられる．これに対してプリゴジン主義の科学は，無秩序と混沌の中にある「ゆらぎ」がポジティブ・フィードバックを引き起こしたとき，自己組織化の過程を通して，混沌から秩序ある構造が自発的に生じる世界である．それは時間と空間の対称性の破れ，すなわち時間の不可逆性と空間の質的変化を問題にする．それ故に，ニュートン主義の科学からプリゴジン主義の科学への「飛躍」とは，単なる自然科学の領域における思考の枠組みの転換に留まることではなく，科学における革命そのものだといえる[51]．

　シュンペーターはもちろん，今日のようにシステム科学も複雑性の経済学も出現する以前に，資本主義から社会主義への図式を描いたのである．したがって，シュンペーターの進化的経済学は，プリゴジン主義の科学の「飛躍」のような新しい視点を提起したものではなく，進化概念の決定論的理解を退けることによって，進化という用語を受容することに貢献したものである．あえて非線形経済動学との関連で取り上げてみれば，シュンペーターの社会動態論に対しては次のような評価がある．非線形力学は予測できない複雑な様子を示す現象を扱うカオス力学系として興り，これと並行して経済動学でもカオス経済動学のモデリングが盛んになったが，しかし，シュンペーター社会動態論の観点からみると，社会経済システムの進化的モデリングの開発としては非線形確率過程の力学のほうが重要だという意見が出されたり，シュンペーターの社会進化の概念の構想から動態的適応の多線的過程を再考すべきという意見が出されたりしている．

　このような評価がある一方，シュンペーターの進化の概念は，新たな進化経済学に対して体系的理論も理想的模範も提供していないというような批判もある[52]．しかし長い間，経済学者は経済的進化のプロセスについて，口先では重要だと唱えながら実際にはほとんど分析を行なってこなかったといってよい．結局，進化的経済学の難しさは，とりわけ経済システムに適用された知識や技術の内生的な転換を説明しようとすることから生じる[53]．

　ところで，シュンペーターの考え方にはプリゴジンのような開放系の概念は

ないものの，散逸構造論に通じるものがあると思う[54]．例えば，「創造のプロセス」を科学とみなし，ある種の人間機械論に終止符を打つ．プリゴジンが散逸構造の中で，「ゆらぎ」という概念を重視し，エネルギーの流れが複雑になるとある時点でゆらぎが生じ，自己の系が破壊されるほどの変化を通じて，やがて新たな系を再構築するなどは，シュンペーターの考え方そのものである．

もし経済的進化は単純な系の自然淘汰理論では説明できず，複雑な系の発展理論でもって分析できるならば，経済レベルの進化は自然淘汰と無関係に「偶然変異の蓄積」[55]によって起こると考えられないだろうか．ただし，この考え方はダーウィンの進化論と対立するものではなく，進化論の文脈では補完するものである．しかも，これが長期間にわたる市場の安定と非連続的な市場の進化をもたらすなら，その過程で非効率的なものが排除され，効率的なものが導入され，結果として利潤を生む構造になる．問題なのは，人間が予知能力をもっているため，将来に対して不安を抱いた場合，パニックに陥り，実物経済にどのような影響を与えるかどうかを予測できないところにある．

シュンペーターの資本主義観を通じて，単なる自然界の進化の適用では済まされない進化概念の拡張による経済学の新たな展開が必要になるので，その妥当性についてはある程度認められるだろう．

資本主義から社会主義へ

議論が盤根錯節した観を呈してきたので，原点に戻ってその筋道を確認しておこう．シュンペーターはまず，資本主義から社会主義への移行の原因として企業家機能の衰退を挙げる．しかし，シュンペーターが挙げる企業家機能の衰退は，むしろ企業家精神の希薄化と読み取ることができる．なぜなら，資本主義の発展によって，人びとの物質的生活にゆとりが生まれ，その上，多くの人びとが高等教育を十分に享受する機会に恵まれるようになれば，創業期のようにあえて危険を冒し困難に立ち向かわなくなるからだ．その結果，企業家精神は漸次希薄化し，かえって知識人による反体制思想の量的拡大が政府との敵対化を生み出す．

これとの関連で言うと，われわれは単に企業家精神の希薄化や知識人による反体制だけでなく，資本主義の成熟に伴う欠陥はいくらでも指摘することがで

きる．例えば，わが国においては恒常的な低成長と出生率の低下，すなわち経済の成熟化と労働力人口の減少，あるいは将来展望の見えない財政危機，中国やインドといった東アジア諸国の台頭などを予想することができる．経済学者はこれまで，資本主義体制の中で完全競争の貫徹される場面だけに焦点を当てて論じてきたため，シュンペーターのような発想には至らなかった．

　もっとも資本主義は，競争市場を離れて経済的な繁栄を得ることはできないが，実際のマーケットでは完全競争が働くことはほとんどなく，完全競争が実現されるには次のような条件が整っていなければならない．すなわち，

(1) すべての買い手と売り手が費用をかけずに，いつでもマーケットに参入退出することができること（参入障壁がないこと）．
(2) 市場に多数の売り手と買い手がいるために，価格決定に恣意的な力を及ぼすことができないこと（プライス・テイカーの仮定が成立していること）．
(3) 製品は均質であり，代替可能であること（製品の差別化がないこと）．
(4) すべての買い手と売り手は製品の価格と品質を知っていること（完全情報であること）．

　実際の市場においては上記の条件の1つ，あるいはすべてを欠く場合が多い．しかも，間違ってもらっては困るのは，完全競争が適切な繁栄の概念でなく，マサチューセッツ工科大学教授のダロン・アセモグルがいみじくも指摘したように技術変化（technical change）の方向を変えることによって，人びとに繁栄をもたらしてきたという事実である[56]．国家の持続可能な繁栄には，創造的破壊を誘引する経済制度が必要だというわけである．

　それでは，シュンペーターは資本主義社会をどのように描いていたのだろうか．彼はまず「商業社会」を定義し，その場合，商業社会とは生産手段が私的所有に属し，また生産過程が私的契約にゆだねられる制度だとし，その1つの特殊な場合が「資本主義社会」だと言う．次に，「社会主義社会」とは，どのようなものなのかと言うと，生産手段に対する支配，あるいは生産自体に対する支配が中央当局にゆだねられる制度だと論じる．この社会主義の定義で問題となるのは，中央当局が少数のエリートによって管理される経済を意味するが，必ずしもその形態は一義的に導かれるとは言っていない．実はここに問題があ

るのだ．シュンペーターの社会主義観については，ここで縷々述べないとしても，なぜ彼はこのような論理的可能性だけでもって社会主義を規定したのか，ちょっと気になるところである．

これに対する答えはそう簡単に見つからないが，社会主義を革命によって実現した1917年のロシア革命や，1966年の中国の文化大革命における場合とは明らかに異なる．注意深くシュンペーターを読めばわかることだが，彼は社会主義に対して賛否を唱えず，あくまでも資本主義が成熟して社会主義に移行する論理的可能性を問題にしている．したがって，社会主義を理想として描く立場には立っておらず，「問題のパラドックス」を語っているに過ぎない．

われわれはシュンペーターの次の言葉からそれを推察することができよう．「資本主義体制の現実かつ予見される遂行能力からみれば，資本主義が経済上の失敗の圧力に耐えかねて崩壊するとの考え方を否定するほどのものではないが，むしろ資本主義の非常な成功こそがそれを擁護している社会制度を覆し，かつ『不可避的に』その存続を不可能ならしめ，その後継者として社会主義を強く志向するような事態を作り出すということだ．故に私の議論の運び方がいかに異なっていようとも，最終的な結論において，私も大抵の社会主義者，ことにすべてのマルクス主義者のそれと異なってはいないのだ．けれどもこの結論を受け入れるためには，何も社会主義者たるを要しない．ある医者が自分の患者はもうすぐ死ぬだろうと予言したとしても，それは何も医者がそうなることを願っていることを意味しない」(傍点は筆者)[57]．

以上，シュンペーターの社会主義論は，経済制度としての資本主義の欠陥に対する不満から生まれた社会組織，社会規範上の工夫たることのうちにその本性を持つものだと理解するほうがよいのか，あるいはシュンペーターが自分の意見を述べたのは，産業の集中に対する社会主義を巡る論理的可能性という非常に限られた問題についてだと理解するほうがよいのか，意見の分かれるところである[58]．かつてシュンペーターの教え子のロバート・ハイルブローナーがスミス，マルクス，ケインズ，シュンペーターという4名の偉大な経済学者たちによる資本主義の未来へのシナリオを検討したところ，資本主義に対する脅威はそれ自身のダイナミズムから生じる失敗であって，政府の介入から生じるものではないとして，その理由の根拠を求めたが，明確な答えが得られなかっ

た，と語ったのもそのためである[59]．

いずれにしても，現在の世界における状況を顧みて，社会主義の崩壊を根拠にシュンペーターの「予言」を誤りだとするような議論は，シュンペーター解釈としてそれ自身問題を含んでいる．なぜなら，もしわれわれが資本主義の将来を科学的法則から演繹しようとすると，自己言及系（self-referencing systems）という論理的なパラドックスに陥ってしまうからだ[60]．言い換えると，資本主義の将来が基本的な法則から「予言」されるなら，その「予言」によって起こる事実そのものをわれわれのパフォーマンスで事前に変えてしまうことができるからだ．

この点について，ハンズ・H. バスは本質を突いた表現をしてみせる．「社会主義と民主主義とは，シュンペーターにとっては，何ら必然的に結びつくものではないが，彼にとっては，もちろん結びつき得ないものでもない．しかしこれに対して，資本主義的経済システムとは，必然的に結びつく．この場合は，公的権威の領域が資本主義経済システムとはっきり区別していることの結果として生じる」[61]．

シュンペーターの資本主義論は，マルクス的な発展法則を前提としながらも，むしろ「問題のパラドックス」を展開したものだといえる．例えば，1928年9月に発表した「資本主義の不安定性」（*Economic Journal* 誌）の中で，資本主義は経済的必要からではなく，人間の精神を合理化することによって別の体制に変化するかもしれないが，これを人びとが「社会主義」と呼ぶかどうかは単に趣味や用語の問題に過ぎない，と彼は言う．しかし，資本主義の崩壊を立証せずに問題をあやふやにしたことが，マルキシストの一部の者から，「社会に関して科学を放棄するニヒリズム」[62]と揶揄される羽目に陥る．

ところで，過去100年にわたる西欧の資本主義を巡る「崩壊論争」を調べたフェー・R. ハンセンによれば，西欧のマルクス主義者たちは，資本主義はいつまでも生きながらえることはできないと共通の認識をもっているにもかかわらず，いつ，いかなる過程で崩壊が起こるのかという問題については，ほとんど一致が見られない．ここで見られる顕著な諸現象の1つは，実際的かつ予言的な価値を期待されて生み出されるものばかりで，学問的レベルから判断して「崩壊論争」はいつも成功裏に終わっていない．にもかかわらず，「崩壊論争」

は次から次へと再生される．こうした論争の外観上の継続性と自律性というのは，理論的な仕事の社会的条件および資本主義社会における批判的思考についての問題を単に提起しているに過ぎないのだろうか[63]．

　結局，われわれも単に詮索するだけで明確な答えを導くことはできなかったが，資本主義の将来を問うには，シュンペーターではないが，「1世紀といえども『短期』」[64]なのだろうか．なるほど，封建主義から資本主義への移行は，カール・ポランニーの「大転換論」やケネス・ポメランツの「大分岐論」などが指摘するように，近代経済成長理論では解明できなかったさまざまな経過を経ながら数世紀もの時間をかけて進行してきた．近代の歴史を振り返ってみても，資本主義の体制をイギリスは，産業革命を経て300年で今の水準に達し，今日に至る．それを米国は建国200年余りで，日本は明治以来100年たらずで，経済大国へひたすら駆け上ってきたのだから，シュンペーターの構想していた「統一発展理論」の観点から見直すには，われわれにとってあまりにも残された時間が少なすぎるのかもしれない．

　ある時代の認識は，限られた期間を生きる個々人の時間軸に左右されるが，われわれは，経済協力開発機構（OECD）の協力を得て過去2000年の世界のGDPと人口の変化を包括的に数量化し，豊かな国になった成功要因や貧しい国にならざるを得なかった阻害要因を解明したアンガス・マディソンのその著『世界統計で見る世界経済2000年史』（2001年）や，18世紀までさかのぼりフランスや日本，米国，ドイツ，イギリスの5カ国を中心に，世界20カ国における富と所得の分配に関する莫大なデータを税務統計の観点から分析し，「資本収益率は常に経済成長率を上回る」という法則を導き出し，格差の実態を明らかにしたトマ・ピケティのその著『21世紀の資本』（2013年）のように，過去のデータを整備しながら長い歴史の時間軸で資本主義体制の問題を考えなければならない時期にきている．要するに，新古典派の経済学が専門という名の下にその可能性を内部に閉じ込めようとしている中で，われわれがシュンペーターから学ばなければならないのは，理論に基づいて歴史的事実を説明し分析することではなく，歴史的考察によって理論のもつ抽象化を具象化する観点から接近し，資本主義のダイナミズムを解き明かす方法である．

　資本主義の未来を展望する議論はこれで終わるものではないが，本章の最後

にシュンペーターが晩年に取り組んだ「資本主義・社会主義・民主主義」をテーマに資本主義と民主主義，社会主義と民主主義の関係を考察し，本章を締めくくろう．

第4節　資本主義・社会主義・民主主義

　われわれは 1980 年代末から 90 年代初めにかけて，旧ソ連の崩壊や東欧の変革，また中国の市場経済化への移行といった方向転換を目の当たりにしたが，経済学の中でイデオロギーの対立からではなく，民主主義の問題から資本主義と社会主義を展開したのが，ほかならぬシュンペーターである．

　にもかかわらず，シュンペーターの民主主義論を研究の対象とした者はごくわずかしかおらず，従来のシュンペーターの取り上げ方については，必ずしもこの点を理解した上でのものではない．例えば，R.D. コウと C.K. ウィルバーが編著者となった『資本主義と民主主義』（1985 年）は，シュンペーターを対象にした研究の中では大胆な試みだが，社会主義と民主主義の視点が欠如しており，配慮を欠く．また，A. ヒアチェ編『シュンペーターのビジョン』（1981 年）に至っては，シュンペーターを直接知る欧米の 11 名の高名な研究者による論文集でありながら，本格的にシュンペーターの民主主義論を展開した者は誰 1 人としていない．さらに，J.C. ウッドによって編まれた『ヨーゼフ・A. シュンペーター批評』（1991 年）は全 4 巻からなり，その中に 180 本のシュンペーターに関する論文が収まっているが，民主主義のタイトルをもつ論文は W.C. ミッチェルの「シュンペーターと公共選択，第 2 部，資本主義の崩壊と民主主義――シュンペーターにおいて書き漏らされた章」の一編だけである．このような実態をつぶさに見れば，これは一体どうしたことだろうかと首をひねらざるを得ない．

　後に，ミルトン・フリードマンの実証主義哲学から影響を受け，「自由主義的かつ民主主義的な市民秩序」[65] の崩壊を取り上げたのは，紛れもなくジェームズ・M. ブキャナンと政治学者のリチャード・E. ワグナーである．とりわけ，米国南部出身のブキャナンが「公共選択の理論」を展開した功績により 1986 年にノーベル経済学賞を受賞したのは，リバタリアンとしての問題提起があっ

たからだ．公共選択理論に対するブキャナンの功績は，政治的意思決定プロセスを経済理論の体系の中で分析し，公共財も個人の効用関数の独立変数とし，すなわち個人的利益に寄与するという観点から分析した点にある．すなわち，全員一致を原則とするには政治の中に経済理論を適用していく必要性を明らかにした．例えば，政治的意思決定が必ずしも合理的に行なわれないとしたなら，ケインズ的財政政策の枠組み自体が有効であっても，財政政策が総需要管理を望ましい方向に導くことには必ずしもならないことを証明した点にある．このように本来その適用が対称的であるはずのケインズ的財政政策が，投票者の要求に敏感な政治家によって非対称的にしか行なわれなければ，常にリスクが付きまとうことになる．

　ブキャナンとワグナーのほかに，民主主義を代議制とか選挙とかいうふうに狭く考えず，議論による政治，すなわち公共の論理——公の場で話し合いをすることによって物事を進めていくという政治的スタイル——と考え，民主主義は決して西欧の独占物ではなく，その土台となる思想は世界のあらゆる地域にあったし，それがあったからこそ受け入れられたのだ，と主張する経済学者にアマルティア・センがいる．しかし，これをもってすぐに民主主義論と結びつくわけではないが，従来の個人的選択の動機を利潤極大化や効用極大化のような限られた合理性から引き出すのではなく，習慣，評判，同情，共感などの社会倫理的な側面などを含めたより広い意味での社会制度の中からアプローチする[66]．

　いま1人，スウェーデン学派のG.ミュルダール（1898–1987年，1975年ノーベル経済学賞受賞）を挙げることができる．約10年の歳月を費やし，南アジアで貧困問題についての研究を行なったところ，南アジアの知的エリートたちが急激な発展を望んでいるにもかかわらず，実情は，人間の「態度」と社会の「制度」の両者によって発展が阻止されている，と彼は言う．

　彼は，そのような現実との間のコンフリクトが存在せざるを得ない背景にメスを入れ，貧困の原因について診断を下す．結論から先に言えば，それは単に経済的要因ばかりでなく，より根本的には，それらと密接に絡み合っている政治的，社会的，文化的諸要因にも着目し，南アジア諸国と西欧諸国の間の経済発展のための「初期条件」における主要な相違を，南アジアにおける政策形成

の過程に関連するところの比較によって明示する．要するに，ミュルダールの貢献は，『アメリカのジレンマ』(1944年) で示された「循環的因果律に基づく累積過程」の仮説，この仮説を『アジアのドラマ』(1968年) で実証するため，これまでの伝統的な発展論における「時間的ずれ」(time lag) や「離陸」(take-off) という概念を使用した安易な発展段階論を批判し，「社会体系」(social systems) 論から示唆に富む分析をしたところにある[67]．このような視点は，シュンペーターの経済社会学の文脈に相通じるものがある．

当然，経済環境が時代とともに大きく変化しているので，シュンペーターの後から生まれた学者たち——ブキャナン，ワグナー，セン，ミュルダールなど——と単純に比べることはできないが，シュンペーターは資本主義における経済制度の仕組みだけでなく，民主主義の問題を取り上げた経済学者の初期の1人だということができる．

反省すべきは，これまでの経済学のように，あまりにも一般均衡理論に偏りすぎ，もはや狭隘な仮説を作り出すことにのみ自己の目的を見出すことに窮してはならない．残念ながら，われわれは，現実の人間行動を説明するのに最もふさわしいとする仮説にも何ら反証することができず，またそれが最適な経済状況をもたらすに必要な条件にも何ら証拠を伴わないことを知っている．にもかかわらず，経済学者は合理性というものに対して1つの願望があり，完全な体系を作らなければならないという強迫観念にさらされている．しかし，完全な体系を作った瞬間に現実から遊離してしまい，何の力も発揮しなくなる．シュンペーターではないが，経済理論群という「おもちゃの鉄砲」で現実の経済に立ち向かうような愚かさが常に付きまとうといったら言い過ぎだろうか．

翻って，「現実経済のある関係のみを取り入れ，他の諸関係を捨象し構築されるのが純粋理論なのだから，それが非現実的なのはあたりまえだ」と開き直ることもできるが，純粋理論には，常に愚かな合理主義者がはまってしまう陥穽があるので，われわれは純粋理論を知り，実証研究を理解しその限界を謙虚に認めることで，いたずらに合理主義の海に溺れることを避けられるなら，それに越したことはない．次に，この節の根本的な課題であるシュンペーターの民主主義論についても議論しておこう．

シュンペーターの民主主義論

　振り返ってみれば，シュンペーターが『資本主義・社会主義・民主主義』の執筆に取り掛かった時は，ちょうど第2次大戦が開始され，当時の知識人は共産主義の台頭に相当神経質になっていた時期である．彼が書き上げた内容は，「資本主義から社会主義への体制移行」や「社会主義と民主主義の両立可能性」だけではなく，「管理資本主義の当否」でもあったため，世界中から注目され，そのことで同書がヨーロッパ諸国はもとより，世界15カ国の言語に翻訳されるに至る．

　彼はどちらかと言うと，当時のフランクリン・D. ルーズベルト大統領のニューディール政策に対して批判的立場を取ったが，資本主義が次第に社会化を強めていく場合でも採られる政治的手法は，あくまでも民主主義的なものだと考えていた．事実，シュンペーター自身が経済社会の発展について論じる必要性を訴えた時，社会主義が不可避的なものとしてプログラムされていたと見ることができる．この点では，社会主義を官僚の独裁とみなし，批判し続けたウェーバーとは対照的である．

　かくして，シュンペーターにとって，民主主義を前提とした社会主義が成立可能であるか否かは，どうしても解かれなければならない課題であった．

　シュンペーターは民主主義を論じるに際して，それは人びとがいかなる政治制度を採用するとしても，そこに導入しうる手法の1つに過ぎない，とはじめから断っている点に注目しなければならない．「民主主義とは何か」といったん問えば，「民主主義は政治的——立法的，行政的——決定に到達するためのある種の制度的装置にほかならないのであって，一定の歴史的条件の下でそれがいかなる決定をもたらすかということを離れては，それ自体で1つの目的足り得ないものである．そしてこの点こそ，およそ民主主義を定義せんとする一切の試みの出発点でなければならない」[68]と．

　われわれが通常，民主主義という場合，それのもつ実質的な意味は千差万別であり，その中で政治的手法としての民主主義の場合は，古代ギリシャまでさかのぼることができる．民主主義（democracy）の本来の意味は，ギリシャ語のdēmos（民衆，人民）とkratia（支配，権力）に由来する．すなわち，君主や貴族の支配に対して，国民主権のように政治制度や思想を「民衆が支配」

することを意味するが，それは1つの理想でしかなかったということを十分に承知しておかなければならない．C.ペイトマンによると，このような観点から，民主主義の多様性を参加の中でとらえることに疑問がもたれたり，古典的な定式化に疑念がもたれたりするようになる[69]．

　シュンペーターの果たした役割は，後者の民主主義論の「古典的ドクトリン」と呼ばれるモデルを批判し，新しいモデルを提示した点にあるといえよう．具体的に言うと，シュンペーターは民主主義を考察するに当たって2つの民主主義，すなわち「古典的民主主義ドクトリン」と「いま1つの民主主義」を取り上げ，次のように展開する．まず，古典的民主主義ドクトリンについて，シュンペーターが解釈し批判するところはこうだ．彼が規定する古典的民主主義ドクトリンとは，何も古代ギリシャまでさかのぼるものではなく，18世紀のベンサムやルソーの哲学を対象にしながら「政治的決定に到達するための1つの制度的装置であって，人民の意志を具現するために集められるべき代表者を選出することによって人民自らが問題の決定をなし，それによって公益を実現せんとするもの」[70]，つまりそこでは「代表制」と「公益」を前提とする．

　しかしながら，何が「公益」であるかについては不特定かつ多数の判断を離れて「公益」なるものが存在するわけではなく，かりに「公益」が不特定かつ多数における利益の合計の最大化だとしても，それがどのようなものになるかについては各人の意見を異にする．したがって，民主主義にはこのような状況の下で，「社会一般のためになる」といったことを政治的な手続によって定義するための工夫が隠されていることを，われわれは認識しておかなければならない．

　古典的民主主義ドクトリンにおいて次に認識しておかなければならないのは，選ばれた代表者個人の意志や個人のもつ決定は，しばしば自己中心的な傾向に陥りやすく，また同時に，人間関係の基本に信頼や安心が欠けているために，欲求だけが募り潜行するといった状況に陥る可能性が大きい．その意味で人びとの好意を促す迎合へと転落する危険を常にはらんでいる．政治における人間の本性は，おそらく全体に対して責任をもつか，それを自覚して正直に責任を果たしたいと願っていても，実現されにくいという面があり，逆に全体は個を無視しやすいという面がある．したがって，ほどほどにといった状況が一般化

されて，結局，古典的民主主義ドクトリンは個人の自己決定が中心概念であったため，その本来の多様性に対応し得なくなる．すなわち，公益はもちろんのこと，そこでは人びとの一般意思とか，主権とかを保持しえない場合のあることを意味する．すなわち，ユルゲン・ハーバーマスも指摘するように，このような民主的過程はもっぱら利害の妥協という形式で実施される[71]．

　シュンペーターの考える民主主義には，上述したような人間の性質とは別に，1人ひとりがしっかりとした意志をもち，比較的高度なものの見方ができるというエリート型の民主主義を前提としている．このことと関連して言うと，かつてエリッヒ・ヤンツがその著『自己組織化する宇宙』(1980年) の中で，シュンペーターよりはっきりとそのことを言う．「民主主義がうまく機能するのは，個人の創造力の果たす役割が暗黙のうちに認められ，時には公然と支持されてきた場合に限られる」[72]．その上で，「今やわれわれは多数決の原理を無条件に信用してはならないとはっきり認めるべきだ．多数決の原理，つまり平均のルールとは，創造的個人を非人間的なシステムに陥れることに他ならず，社会文化的ダイナミクスがもつ駆動的機能をそのような非人間的システムに明け渡してしまうことでしかない」[73]．こう言わざるを得ないヤンツの心の中には，多数決の原理が個人の創造性を押しつぶし，全体主義に走る危険のあることを感じ取っていたからだろう．

　また，シュンペーターのエリート民主主義への注目は，知的エリートによって導かれるべきだというケインズの「ハーヴェイ・ロードの前提」に相通じるものがあるといってよい．ケインズが想定したのは，少人数の賢人が政策を決定してゆく国家制度であり，これがケインズ政策の大前提となっている．したがって，さまざまな政治的圧力団体や選挙民の要求に左右されることなく，大局的な見地から国民にとって人気のない政策でも敢然と実施してこそ，ケインズ政策は有効に機能するというものだ．

　古典的民主主義ドクトリンにおいては，政治問題の決定権を選挙民に帰属させることを第一義的な目的とする．そして人民は，確固たる信念と問題に対する明確かつ合理的な意見をもっていて，それが実現されるか否かという側面を代表に委ねるのだから，代表を選ぶというのは，第二義的な目的にすぎない．ところが，シュンペーターによれば，こうした古典的民主主義ドクトリンとい

えども，前述したように欠点が見られるので，それに対する読み替えの上に成立するのが「いま1つの民主主義」だと言う．

シュンペーターの「いま1つの民主主義論」

シュンペーターの立場を端的に示すたとえとして，かつて先輩の金指基がマルクスの民主主義論とハイエクの民主主義論との中間にあると私に語ったことを挙げておきたい．これに対して私の考えをひとこと付け加えるならば，すなわち，一方でマルクスは「彼独自の社会発展に関する唯物史観から，社会主義以外においては真の民主主義はあり得ない」という立場に立ち，他方で，ハイエクは「社会主義を設計主義ゆえに拒否し，社会主義の下で民主主義はあり得ない」という立場に立つので，シュンペーターはこうした両極の中間にあって，いわば民主主義が経済システムとの関係において中立であるにはどうしたらよいか，これを問うた1人だということができる．

ここでデイビッド・ヒュームを取り上げるまでもないが，ヒュームの道徳哲学における道徳感情は，人間本性を所与とみなすのではなく，共感など他の心の働きによって生じるものとみなす．彼によれば，共感とは人間本性に備わったある種の感情伝達の原理であり，共鳴し合う弦のように相手の情念を自らの胸中に再現するものである．この原理は自分にとってより近い人に対してより強く作用するため，時と場合によってその作用が異なるが，道徳感情は，ある種の客観性あるいは恒常性をもっていると考える．したがって，共感から直接的に道徳感情が生じるのではないので，そこには「一般的観点」(general point of view) なるものが必要になる．共感の偏りはこうして一般的観点を定めることで補正されることになる[74]．

ついでにケネス・J. アローの不可能性定理（原著では一般可能性定理 general possibility theorem) として知られる社会選択理論と，ベンサムの功利主義に代わるものとして J. ロールズの正義論についても簡単に触れておいたほうがよいかもしれない．

アローの公理主義的アプローチは，抽象的な枠組みを要求するため，選好の対象と選好の性質との間の対応関係には全く注意が払われていないが，投票の逆理を一般化する形で，個人の表明する選好順序を集計し，その社会において

合理的, 民主的と考えられる選好を決定することの可能性を論理的に証明している. その結論は, 整合性および広範囲性, 正反応性, 独立性と序数性, 市民主義, 非独裁性の条件を充たしながら社会的意思決定を矛盾なく行なうのは不可能だということである[75]. これはルソーの説く人民全体の「一般意思」(volonté générale) の存在に大きな疑義を投げかける結果になる. 一方, ロールズは理論的理性に重きを置きすぎ, 未来社会の構想力に欠ける嫌いがあるが, 自由で平等な道徳的人格者たちがつくる「原初状態」(original position) という状況を仮に設定し, その中で全員が一致して合意できるものが正義だと明示する[76].

このように概観してみると, シュンペーターの民主主義論を議論するのに, 何もヒュームやベンサムまでさかのぼるまでもなく, かつて交流のあったオットー・バウアーやヒルファディング, ルートヴィヒ・フォン・ミーゼスなどの政治理論から著しい影響を受けていることがわかる. なぜなら, シュンペーター以前の欠点だらけの古典的民主主義ドクトリンへの批判が前提であり, 政治問題の決定を行なうべき人びとの選挙を第一義的なものとし, 選挙民による問題の決定を第二義的なものとし, つまり人びとの仕事は, 選挙を通して政府を作るという点にあるとするからだ[77]. このように古典的民主主義ドクトリンへの批判から, 前述したようにシュンペーターは「いま 1 つの民主主義論」を提言する.

民主主義において重要なのは, 政治家がいかにして主導力を獲得することができるか否かを問うところにある. それはあたかも経済的領域における競争の概念に似た性質のものである[78]. このような発言はこれまでの経済学者から出てこなかっただけに注目に値する. R. スウェドバークがシュンペーターの考える民主主義を「競争的指導者の理論」[79] と称したのも, そのためである.

いま経済学の分野でこの問題をいかに取り上げるかについての議論はしばらく措くとして, おそらく現代の民主政治が行われている諸外国においても, それに満足する人びとは皆無に等しい. しかしながら, シュンペーターも戒めているとおり, 近代民主主義が失敗の事例によってのみ埋めつくされると判断するのは早計だ. こうした民主主義でも成立可能なものとするためにはいかにしたらよいか, ここで重要なのは, 民主主義的方法が成功するためには, どのよ

うな条件が整わなければならないかということだ．シュンペーターは成功のための条件を，次の5点に絞って掲げる[80]．

第1の条件は，政治にかかわる人的素材（政党組織に属する人，議会のために選ばれた人，閣僚の椅子につく人など）が十分に高い資質をもっていなければならないということ．

第2の条件は，有効な政治的決定の範囲をあまり広げすぎてはならないということ．つまり，人民の支配は政治家の自由裁量をかなり認めるものでなければならないということ．

第3の条件は，しっかりした身分と伝統，強烈な義務観念とこれに劣らず強烈な団体精神をもつ，すぐれた官僚が存在するということ．

第4の条件は，民主主義的自制が存在するということ．

第5の条件は，主導力獲得のための競争が有効に機能するためには，異なった意見に対する寛容さが必要なこと，以上である．

われわれにとって，半世紀以上も前にシュンペーターが考えた「社会主義秩序における民主主義」という当時としては実に魅力的で，しかも斬新なテーマも，旧ソ連の崩壊や東欧の変革，中国の市場経済化への移行などによって，民主主義と共産主義という対抗軸を失った今日では色あせた感がしないわけではない．

最も注視しなければならないのは，彼が「民主主義は個人的自由の増大を意味するものでは決してない」[81]と訴えた点である．その意味では「資本主義と民主主義」の組み合わせは歴史的に見て，一般的なものとは言い難く，むしろ特殊な事例というべきだろう．

ケインズが『一般理論』に先立つこと10年前，すなわち1926年に出版した『自由放任の終焉』というパンフレットの中で，いみじくも古典主義的自由主義という当時の社会通念に対して果敢に挑戦しながら，資本主義に対して次のようなコメントを加えている．「資本主義は賢明に管理される限り，恐らく，今までに現れたいかなる制度よりも有効に経済目的を達成するのに役立ち得るものだが，それ自体としてみる限り，資本主義は多くの点できわめて好ましくない性質を持っているように思われる．われわれが問題にするのは，満足の行く生活様式というものに関する見方とぶつかることなく，できる限り効率のよ

い社会組織を苦心してでも作り出すことである」[82]．

　こう言わざるを得なかった背景には，ケインズ自身が「政府の役割」を問うたからだ．すなわち，彼は政府の役割を重視したため，政府のな・す・べ・き・こ・と・と，政府のな・さ・ざ・る・こ・と・を改めて区別し，これに伴う政治学の課題は，民主政治の範囲内で，なすべきことを遂行する能力をもつ政府形態をいろいろ工夫することだと主張する．ケインズは社会主義者といわれたことはないが，彼は資本主義の修正的意味合いを強く説き，経済合理性を貫こうという立場を取っていることが，このことからもうかがえる．したがって，資本主義が健全に望ましい形で生き続けていくには，まさしく自由放任から開放される必要があると考えていた．

　問題は，シュンペーターの競争を前提とした民主主義論が，社会主義といかなる関わり合いを有するかというのだが，これを考える前に，代議制民主主義においてエリート間に競争が常に生じるか否かを問題にしなければならない．この点について，河野勝の考えは極めて懐疑的だ．なぜなら，そもそも競争を前提とした民主主義が非競争（選挙における世襲制，例えば2世，3世議員の出現など）を内在的に抱きかかえているからだ[83]．

　シュンペーターの民主主義に対する貢献については縷々語られているが，シュンペーターの民主主義が，代議制を純粋に指導者間の選択と競争に限定したとすれば，その指導者のもたらす政策についての選択はより重要な要素となる．このように見ると民主主義をある価値や理想を実現する手段と考える立場から，決定のための「制度的装置」，「手続き」として明確に規定する立場への転換を計った先駆者としてシュンペーターを位置づけるのは，決して誤りだとはいえないし，また，シュンペーターは，民主主義を競争的指導者選出の制度と考えたり，社会構造の問題と考えたりしたため，彼の論理では指導者選出という政治的な制度というものは，経済と切り離すことができない[84]．この点でもシュンペーターの考えは現代にも通じるものがある．しかし，P．ウィルズのように「社会主義についてのシュンペーターの無知」[85]をあげつらう向きもあるが，シュンペーターの古典的民主主義ドクトリンに対する批判には現代の政治学が依拠するアクター中心主義をはじめ，政治の不確実性や囚人のジレンマなどいくつもの重要なテーマを先取している．

今日のように政治家のモラルが低下し，他方で人びとのエゴが表に現れやすい社会における民主主義は，公共性の喪失に向かっていく可能性が高いのは確かである．つまり，制度を論じるよりも，その前提である公共心そのものが問われなければならないということだ．われわれはシュンペーターの示した条件を常に吟味しながら，新しい時代に対応できる民主主義を見出す作業を続けなければならない．

　ここで，シュンペーターが残した多くの業績をたどり直してみるという仕事の中に，われわれにとって何か有意義なものがあるとすれば，これまでの経済学が置き忘れてきたものを見出し，それが緊急を要する資本主義体制の課題を克服する上で，本書を世に問う意義が認められるのではないか．何か歴史の暗闇の中から，シュンペーターの光明が次第に大きくわれわれの魂を揺さぶりはじめているような感じがしてならない．

おわりに　要約と結論

　本書でわれわれが議論したシュンペーターの資本主義論は，次の2つの点でまさに独創的だということができる．1つは，主流派経済学のような操作性やモデル構築の手法にとらわれず，シュンペーターの理論を，いわば「統一発展理論」として定式化できたことである．これは静態理論に対して動態理論を調和させ，また歴史研究を理論研究と対等に位置づけ，経済進化に対して創造的破壊の過程でもって解き明かし，そして長期波動に対してそれに短期・中期波動を組み入れ3循環合成図式でもって景気循環を描くことで，シュンペーターの発展理論として体系化したものである．

　いま1つは，シュンペーターが経済学にイノベーションという概念を持ち込んだため，資本主義を分析した意義を新たに評価できたこと，すなわち，従来の均衡の経済学では解けなかった持続可能な経済成長の源泉を「イノベーション」で理論化し，学説史的に位置づけることができたことである．一言でいうと，人間の英知をこのような側面から理解できるならば，もちろんシュンペーターを通してのことだが，資本主義の世界も変わった方向へ動く，あるいは動いていたに違いないという「わくわく感」をわれわれに与えてくれるものだ．

　さて，これまでのわが国におけるシュンペーター研究は，彼の純粋理論だけが取り上げられてきた嫌いがする．ただし，それはそれで世界でも類を見ないほど日本の近代経済学の発展に貢献したが，その体系的解釈あるいは批判的分析というところにおいては明らかに偏っている．例えば，既に先行研究としてシュンペーターをウェーバーの類型学とマルクスの経済史観の比較から秤量した大野忠男の『シュムペーター体系研究』(1971年)や，シュンペーター体系を総合的社会科学の観点から解釈した塩野谷祐一の『シュンペーター的思考』(1995年)などがあり，それぞれシュンペーター研究上で多大なる貢献を果た

したものだが，本書で取り上げたような資本主義の発展と変動に着目しその構造を解明するため，あえてシュンペーターの発展理論を体系的に研究し，その現代的意義と限界を問うものではない．

　このことが，私をして本書を書かしめるに至った基本的な問題意識である．現代経済学は周知のように，新古典派経済学のミクロにケインズ経済学のマクロを接合した形で展開してきたため，シュンペーターの経済学に対して慇懃なる無視を続けてきた．しかし，シュンペーターが描いた与件の学としての「経済社会学」は，新古典派経済学やケインズ経済学が排除し積み残した領域であり，これが経済学のフロンティアを拡大することに貢献する．本書はこのような枠組みで解釈し分析したため，これまでの先行研究と明らかに異なる特徴を持っている．

　以上，私はシュンペーターにおける資本主義論に課題を絞り込み，そこで展開される企業家によるイノベーションの遂行を経済発展の統一的なメカニズムとして定式化し，シュンペーターの理論体系に横たわる思想とイデオロギーをあぶり出し，その現代的意義と限界を解明した．本書の各章の論旨を整理しておくと次のようになる．

シュンペーターの生涯と思想

　第1章「シュンペーターに対する評価」では，彼の業績をできるだけ公正に評価し生涯貫いた真の姿を描いてみた．周知のように，シュンペーターは単なる経済学者に納まる人物ではなく，世紀末ウィーンが生んだ社会科学者の巨星であることを忘れてはならない．これまでみてきたように，シュンペーターは，ウィーン大学において指導教授ベーム-バヴェルク，ヴィーザーの下で学んだのをはじめとして，限界革命を起こしたワルラスの一般均衡理論をものにし，メンガーとシュモラーの方法論争およびウェーバーと歴史学派の人びとの価値判断論争を目の当たりにした学者である．そしてオットー・バウアー，ヒルファディングのオーストロ・マルクス主義者と大学で机を並べ議論し，スペンサーの進化論的方法，マッハの世紀末ウィーンの哲学，ヴィーコの歴史哲学・社会学，ポアンカレの規約主義やベルグソンのフランス近代哲学からの影響を受け，新古典派のマーシャルやエッジワースに直接会い，その上，何とケインズ

とはお互いがライバル関係にあった．

シュンペーターを語るのは，社会科学を語るに等しく，それだけに，シュンペーターの中心命題を論証するのは困難を極めたが，その全体像を先行研究や新たな文献リサーチから可能な限り吸収し，新たなシュンペーター像を描くことができた．

注目したいのは，グラーツ時代に著した不朽の名著といわれる『経済発展の理論』（1911年）である．同書は，処女作『理論経済学の本質と主要内容』で示した静態理論を現実に対応させるため，動態理論を展開し，非ワルラス的な世界，つまり彼が動態的問題群と呼んだ狭い範囲について，自己の考えを展開したものである．例えば，シュンペーターの発展理論と古典派の成長理論を比較すれば，次のように異なることがわかる．彼の発展に関する理論は，経済過程の内部から自発的に生まれ，しかも非連続的な変化を重視するのに比べ，古典派経済学の成長理論は人口や貯蓄の増加などによって誘発された連続的な変化を重視し，また刺激への反応においても古典派は受動的，有機的，短期的であるのに対し，彼のそれは能動的，創造的，長期的に反応するものである．その後，新古典派に至っても，均衡状態に至るまでのプロセスよりも，均衡状態そのものに注目するあまり，経済が次にいかに変化するのかということには関心を払わなかったのである．

シュンペーターの資本主義像とその学説的位置

第2章「シュンペーター理論体系の基礎」では，これまであまり注目されなかったのだが，シュンペーターが価値判断論争から何を学び，純粋経済学をいかにイメージし，その後自らの科学観をどのように形成していったかを取り上げた．認識しておかなければならないのは，ドイツ歴史学派がその思想を構築するに当たって，哲学的議論の色彩を払拭し，比較制度史的考察へと深化していった最高の成果がウェーバーの社会学であることに異論をはさむ余地はないが，その中にあって，ウェーバーの歴史社会学が社会的行為の類型化に帰着したのに対して，実証的，細目的な研究過程の究明を目指したシュモラー＝シュンペーターによる進化的経済学の流れがあることを看過してはならない．だが，シュンペーターの考え方は，新古典派やケインズ主義の経済学者にとって次元が

違うものとしてこれまで無視されてきたため，その学説上の位置づけがいま 1 つはっきりしなかった．その原因を探るに当たり，われわれの考察が形式的な分析に偏り過ぎないようにするため，シュンペーターと一般均衡理論の経済学者との議論の背景にある思想について整理し，その違いを明確にする過程で，経済現象を公理系の視点から解明する限界を暴くことができた．

第 3 章「資本主義における発展と変動の理論的展開」では，これまでの展開と異なり資本主義における発展と変動の形成過程で問題になった「資本主義と企業家」，「社会階級と帝国主義」，「資本主義と景気循環」の 3 分野に着目し，シュンペーターが企業家像をどうイメージしたかを跡づけた．資本主義経済における循環的変動に焦点を当てて，イノベーションの果たす役割との関連で捉え直すことができた．その結果，シュンペーターの「企業家」は，複雑に絡み合った具体的な企業家現象を抽象によって一般化して得られたのではなく，彼の階級理解の道具として企業の機能を人格化した概念であることがわかった．

シュンペーターの社会階級概念は，地主，労働者，資本家，経営者といった経済関係上の概念ではなく，あくまでも資本主義社会において求められる能力を具えているか否かにかかっている．例えば労働者から企業家が生まれ得るし，地主や資本家も企業家になり得るのだが，企業家それ自体は階級構成とか階級闘争などに関連して考えられる社会現象での階級ではない．彼は，社会の実体を多様な社会階級の寄せ集めとして把握し，社会階級はそれぞれ独自の能力を果たしているという暗黙の前提が隠れている．一方，シュンペーターの「帝国主義論」のほうは，古代から近代までの歴史上に現れた帝国主義の実態を基に，その国の資本主義そのものの内在的論理と結びつけずに，国民の心理的性向や社会構造と結びつけ，ホブソンやネオ・マルキシストですら見落とした国家の際限なき拡張を強行しようとする無目的的な行為について批判的に言及したものである．

資本主義のパラドックス

第 4 章「企業家とイノベーションの理論」は，いわばシュンペーターの理論体系にとって重要な課題となるべきイノベーションと，それを遂行する経済主体としての企業家の機能を明らかにするために当てた章である．ここではまず

企業家の歴史から繙き，次に企業家によるイノベーションの遂行が資本主義の発展と変動にどのような影響を与えたかについては，ネルソン＝ウィンターの「シュンペーター的競争モデル」を分析することで，イノベーション理論の現代的な意義を理解することができた．なぜなら，限られた地球資源や環境問題などを考えれば当然のことなのだが，経済成長をこれまでのように生産量の拡大と生産性の増大に依存するよりも，企業行動におけるイノベーションと模倣の研究開発（R&D）に焦点を当てたほうが持続可能な成長モデルの判断基準として貴重な意味を持つことがわかったからだ．

いずれにしても，シュンペーターのイノベーションをモデル化するには，新古典派経済学のような利潤の最大化や均衡に関する前提を保持するよりは，イノベーションは非日常的でめったに起こり得ないものではなく，日常の業務として組み込まれるという「イノベーションのルーティン化」と結びつけたほうが現実との適合性を有するように思われる．ここでは，企業行動におけるイノベーションの新たな役割を上述のごとく発見するとともに，従来の完全競争を前提とする経済学の視点からではなく，クレイトン・クリステンセンの破壊的イノベーションやヘンリー・チェスブロウのオープン・イノベーションなどの視点から検討を進めることで，新知見を展開できた．

最終章の第5章「シュンペーターにおける資本主義の現代的意義」では，資本主義の経済的成功がかえって不整合な要因を生み出し，これらの要因がやがて資本主義の経済運営を困難にするというシュンペーターの考えに即し，現代的観点からその意義を問い，資本主義の持つ問題点を明らかにした．ところで，資本主義の発展と変動についてはいまだ十分に研究されておらず，シュンペーターよりも遥かに漠然とした貯蓄や投資の理論から一般理論を引き出したり，そうした一般理論を基にもっともらしい政策提言を行なったりする事例が多々見られる．

注意深くシュンペーターを読めばわかることだが，彼は社会主義に対して賛否を唱えず，あくまでも資本主義が成熟して社会主義に移行する論理的可能性を問題にしている．したがって，社会主義を理想として描く立場には立っておらず，「問題のパラドックス」を語っているに過ぎないといえる．本章では，シュンペーターが求めてやまなかった資本主義の未来を展望し，彼の論理構造

の核心と現代的意義がどこにあるかを明らかにすることができた．

分析結果と課題

以上の分析結果と課題を総括すると次のようになる．

私があえてシュンペーターを取り上げる所以は何かと言うと，シュンペーターの資本主義論の特徴は何が資本主義の発展と変動を促進したかではなく，所与のものとしている枠組みの変化自体を分析の対象とし，その経済システムの長期的，平均的状況を分析し，不安定均衡の意義を問うたところにある．シュンペーターは，経済学者としての矜持を賭してというような意気込みで取り組んでいるため，もはや賢しらな批評や解釈なんか，一体何の役に立つかわからないが，経済学の理論形成的学説史からみると次のような特質が認められる．

(1) まず，シュンペーターの方法論的立場，すなわち彼が価値判断論争から何を学び，純粋経済学をいかにイメージし，その後自らの科学観をどのように形成したかを検証してみた．シュンペーターは，ある意味で「価値判断論争」を最初から達観していたと見ることができる．というのは，彼は『理論経済学の本質と主要内容』を著すことによって，純粋理論を取り上げ，その意義を解き明かしたところから察することができるように，彼が方法論争を通して得た結論は，マッハ的「道具主義」(instrumentalism) の立場を取りながら方法論的個人主義（methodological individualism）を貫くということであったからだ．そもそもシュンペーターの立場は，いわばマッハ的道具主義の応用とも言い得るものである．つまりシュンペーターは，理論には分析に有用であるかどうかの別はあるが，真偽の別はないと考えたため，論理実証主義にとらわれることなく，問題を解いていくというプラグマティズム的態度を貫く．

少なくともその意味では，シュンペーターは『本質と主要内容』において方法論を組み込んだ精密科学としての純粋経済学の形成を試みようとしたと同時に，現在の経済学を含む社会科学に対して，1つの根源的な問いかけをしたことになる．

(2) 次に，資本主義における発展と変動の形成過程で問題になる「企業家機能」を取り上げ，これらを分析した．シュンペーターの特徴は，企業家の活動に影響を与える資本主義の文化構造要因に着目し，その文化構造要因に含まれ

る行為の目的や動機といったことについて，既に初期の時代から批判的だが注目したところにある．仮にわれわれに求められるものが，一定のイデオロギーに依存する資本主義観ではなく，あくまでも事実を発見しそれを解釈するための道具主義の観点から，すなわち観察可能な資本主義経済現象を組織化し，それを予測し，そこから推理分析することを目的としたものであるならば，そこで展開されるシュンペーターの企業家論には汲み取るべきものが多いといえる．シュンペーターの企業家論から導かれる結論は，企業家の役割が経済発展の起動力になるばかりでなく，資本主義の文明までにも影響を及ぼすというところにある．

結局，これまで不明な点だったが，シュンペーターの企業家は現実の具体的な企業家を抽象化して得られたものではなく，彼の階級理解の道具として企業の機能を人格化した概念であることがわかった．

(3) シュンペーターの説く「イノベーション」とは，いかなる意味内容を有するのだろうか，この中身をいま一度整理しながら，議論の筋道を確認できた．

シュンペーターは，イノベーションを遂行すべきその発展形態を「創造的破壊」(Creative Destruction) の過程というパラドックスの一形態であるオクシモロン（撞着語法）で表現する．この場合の「創造的破壊」とは当然，破壊をすれば創造がもたらされるといった単純な意味ではないにしても，異時点間での競争概念を要求するため，いまだに立証されていない．ただし，『景気循環論』でいうイノベーションと，『経済発展の理論』における新結合とは必ずしも同義ではなく，『経済発展の理論』では，企業家の新結合の遂行によって生産関数を絶えず変革させることだと考え，曖昧であったが，『景気循環論』では，同じ生産関数における生産要素の数量的変化ではなく，不連続時点を経て新たな生産関数の設定を意味する．

いずれにしても，シュンペーターが従来の均衡の経済学では解けなかった経済成長の源泉をイノベーションで理論化したことは，高く評価することができる．なお，シュンペーターのイノベーションを進化理論からアプローチしたリチャード・R. ネルソンとシドニー・G. ウィンターがいる．彼らの貢献は，進化理論に拠って技術進歩を捉え直し，企業が成長のためにイノベーションを遂行したり，生存のために模倣したりすることに着目し，他に先駆けシュンペー

ター的競争モデルを構築した点にある．これによってシュンペーター概念の拡張が可能となり，企業と市場の問題を解くダイナミック・ケイパビリティ理論の誕生のきっかけになる．

　(4) 最後に，これまでの考察によって私が序論において問題を提起したシュンペーターの統一発展理論と，資本主義の発展と変動の形成過程がもつインプリケーションとを明らかにすることができた．中でもシュンペーターは自らの体系を構築するに当たって，まずワルラスの静態理論に対して動態理論を調和させ，またシュモラーの歴史研究を理論研究と対等に位置づけ，マルクスの経済進化に対して創造的破壊の過程でもって解き明かし，そしてコンドラチェフの長期波動に対してそれに短期・中期波動を組み入れ3循環合成図式でもって景気循環を描き，経済発展にとって不可欠な要因だとした．そのため，シュンペーターの統一発展理論はワルラス，シュモラー，マルクス，コンドラチェフの独創性に富んだ科学的観念の核心に自らの理論を対比させ，その上で思考の枠組みを意識的に作り上げたことになる．それが企業家によるイノベーションの遂行と，銀行家（あるいは銀行）による信用創造とあいまって資本主義のエンジンを機能させるというのが，シュンペーターの中心命題である．

　以上で述べた本書の成果は，本格的な「シュンペーターの資本主義論」を展開するための重要な端緒となり，現実の資本主義問題の解決のための理論構築に寄与するものと考えられる．しかし，シュンペーターがこれまで述べた概念を詳細に吟味してみたところ，次のような問題点が確認できたので，最後にかいつまんで述べておく．

　(1) シュンペーターの資本主義と景気変動を詳細に吟味したところ，概念規定に伴う関連性の適合に問題があることが判明した．それは，「均衡の近傍」(neighborhood of equilibrium) という概念である．この概念は，企業家がイノベーションを達成し経済を動態的過程に導き，それが「後退」(recession)，「不況」(depression)，「回復」(recovery or revival)，「繁栄」(prosperity) という4局面循環にいう「回復」から「繁栄」をもたらす中点で起こるものだ．例えば，経済は「後退」過程に入り，さらに「不況」過程に突入するが，やがてそれも収束して「回復」過程が始まり，ついに均衡水準に達する．つまり一定の景気変動局面を経た後に達成される新しい均衡点は，より現実に近い対応物

だと想定し，シュンペーターはこうして新しく実現した均衡点を「均衡の近傍」と呼んでいる．ここで重要なのは景気の方向性ではなく，水準である．したがってこの考えは，景気が「均衡の近傍」よりも上方にあれば繁栄か後退かの「好況期」であり，下方にあれば不況か回復かの「沈滞期」とみなす．

　しかし，このようにシュンペーターのモデルでは，均衡とその一時的攪乱，均衡回復というトートロジカルな議論でしかなく，このような見地を貫くシュンペーターの考え方は，均衡の絶対化，すなわち予定調和的な振る舞いが想定され，究極には均衡の成立をもって安定した秩序内での循環的変動があるのみである．仮にシュンペーターが，純粋モデルないし第1次接近から，一歩前進して現実へ近づいたとしても，こうした現実の均衡は，理論的均衡と異なるので，「均衡の近傍」という概念を用いたのだが，これをいかに理解しておけばよいのだろうか．

　少なくとも，ある方向に向かおうとする傾向とそれを制約する諸条件との相互作用を通じて，均衡と循環的変動が生ずるメカニズムを提示しなければならない．いずれにしても，「均衡の近傍」によってより現実に接近するためには，これらの「均衡の近傍」と統計的に観察される循環的変動との間に何らかの理論的説明が必要である．

　(2) 次に問題にしたいのは，「銀行の信用創造」という概念である．つまり，シュンペーターにおける銀行の貸出は，あくまでも経済発展において回収されるという暗黙の前提があるのであって，その点からすれば，発展のない状態においては，貨幣資本としての信用の問題は発生しないととらえる．

　ところが静態から動態に至る間にあって，信用を流通過程にある信用のみがその機能を果たし得るというシュンペーターの動態の純粋モデルは，これを一歩現実とのかかわりに引き戻し観察すると，あたかも銀行だけが創り出すかのような「純粋信用理論」だけでは，十分ではないことがわかる．なぜなら，純粋信用理論とは考え得る限り最も不安定なものなのにもかかわらず——例えば，流通していない退蔵貨幣の形態もあるにもかかわらず——シュンペーターの議論では，信用を創造する上で銀行だけに無制限の力を与えているからだ．したがって，シュンペーターの動態の純粋モデルでは，イノベーションは銀行による信用創造がなければ実現できないという前提を置いているため，銀行自身も

イノベーションの遂行の成否に関わることを事後的に知る以外に，事前に審査をすることができないはずである．にもかかわらず，シュンペーターにおける銀行の信用創造は，経済発展における貨幣を銀行信用に絞り，その機能を強調しただけの純粋モデルなので，このような批判は少し酷かもしれないが，シュンペーターの信用概念の未整備がわざわいしていることは否めない．

(3) イノベーションの遂行によって発生した生産手段は，常に一定の生産物を生み出すが，それを販売し消費するという側面は，必ずしも生産の側面と連続的であるとは限らない．シュンペーターによれば，経済におけるイノベーションは，新しい欲求がまず消費者の間に自発的に現れ，その圧力によって生産機構の方向が変えられるのではなく，むしろ新しい欲求が生産の側から消費者に教え込まれ，したがってイニシャティブは生産の側にあるという．それ故に，シュンペーターのイノベーション論は市場の当事者である供給側の視点に立つものなので，もう一方の当事者である消費者の視点から考え，消費者の欲求にどう応えていくか，あるいは消費者の使用にどのような価値を見出すことができるか，これらの問題を捨象している．

(4) こうした資本主義の発展と均衡化の組み合わせは，静態の純粋モデルにおいて利子が存在しない，とシュンペーターは主張する．利子の問題については，本論でも論じたように，もし静態において資本財の所有者は時間的範囲が有限であるにもかかわらず，無限と考えていたなら，シュンペーターは利潤を発展の原因としてではなく，その結果としてとらえるため，静態と資本利子の存在は矛盾しないことを無理やりこじつけていることになる．

以上，シュンペーター理論の不備な点を取り上げてみたが，これとは別に，シュンペーターの統一発展理論を駆使して進化経済モデルを構築する試み，すなわち資本主義をある意味で1つのシステムとしてとらえ，その場合，経済を市場において取引する進化的過程——これは同時に旧システムを破壊する過程——として，知識や技術を創造的に獲得するダイナミック・モデルに基づいて設計される「進化経済モデル」を構築する試みが残されている．おそらく本書に残された課題は以上に尽きるわけではないが，シュンペーターの多くの業績をたどり直してみるという仕事の中に，われわれにとって何か有意義なものがあるとすれば，従来の経済学に欠落したものを見出し，それが緊急を要するグ

ローバル化した資本主義の立て直しを考える上で，本書を世に問う意義が認められるのではないか．

　本書はもともと，学位論文の一部に加筆，改訂を施したものである．ただし，本書を執筆するに当たり，恩師の桑原晋先生を囲んで，シュンペーター研究の泰斗である金指基先輩との対話が加わっている．私の果たした役割は，恩師や先輩とのこれまでの研究指導で培われた成果を微力であるが，自分なりに考え，世に問いただすことである．実は，そこには恩師も先輩もともにもはやこの世にいないが，私の心の中で生き続けているための問答に過ぎない．

　わが恩師，桑原先生は理論経済学，景気変動論を専攻し，京都大学の高田保馬博士の高弟として研鑽を積み，晩年日本大学で教鞭をとられた研究者である．金指先輩と私は日本大学大学院商学研究科の修士，博士の両課程を通じて指導を受けた間柄である．シュンペーターが来日した折，昭和6年2月6日の神戸商業大学（現・神戸大学経営学部）での講演を聞きに行ったり，翌7日，高田先生のお供で柴田敬先生と京都駅まで出迎えに行ったりしたエピソードなどをわれわれは，桑原先生から直接うかがっている．桑原先生には，シュンペーターの友人の1人であるG. ハーベラーの翻訳などがあったので，シュンペーターをどのように評価していたかどうかを率直にうかがっておくべきだったが，その機会を失したことは悔やまれてならない．この場を借りて，恩師と先輩の学恩に感謝申し上げたい．

　なお，これまで論文指導をしていただいた東京農業大学名誉教授の田中俊次先生をはじめ，同大学院生物産業学研究科の長澤真史教授，および同大学生物産業学部長の黒瀧秀久教授には，改めて感謝の念を表したい．また，出版に当たり株式会社日本経済評論社の清達二氏には多大なご配慮とご尽力を賜り，ここにお礼を申し上げる次第である．

　最後に，40年近くの長きにわたり公私ともに大変お世話になった学校法人北海学園理事長兼北海商科大学学長の森本正夫先生に本書を捧げる．

2014年11月

菊　地　　　均

注

第1章
1) この件については，シュンペーター研究の先駆者である金指基と安井琢磨に負っている．金指（1988）181頁，および安井（1979）189-90頁．
2) Cf. Harris, ed. (1951) p. iii, 邦訳 9 頁．
3) 金指（1996）の「第6章 シュンペーター体系の学史的展開過程」で詳しく述べられている．なお，この1章はこれ自体，1つの論文として高く評価することができるだけでなく，わが国におけるシュンペーター研究を余すところなく取り上げた最初の論文である．併せて保住（1999）247-67頁をも参照．
4) 1986年の「国際シュンペーター学会」（International Joseph A. Schumpeter Society）の発足はシュンペーター研究を国際的に拡げる契機となり，1990年代以後には次のような著書が世に出ている．

まず，1990年は，Mütze (1990), Müller (1990), Naderer (1990), Oakley (1990), Heertje & Perlman (1990) があり，1991年に入ってから R.L. アレンの本格的なシュンペーターの評伝 Allen (1991) が上梓され，その後，Brouwer (1991), Swedberg (1991a), Swedberg (1991b), Swedberg, ed. (1991c), Talele (1991), Hanusch, Heertje & Shionoya (1991), McKee (1991), März (1991), 伊達 (1991) などをあげることができる．これまでにさまざまな研究者によって書かれたシュンペーター関係の論文108本を収録した Wood, ed. (1991) は，シュンペーター研究に欠かすことのできない文献である．

1992年には Bottomore (1992) をはじめ，シュンペーター関係の論文6本を収録した Blaug, ed. (1992), 続いて伊東，根井 (1993), Stolper (1994), Shionoya & Perlman, eds. (1994a, b), Vecchi (1995), 塩野谷 (1995) など，本格的なシュンペーター研究の開幕である．

この他にシュンペーター自身による著書，小冊子，論文，書評，その他政治文書など260本と，シュンペーターに関して書かれた19,016本の著書，論文などを収めたマッシモ・M. アウゲロによる膨大な文献案内書 Augello, comp. (1991) や，米川紀生のシュンペーターに関する一連の研究（主に『三重大学法経論叢』1986年11月から現在に至るまでの投稿論文）が発表されている．

1990年代後半には日本人が刊行したものも多くなり次のような著書が発表された．Moss, ed. (1996), 濱崎 (1996), 金指 (1996), 国際的にも評価の高い Shionoya (1997), 塩野谷 (1998), 1943年から96年までに書かれたシュンペーター関係の著名な論文37本を収録した Hanusch, ed. (1999) などがある．

2000年に入っても，シュンペーターに関する研究書の出版は衰えるところを知らない．例えば，Rosenberg (2000), Orati & Dahiya, eds. (2001), Mueller & Cantner, eds. (2001), Medearis (2001), 根井 (2001), Arena & Dangel-Hagnauer, eds. (2002), Backhaus, ed. (2003), Keklik (2003), Strathern (2004), Reisman (2004, 2005).

2006年以降は，Blokland (2006), Heertje (2006), McCraw (2007), Langlois (2007), Carayannis & Ziemnowicz, eds. (2007), Andersen (2009, 2011), 米川編 (2008)，吉川 (2009)，菊地 (2010) など．これを見れば，国際的にもシュンペーターに関する研究が衰えることなく，数多く発表されている．

5) シュンペーターの伝記については，Seidl (1984) pp. 187-205.
6) 参考までに当時のオーストリア=ハンガリー帝国の貴族制度（1919年4月3日廃止）を紹介すれば，次のとおりである．この制度は，第一社会の貴族（領主貴族）と第二社会の準貴族（叙爵による非領主貴族）にわかれ，軍，官僚，財界，学界などの人びとは，第二社会に属しており，ケラーもこれに列した準貴族である．
7) 伊達 (1983) 31頁．
8) Schneider (1970) p. 12n.
9) Schumpeter (1951a) p. 93, 邦訳135頁．
10) 詳細については，八木 (1993) 63-83頁．その後，一部を整理したものが八木 (2001) 5-6頁に所収．
11) 安井 (1948) 509頁．
12) この言葉はときどき，シュンペーターが20代の若い研究者に与える箴言として使ったものである．例えば，彼の著 *Ten Great Economists, from Marx to Keynes* の中のカール・メンガーへの弔文で用いられている．Schumpeter (1951a) p. 87, 邦訳127頁．
13) Schneider (1970) p. 45.
14) あえてここにシュンペーターの七不思議を挙げておこう．1.処女作『理論経済学の本質と主要内容』はいつ，どこで書かれたのだろうか．2.倒産したビーダーマン銀行会長の時，個人的に借金はいくらで，それをいつ完済したのか．3.母校ウィーン大学にはなぜ戻れなかったのか．4.同時代のケインズとの交流がなぜうまく行かなかったのか．5.なぜ資本主義は成功ゆえに，崩壊するのか．6.彼が描いた社会主義の真髄とは，どんなものだったのか．7.なぜ自らのシュンペーター学派をつくらなかったのか．この謎解きは今後の課題である．
15) Jaffé (1973) p. 116, 邦訳100頁．
16) Mirowski (1989) p. 250. このフィリップ・ミロウスキーとは別に，ワルラスが他変数の相互依存関係を定式化するに当たって，フランスの経済学者兼土木技師 A.N.イスナール (1749-1803年) の『富論』(1781) や，フランスの数学者兼物理学者ルイ・ポアンソ (1777-1859年) の『静力学入門』(1803) などから，多大な影響を受けたという指摘もある．
17) ワルラスとパレートの師弟関係について述べた文献は少なく，関係者の書簡のやり取りから推測するしかないが，両者は必ずしも師弟の絆が強くなかったようである．例えば，Schneider (1961) pp. 247-95を参照．
18) シュンペーターの「方法論的個人主義」については，Machlup (1987) pp. 454-72,

注   269

およびMachlup (1951) p. 100, 邦訳276-8頁．
19) 塩沢 (1983) 335-6頁．
20) 吉田 (1974) 87頁．
21) 竹内 (1977) 106頁．
22) 塩野谷 (1955) 250頁．なお併せて，塩野谷 (1998b) 105-8頁をも参照．
23) 詳しくは，塩野谷 (1995) 387頁．なお，J.N.ケインズについては，Keynes (1917) を参照．
24) Schumpeter (1946c) pp. 495-518. なお，Schumpeter (1947) pp. 73-101, 日本銀行調査局訳110-56頁およびSchumpeter (1951a) 260-91, 邦訳363-414頁に所収．
25) Blaug (1962) p. 725, 邦訳1091頁．なお，ロビンズの方法論については，馬場啓之助が次のように位置づける．「ロビンズはメンガー流の経済性の原理を基礎とし，この上に市場の条件，収穫逓減の法則を生みだす生産条件，さらに将来に対する予想の不確実性などの仮説を積み重ねていくことによって，経済理論の体系が構成されていく理路を明快に説明している．」馬場 (1955) 292頁．
26) 御崎 (1998) 32頁．
27) Allen (1991) p. 84. 詳細については，1908年10月9日付のワルラス宛の書簡などが残っているので，ワルラス研究家のJaffé, ed. (1965) pp. 378-80, 385n, 421-2, およびシュンペーターの書簡集Schumpeter (2000) p. 43.
28) Cf. Swedberg (1991a) pp. 22, 31-2.
29) 八木紀一郎によれば，結局，シュンペーターが中止せざるを得なかった1909年から1910年にかけての冬学期の講義テーマは，「企業家と資本家（資本主義的集中傾向とそれに対応した貨幣市場での特別の注意を払った現代国民経済分析）」と「財政学の基礎，純粋に法学的部分を除いて」である．八木 (2001) 15頁．
30) この箇所については，萩原能久のエッセイ「昨日の世界——ウィーンという大学」（『三田評論』1997年6月）に負っている．萩原 (1997) 71-3頁．併せて，八木 (1988) の「第9章 ウィーン大学の講義とオーストリア大学」および潮木 (1992) を参照．
31) Schumpeter (1939) pp. 21n, 46n, 邦訳第1巻28頁の注2および65頁の注2, ならびにSchumpeter (1954b) pp. 968n, 1007-9, and 1014n, 邦訳下巻407頁の注12, 476-81頁，および488頁の注41.
32) 谷嶋 (1980) 197-227頁．
33) 塩野谷 (1995) 72頁．
34) 森 (1912) 第44回．われわれの知る限り，これをはじめて紹介したのは東畑精一である．東畑は小泉信三さんに聞いたことがあるといって東畑 (1950a, b) で語っている．
35) この件については，Heilbroner (1999) p. 298, 邦訳486頁．
36) 安井 (1992) 4頁．
37) この件の経緯については，Allen (1991), McCraw (2007), およびKurz (2005) を参照．
38) Allen (1991) Vol. 1, p. 190.

39) 当時のシュンペーターの負債額については，März（1983）p. 12, 邦訳5頁に負っている．
40) シュンペーターの借金は1935年に完済されたと思われる．McCraw（2007）pp. 168, 210, 邦訳194, 245頁．なお併せて，Schumpeter to Ottilie Jäckel, September 22, 1928, in Hedtke and Swedberg, eds.（2000）pp. 154-5をも参照．
41) 市野川（2006）208頁．
42) 神野（2002）54頁．
43) 伊東，根井（1993）187頁．
44) 都留（1956）306頁．
45) このように帝国主義というあいまいな言葉づかいに対する批判は，これまで幾度となく繰り返されてきたが，帝国主義そのものの概念を問うものではなく，新しい発展段階にある資本主義の特質を総括的に示したものに過ぎない場合が多い．
46) この時の河合榮治郎の果たした役割については，玉野井（1972）27-33頁および玉野井（1971）107-8頁を参照．併せて，河合（1969）168頁以降をも参照．
47) ボン大学就任時代のシュンペーターについては，Allen（1991）pp. 201-4, および米川紀生の次のものを参照．「Bonn大学着任後彼は最愛の母を葬るため一度Winnへ帰ったきり，以後二度とWinnの土を踏むことはなかった．何故彼は母国へ再びもどることをしなかったのか．彼は主観的にはWinnへ帰りたかった．だが，巨額の借財を負う身では客観的に帰れなかったのである．1929年1月29日のHaberler宛書簡でJ.A. Schumpeterは，『脱税逃亡者（Steuerflüchtling）』としての我が身を嘆いた．彼は租税亡命者としてBonn生活をおくらねばならなかった．」米川（1990）65頁．
48) Schneider（1970）p. 49.
49) シュンペーターはアニーと一緒にボンに来てからミア（マリア・シュテッケルMaria Stöckel）を秘書として雇っていた．1926年6月には母，同年8月には妻子を失って失意のどん底にあったシュンペーターはその後，自然とミアに引かれるようになった．この間の出来事については，ハーバードに寄贈されたシュンペーターの私的文書を使用し，ミアからの300通を超える手紙などを渉猟したトマス・K. マクロウが『イノベーションの預言者──シュンペーターと創造的破壊』の中でその全貌を明らかにしている．McCraw（2007）Ch. 14, 邦訳第14章．
50) 都留（1950）111頁．
51) シュンペーター来日時の事情については，米川編（2008）133-8頁を参照．
52) 都留，伊東，根井（2000）31頁．ただし，『ウィーン精神』を著したW.M. ジョンストンによれば，シュンペーターは非ユダヤ人でカトリック系に分類されている．Johnston（1972）p. 269, 邦訳463頁．
53) Sweezy（1951）p. xxii, 邦訳8頁．
54) 都留（1964）192頁．また，都留（2001）29頁を併せて参照．
55) Samuelson（1946）p. 187, 邦訳212頁．
56) Galbraith（1981）p. 90, 邦訳94頁．
57) この間の事情については，都留（1998）45-55頁に詳しく語られている．

58) Patinkin & Leith, eds. (1977) p. 100, 邦訳 131 頁.
59) Patinkin & Leith, eds. (1977) p. 100, 邦訳 131 頁.
60) Patinkin & Leith, eds. (1977) p. 101, 邦訳 133 頁.
61) Heilbroner (1999) p. 291, 邦訳 475 頁.
62) Schumpeter (1939) p. vi, 邦訳 2 頁.
63) Schumpeter (1946b) p. 3, 邦訳 76 頁.
64) Stigler (1988) p. 100, 邦訳 118 頁.
65) 塩野谷 (1995) 369 頁.
66) Hodgson (1993) p. 151, 邦訳 230 頁.
67) Leontief (1950) p. 109, 邦訳 10 頁.
68) Samuelson (1951) p. 49, 邦訳 142 頁.
69) 東畑 (1962) x 頁.
70) Harris, ed. (1951) p. 6, 邦訳 21-2 頁.
71) 詳しくは, Allen (1991) を参照. その他, Swedberg (1991a) を挙げることができる.
72) Perlman (1994) p. xxiv, 邦訳 115 頁.
73) Augello, comp. (1991) pp. 445-81.

第 2 章

1) 菊地 (1996) 109-12 頁.
2) Menger (1969) pp. 1-10, 邦訳 19-25 頁.
3) シュモラーの弱点は, 説明的仮説としての取り扱いにおいて論理的な厳密さを欠いたところにある. この点について, 吉田昇三が下した評価は妥当だと思われる.「メンガーとシュモラーの『方法論』の表面上の勝利は, 明らかに, メンガーのものであった. しかし, メンガーが勝利者になることができたのは, 論理的思考の能力という点で, はるかにシュモラーを凌いでいたからだと思われる.『方法論争』そのものは, もっぱら, 自分の学派の固持する学間的立場の一方的な弁護というかたちで展開されたところから, 論理的説得の技術の巧拙が大きくものを言ったわけであって, かならずしも, メンガーの主張のすべてが, シュモラーのそれにくらべて, 客観的にみて正しかったからではない.」吉田 (1986) 400 頁.
4) Weber (1922).
5) 菊地 (1996) 109-12 頁.
6) シュンペーターに言わせれば, 理論とは一般原理であり, 少数の概念と変数を組み合わせたところのカテゴリーに属するすべての現象を統一的に説明することである. それ故, リカードウが現実の問題を解決するのに, 単純に理論的帰結をそのまま無批判に適用したので, 警告を鳴らしたことが発端になっている. Schumpeter (1954b) p. 473, 邦訳中巻 179 頁.
7) Schumpeter (1908) p. 50, 邦訳 112 頁.
8) Hicks (1954) p. 793.
9) Hutchison (1964) p. 110, 邦訳 196 頁.

10) Boulding (1958) p. 138, 邦訳 130 頁.
11) 菊地 (1999) 73-83 頁.
12) Myrdal (1953) p. 13, 邦訳 23 頁.
13) Myrdal (1953).
14) なお, ミュルダールの見解の変化については次のものを参照. Myrdal (1933) pp. 306-29, および Myrdal (1958, 1969).
15) Nagel (1961) p. 489, 邦訳 124 頁.
16) Popper (1966) p. 220, 邦訳下巻 203-4 頁.
17) Popper (1966) p. 217, 邦訳下巻 201 頁.
18) Myrdal (1969) p. 37, 邦訳 61 頁.
19) Myrdal (1969) p. 51, 邦訳 81 頁.
20) それを裏付けるような報告がある. 最近の大脳生理学の進展から明らかになりつつあることは, 人間の脳はあまり客観的に事物を評価するようにできていないようだ. 脳の主導権は実は感性が握っているから, 論理的に分析したり考えたりする機能を受けもつ大脳新皮質が働くのは価値判断を下した後だという. 人間は, 他の動物に比べ大脳新皮質が発達して巨大化しているが, 思考の過程では主観が客観を支配している. これこそが人間の人間たる所以である.
21) このような見解を述べている代表的な論者として, 猪口孝を挙げることができる. 猪口 (1985) 187 頁.
22) Leontief (1983) pp. vii-xi, 邦訳 1-6 頁, および McCloskey (1996) Ch. 2, 邦訳第 2 章.
23) Schumpeter (1926) p. xv, 邦訳 14 頁.
24) Schumpeter (1926) p. xiv, 邦訳 13 頁.
25) このことから, 理論を予測の道具と見ることへのこれまでのシュンペーターに対する批判は, 狭義の道具主義によるものだといえる. なお, このような見解を述べている代表的な論者として, 塩野谷祐一を挙げることができる. 塩野谷 (1995) 147 頁.
26) これまでの議論については猪口孝に負っている. 猪口 (1985) 5-6 頁.
27) 荒川 (1999) 126 頁. 併せて, 塩野谷 (1998) の「第 5 章 知識のフロンティアと『隠喩』のレトリック」をも参照.
28) Samuelson (1973) p. 15, 邦訳上巻 28 頁.
29) 玉野井, 柏崎編 (1976) 91 頁. もちろんシュンペーターはいま述べた他にも, 数多くの歴史に関する論文を書いているが, この領域における最高の業績は, なんといっても「グスタブ・v. シュモラーの今日の諸問題」(*Schmollers Jahrbuch* 誌, 第 50 巻, 1926 年) である. このことはシュンペーター研究者の一致するところである.
30) Andersen (1994) p. 13, 邦訳 39 頁.
31) Prigogine & Stengers (1984) p. 207, 邦訳 276 頁.
32) Prigogine & Stengers (1984) p. 207, 邦訳 276-7 頁.
33) Hicks (1969) Ch. 4-5, 9, 邦訳第 4-5, 9 章, および Hicks (1977) pp. ix-xii, 邦訳 x-xiii 頁. なお, ヒックスによれば, 市場には需要と供給によって価格が決定される「伸縮価格市場」(flexprice market) と, 生産者自身 (あるいは公共当局) が価格を

設定する「固定価格市場」(fixprice market) とが存在する．中でも伸縮価格市場は，全体としてはっきりと需要と供給によって動く，より競争的な市場である組織化された市場と，商人的仲介者によって価格が付けられる組織化されない市場とに分けられ，後者の組織化されない伸縮価格市場が商人的経済を通じて支配的な市場である．その後，より競争的な市場である組織化された伸縮価格市場は，いくつかの分野で存在し続けるが，しかし古いタイプの組織化されない伸縮価格市場は徐々に姿を消し，固定価格市場と呼ばれるものによって大部分置き換えられ，発展してきたというのがヒックスの仮説である．

34) Sen (1987) pp. 32-3, 邦訳 61 頁．
35) Sen (1987) pp. 33-5, 邦訳 61-2 頁．
36) Polanyi (1951) pp. 178-9, 邦訳 223 頁．
37) Polanyi (1951) p. 179, 邦訳 224 頁．
38) ただし，クーンのパラダイム論は真理のア・プリオリズムの視点で論じられており，それゆえ「共約不可能」(incommensurable) な認知の枠組み自体が存在し多元的となるのだが，オートポイエーシスの視点，つまり行為者自身の視点に立てば，この多元性自体が成立しない．しかし，オートポイエーシス自体を定式化した数学モデルというのは，いまだ現れていない．
39) Schumpeter (1954b) p. 6, 邦訳 9 頁．
40) Schumpeter (1949b) pp. 345-59, 邦訳 1-16 頁．
41) 岩井 (1985) 209-11 頁．
42) Schumpeter (1950a) p. 58, 邦訳 93 頁．
43) 小谷 (1989) 90 頁．シュンペーターのマルクス解釈については，塩野谷 (2010) 48-73 頁を参照．
44) 今西，河合監修 (1980) 724 頁，ならびに横山 (1991) 6 頁および 16 頁．
45) 金指 (1988) 72 頁．金指自身も A.C. Taymans (1950) pp. 611-22 を翻訳している関係から，その影響を強く受けたものと考えられる．しかし，大野 (1983) 15 頁のように，シュンペーターがタルドの影響を受けたとするタイズマン説を誤りだと退ける意見もあるが，われわれのシュンペーター解釈では必ずしもそうとは言い難い．
46) シュンペーターのヴィーコに対する評価は，Schumpeter (1915) p. 54, 邦訳 80 頁，および Schumpeter (1954b) p. 137, 邦訳上巻 244 頁．
47) Schumpeter (1954b) p. 791, 邦訳下巻 74 頁．
48) Ormerod (2001) p. 137, 邦訳 207 頁．
49) 塩沢 (1990) 319-20 頁．
50) 塩沢 (1990) 320 頁．
51) 1つの例を紹介すれば，グラーツ・シュンペーター協会では，世界一流の経済学者にかつてシュンペーターが教壇に立ったことのあるグラーツ大学で連続講義をしてもらい，その成果を 1998 年から毎年，グラーツ・シュンペーター講義シリーズとして刊行している．J. Stanley Metcalfe (1998) *Evolutionary Economics and Creative Destruction*, The Graz Schumpeter Lectures/The Graz Schumpeter Society, 1, London: Routledge. 八木紀一郎，古山友則訳 (2011)『進化的経済学と創造的破壊』

日本経済評論社．Brian J. Loasby (1999) *Knowledge, Institutions, and Evolution in Economics*, GSL/GSS, 2, London: Routledge. Nathan Rosenberg (2000) *Schumpeter and the Endogeneity of Technology: Some American Perspectives*, GSL/GSS, 3, London: Routledge. Ian Steedman (2001) *Consumption Takes Time: Implications for Economic Theory*, GSL/GSS, 4, London: Routledge. Erich W. Streissler (2002) *Exchange Rates and International Financial Market: An Asset-Theoretic Perspective with Schumpeterian Innovation*, GSL/GSS, 5, London: Routledge. Duncan K. Foley (2003) *Unholy Trinity: Labor, Capital, and Land in the New Economy*, GSL/GSS, 6, London: Routledge. Alan S. Milward (2004) *Politics and Economics in the History of the European Union*, GSL/GSS, 7, London: Routledge. John E. Roemer (2006) *Democracy, Education, and Equality: Graz-Schumpeter Lectures*, Econometric Society Monographs, No. 40, New York: Cambridge University Press. Richard N. Langlois (2007) *The Dynamics of Industrial Capitalism: Schumpeter, Chandler, and the New Economy*, London: Routledge. 谷口和弘訳（2011）『消えゆく手──株式会社と資本主義のダイナミズム』慶應義塾大学出版会．

52) 蓑谷千凰彦は次のような感想を述べている．「1908年，まだ依然として計量経済学のページが白紙のまま残されていた頃，弱冠25歳で，処女作『理論経済学の本質と主要内容』を世に問うたシュンペーターは，同書第5部第5章「理論経済学の発展可能性」のなかで，計量経済学の必要性と発展可能性をすでに瞭察している．アメリカでムーアやフィッシャーが活躍する時期は1910年へ入ってからであり，1908年にはヨーロッパでは計量経済学の胎動さえ感じられない頃であることを考えると，理論経済学者シュンペーターがきわめて明確に経済学の発展方向を洞察し，自らの研究方向をも予見していることは驚嘆に値する．」蓑谷（1984）19頁．

53) Cf. McCloskey (1996) Ch. 2-3, 邦訳第2-3章．

54) この部分についての文献はきわめて限られている．例えば，近（1987），鈴木（1994），蓑谷（1996）および蓑谷（2007）954-1001頁．併せて，杉本（1950）1-20頁や熊谷，篠原ほか編（1980）660-804頁をも参照．

55) Schumpeter (1906) p. 40.

56) Schumpeter (1913c) pp. 257-8.

57) 近（1987）5-7頁，および48-53頁．

58) 近（1987）7-8頁．

59) Haavelmo (1943) pp. 1-12, および Haavelmo (1944) pp. iii-vi, 1-115. なお，当時のコールズ委員会の成果についてはKoopmans, ed. (1950) を参照．

60) Herman Wold in association with Lars Juréen (1953).

61) Robinson (1972) pp. 1-10, 邦訳82-93頁．

第3章

1) その代表的な論者として，根岸隆を挙げることができる．根岸（1984）36頁．

2) Morisima (1977) p. 8.

3) ただし，かつて森嶋通夫が提示したようなワルラス・モデルにおける過剰決定（単一の経済モデルに2つの異なった投資決定の原理を持ち込むこと）の問題は存在しないことが判明している．根岸（2004）131-7頁．
4) Schumpeter（1954b）p. 968，邦訳407頁．
5) 強いてワルラスの文献を挙げれば，早川三代治訳述（1931），アルフレッド・アモン（1926-29年の間，東京大学客員教授）著，楠井隆三訳（1932），中山伊知郎（1937），久武雅夫（1949），立半雄彦（1968），安井琢磨（1970），柏崎利之輔（1977），ウィリアム・ジャッフェ著，安井，福岡正夫編訳（1977），岡田純一（1982），森嶋著，西村和雄訳（1983），根岸（1985），御崎加代子（1998），丸山徹（2008）の著作などがあり，その他，手塚寿郎，芳賀半次郎，山下博，安藤金男，栗田啓子，松嶋敦茂，中久保邦夫，西淳の論文などがあるだけだ．
6) 御崎（1998）2頁．
7) Jolink（1996）p. 2，邦訳4頁．
8) Dorfman, Samuelson & Solow（1958）pp. 349-50, 381-9, 邦訳457-9頁および474-82頁．
9) これは後に，次のような論文となって現れる．Neumann（1937）pp. 73-83. これは線形成長モデルの斉一成長解の存在証明で，後に数理経済学を大きく変えることになる．ただし，英訳が現れるのは1945年まで待たなければならない．

不動点定理の存在に関しては，後に角谷静夫（1940年プリンストン高等研究所に招かれ，数学の研究に従事）によっても別に証明される．なお，角谷の論文については，Kakutani（1941）pp. 457-59. その他，安井，二階堂（1958），二階堂（1960），二階堂（1980）660-9頁，および市石（1980）684-704頁を併せて参照．
10) Macrae（1992）pp. 250-1, 邦訳267-8頁．ただし，カルドアとの会話は，Kaldor（1989）pp. vii-xi.
11) ワルトの第1論文は，Wald（1935）pp. 12-8で，第2論文はWald（1936a）pp. 1-6で，そして第3論文は，Wald（1936b）pp. 637-70である．
12) この間の事情は，Dore, Chakravarty & Goodwin, eds.（1989）に詳しく述べられている．
13) 池尾（1995）217-8頁．
14) 都留（2006）284-5頁．
15) Arrow & Hahn（1971）p. 10, 邦訳10頁．
16) タトヌマン・プロセス（模索過程）とは，ワルラスが交換経済の均衡過程を考え出した時に使った概念，すなわち不均衡過程の間では実際の取引は行なわれず，需給の一致した時のみ取引をするプロセスのことである．ワルラス・モデルの一番非現実的なところだが，価格を実際の取引に先立って値付けし，その価格の下で財に超過需要があれば価格を上げ，超過供給があれば価格を下げ，この繰り返しで一致する価格（均衡価格）を見出し，その後に実際の取引を行なうという考えである．言い換えれば，均衡価格以外の取引は許さないので，均衡への到達過程においても取引が行なわれる一般の市場における均衡価格の成立過程を説明することはできない．
17) 「週」は必ずしも暦年上の長さをもった期間ではなく，モデルを分析する上で設定

される単位期間である。例えば，現在を第〇週と呼ぶことにすれば，前週は第マイナス1週，翌週は第1週，翌々週は第2週ということになる。この単位期間はどの経済単位にも共通である。したがって，ある家計の消費プランが暦年上の1カ月単位で，ある企業の取引約定が1日単位で行なうとすると，これらの経済単位を含むモデルでの「週」は1日としてとる。モデルに関する各主体が経済計画を立てるそれぞれの単位期間の最大公約期間をとって，それを「週」とする。このようにあたかも映画のシナリオのように，全体の流れを視覚的にとらえて，ワルラスの一般均衡理論の世界に新しい舞台を提供したのはヒックスである。久我 (1980) 322頁。

18) Schumpeter (1998) p.198, 邦訳328頁。
19) ジャッフェ著，安井，福岡編訳 (1977) 10頁。
20) Menger (1969) p.1-10, 邦訳19-25頁。なお，菊地 (1996) 109-12頁を併せて参照。
21) 竹内 (1977) 107頁。
22) この論点は竹内に負っている。竹内 (1977) 108頁。
23) 安井 (1984) 502頁。
24) 安井 (1984) 503-4頁。ただし引用するに当たり，企業者を企業家に統一しておいたことを断っておく。
25) ちなみに，安井の指摘した問題はこうである。2種類の享楽財の生産量をそれぞれ x および y とする。2財の需要価格関数をそれぞれ $f(x, y)$，$F(x, y)$ とし，費用価格関数をそれぞれ $\varphi(x, y)$，$\psi(x, y)$ とすれば，x および y の均衡値は，

$$\begin{aligned} f(x, y) &= \varphi(x, y) \\ F(x, y) &= \psi(x, y) \end{aligned} \tag{1}$$

から求められる。これを x^0 および y^0 とするが，均衡値は一意的に定まるものと仮定する。

さて，いま第1財だけに単位当たり a 租税が課せられたとしよう。新しい x, y の均衡値は，

$$\begin{aligned} f(x, y) &= \varphi(x, y) + a, \quad a > 0 \\ F(x, y) &= \psi(x, y) \end{aligned} \tag{2}$$

を解くことで決定される。問題は，新均衡値が旧均衡値に対してどのような関係にあるかを明らかにすることである。

処理を簡単にするために，安井は上記の4つの関数を旧均衡値 x^0，y^0 においてテイラー級数に展開し，1次の部分だけを残し，$f(x, y)$ についてこれを示せば，

$$f(x, y) = f(x_0, y_0) + f_x(x - x_0) + f_y(y - y_0)$$

となる。ここで f_x, f_y は，それぞれ $f(x, y)$ の x および y に関する偏微分係数であるので，$x = x_0$, $y = y_0$ について求める。類似の展開式は，他の3つの関数についても成立するから，$x - x_0 = \Delta x$, $y - y_0 = \Delta y$ と置いて，上記の(2)を書き直せば，次のようなる。

$$(f_x-\varphi_x)\Delta x+(f_y-\varphi_y)\Delta y = a \qquad (3)$$
$$(F_x-\psi_x)\Delta x+(F_y-\psi_y)\Delta y = 0$$

しかし，安井によれば，シュンペーターは

$$f_x<0, \quad f_y<0, \quad \varphi_x>0, \quad \varphi_y>0$$
$$F_x<0, \quad F_y<0, \quad \psi_x>0, \quad \psi_y>0$$

と仮定したため，次のような誤りを犯すことになる．ここでは記号を簡単にするために，

$$f_x-\varphi_x = A, \quad f_y-\varphi_y = B$$
$$F_x-\psi_x = A', \quad F_y-\psi_y = B'$$

と記して(3)を解けば，

$$\Delta x = \frac{aB'}{AB'-A'B}, \quad \Delta y = \frac{-aA'}{AB'-A'B} \qquad (4)$$

が得られる（ただし $AB'\ne A'B$ とする）．シュンペーターの仮定では $aB'<0$，$-aA'>0$ となるが，$AB'-A'B$ の符号は不定であって確定しない．故に，シュンペーターの仮定からは，Δx が「本質上，負の数量」だという結論は出てこないはずだ，と安井は指摘する．実はワルラスもはじめのうち，このような過ちを犯している．

この問題を解決するためには，原体系(1)の動学的安定条件を求める必要がある．この目的のために，安井はある享楽財の需要価格が費用価格を超過すれば，その財の生産量は増加し，逆の場合には減少すると想定する．この関係の近似的表現として次の簡単な線形微分方程式を立てることができる．

$$\dot{x} = k_1[A(x-x_0)+B(y-y_0)]$$
$$\dot{y} = k_2[A'(x-x_0)+B'(y-y_0)]$$

$\dot{x}, \dot{y}$ はそれぞれ $dx/dt, dy/dt$（t は時間）を表し，比例因数 k_1, k_2 はいずれも正であって調整速度を示す定数である．したがって，上の微分方程式の特性方程式は，

$$\lambda^2-(k_1A+k_2B')\lambda+k_1k_2(AB'-A'B) = 0$$

となるから，フルヴィッツの定理は，

$$k_1A+k_2B'<0, \quad AB'-A'B>0$$

が，原体系(1)の動学的安定条件であることを教えてくれる．この２つの不等式のうち前者は，仮定によって当然満たされているので，重要なのは後者の不等式だけである．これを(4)に持ち込めば，$\Delta x<0, \Delta y>0$ という明確な結論が得られる．すなわち，2財のうち1財だけに租税が課せられる場合，その財の均衡数量は減少し，他財のそれは増加するという帰結が引き出される．

以上が安井によって訂正された箇所である．詳細については，安井（1984）505-9

頁を参照.
26) Schumpeter (1937) p. 27.
27) 塩野谷 (1998) 114-5 頁.
28) Schumpeter (1934b) p. xi. 例えば, ラグナー・フリッシュの英訳については, Frisch (1992) pp. 391-401. なお, オリジナル論文は, *Nationaløkonomisk Tidsskrift*, 67, 1929 に所収.
29) Samuelson (1948) p. 354, 邦訳 155-6 頁. サミュエルソンの説明を確認すれば次のようになる. 期間分析は差分方程式の部類にあり, 比率分析は微分方程式を意味する. 期間分析と比率分析のいずれを取るかという選択は通常, 便宜上の問題にすぎない. というのは, 十分短い期間を取ることによって比率に近づくことができ, 期間中の相互関係を無視することができるからだ. 期間分析は微分方程式のさらに高度の複雑な数学よりも, むしろ簡単な算術的な例によって説明するのに役に立つかもしれない. しかしながら, これらの数学的な例を真に了解するためには, さらに微分方程式に非常に類似している差分方程式の要点を研究しなければならない. 期間分析は, 一期間の投資もしくは所得について述べるとき, これらの概念の単位時間当たりの次元を見失うことがしばしばあるが, 比率あるいは流れの分析は時間の次元をそんなに抑制しないで済むからである.
30) Machlup (1951) p. 100, 邦訳 276 頁.
31) Harrod (1973) p. 1, 邦訳 1 頁.
32) この件については, Blaug (2000) pp. 76-88, およびウィリアム・J. ボーモルやハーベィ・ライベンシュタインなどが次の雑誌に企業家特集を組んでいる. *American Economic Review* 誌, 第 47 巻第 2 号, 1968 年 5 月, 60-98 頁. その後, 企業家論も 1960 年代に登場するハーバード大学の企業家史研究センター出身の A.D. チャンドラー・ジュニアを中心とする組織統合的歴史観に組み込まれ, 新たな視点が開拓され, 今日に至っている.
33) シュンペーターと企業家史学に関する文献は極めて少ない. その中で注目される辻原 (1978) 49-50 頁. 併せて Schumpeter (1908) pp. 22-3, 邦訳 71-3 頁を参照.
34) Schumpeter (1926) p. 109, 邦訳 161-2 頁.
35) Schumpeter (1926) p. 110, 邦訳 163 頁.
36) 塩野谷 (1995) 212 頁.
37) 発明家と企業家の役割の違いについては, シュンペーターは次のように述べている. 「発明家はアイデアを生み出し, 企業家は『事業化する』が, このことについては, 必ずしも何か科学的に新しいことを体現する必要はない. 加えて, アイデアや科学的原理それ自体は, 経済の営みのために重要ではない」と. Schumpeter (1947) p. 152, 邦訳 91 頁.
38) この部分は, シュンペーター著『経済発展の理論』の英訳の注に掲載されているものである. Schumpeter (1934b) p. 64n. 歴史的に見ても, 1825 年にイギリスで世界初の商業鉄道である Stockton and Darlington Railway を議会に働きかけ開業させたのは駅馬車のオーナーではなく, 羊毛商人エドワード・ピース (Edward Pease) であったし, 1830 年には蒸気機関専用鉄道として一般貨物だけでなく, 旅客を含めた

大規模輸送方式を実現したのは，Liverpool and Manchester Railway であったことを思い出してほしい．
39) Foster (1986) pp. 102-3, 邦訳 96 頁．
40) 後藤 (2000) 22-3 頁．
41) Rogers (2003) p. 12, 邦訳 16 頁．
42) Moore (1999) pp. 189-91, 邦訳 307-10 頁．
43) Moore (1999) pp. 13-5, 邦訳 17-9 頁．
44) Hippel (2005) p.70, 邦訳 96 頁．併せて Hippel (1988) を参照．ただし，フォン・ヒッペルといえども，その初期の著作『イノベーションの源泉』(1988 年) では，イノベーションは常にメーカーの手で行なわれるわけではないと説明しながら，まだリード・ユーザー主体のイノベーションとの間での情報の非対称性が開発にどのような影響を与えるかを考えあぐねていた．それが，その後に著された『イノベーションの民主化』(2005 年) では，彼が全米で調査したデータ分析の結果から，リード・ユーザー主体のイノベーションには斬新な機能性を提供する開発に有効だという結論を得る．しかし，フォン・ヒッペルの考え方に対して，マーク・ステフィックやバーバラ・ステフィックなどから批判も寄せられているが，彼が挙げるリード・ユーザー主体のイノベーションの例はこのテーマを論じる際の有効な材料となり得るものなので，簡単に紹介しておこう．

スケートボードはスポーツ用品メーカーではなく，リード・ユーザーのサーファーが開発した．人工心肺を開発したのも医療機器メーカーではなく，リード・ユーザーの医師だった．ゲームソフトの開発はちょっと複雑だが，誰もが自由に手を加えることができる Mod (ゲームなどの内容に改造 (Modification) が加えられるアド・ファイル) を普及させ，外部のリード・プログラマーにソフトを書かせることで成功を収めている．ゲームソフトの件については，フォン・ヒッペルが言うようなリード・ユーザー主体のイノベーションよりも，もう一歩進めてマーケティングにおけるメイブン (Maven) の存在に注目すべきだ．

メイブンとはある種の製品に対して強い関心を持つと同時に，専門的な知識を有する達人 (例えば，ゲームにおけるオタクなど) であって，殊にゲームソフトなどに関する技術的イノベーションの普及において彼らの果たす役割は重要である．ただし，メイブンの特徴は会社などの組織に所属せず，誰からも自由でかつ無責任さにあるため，ゲームソフトの新しい書き込みには自由に参加するが，失敗しても自分で責任は取らない．なお，メイブンに関しては，Feick & Price (1987) pp. 83-97.
45) Vargo & Lusch (2004) pp. 1-17. 併せて，Lusch & Vargo, eds. (2006a) pp. 3-28, 43-56, 406-20 と Lusch & Vargo (2006b) pp. 281-8 をも参照．
46) オープン・イノベーションとは，カリフォルニア大学バークレー校ハース・ビジネススクール教授のヘンリー・チェスブロウによって提唱された概念である．組織を超えた情報ネットワークが進み，グローバル化する現代の企業活動における従来の社内重視の垂直統合モデルに対するアンチテーゼである．Chesbrough (2003) を参照．

また，オープン・サービス・イノベーションとはコモディティ中心のイノベーションからサービス中心のイノベーションへパラダイムを転換し，価値を顧客と共同で創

造することである．Chesbrough (2011) Ch. 1, 10, 邦訳第 1, 10 章を参照．
47) Nelson & Winter (1982) pp. 276-7, 邦訳 328-9 頁．
48) リチャード・ネルソンはその貢献が評価され 2006 年度の本田賞を受賞している．本田賞授与式における記念講演「人間のノウハウの不均等進化」（2006 年 11 月 17 日）については，財団法人本田財団のホームページを参照．
49) サミュエルソンの博士論文（1941 年）は後に，これを発展させ，1 冊の著書 *Foundations of Economic Analysis* としてまとめられ，1947 年に刊行される．Samuelson (1941) pp. 97-120.
50) Schumpeter (1951b) p. 210, 邦訳 250 頁．
51) Sweezy (1951) p. xiii, 邦訳 8 頁．
52) Schumpeter (1951b) pp. 84-5, 邦訳 115 頁．
53) Schumpeter (1951b) p. 90, 邦訳 121 頁．
54) 伊東，根井 (1993) 187 頁．
55) 都留 (1956) 306 頁．
56) 既に述べたように，帝国主義というあいまいな言葉遣いに対する批判は，これまで幾度となく繰り返されてきたが，帝国主義そのものを問うものではなく，新しい発展段階にある資本主義の特質を総括的に示したものに過ぎない場合が多い．
57) Schumpeter (1939) p. v, 邦訳第 1 巻 2 頁．
58) シュムペーター著，佐瀬訳 (1972) 311-419 頁．特に佐瀬の「解説」は実存とその本質に迫ったものとして高く評価することができる．
59) Dobb (1946) Ch. 8, 邦訳第 8 章，および Dobb (1958) Ch. 3, 邦訳第 3 章．
60) 村上 (1992) 65 頁．
61) シュンペーターの動態論的競争・独占理論については，次のものを参照．吉田 (1959) 97-122 頁．
62) Samuelson (1983) p. 253, 邦訳 263 頁．
63) Schumpeter (1926) p. 348, 邦訳 453 頁．
64) Schumpeter (1939) Vol. 1, p. 170, 邦訳 252-3 頁．
65) 尾関 (2000)．この部分については，2004 年 4 月 16 日 ⟨http://www2.ocn.ne.jp/~ozeki/environ.html⟩ から引用．なお，Mensch (1979), Freeman (1990) pp. 17-38, および Rosenberg (2000) を参照．
66) Kuznets (1940) pp. 257-71. なお，そのような媒介項の定式化がなければ，事実と仮説の関係をテストすることができない，と塩野谷ははっきりと指摘する．塩野谷 (1995) 222 頁．
67) シュンペーターが活躍した 1920 年代から亡くなる 50 年までの景気循環論に関する主な著作や論文を挙げれば次のようになる．Lowe (1926), Slutsky (1937), Kaldor (1935), Kalecki (1933, 1939, 1943), Samuelson (1939), Metzler (1941), Duesenberry (1949) などがある．これらの著書や論文については念のため参考文献リストに掲げておいた．
68) これに対する試みの 1 つが岩井克人によってなされている．岩井はその論文「シュンペーター経済動学」の中で，均衡概念によって金縛りになっている従来の経済的思

考方法に対して，そこから抜け出る方途があることを示唆する．岩井 (1981) 28-42 頁，岩井 (1982a) 162-75 頁，および岩井 (1982b) 120-31 頁．

このような研究を含め，非線形の自律システムから生成されるカオスデータを駆使したシミュレーションなど，多方面から研究が盛んになりつつあるようだが，このようなシステムは部分システム間の結合が緩やか (loose) なため，全体として予期せぬことが起こることに注意しなければならない．

第4章

1) Schumpeter (1949a) pp. 63-6, 邦訳 111-6 頁．併せて Schumpeter (1954b) pp. 554-7, 邦訳 328-34 頁をも参照．
2) Drucker (1985) p. 27, 邦訳 4 頁．
3) Hébert & Link (1982) p. 49, 邦訳 83-4 頁．
4) 林 (1999) 131-2 頁．
5) 池本 (2004) 168 頁．
6) 企業家 (Entrepreneur) については本文でも指摘したとおりフランス語から由来したものである．ついでに，企業を指す英語の意味をも確認しておこう．①Corporation (法人化された大規模な会社に使われる．「体」を表すラテン語から由来したもので，「一体となった集団」を意味)．②Firm (2人以上の合資で経営され，通常法人組織になっていないことが多い．「確かに保障するもの」を意味するラテン語から由来したもので，農場と同じ語源)．③Company (もともとの語源は「一緒にパンを食べる仲間」の意を表すラテン語から会社一般に使われるようになる)．④Business (営利を目的とする商業全般に用いられる企業を指す．「忙しい」を意味する古英語から由来)．⑤Enterprise (大きくて複雑な企業に使われることが多い．「事を企てる」を意味するフランス語から由来，もとはラテン語)．

このようなことを理解した上でひとこと付け加えると，日本では経営者主権が強いためか，一部を除いて取締役が業務執行を兼務するのが当たり前になっているが，欧米では，取締役が自ら業務執行することを想定せず，取締役会は社外者を多く抱えた組織となっている．日本における企業統治 (corporate governance) を考える上で，参考になるかもしれない．いずれにしても，経営に対する中立性と専門性をどう両立させていくかが日本型企業における喫緊の課題であることは事実である．
7) Spence (1975) pp. 163-72.
8) I.M. カーズナーについては次の文献を参照．Kirzner (1973)，および Kirzner (1999) pp. 5-17. その他，Kirzner (1992) pp. 100-18, および Kirzner (1997) を挙げることができる．
9) Kirzner (1973) Ch. 2, 邦訳第 2 章．
10) Hébert & Link (1982) p. 99, 邦訳 168-9 頁．
11) 中川 (1985) 10 頁．ただし引用するに当たり，企業者を企業家に統一しておいたことを断っておく．
12) その代表的な論者として，米川伸一を挙げることができる．米川 (1973) 56 頁．
13) 詳しくは，榎本 (1990) 25-55 頁，および占部編著 (1980) 83 頁．

14) Drucker (1985) p. 12, 邦訳上巻 21 頁.
15) Simon (1955) p. 114, 邦訳 448 頁. なお併せて, Simon (1997) pp. 118-22, 邦訳 144-9 頁をも参照.
16) Schumpeter (1926) pp. 118-9, 邦訳 172 頁.
17) Schumpeter (1949a) pp. 63-84, 邦訳 109-48 頁. その他として, Schumpeter (1928a) pp. 476-87, 邦訳 1-51 頁, Schumpeter (1928b) pp. 303-26, 邦訳 53-83 頁, および Schumpeter (1947) pp. 149-59, 邦訳 85-107 頁を挙げることができる.
18) Cf. Aitken, ed. (1965) pp. 45-65. なお, 同研究センターの機関誌『企業家史の探求』(*Explorations in Entrepreneurial History*: EEH) の第 1 シリーズは全 10 巻 (1949 年 1 月～1958 年 4 月) で終了, すなわち同研究センターが閉鎖されるまで続いたことになる. 詳細については, *Explorations in Entrepreneurial History*, Vol. 1, No. 1 (1949, Jan.)-Vol. 10, No. 3-4 (1958, Apr.), Cambridge, Mass.: Harvard University Research Center in Entrepreneurial History, 1949-1958. また, 1953 年以降今日に至るまで企業家史研究叢書 (Studies in Entrepreneurial History, published in cooperation with the Harvard University Research Center in Entrepreneurial History, Cambridge, Mass.: Harvard University Press) シリーズを公刊している.
19) 栗田 (1960) 211-2 頁. ただし引用するに当たり, 企業者を企業家に統一したことを断っておく. 併せて三島 (1971) 参照, および日本経営学会編 (1957) の中で酒井正三郎の報告「経営史の体系」に対して, 上林正矩を座長に栗田真造, 亀井辰雄, 井上忠勝が加わって討論をしている. 酒井の報告については酒井 (1957) 57 頁, およびこの討論については後日, 日本経営学会編 (1957) 284-95 頁に収録.
20) 私の知る限り, わが国において企業家批判を最初に展開したのは渡辺文夫である. 渡辺 (1965) 258 頁.
21) Gerschenkron (1953) p. 2, 邦訳 56 頁.
22) 1955 年 12 月 17 日, 名古屋大学で行なったこのヘンリー・ロソフスキーの講演内容については, Rosovsky (1958) 1-9 頁を参照.
23) 酒井 (1958) 95-6 頁. その後, 内容を充実させて酒井 (1971) 218 頁に所収. ただし引用するに当たり, 企業者を企業家に統一したことを断っておく.
24) 中川 (1962) 12 頁. ただし引用するに当たり, 企業者を企業家に統一したことを断っておく.
25) とりわけハイエクの研究は多方面から進展しているものの, わが国におけるカーズナーの先駆的研究は越後和典によって行なわれた. 越後 (1974) 44-55 頁, 越後 (1975) 162-77 頁, および越後 (1985) 13 頁.
26) Hayek (1949) p. 91, 邦訳 124-5 頁.
27) 長谷川 (1991b) 10-1 頁. なお, 長谷川 (1991a) 1-22 頁, およびミーゼス自身に関しては Mises (1949) を併せて参照. ただし引用するに当たり, 企業者を企業家に統一したことを断っておく.
28) Schumpeter (1939) p. 84, 邦訳 121 頁.
29) シュンペーターがイノベーションという言葉を最初に使ったのは, Schumpeter (1927) p. 295 においてである.

30) Schumpeter (1926) p. 125, 邦訳 182 頁.
31) Schumpeter (1926) pp. 125-7, 邦訳 182-4 頁. 併せて, Schumpeter (1928a) pp. 476-87, 邦訳 1-51 頁をも参照.
32) Schumpeter (1950a) p. 83, 邦訳 129 頁.
33) Schumpeter (1950a) p. 83, 邦訳 130 頁.
34) Schumpeter (1950a) pp. 83-4, 邦訳 130-2 頁.
35) Schumpeter (1950a) p. 84, 邦訳 132 頁.
36) いわゆる経済学の教科書を繙けば, われわれは当たりまえのように, マクロ経済学とミクロ経済学に出会う. すなわち, 国民所得や国民総生産, 失業, 一般物価水準などの経済全体における集計変量間の相互関係を分析することによって経済社会を巨視的にとらえようとするのがマクロ経済学であり, 経済学の基本である需要・供給および価格の決定を個々の経済主体における取引量と価格で考えようとするのがミクロ経済学である. この二本立てプラス応用経済学 (金融・財政・貿易) で構成されるのが現代の教科書的経済学, あるいは戦後, 米国で制度化され, わが国に輸入された経済学だが, これはシュンペーターの経済学とは根本的に異なるものだ. なぜなら, このような伝統的な流れを汲む経済学は, 構築可能ないろいろなモデルにおける大分類の中の特殊な事例を取り上げているにすぎないからである. ことにイノベーション理論の不在な経済学の物語は, デンマーク王子が登場しないハムレットのようなもので, さびしい限りである.
37) Schumpeter (1947) p. 152, 邦訳 91 頁, および Schumpeter (1928) p. 481, 邦訳 24 頁.
38) Drucker (1985) pp. 35-6, 邦訳 15-7 頁. ドラッカーはイノベーションを実現するための具体的な手法についても言及している. 中でも注目すべきは, イノベーションの7つの機会と呼ばれるものである. 最初の4つは, 企業と市場の内部システムにかかわる要因である. すなわち, 第1が「予期せぬことの生起」, 第2が「理想と現実のギャップ」, 第3が「ニーズの発見」, 第4が「産業構造の変化」である. 残り3つは, 企業と市場の外部システムにかかわる要因である. すなわち, 第5が「人口構造の変化」, 第6が「認識の変化」, 第7が「新しい知識の出現」である. 当然, 第1から第7の要因は, イノベーションの信頼性と確実性の高い順に並んでいる. ここでイノベーションの信頼性と確実性が高いというのは, そのリードタイムも短く, 実現できる可能性も高く, 逆に低いというのは, そのリードタイムが非常に長く, 成功させるには極めて大きなリスクを伴うことを意味するが, 成功した場合には莫大なリターンが得られる.
39) ドラッカーのイノベーション論については, 近年注目されるわりにはその概念規定が必ずしもはっきりしない. ただし, 彼はその著『現代の経営』(1974年) の中で, 企業の目的は「顧客を創造すること」であり, これを推進するのが「マーケティング」と「イノベーション」の2つだと述べ, このマーケティングとイノベーションだけが企業に成果をもたらし, 他のものはすべてコストでしかない, と断言してはばからない. まさに企業の使命は, 長期的にはイノベーションによる価値の創造を実現し, 短期的にはマーケティングによる顧客の新たな需要を創造する活動に尽きるというこ

となのだろうか．Drucker (1954) p. 37, 邦訳47頁．併せてDrucher (1973) p. 61, 邦訳74頁をも参照．
40) Schumpeter (1926) pp. 138-9.
41) 森嶋 (1994) 60-1頁．
42) Cf. Hébert & Link (1982) pp. 85-6, 邦訳145頁．
43) Nelson & Winter (1982) pp. 281-3, 邦訳334-7頁．
44) Nelson & Winter (1982) pp. 283-4, 邦訳337-8頁．
45) Nelson & Winter (1982) p. 284, 邦訳338頁．
46) Nelson & Winter (1982) p. 286, 邦訳340頁．

なお，このモデルは次のようになる．

$$Q_{it} = A_{it}K_{it}. \tag{1}$$

まず，企業 i の t 期の生産量 (Q_{it}) はその期に用いた技術 (A_{it}) に資本ストック (K_{it}) を乗じたものに等しい．

$$Q_t = \Sigma Q_{it} = \Sigma A_{it}K_{it}; \tag{2a}$$
$$P_t = D(Q_t). \tag{2b}$$

産業の t 期の生産量 (Q_t) は，個々の企業の生産量の和である．製品価格 (P_t) は，所与の製品への需要・価格関数 $D(\cdot)$ の下で産業の生産量 (Q_t) によって決定される．

$$\pi_{it} = (P_t A_{it} - c - r_{im} - r_{in}). \tag{3}$$

その企業の資本に対する収益率 (π_{it}) は，製品価格 (P_t) に資本1単位当たりの生産量 (A_{it}) を乗じたものから，資本1単位当たりの生産費用 (c) と資本1単位当たりの模倣のための研究開発コスト (r_{im}) と資本1単位当たりのイノベーションのための研究開発コスト (r_{in}) を引いたものである．

研究開発は，2段階のランダム・プロセスによって新しい水準の生産性を生み出す．第1段階は，独立したランダム変数，d_{imt} と d_{int} に特徴づけられる．これらの変数は，企業 i が t 期に模倣かイノベーションに成功するかどうかで1か0の値をとる．その確率は，それぞれ下記のようになる．

$$P_r(d_{imt}=1) = a_m r_{im} K_{it} \tag{4}$$
$$P_r(d_{int}=1) = a_n r_{in} K_{it}. \tag{5}$$

ただし，確率の上限が1に達しないように，パラメータは設定している．もし企業が模倣に成功した場合 ($d_{imt}=1$)，企業は産業のベスト・プラクティスと同じ技術をもつことになり，企業がイノベーションに成功した場合 ($d_{int}=1$)，企業は技術機会の分布からランダムに新しい技術を獲得する．この分布は時間関数であり，サイエンス型の場合は，既存の技術とは独立している．累積技術型の場合は，時間それ自体からは独立しているが，企業が現在もつ技術に依存する．

企業が現在の技術 (A_{it}) と模倣によって獲得した技術 ($\hat{A}_t$) とイノベーションに

よって獲得した技術（$\tilde{A}_{it}$）を比較して，最も優れたものを次の期の技術とする．

$$A_{i(t+1)} = \text{Max}(A_{it}, \hat{A}_t, \tilde{A}_{it}). \tag{6}$$

もちろん，企業は，模倣やイノベーションあるいはその双方に成功することができない場合がある．その場合，次期の生産性の選択幅は小さくなる．

結局，企業の拡大や縮小は，価格と生産費用の割合，あるいは同じであるが費用に対するマージンの比率と，その市場シェアによって決定される．しかも，企業の投資資金を調達する能力は，その収益性によって制約され，さらにそれは研究開発支出や収入，生産費用に影響され，$t+1$期の資本 $K_{i(t+1)}$ がきまる．ここで，δ は物的減耗率であり，総投資関数 $I(\cdot)$ は非負の値を取るように制約され，第1項については非減少的，第2項については非増加的である．Nelson & Winter（1982）284-6，邦訳338-40頁．

$$K_{i(t+1)} = I\left(\frac{P_t A_{i(t+1)}}{c}, \frac{Q_{it}}{Q_t}, \pi_{it}, \delta\right) \cdot K_{it} + (1-\delta)K_{it}. \tag{7}$$

47) Nelson & Winter (1982) p. 309, 邦訳 364 頁．
48) Nelson & Winter (1982) pp. 309-10, 邦訳 364-5 頁．
49) Nelson & Winter (1982) p. 310, 邦訳 365 頁．
50) シミュレーションをするに当たってネルソン＝ウィンターは，4つの要因をそれぞれ2つの異なる企業群に分けて考える．まず，要因としては(1)潜在生産性増大のペース，(2)潜在生産性の周辺での研究開発のばらつき，(3)模倣の困難さ，(4)投資に対する積極さである．そして，16の可能な組み合わせをそれぞれ4つの同じ規模の企業で，その後16の同じ規模の企業でシミュレーションを試みる．その場合，(1)すべての企業が同じ研究開発戦略をもっており，イノベーションと模倣双方に支出するとすること，(2)技術変化のレジームはサイエンス型であると仮定すること，(3)与えられた組み合わせでの結果のばらつきを見るため，それぞれのセッティングで16企業のケースを最低2回シミュレーションすることにする．なお，ネルソン＝ウィンターは，このシミュレーションのため集中の指数として，産業の資本ストックの集中度をハーフィンダール＝ハーシュマン指数（Herfindahl‐Hirschman index）で計測する．
51) このことを式で表すと，次のようになる．

$$K_{i\tau} = 0 \quad \tau \geq t+1, \quad \text{if}(K_{i(t+1)} < K^{min} \text{ or } X_{it} < X^{min}).$$

ただし，K は資本ストック，K^{min} は資本ストックの最低水準，X は業績評価指標，X^{min} は業績評価指標の最低水準である．シドニー・G.ウィンター自身も手をこまねいていたわけではなく，その後産業からの退出・参入を基本モデルへ取り入れることを試みているが，そもそもこのモデルでは，新古典派の経済学者が想定するような瞬間的な退出・参入を考えているわけではない．なぜなら，現実の産業界を見渡せば，敗者の企業がすぐに産業から退出するわけではなく，勝者と敗者が共存し，市場の状況が変われば敗者の企業が復活することもあるからだ．Winter (1984) pp. 300-5.

52) ウェーバーは，ゾンバルトの提起した「資本主義精神」に強い関心と共感を示しつつ，利己心や物欲ではなく，理念や倫理に独自の解釈を見出そうとしていることがうかがえる．Schumpeter (1954b) pp. 815-9, 邦訳下巻 123-30 頁．
53) Schumpeter (1949) pp. 71-2, 邦訳 125 頁．
54) Marshall (1920) p. xi, 邦訳 10 頁．
55) Marshall (1920) p. 517, 邦訳 170 頁．
56) Schumpeter (1928c) p. 384, 邦訳 130 頁．
57) Schumpeter (1926) p. 115, 邦訳 169 頁．
58) 例えば，マーシャルとシュンペーターの企業家機能を対比した池本正純のような分析は，経済学者においては少数派である．「経済の内発的な発展の動因を企業家にみるという点でマーシャルとシュンペーターは基本的に一致しているが，その視点は大きく異なっている．マーシャルの企業家機能は市場メカニズムに組み込まれていると同時に，企業組織全体の機能の中に融合している．それに対してシュンペーターの企業家はあらゆる面で突出している．」池本 (2004) 195 頁．このことから明らかなように池本は，シュンペーターの企業家を市場メカニズムから超越した存在としてとらえている．いずれにしても，マーシャルの企業論にせよシュンペーターの企業論にせよ，その後の経済理論の文献にはほとんど出てこない．
59) Walras (1926) pp. 280-1, 邦訳 207-8 頁．
60) ただし，通常われわれが「利潤」と呼んでいるものを，ワルラスは「利子」として使うので，ワルラスの専門用語の使い方には注意が必要である．例えば，「利益」はフランス語の bénéfice を使っているが，profits も bénéfice も「利益」と考えてはいけない．しかも，profits の方は現代では「利潤」と呼ぶものだが，ワルラスは「利子」と言う．企業家のところで生産物の価格と費用の差として出てくるもの，これはわれわれにとって「利潤」というものだが，ワルラスは profits を充てている．久武雅夫訳では，profits を現代の経済学では使わない「利殖」という言葉に訳し，bénéfice は「利益」という言葉を使って訳し分けている．英訳したジャッフェも，英語には英語の固有の意味があるので，フランス語をそのまま直訳せずに profits を service of capital と意訳し，bénéfice を profit と訳し分けている．ワルラスの専門用語の使い方については，根岸隆の次のものに負っている．根岸 (1985) 166-7 頁および 177 頁．
61) 御崎 (1998) 46 頁．
62) Schumpeter (1908) p. 401, 邦訳下巻 153 頁．
63) Schumpeter (1926) p. 241, 邦訳 328 頁．
64) 近年，この論争に終止符を打ったのが根岸隆である．根岸 (1992) 135-44 頁，根岸 (1995b) 352-3 頁，および根岸 (2004) 139-53 頁．ここでは根岸によってベーム=バヴェルクの方程式の不足問題が明らかにされると同時に，シュンペーターの利子に関する命題がどのような条件の下で成立可能かどうかを検討されている．いずれにしても，シュンペーターの利子論は論理的矛盾を孕んでいたことになる．併せて Negishi (1989) pp. 297-307, and Negishi (1994b) pp. 189-202 をも参照．
65) シュンペーターなどの重要な業績に目を向けず，凝り性もなくアロー=ドブリュ

一の均衡モデルに偏っているアングロ・アメリカの正統派経済学の弊害を批判する J. スティグリッツのような経済学者もいる．Stiglitz (1999) p. 4．
66) チャンドラー・ジュニアに関しては，次のものを参照．Chandler, Jr. (1990)．ただし彼の分析手法は，事例研究に比較制度論を取り入れ見事に成功を収めたが，企業は単に垂直統合型モデルを導入すれば成功するものではなく，そのための条件が必要だが，それには触れていない．
67) Williamson (1975) p. 179, 邦訳 295 頁．
68) Tapscott & Williams (2006) pp. 20-30, 65-96, 邦訳 34-49 頁，および 104-56 頁．
69) このような分析視点については，ウィリアム・J. ボーモルにも見られる．Baumol (2002) pp. 30-42, 邦訳 38-53 頁．
70) Polanyi (1966) p. 67, 邦訳 1-2 頁．
71) この考えについては，Gelwick (1977) p. 10, 邦訳 24 頁に負っている．ポランニーが「ダイナモ-オブジェクティブ・カップリング」というものの示唆を得たのは，文化人類学者 L. レヴィ-ブリュール（L. Lévy-Bruhl）の原始的精神機能の研究からである．レヴィ-ブリュールは，個人の感情ないし動機が外界と同一視される現象を「参加」（participation）と呼んでいる．
72) イノベーション・マーケティングの「A-F モデル」については，De Bes & Kotler (2011) pp. 16-7, 邦訳 34-6 頁を参照．
73) Schwab & World Economic Forum, eds. (2013) p. 231．
74) これに関連して内生的成長理論の新たな可能性を展望しておこう．1980 年代後半から経済成長理論の分野で，これまでの空白を埋めるかのように長期的な経済発展と経済成長理論を結びつけた内生的成長理論（endogenous growth theory）と呼ばれるものが登場した．例えば，1995 年ノーベル経済学賞受賞者のロバート・ルーカスの『景気循環のモデル』(1987) がそれであり，ポール・M. ローマーの「内生的技術変化」(1990) その他の一連の論文，あるいはグロスマン＝ヘルプマン (1991)，アギオン＝ホーウィット (1992) などが加わり，現実的に有効になるシュンペーター型成長モデルが展開しているように見える．しかし，この内生的成長理論は，明らかにシュンペーターの内生的進化のビジョンに共鳴するもののように装うが，最適化する企業の対称均衡を仮定しているため，似て非なるものだと批判する経済学者もいる．

この批判はいささか酷なように思えてならない．なぜなら，確かに企業の対称均衡の仮定は，過度の単純化された仮定だから緩和することもできようが，それを外せば複雑になる難点があるからだ．したがって，市場構造は内生的に進化すると言いながら，どの要因によって支配的にもたらされるかをア・プリオリに明らかにすることができないならば，しばらくは実証研究を見守るしかない．

第 5 章
1) 小谷 (1991) 1 頁．なお，このシンポジウムでの討論は，Wagener & Drukker, eds. (1986) に所収．
2) Smithies (1951) in Harris, ed., p. 136, 邦訳 381 頁．

3) Smithies (1951) in Harris, ed., p. 137, 邦訳 385 頁.
4) Schumpeter (1954b) p. 1172, 邦訳下巻 779 頁.
5) 浅野 (1987) 51 頁.
6) Schneider (1970) および Swedberg (1991a) を参照.
7) このような見解を述べている代表的な論者として，石川淑子，飯田裕康を挙げることができる．石川，飯田 (2003) 98 頁.
8) Smithies (1951) in Harris, ed., p. 136, 邦訳 383-4 頁.
9) この点については，加藤 (1998) 196 頁に負っている.
10) Freeman (1987) p. 108, 邦訳 119-20 頁.
11) Samuelson (1947) pp. 117-8, 邦訳 122 頁.
12) まず，シュンペーターのその著『経済分析の歴史』の第 6 章「価値と貨幣」における問題提起を再現してみよう．「実物的分析は，経済生活の本質的現象のすべてが財貨とサービスによって，あるいはそれらに対する意思決定や相互関係によって描くことができるという原理から出発する．貨幣は，取引を容易にするために用いられた技術的用具にほかならないという控えめな役割においてのみ登場する．貨幣が正常に機能している限り，それは経済過程に影響を及ぼさず，経済過程は物々交換経済と同じように振舞う．すなわち，これは本質的に中立的貨幣の概念が意味するものに他ならない．」Schumpeter (1954b) p. 277, 邦訳上巻 501 頁.
　一方，「貨幣的分析は，貨幣の要素をわれわれの分析的構造のいわば第一歩に導入し，経済生活のあらゆる本質的特徴が物々交換経済のモデルで代表され得るという考え方を放棄する．……かくしてまた，資本主義的過程の本質的特徴がかえってこの『ヴェール』に依存するものであり，かつ『その背後の素顔』は，このヴェールなしには不完全であるということを認めなければならない．」Schumpeter (1954b) p. 278, 邦訳上巻 503 頁.
13) Rogers (1989) p. 275, 邦訳 324 頁.
14) Schumpeter (1946c) p. 498. 塩野谷九十九訳 (1952) 370 頁の注.
15) Drucker (1983) pp. 124-8 に所収．これはもともと，シュンペーターおよびケインズの生誕 100 年に合わせて計画された論文である.
16) Keynes (1971b) Vol. 6, p. 85, 邦訳第 6 巻 95 頁.
17) Domar (1992) p. 120, 邦訳 62-3 頁.
18) Domar (1992) p. 121, 邦訳 63 頁.
19) 柴田 (2009) 61-2 頁.
20) 早坂 (1993) 2-6 頁．なお，引用するに当たり，「シュムペーター」を「シュンペーター」に置き換えたことを断っておく.
21) 早坂 (1993) 217-8 頁.
22) 早坂 (1993) 219-20 頁.
23) 伊東，根井 (1993) 201 頁.
24) 吉川 (2009) 197 頁.
25) Keynes (1973) Vol. 7, p. 162, 邦訳第 7 巻 232 頁.
26) 篠原 (1991) 145 頁.

27) Hicks (1946) pp. 60-1, 邦訳 120 頁.
28) Tinbergen (1915) in Harris, ed., p. 61, 邦訳 167 頁.
29) Kuznets (1940) pp. 257-71, 邦訳 24-45 頁.
30) 岩井 (1981) 29 頁.
31) Dobb (1958) pp. 35-6, 邦訳 72-4 頁, および Dobb (1946) p. 324, 邦訳第 2 巻 161 頁.
32) Besanko, Dranove, Shanley & Schaefer (2004) p. 454, 邦訳 521-2 頁.
33) Christensen (2000) pp. vii-xxvii, 邦訳 7-23 頁. クリステンセンの研究は, これで終わることなく, その後マイケル・レイナーの協力を得て, Christensen & Raynor (2003). また, スコット・D.アンソニー, エリック・A.ロスとの共著 Christensen, Anthony & Roth (2004) を発表しながら, 米国における破壊的イノベーションに関する多くの事例を分析し, 彼自身の戦略策定のプロセスを試み, 業界の変化を予測する.

　もしわれわれが事例として取り上げるなら, なぜ携帯デジタル音楽プレイヤーにおける世界のリーダーがソニーではなく, アップル (コンピュータ社から脱皮するため 2007 年 1 月から現社名へと変更) なのかを考えてみよう. 1979 年以来, ソニーの「ウォークマン」がアナログ録音のカセットテープ再生機から CD・MD・メモリースティックのデジタル再生機へと進歩させてきた中で, 2001 年, アップルの「iPod」が突如として市場を席巻し, 2005 年の「iPod nano」では約 6 割のシェアを獲得したのである.

　しかし, これで終わったわけではない. この原因を追究したところ次のような価値次元の転換と差別化を伴うイノベーションが隠されていた. 実は, 人びとはパソコンに音楽を管理するアップルの無料ソフト「iTunes」をダウンロードし,「iTunes Music Store」(2005 年 8 月 4 日, 日本での音楽配信サービスを開始, 現在では iTunes Store に変わり, 動画・映画配信, アプリケーションなども行なうコンテンツ配信サービスに成長) にアクセスすれば, インターネット配信サービスとの連携で自分の好みに合わせて音楽を簡単に「iPod」にダウンロードできるため, これまでのヒット曲だけでなく, 年代別, ジャンル別, 歌手別の選択を可能し, 世界の音楽を楽しむことができるようになったからだ. これこそが音楽販売における新たなビジネス・モデルである.

　同じことは, 既存の書店に対しオンライン書店アマゾンでも起こっている. 売れ筋の本ばかりでなく, 趣味・専門書・CD・古書なども取り扱い, しかもワンクリックで注文でき, スピーディに届けてくれるため, 書籍販売における新たなビジネス・モデルを出現させた. すなわち, これまでの書店のように売れ筋商品だけを品揃えするのではなく, 死に筋商品を含めできるだけラインアップを豊富にすることによって——例えば, 全体の 2 割の売れ筋商品で, 全体の売り上げの 8 割を占めるという経験法則を逆転させることによって——収益源を安定的に確保する.

　これはロングテール現象と呼ばれるものである. クリス・アンダーソンが米国の Wired 誌 (2004 年 10 号) でそのことを実証したもので, インターネットを利用したネット販売などにおいては, 膨大な数の商品を低コストで取り扱うことができるため

に，ヒット商品の大量販売に依存することなく，ニッチ商品の多品種少量販売によって大きな売り上げ，利益を得ることができるという考え方である．ただし，ロングテールの領域で成功するためには，「死の谷」（せっかく開発しても事業化段階で資金不足や市場対応で頓挫すること）をいくつも越えなければならず，ハーバード大学ビジネススクール教授のアニタ・エルバースとの間でロングテールを巡って論争が繰り広げられている．

34) Govindarajan & Trimble (2012) pp. 208-9, 邦訳 360-2 頁．
35) ちなみに iPhone に電子部品を供給している主な国内部品メーカーは，次のとおりである．アルプス電気（カメラの焦点制御部品），旭硝子（カバーガラス），エルピーダメモリ（残念ながら，2013 年 7 月 31 日付で米国半導体大手のマイクロン・テクノロジーの子会社となる．DRAM），ジャパンディスプレイ（液晶パネル），京セラ（水晶振動子），村田製作所（積層セラミックコンデンサー），日東電工（液晶用偏光板），ローム（抵抗器），TDK（インダクター/コイル）など148社である．ただし，調達先の中国の331社の部品メーカーをそのまま中国企業と認めてよいかどうかは明らかにされていないので，改めて資本の構成内容を調査する必要がある．Apple, ed. (2013) を参照．
36) Rassweiler (2012).
37) 例えば，新制度派経済学の視点から，モジュール型システムに代表されるイノベーションなどを提案しているのは，R.N. ラングロワと P.L. ロバートソンである．Langlois & Robertson (1995) pp. 68-100. 併せて，ダイナミック・ケイパビリティ理論とのかかわりについては Teece (2009) pp. 233-59 を参照．
38) Schumpeter (1934a) pp. 16-7, 邦訳 36 頁．
39) Keynes (1971a) Vol. 4, p. 65, 邦訳第 4 巻 66 頁．
40) Schumpeter (1934) pp. 20-1, 邦訳 39-40 頁．
41) 竹森 (2002) 第 1 章および第 3 章を参照．
42) Schumpeter (1939) Vol. 2, p. 1033, 邦訳第 5 巻 1549 頁．
43) Schumpeter (1913a) pp. 13-4, 邦訳 76 頁．
44) Schumpeter (1913a) p. 28, 邦訳 91-2 頁．
45) ただし，彼は『景気循環論』(1939) の中で，リフレーションについてのフィッシャーの提案にいまのところわれわれと関係ないと言いながら，分析や予防対策に関係あるかもしれないと含みのある発言を残しているところをみれば，資本主義は元来，金融不安定化の要因を内生的に生み出すという弱点を見抜いていたのかもしれない．Schumpeter (1939) Vol. 1, pp. 147-8, 邦訳第 1 巻 216-7 頁．
46) 詳細については，Schumpeter (1950) Ch. 2, 'Marx the Sociologist', 邦訳第 2 章「社会学者マルクス」を参照．しかし，1937 年 6 月の日本語版に寄せた『経済発展の理論』の序文の中で，シュンペーター自身が「最初，自分の考えや意図がカール・マルクスの経済学の基礎にあるものとまったく同じものだと気づかなかった」と語っている．Schumpeter (1937) Preface to the Japanese Edition, p. 28.
47) Schumpeter (1954b) p. 573, 邦訳中巻 363 頁．
48) Swedberg, ed. (1991a) p. 313.

49) Schumpeter (1946a) p. 801, 邦訳 3 頁.
50) 玉野井著, 吉富, 竹内編 (1990) 157-8 頁.
51) なお, 非平衡科学者の第一人者でノーベル化学賞受賞者のイリヤ・プリゴジン (1917-2003 年) の著書を参考までに掲げておく. Nicolis & Prigogine (1977), Prigogine (1980), Prigogine & Stengers (1984), および Nicolis & Prigogine (1989) などがある.
52) 前者のような評価を下している代表的な論者として, 有賀裕二および八木紀一郎を, 後者のような評価をした代表的な論者として, ジェフリー・M. ホジソンを挙げることができる. 有賀 (2006), 八木 (2004) 203 頁, および Hodgson (1993) pp. 139-51, 邦訳 213-32 頁.
53) 例えば, このような指摘をしている論者に E.S. アンデルセンを挙げることができる. Andersen (1994) p. 13, 邦訳 39 頁.
54) 非平衡科学者の第一人者でノーベル化学賞受賞者のイリヤ・プリゴジンについては, Nicolis & Prigogine (1977) を参照.
55) この観点については, 集団遺伝学者の木村資生が考え出した「分子進化の中立説」に負っている.
56) Acemoglu (2002) pp. 781-809.
57) Schumpeter (1950a) p. 61, 邦訳 98 頁.
58) 前者の代表的論者として富永健一を, 後者の代表的論者としてユルゲン・オースターハメルを挙げることができる. 富永 (1965) 24-5 頁および Osterhammel (1987) p. 118, 邦訳 132 頁.
59) Cf. Heilbroner (1993) pp. 139-40, 邦訳 127 頁.
60) 自己言及系 (self-referencing systems) とは, 自分で自分を参照するシステムをいう. これが科学上で問題となるのは, 例えば, ごく初期には気がつきにくいほどの自己代入が, 後に大きな現象の変化をもたらすことがあるからだ.
61) バス著, 保住訳 (2002) 155 頁. 実は, シュンペーターの『資本主義・社会主義・民主主義』は, ある意味でその後に出てくる工業化社会や産業化社会から人間開放を説いたフランスの社会学者アラン・トゥレーヌの『脱工業化の社会』(1969) や, 情報化社会の先鞭をつけた米国の社会学者ダニエル・ベルの『脱工業社会の到来』(1973) の先取りともいえるものだが, 皮肉にも, 今となっては, 世界中から「社会主義」が失われつつあるがゆえ, 郷愁の念を禁じ得ない.
62) 向坂 (1953) 17 頁.
63) Hansen (1985) p. 2, 邦訳 4-6 頁.
64) Schumpeter (1950a) p. 163, 邦訳 256 頁.
65) Buchanan & Wagner (1977) p. 171, 邦訳 196-7 頁.
66) センの貢献については, 北村行伸の次の文献を参照. 北村 (1996) 1-4 頁. もっともセンの貢献はこれだけではなく, アローが論じた社会的選択論を倫理学, 政治学的課題である自由や権利といった問題と結びつけて, 効用の比較可能性が社会的選択論における倫理的問題を解くカギであることを証明した点にもある. しかも, センのすばらしさは単なる記述的な分析でなく, 計量経済学を駆使しモデル・ビルディングを

試み，国連の開発プロジェクトに大きな影響を与える．
67) Myrdal (1968)．なお，ここでは Myrdal (1971) のアブリッジメント版を用い，議論していることを最初に断っておく．併せて，菊地 (1999) 73-83 頁をも参照．
68) Schumpeter (1950a) p. 242, 邦訳 386 頁．
69) Pateman (1970) pp. 3-5, 17-8, 邦訳 5-9 頁および 31-3 頁．
70) Schumpeter (1950a) p. 250, 邦訳 399 頁．
71) Habermas (1992) p. 359, 邦訳下巻 20 頁．
72) Jantsch (1980) p. 270, 邦訳 520 頁．
73) Jantsch (1980).
74) Cf. Hume (2000) Vol. 2, p. 340-1, 邦訳第 4 巻 194 頁．
75) Arrow (1963) pp. 92-120, 邦訳 145-90 頁．
76) Rawls (1999) pp. 232-4, 邦訳 354-6 頁．
77) Schumpeter (1950a) p. 269, 邦訳 429 頁．
78) Schumpeter (1950a) p. 271, 邦訳 432 頁．
79) Swedberg (1991a) p. 162.
80) Schumpeter (1950a) pp. 289-96, 邦訳 462-73 頁．
81) Schumpeter (1950a) p. 302, 邦訳 482 頁．
82) Keynes (1972a) p. 294, 邦訳 201 頁．
83) 河野 (1999) pp. 181-203 頁．
84) 前者の代表的な論者として曾根泰教を，後者の代表的な論者として白鳥令を挙げることができる．曾根 (1984) 26 頁および白鳥 (1984) 2 頁．
85) Wiles (1981) p. 154, 邦訳 262 頁．

参考文献

Acemoglu, Daron (2002) Directed Technical Change. *Review of Economic Studies*, *69*(4), 781-809.
Aitken, Hugh G.J. (ed.) (1965) *Explorations in Enterprise*. Cambridge, Mass.: Harvard University Press.
Aghion, Philippe & Howitt, Piter (1992) A Model of Growth through Creative Destruction. *Econometrica*, *60*(2), 325-51.
Allen, Robert L. (1991) *Opening Doors: The Life and Work of Joseph Schumpeter* (2 Vols.). New Brunswick, NJ: Transaction Publishers.
Andersen, Esben S. (1994) *Evolutionary Economics: Post-Schumpeterian Contributions*. New York: Pinter. 八木紀一郎監訳 (2003)『進化的経済学――シュンペーターを超えて』シュプリンガー・フェアラーク東京.
Andersen, Esben S. (2009) *Schumpeter's Evolutionary Economics: A Theoretical, Historical and Statistical Analysis of the Engine of Capitalism*. London: Anthem Press.
Andersen, Esben S. (2011) *Joseph A. Schumpeter: A Theory of Social and Economic Evolution*. Houndmills, Basingstoke, Hampshire: Palgrave Macmillan.
Apple (ed.) (2013) *Supplier List 3013*. August 20 ⟨http://images.apple.com/jp/supplierresponsibility/pdf/Apple_Supplier_List_2013.Pdf⟩.
Arena, Richard & Dangel-Hagnauer, Cécile (eds.) (2002) *The Contribution of Joseph Schumpeter to Economics: Economic Development and Institutional Change*. London: Routledge.
Arrow, Kenneth J. (1963) *Social Choice and Individual Values* (2nd ed.). New Haven: Yale University Press. 長名寛明訳 (1977)『社会的選択と個人的評価』日本経済新聞社.
Arrow, Kenneth J. & Hahn, Frank H. (1971) *General Competitive Analysis*. San Francisco: Holden-Day. 福岡正夫, 川又邦雄訳 (1976)『一般均衡分析』岩波書店.
Augello, Massimo M., comp. (1991) Works by Schumpeter. In Richard Swedberg (ed.), *The Economics and Sociology of Capitalism: Joseph A. Schumpeter* (pp. 445-81). Princeton, NJ: Princeton University Press.
Backhaus, Jürgen G. (ed.) (2003) *Joseph Alois Schumpeter: Entrepreneurship, Style and Vision*. Dordrecht: Kluwer Academic Publishers.
Baumol, William J. (1968) Entrepreneurship in Economic Theory. *American Economic Review*, *58*(2), 64-71.
Baumol, William J. (2002) *The Free-Market Innovation Machine: Analyzing the*

Growth Miracle of Capitalism. Princeton, NJ: Princeton University Press. 足立英之監訳（2010）『自由市場とイノベーション――資本主義の成長と奇跡』勁草書房.
Becker, Markus C., Knud, Thorbjørn & Swedberg, Richard (eds.) (2011) *The Entrepreneur: Classic Texts by Joseph A. Schumpeter*. Stanford, CA: Stanford University Press.
Becker, Markus C., Knud, Thorbjørn & Swedberg, Richard (2012) Schumpeter's Theory of Economic Development: 100 Years of Development. *Journal of Evolutionary Economics*, 22(5), 917-33.
Besanko, D., Dranove, D., Shanley, M. & Scheafer, S. (2004) *Economics of Strategy* (3rd ed.). Hoboken, NJ: John Wiley & Sons. 奥村昭博, 大森厚臣監訳（2002）『戦略の経済学』原書第2版, ダイヤモンド社.
Blaug, Mark (1962) *Economic Theory in Retrospect*. Homewood, Ill.: R.D. Irwin. 関恒義, 浅野栄一, 宮崎犀一訳（1968）『経済理論の歴史』全3冊, 東洋経済新報社.
Blaug, Mark (ed.) (1992) *Frank Knight (1885-1972), Henry Simons (1899-1946), Joseph Schumpeter (1883-1950)*. Aldershot, Hants, England: Edward Elgar.
Blaug, Mark (2000) Entrepreneurship Before and After Schumpeter. In R. Swedberg (ed.), *Entrepreneurship: The Social Science View* (pp. 76-88). Oxford: Oxford University Press.
Blokland, Hans (2006) *Modernization and its Political Consequences: Weber, Mannheim, and Schumpeter*. Trans. by Nancy Smyth Van Weesep. New Haven: Yale University Press.
Böhm-Bawerk, Eugen von (1913a) Eine 'dynamische' Theorie des Kapitalzinses. *Zeitschrift für Volkswirtschaft, Sozialpolitik und Verwaltung*, 22, 1-62.
Böhm-Bawerk, Eugen von (1913b) Eine 'dynamische' Theorie des Kapitalzinses: Schlussbemerkungen. *Zeitschrift für Volkswirtschaft, Sozialpolitik und Verwaltung*, 22, 640-56.
Bottomore, Tom (1985) *Theories of Modern Capitalism*. London: G. Allen & Unwin. 小澤光利訳（1989）『近代資本主義の諸理論』亜紀書房.
Bottomore, Tom (1992) *Between Marginalism and Marxism: The Economic Sociology of J.A. Schumpeter*. New York: Harvester Wheatsheaf.
Boulding, Kenneth E. (1958) *Principles of Economic Policy*. Englewood Cliffs, NJ: Prentice-Hall. 内田忠夫監修（1960）『経済政策の原理』東洋経済新報社.
Brouwer, Maria (1991) *Schumpeterian Puzzles: Technological Competition and Economic Evolution*. New York: Harvester Wheatsheaf.
Buchanan, James M. & Wagner, Richard E. (1977) *Democracy in Deficit: The Political Legacy of Lord Keynes*. New York: Academic Press. 深沢実, 菊池威訳（1979）『赤字財政の政治経済学――ケインズの政治的遺産』文眞堂.
Carayannis, Elias G. & Ziemnowicz, Christopher (eds.) (2007) *Rediscovering Schumpeter: Creative Destruction Evolving into Mode 3*. New York: Palgrave

Macmillan.

Chandler, Alfred D. Jr. (1962) *Strategy and Structure: Chapters in the History of the Industrial Enterprise.* Cambridge, Mass.: MIT Press. 有賀裕子訳(2004)『組織は戦略に従う』ダイヤモンド社. その他, 三菱経済研究所訳(1967, 改訳第2版1968).

Chandler, Alfred D. Jr. (1978) The United State: Evolution of Enterprise. In Peter Mathias & M.M. Postan (eds.), *The Industrial Economies: Capital, Labour, and Enterprise* (pp. 70-133). Cambridge Economic History of Europe, Vol. 7. Cambridge: Cambridge University Press.

Chandler, Alfred D. Jr. (1990) *Scale and Scope: The Dynamics of Industrial Capitalism.* Cambridge, Mass.: Belknap Press. 安部悦生ほか訳(1993)『スケール・アンド・スコープ——経営力の国際比較』有斐閣.

Chesbrough, Henry W. (2003) *Open Innovation: The New Imperative for Creating and Profiting Technology.* Boston: Harvard Business School Press. 大前恵一郎訳(2004)『OPEN INNOVATION——ハーバード流イノベーション戦略のすべて』産業能率大学出版部.

Chesbrough, Henry W. (2006) *Open Business Models: How to Thrive in the New Innovation Landscape.* Boston: Harvard Business School Press. 栗原潔訳(2007)『オープンビジネスモデル——知財競争時代のイノベーション』翔泳社.

Chesbrough, Henry W. (2011) *Open Services Innovation: Rethinking Your Business to Grow and Compete in a New Era.* San Francisco: Jossey-Bass. 博報堂大学ヒューマンセンタード・オープンイノベーションラボ監修・監訳(2012)『オープン・サービス・イノベーション——生活者視点から, 成長と競争力のあるビジネスを創造する』阪急コミュニケーションズ.

Chesbrough, Henry W., Vanhaverbeke, Wim & West, Joel (eds.) (2006) *Open Innovation: Researching a New Paradigm.* Oxford: Oxford University Press. PRTM監訳, 長尾高広訳(2008)『オープンイノベーション——組織を超えたネットワークが成長を加速する』英治出版.

Christensen, Clayton M. (2000) *The Innovator's Dilemma: When New Technologies Cause Great Firms to Fail* (Revised and updated ed.). New York: Harper Business. 玉井俊平太監修, 伊豆原弓訳(2001)『イノベーションのジレンマ——技術革新が巨大企業を滅ぼすとき』増補改訂版, 翔泳社. なお, 原書は改訂を重ねて現在, *The Innovator's Dilemma: The Revolutionary National Book That Will Change the Way You Do Business* として刊行中.

Christensen, Clayton M. & Raynor, Michael E. (2003) *The Innovator's Solution: Creating and Sustaining Successful Growth.* Boston: Harvard Business School Press. 玉井俊平太監修, 櫻井祐子訳(2003)『イノベーションの解——利益ある成長へ向けて』翔泳社.

Christensen, Clayton M., Anthony, Scott D. & Roth, Erik A. (2004) *Seeing What's Next: Using the Theories of Innovation to Predict Industry Change.* Boston: Harvard Business School Press., 櫻井祐子訳(2014)『イノベーションの最終解』

翔泳社. その他, 宮本喜一訳 (2005).
Clemence, Richard V. (ed.) (1951) *Essays of J.A. Schumpeter.* Cambridge, Mass.: Addison-Wesley Press.
Coe, R.D. & Wilbur, C.K. (eds.) (1985) *Capitalism and Democracy: Schumpeter Revisited.* Notre Dame, IN: University of Notre Dame Press.
Cole, Arthur H. (1959) *Business Enterprise in its Social Setting.* Cambridge, Mass.: Harvard University Press. 中川敬一郎訳 (1965)『経営と社会——企業者史学序説』ダイヤモンド社.
De Bes, Fernando Trias & Kotler, Philip (2011) *Winning at Innovation: The A-to-F Model.* Basingstoke, Hampshire: Palgrave Macmillan. 櫻井祐子訳 (2011)『コトラーのイノベーション・マーケティング』翔泳社.
Deleuze, Giles (1968) *Différence et Répétition.* Paris: Presses Universitaires de France. 財津理訳 (1992)『差異と反復』河出書房新社.
Dobb, Maurice H. (1946) *Studies in the Development of Capitalism.* London: Routledge & Kegan Paul. 京都大学近代史研究会訳 (1954/1955)『資本主義発展の研究』全2冊, 岩波書店.
Dobb, Maurice H. (1958) *Capitalism Yesterday and Today.* London: Lawrence & Wishart. 玉井龍象訳 (1959)『資本主義——昨日と今日』合同出版.
Domar, Evsey D. (1992) How I Tried to Become an Economist. In Michael Szenberg (ed.), *Eminent Economists: Their Life Philosophies* (pp. 115-27). Cambridge, England: Cambridge University Press. 都留重人監訳 (1994)『現代経済学の巨星』下, 岩波書店, 53-80頁.
Dopfer, K., Foster, J. & Potts, J. (2004) Micro-meso-macro. *Journal of Evolutionary Economics, 14*(3), 263-79.
Dore, M., Chakravarty, S. & Goodwin, R. (eds.) (1989) *John von Neumann and Modern Economics.* Oxford: Clarendon Press.
Dorfman, Robert, Samuelson, Paul A. & Solow, Robert M. (1958) *Linear Programming and Economic Analysis.* New York: McGraw-Hill Book. 安井琢磨ほか訳 (1959)『線形計画と経済分析』全2冊, 岩波書店.
Drucker, Peter F. (1954) *The Practice of Management.* New York: Harper & Row. 上田惇生訳 (2006)『現代の経営』ダイヤモンド社. その他, 現代経営研究会訳 (1965).
Drucker, Peter F. (1973) *Management: Tasks, Responsibilities, Practices.* New York: Harper & Row. 上田惇生訳 (2008)『マネジメント——課題, 責任, 実践』ダイヤモンド社. その他, 有賀裕子訳 (2008), 野田一夫, 村上恒夫監訳 (1974).
Drucker, Peter F. (1983) Schumpeter and Keynes. *Forbes,* May 23, 124-8. その後, Drucker (1986) *The Frontiers of Management: Where Tomorrow's Decisions Are Being Shaped Today.* New York: Truman Talley Books, 104-15. 上田惇生, 佐々木実智男訳 (1986)『マネジメント・フロンティア——明日の行動指針』ダイヤモンド社, 125-39頁, および Drucker (1993) *The Ecological Vision: Reflections on*

the American Condition. New Brunswick, NJ: Transaction Publishers, 107-17. 上田惇生, 佐々木実智男, 林正, 田代正美訳 (1994)『すでに起こった未来——変化を読む眼』ダイヤモンド社, 64-80 頁に所収.
Drucker, Peter F. (1985) *Innovation and Entrepreneurship: Practice and Principles.* New York: Harper & Row. 上田惇生訳 (1997)『イノベーションと起業家精神——その原理と方法』全 2 冊, ダイヤモンド社.
Duesenberry, J.S. (1949) *Income, Saving and the Theory of Consumer Behavior.* Cambridge, Mass.: Harvard University Press. 大熊一郎訳 (1969)『所得・貯蓄・消費者行為の理論』改訂版, 巌松堂出版.
Explorations in Entrepreneurial History. Vol. 1, No. 1 (Jan. 1949)-Vol. 10, No. 3-4 (Apr. 1958). Cambridge, Mass.: Harvard University Research Center in Entrepreneurial History, 1949-1958; 2nd Ser. Vol. 1, No. 1 (Fall 1968)-Vol. 6, No. 3 (Spring/Summer 1969).
Explorations in Economic History. New York: AMS Press, 1963-1969; Vol. 7, No. 1 & 2 (Fall/Winter 1969)- . Kent, Ohio: Kent State UP, 1963-.
Feick, Lawrence F. & Price, Linda L. (1987) The Market Maven: A Diffuser of Marketplace Information. *Journal of Marketing, 51,* 83-97.
Festré, Agnés & Nacica, Eric (2009) Schumpeter on Money, Banking and Finance: An Institutionalist Perspective. *European Journal of the History of Economic Thought, 16* (2), 325-56.
Foster, Richard N. (1986) *Innovation: The Attacker's Advantage.* New York: Summit Books. 大前研一訳 (1987)『イノベーション——限界突破の経営戦略』ティビーエス・ブリタニカ.
Freeman, Christopher (1982) *The Economics of Industrial Innovation.* London: Frances Pinter Publishers.
Freeman, Christopher (1987) *Technology Policy and Economic Performance: Lessons from Japan.* London: Pinter Publishers. 大野喜久之輔監訳, 新田光重訳 (1989)『技術政策と経済パフォーマンス——日本の教訓』晃洋書房.
Freeman, Christopher (1990) Scumpeter's Business Cycles Revisited. In Arnold Heertje & Mark Perlman (eds.), *Evolving Technology and Market Structure: Studies in Schumpeterian Economics* (pp. 17-38). Ann Arbor: University of Michigan Press.
Frisch, Helmut (ed.) (1982) *Schumpeterian Economics.* New York: Praeger Publishers.
Frisch, Ragner A.K. (1950) Quelques souvenirs personnels sur un grand homme. *Économie Appliquée, 3* (3-4), 407-12.
Frisch, Ragner A.K. (1992) Statics and Dynamics in Economic Theory. *Structural Change and Economic Dynamics, 3* (2), 391-401. なお, オリジナルは, Frisch (1929) Statikk og dynamikk i den økonomiske teori. *Nationaløkonomisk Tidsskrift, 67,* 321-79 に所収.

Frisch, Ragner A.K. (1933) Propagation Problems and Impulse Problems in Dynamic Economics. In *Economic Essays in Honor of Gustav Cassel* (pp. 171-205). London: George Allen & Unwin.

Galbraith, John K. (1981) *A Life in Our Times: Memoirs*. Boston: Houghton Mifflin. 都留重人監修, 松田銑訳 (1983)『ガルブレイス著作集, 第9巻, 回想録』ティビーエス・ブリタニカ.

Galbraith, John K. (1985) *The New Industrial State* (4th ed.). Boston: Houghton Mifflin. 斎藤精一郎訳 (1984)『新しい産業国家』全2冊, 講談社文庫. その他, 都留重人監修, 石川通達ほか訳 (1968).

Gelwick, Richard (1977) *The Way of Discovery: An Introduction to the Thought of Michael Polanyi*. New York: Oxford University Press. 長尾史郎訳 (1982)『マイケル・ポラニーの世界』多賀出版.

Gerschenkron, Alexander (1953) Social Attitudes, Entrepreneurship, and Economic Development. *Explorations in Entrepreneurial History, 6* (1), 1-19. In A. Gerschenkron (1962) *Economic Backwardness in Historical Perspective: A Book of Essays* (pp. 52-71). Cambridge, Mass.: The Belknap Press of Harvard University Press. 絵所秀紀ほか訳 (2005)「社会的態度, 企業家精神と経済発展」『後発工業国の経済史——キャッチアップ型工業論』ミネルヴァ書房, 55-79頁.

Goodwin, Richard M. (1951) The Nonlinear Accelerator and the Persistence of Business Cycles. *Econometrica, 19*, 1-17.

Goodwin, Richard M. (1982) *Essays in Economic Dynamics*. London: Macmillan. 有賀裕二訳 (1992)『非線形経済動学』日本経済評論社.

Goodwin, Richard M. (1983) *Essays in Linear Economic Structures*. London: Macmillan. 有賀裕二ほか訳 (1988)『線型経済学と動学理論』日本経済評論社.

Goodwin, Richard M. & Punzo, L.F. (1987) *The Dynamics of a Capitalist Economy: A Multi-Sectoral Approach*. Cambridge, UK: Polity Press.

Goodwin, Richard M. (1989) *Essays in Nonlinear Economic Dynamics: Collected Papers, 1980-1987*. Frankfurt am Main: P. Lang.

Goodwin, Richard M. (1990) *Chaotic Economic Dynamics*. Oxford: Clarendon Press. 有賀裕二訳 (1992)『カオス経済動学』多賀出版.

Govindarajan, Vijay & Trimble, Chris (2012) *Reverse Innovation: Create Far from Home, Win Everywhere*. Boston: Harvard Business Review Press. 渡部典子訳 (2012)『リバス・イノベーション——新興国の名もない企業が世界市場を支配するとき』ダイヤモンド社.

Grossman, Gene M. & Helpman, Elhanan (1991) *Innovation and Growth in the Global Economy*. Cambridge, Mass.: MIT Press. 大住圭介監訳 (1998)『イノベーションと内生的経済成長——グローバル経済における理論分析』創文社.

Haavelmo, Trygve (1943) The Statistical Implications of a System of Simultaneous Equations. *Econometrica, 11*, 1-12.

Haavelmo, Trygve (1944) The Probability Approach in Econometrics. *Econometrica,*

12, Supplement, iii-vi+1-115. 山田勇訳編（1955）『計量経済学の確率的接近法』岩波書店．

Habermas, Jürgen（1992）*Faktizität und Geltung: Beiträge zur Diskurstheorie des Rechts und des demokratischen Rechtsstaats*. Frankfurt am Main: Suhrkamp Verlag. 河上倫逸，耳野健二訳（2002/2003）『事実性と妥当性——法と民主的法治国家の討論理論にかんする研究』全2冊，未来社．

Hansen, F.R.（1985）*The Breakdown of Capitalism: A History of the Idea in Western Marxism, 1883-1983*. London: Routledge & Kegan Paul. 小澤光利訳（1987）『資本主義崩壊論争』亜紀書房．

Hanusch, Horst（1988）*Evolutionary Economics: Applications of Schumpeter's Ideas*. Cambridge, Cambridgeshire: Cambridge University Press.

Hanusch, Horst, Heertje, Arnold & Shionoya, Yuichi（1991）*Schumpeter: Der Ökonom des 20. Jahrhunderts. Vademekum zu einem genialen Klassiken*. Düsseldorf: Verlag Wirtschaft und Finanzen GmbH.

Hanusch, Horst（ed.）（1999）*The Legacy of Joseph A. Schumpeter*（2 Vols.）. Cheltenham, UK: Edward Elgar.

Harris, Seymour E.（ed.）（1951）*Schumpeter, Social Scientist*. Cambridge, Mass.: Harvard University Press. 中山伊知郎，東畑精一監修，坂本二郎訳（1955）『社会科学者シュムペーター』東洋経済新報社．

Harrod, Roy（1973）*Economic Dynamics*. London: Macmillan. 宮崎義一訳（1976）『経済動学』丸善．

Hayek, Friedrich A.（1949）*Individualism and Economic Order*. London: Routledge & Kegan Poul. 嘉治元郎，嘉治佐代訳（1990）『ハイエク全集——個人主義と経済秩序』第3巻，春秋社．その他，田中真晴，田中秀夫編訳（1986）．

Hébert, Robert F. & Link, Albert N.（1982）*The Entrepreneur: Mainstream Views and Radical Critique*（2nd ed.）. New York: Praeger Publishers. 池本正純，宮本光晴訳（1984）『企業者論の系譜——18世紀から現代まで』CBS出版．

Hedtke, Ulrich & Swedberg, Richard（ed.）（2000）*Joseph Alois Schumpeter: Briefe/Letters*. Tübingen: Mohr Siebeck.

Heertje, Arnold（1981）*Schumpeters Vision: Capitalism, Socialism and Democracy after 40 Years*. Easbourne, East Sussex, UK: Praeger. 西部邁，松原隆一郎，八木甫訳（1983）『シュンペーターのヴィジョン』ホルト・サウンダース・ジャパン．

Heertje, Arnold & Perlman, Mark（eds.）（1990）*Evolving Technology and Market Structure: Studies in Schumpeterian Economics*. Ann Arbor: University of Michigan Press.

Heertje, Arnold（2006）*Schumpeter on the Economics of Innovation and Development of Capitalism*. Ed. Jan Middendorp. Cheltenham, UK: Edward Elgar.

Heilbroner, Robert L.（1993）*21st Century Capitalism*. New York: W.W. Norton. 中村達也，吉田利子訳（1996）『21世紀の資本主義』新版，ダイヤモンド社．

Heilbroner, Robert L.（1999）*The Worldly Philosophers: The Lives, Times, and Ideas of the Great Economic Thinkers* (Rev. 7th ed.). New York: Simon & Schster. (Original work published 1953) 八木甫ほか訳 (2001)『入門経済思想史——世俗の思想家たち』ちくま学芸文庫. その他, 浜田清夫訳 (1964, 1970).

Hicks, John R. (1946) *Value and Capital: An Inquiry into Some Fundamental Principles of Economic Theory* (2nd ed.). Oxford: Clarendon Press. 安井琢磨, 熊谷尚夫訳 (1995)『価値と資本』全2冊, 岩波文庫.

Hicks, John R. (1954) Rev. of *The Political Element in the Development of Economic Theory*. By Gunnar Myrdal. Translated from the German by Paul Streeten. *Economic Journal, 38,* 793-6.

Hicks, John R. (1969) *The Theory of Economic History*. Oxford: Clarendon Press. 新保博, 渡辺文夫訳 (1995)『経済史の理論』講談社学術文庫.

Hicks, John R. (1977) *Economic Perspectives: Further Essays on Money and Growth.* Oxford: Clarendon Press. 貝塚啓明訳 (1985)『経済学の思考法』岩波書店.

Hilferding, Rudolf (1968) *Das Finanzkapital: Eine Studie über die jüngste Entwicklung des Kapitalismus*. Frankfurt: Europäische Verlagsanstalt (Original work published 1910). 岡崎次郎訳 (1982)『金融資本論』全2冊, 岩波文庫. その他, 林要訳 (1926, その後改訳版).

Hippel, Eric von (1988) *The Sources of Innovation*. New York: Oxford University Press. 榊原清則訳 (1991)『イノベーションの源泉——真のイノベーションはだれか』ダイヤモンド社.

Hippel, Eric von (1994) "Sticky Information" and the Locus of Problem Solving: Implications for Innovation. *Management Science, 40*(4), 429-39.

Hippel, Eric von (2005) *Democratizing Innovation*. Cambridge, Mass.: MIT Press. サイコム・インターナショナル監訳, 岩田浩ほか訳 (2006)『民主化するイノベーションの時代——メーカー主導からの脱皮』ファーストプレス.

Hodgson, Geoffrey M. (1993) *Economics and Evolution: Bringing Life Back into Economics*. Cambridge, UK: Polity Press. 西部忠監訳, 森田真史ほか訳 (2003)『進化と経済学——経済学に生命を取り戻す』東洋経済新報社.

Hume, David (1964) *A Treatise of Human Nature: Being an Attempt to Introduce the Experimental Method of Reasoning into Moral Subjects and Dialogues concerning Natural Religion* (2 vols). Edited and with Preliminary Dissertations and Notes by T.H. Green & T.H. Grose. Aalen: Scientia Verlag (Original work published 1739-1740). 大槻春彦訳 (1948-1952)『人生論』全4冊, 岩波文庫. その他, 第1巻として木曾好能訳 (1995), 第2巻として石川徹, 中釜浩一, 伊勢俊彦訳 (2011).

Hutchison, Terence W. (1964) *'Positive' Economics and Policy Objectives*. Cambridge, Mass.: Harvard University Press. 長守善訳 (1965)『経済政策の目的』東洋経済新報社.

Jaffé, William (1973) Léon Walras's Role in the 'Marginal Revolution' of the 1870s. In R.D. Collison Black, A.W. Coats & Craufurd D.W. Goodwin (eds.), *The Marginal Revolution in Economics: Interpretation and Evaluation* (pp. 113-39).

Durham, NC: Duke University Press. 福岡正夫, 浜田祐一郎訳 (1975)「『限界革命』におけるワルラスの役割」, 岡田純一, 早坂忠訳『経済学と限界革命』日本経済新聞社, 98-113 頁.

Jaffé, William (ed.) (1965) *Correspondence of Léon Walras and Related Papers* (3 Vols.). Amsterdam: North-Holland Publishing.

Jantsch, Erich (1980) *The Self-Organizing Universe: Scientific and Human Implications of the Emerging Paradigm of Evolution*. Oxford: Pergamon Press. 芹沢高志, 内田美恵訳 (1986)『自己組織化する宇宙——自然・生命・社会の創発的パラダイム』工作舎.

Johnston, William M. (1972) *The Austrian Mind: An Intellectual and Social History, 1848-1939*. Berkeley: University of California Press. 井上修一, 岩切正介, 林部圭一訳 (1986)『ウィーン精神——ハープスブルク帝国の思想と社会 1848-1938』全2冊, みすず書房.

Jolink, Albert (1996) *The Evolutionist Economics of Léon Walras*. London: Routledge. 石橋春男訳 (1998)『レオン・ワルラス——段階的発展論者の経済学』多賀出版.

Kakutani, Sizuo (1941) A Generalization of Brouwer's Fixed Point Theorem. *Duke Mathematical Journal*, 8, 457-9.

Kaldor, Nicholas (1935) Market Imperfection and Excess Capacity. *Economica, New Series*, 2(5), 33-50.

Kaldor, Nicholas (1989) John von Neumann: A Personal Recollection (Foreword). In M. Dore, S. Chakravarty & R. Goodwin (eds.), *John von Neumann and Modern Economics* (pp. vii-xi). Oxford: Clarendon Press.

Kalecki, Michal (1933) *Próba teorii koniunktury*. Warsaw: Instytut Badania Koniunktur Gospodarczych i Cen. Translated in English as *Essay on the Business Cycle Theory*. In Jerzy Osiatynski (ed.), *Collected Works of Michal Kalecki, Volume 1, Capitalism: Business Cycles and Full Employment* (1990, pp. 65-108). Trans. Chester Adam Kisiel. Oxford: Clarendon Press.

Kalecki, Michal (1939) *Essays in the Theory of Economic Fluctuations*. London: George Allen & Unwin.

Kalecki, Michal (1943) *Studies in Economic Dynamics*. London: George Allen & Unwin.

Keklik, Mümtaz (2003) *Schumpeter, Innovation and Growth: Long-cycle Dynamics in the Post-WW II American Manufacturing Industries*. Aldershot, Hampshire: Ashgate.

Keynes, John M. (1971a) *A Tract on Monetary Reform*. In *the Collected Writings of John Maynard Keynes* (Vol. 4). London: Macmillan for the Royal Economic Society (Original work published 1923). 中内恒夫訳 (1978)『貨幣改革論』〈ケインズ全集第4巻〉東洋経済新報社.

Keynes, John M. (1971b) *A Treatise on Money* (2 Vols.). In *the Collected Writings of*

John Maynard Keynes（Vols. 5-6）. London: Macmillan for the Royal Economic Society（Original work published 1930）. 小泉明，長澤惟恭訳（1979）『貨幣論I』〈ケインズ全集第5巻〉東洋経済新報社，および長澤惟恭訳（1980）『貨幣論II』〈ケインズ全集第6巻〉東洋経済新報社.

Keynes, John M.（1972a）*The End of Laissez-Faire*. In *the Collected Writings of John Maynard Keynes*（Vol. 9）. *Essays in Persuasion*. London: Macmillan for the Royal Economic Society, 272-94（Original work published 1926）. 山岡洋一訳（2010）「自由放任の終わり」『ケインズ説得論集』日本経済新聞出版社，169-202頁. その他，宮崎義一訳（1971），救仁郷繁訳（1969），山田文雄訳（1953）.

Keynes, John M.（1972b）*Essays in Biography*. In *the Collected Writings of John Maynard Keynes*（Vol. 10）. London: Macmillan for the Royal Economic Society（Original work published 1933）. 大野忠男訳（1980）『人物評伝』〈ケインズ全集第10巻〉東洋経済新報社.

Keynes, John M.（1973）*The General Theory of Employment, Interest and Money*. In *the Collected Writings of John Maynard Keynes*（Vol. 7）. London: Macmillan for the Royal Economic Society（Original work published 1936）. 山形浩生訳（2012）『雇用，利子，お金の一般理論』講談社学術文庫. その他，塩野谷九十九訳（1941），塩野谷祐一訳（1983），間宮陽介訳（2008）.

Keynes, John Neville（1917）*The Scope and Method of Political Economy*（4th ed.）. Clifton, NJ: A.M. Kelley（Original work published 1891）. 上宮正一郎訳（2000）『経済学の領域と方法』日本経済評論社. 抄訳として菊地均，今恵美訳（1980-1985）「政治経済学の範囲と方法(1)-(8)」『北見大学論集』第4-14号.

Kirzner, Israel M.（1973）*Competition & Entrepreneurship*. Chicago: University of Chicago Press. 田島義博監訳，江田三喜男ほか訳（1985）『競争と企業家精神――ベンチャーの経済理論』千倉書房.

Kirzner, Israel M.（1992）*The Meaning of Market Process: Essays in the Development of Modern Austrian Economist*. London: Routledge.

Kirzner, Israel M.（1997）*How Markets Work: Disequilibrium, Entrepreneurship and Discovery*. Philadelphia, PA: Coronet Books. 西岡幹雄，谷村智輝訳（2001）『企業家と市場とはなにか』日本経済評論社.

Kirzner, Israel M.（1999）Creativity and/or Alertness: A Reconsideration of the Schumpeterian Entrepreneur. *Review of Austrian Economics, 11*(1-2), 5-17.

Kirzner, Israel M.（2001）*Ludwig von Mises: The Man and His Economics*. Wilmington, DE: ISI Books. 尾近裕幸訳（2013）『ルートヴィヒ・フォン・ミーゼス――生涯とその思想』春秋社.

Kline, Stephen J. & Nathan Rosenberg（1986）An Overview of Innovation. In Ralph Landau & Nathan Rosenberg（eds.）, *The Positive Sum Strategy: Harnessing Technology for Economic Growth*（pp. 275-305）. Washington, DC: National Academy Press.

Kondratiev, Nikolay D.（1926）Die langen Wellen der Konjunktur. *Archiv für*

参考文献   303

Sozialwissenschaft und Sozialpolitik, 56. 中村丈夫訳（1978）『コンドラチエフ景気波動論』亜紀書房.
Koopmans, Tjalling C. ed. (1950) Statistical Inference in Dynamic Economic Models. Cowles Commission Monograph No. 10, New York: John Wiley & Sons.
Kurz, Heinz D. (2005) Joseph A. Schumpeter: Ein Sozialökonom zwischen Marx und Walras. Marburg: Metropolis-Verlag. 中山智香子訳（2008）『シュンペーターの未来——マルクスとワルラスのはざまで』日本経済評論社.
Kuznets, Simon (1940) Schumpeter's Business Cycles. American Economic Review, 30(2), 257-71. Reprinted in S. Kuznets (1953), Economic Change: Selected Essays in Business Cycles, National Income, and Economic Growth (pp. 105-24). New York: Norton. 金指基訳（1978）「『景気循環論』」，金指基編訳『シュムペーター経済学の体系』学文社, 24-45 頁.
Langlois, Richard N. (2007) The Dynamics of Industrial Capitalism: Schumpeter, Chandler, and the New Economy. London: Routledge. 谷口和弘訳（2011）『消えゆく手——株式会社と資本主義のダイナミズム』慶應義塾大学出版会.
Langlois, Richard N. & Robertson, Paul L. (1995) Firm, Market, and Economic Change: A Dynamic Theory of Business Institutions. London: Routledge. 谷口和弘訳（2004）『企業制度の理論』NTT 出版.
Leibenstein, Harvey (1968) Entrepreneurship and Development. American Economic Review, 47(2), 72-83.
Leontief, Wassily W. (1950) Joseph A. Schumpeter (1883-1950). Econometrica, 18, 103-10. 金指基訳（1978）「ヨーゼフ　A. シュムペーター（1883-1950）」，金指基編訳『シュムペーター経済学の体系』学文社, 2-12 頁.
Leontief, Wassily W. (1983) Foreword by Wassily Leontief. In Alfred S. Eichner (ed.), Why Economics is not yet a Science (pp. vii-xi). Armonk, NY: M.E. Sharpe. 百々和監訳（1986）「ワシリー・レオンティエフの序文」『なぜ経済学は科学ではないのか』日本経済評論社, 1-6 頁.
Lowe, Adolph (1926) Wie ist Konjunkturtheorie überhaupt möglich? Weltwirtschaftliches Archiv, 24, 165-97.
Lucas, Robert E. Jr. (1987) Models of Business Cycles. Oxford: Basil Blackwell.
Lusch, Robert F. & Vargo, Stephen L. (eds.) (2006a) The Service-Dominant Logic of Marketing: Dialog, Debate, and Directions. Armonk, NY: M.E. Sharpe.
Lusch, Robert F. & Vargo, Stephen L. (2006b) Service-Dominant Logic: Reactions, Reflections and Refinements. Marketing Theory, 6(3), 281-8.
Machlup, Fritz (1951) Schumpeter's Economic Methodology. Review of Economics and Statistics, 33, 145-51. Reprinted in S.E. Harris (ed.), Schumpeter, Social Scientist (pp. 95-101). Cambridge, Mass.: Harvard University Press. 坂本二郎訳（1955）「シュムペーターの経済学方法論」，中山伊知郎，東畑精一監修，坂本二郎訳『社会科学者シュムペーター』東洋経済新報社, 261-80 頁.
Machlup, Fritz (1987) Methodology of Economics and other Social Sciences. London:

Academic Press.

Macrae, Norman (1992) *John von Neumann.* New York: Pantheon Books. 渡辺正, 芦田みどり訳 (1998)『フォン・ノイマンの生涯』朝日新聞社.

Maddison, Angus (2006) *The World Economy.* Paris: Development Center of the Organization for Economic Co-operation and Development. (This publication brings together two reference works by Angus Maddison: *The World Economy: A Millennial Perspective,* first published in 2001. 金森久雄監訳, 財団法人政治経済研究所訳 (2004)『経済統計で見る世界経済 2000 年史』柏書房 and *The World Economy: Historical Statistics,* published in 2003).

Mangoldt, Hans von (1966) *Die Lehre vom Unternehmergewinn.* Leipzig: Ein Beitrag zur Volkswirtschaftslehre, rept. Frankfurt am Main: Verlag Sauer und Auvermann (Original work published 1855).

Marshall, A. (1920) *Principles of Economics* (8th ed.). London: Macmillan. 永沢越郎訳 (1985)『マーシャル経済学原理』全 4 冊, 岩波ブックサービスセンター. その他, 馬場啓之助訳 (1965).

Marx, Karl (1932/1934) *Das Kapital: Kritik der politischen Ökonomie.* (1867, Bände II und III, herausgegeben von Fridrich Engels, 1885-1894). Volksausgabe. Besorgt vom Marx-Engels-Lenin-Institut, Moskau. Moskau: Verlagsgenossenschaft aualändischer Arbeiter in der UdSSR. 長谷部文雄訳 (1954)『資本論』全 5 冊, 青木書店.

Marx, Karl (1934) *Zur Kritik der politischen Ökonomie.* (Erschienen 1859 bei Franz Duncker, Berlin, herausgegeben von Karl Kautsky, 1897). Volksausgabe. Besorgt vom Marx-Engels-Lenin-Institut, Moskau. Moskau: Verlagsgenossenschaft aualändischer Arbeiter in der UdSSR. 武田隆夫ほか訳 (1956)『経済学批判』岩波文庫.

Marx, Karl (1905/1910) *Theorien über den Mehrwert: Aus dem nachgelassenen Manuskript "Zur Kritik der politischen Ökonomie."* (I. Band: Die Anfänge der Theorie vom Mehrwert bis Adam Smith; II. Band, Teil 1-2: David Ricardo; III. Band: Von Ricardo zur Vulgärökonomie; herausgegeben von Karl Kautsky). Stuttgart: J.H.W. Dietz Nachf. 大内兵衛, 細川嘉六監訳 (1969/1970)『剰余価値学説史』マルクス＝エンゲルス全集第 26(1)-26(3) 巻, 大月書店.

März, Eduard (1983) *Joseph Alois Schumpeter: Forscher, Lehrer und Politiker.* München: R. Oldenbourg Verlag. 杉山忠平監訳, 中山智香子訳 (1998)『シュンペーターのウィーン——人と学問』日本評論社.

März, Eduard (1991) *Joseph Schumpeter: Scholar, Teacher, and Politician.* New Haven: Yale University Press.

McCloskey, Deirdre N. (1996) *The Vices of Economists, The Virtues of the Bourgeoisie.* Amsterdam: Amsterdam University Press. 赤羽隆夫訳 (2009)『ノーベル賞経済学者の大罪』増補版, ちくま学芸文庫.

McCraw, Thomas K. (2007) *Prophet of Innovation: Joseph Schumpeter and Creative*

Destruction. Cambridge, Mass.: Belknap Press of Harvard University Press. 八木紀一郎監訳, 田村勝省訳 (2010)『シュンペーター伝——革新による経済発展の預言者の生涯』一灯社.

McKee, David L. (1991) *Schumpeter and the Political Economy of Change*. New York: Praeger.

Medearis, John (2001) *Joseph Schumpeter's Two Theories of Democracy*. Cambridge, Mass.: Harvard University Press.

Menger, Carl (1883) *Untersuchungen über die Methode der Sozialwissenschafen, und der politischen Oekonomie insbesondere*. Leipzig: Duncker & Humblot. Reprinted in *Carl Menger. Gesammelte Werke* (Band II, 1969). Herausgegeben mit einer Einleitung und einem Schriftenverzeichnis von F.A. Hayek. Tübingen: J.C.B. Mohr. 福井孝治, 吉田昇三訳, 吉田昇三改訳 (1986)『経済学の方法』日本経済評論社. その他, 岩野晁次郎, 竹原八郎, 長守善訳 (1936), 戸田武雄訳 (1937).

Mensch, Gerhard (1979) *Stalemate in Technology: Innovations Overcome the Depression*. Cambridge, Mass.: Ballinger Publishing Company.

Metzler, Lloyd A. (1941) The Nature and Stability of Inventory Cycles. *Review of Economic Statistics, 23*(3), 113-29.

Mill, J.S. (1969) Essays on Some Unsettled Questions of Political Economy. In *Essays Economics and Society*. Vol. 4 of *Collected Works of John Stuart Mill*. Toronto: University of Toronto Press (Original work published 1844).

Minsky, Hyman P. (1990) Schumpeter: Finance and Evolution. In A. Heertje & M. Perlman (eds.), *Evolving Technology and Market Structure: Studies in Schumpeterian Economics* (pp. 51-74). Ann Arbor: University of Michigan Press.

Mirowski, Philip (1989) *More Heat than Light: Economics as Social Physics, Physics as Nature's Economics*. Cambridge: Cambridge University Press.

Mises, Ludwig von (1949) *Human Action: A Treatise on Economics*. New Haven: Yale University Press. 村田稔雄訳 (1991)『ヒューマン・アクション』春秋社.

Moore, Geoffrey A. (1999) *Crossing the Chasm: Marketing and Selling High-Tech Products to Mainstream Customers* (Rev. ed.). New York: Harper Business. 川又政治訳 (2002)『キャズム——ハイテクをブレイクさせる「超」マーケティング理論』翔泳社.

Moore, Geoffrey A. (2005) *Dealing with Darwin: How Great Companies Innovate at Every Phase of Their Evolution*. New York: Portfolio. 栗原潔訳 (2006)『ライフサイクルイノベーション——成熟市場＋コモディティ化に効く14のイノベーション』翔泳社.

Morisima, Michio (1977) *Walras'Economics: A Pure Theory of Capital and Money*. Cambridge, England: Cambridge University Press. 西村和雄訳 (1983)『ワルラスの経済学——資本と貨幣の純粋理論』東洋経済新報社. その後, 西村 (2004)『森嶋通夫著作集——ワルラスの経済学』第9巻, 岩波書店に所収.

Moss, Laurence S. (ed.) (1996) *Joseph A. Schumpeter, Historian of Economics*. London: Routledge.

Mueller, Dennis C. & Cantner, Uwe (eds.) (2001) *Capitalism and Democracy in the 21st Century: Proceedings of the International Joseph A. Schumpeter Society Conference, Vienna, 1998 "Capitalism and Socialism in the 21st Century"*. New York: Physica-Verlag.

Müller, Klaus O.W. (1990) *Joseph A. Schumpeter: Ökonom der neunziger Jahre.* Berlin: Erich Schmidt Verlag.

Mütze, Stefan (1990) *Strukturwandel und Wirtschaftsentwicklung bei J.A. Schumpeter: Kritische Würdigung und Alternativen.* Frankfurt am Main: P. Lang.

Myrdal, Gunnar (1933) Das Zweck-Mittel-Denken in der Nationalökenmie. *Zeitschrift für Nationalökonomie, 4*(3), 306-29.

Myrdal, Gunnar (1953) *The Political Element in the Development of Economic Theory.* Trans. from the German by Paul Streeten. London: Routledge & Kegan Paul. 山田雄三，佐藤隆三訳（1983）『経済学説と政治的要素』増補改訂版，春秋社.

Myrdal, Gunnar (1958) *Value in Social Theory: A Selection of Essays on Methodology.* Ed. Paul Streeten. London: Routledge & Kegan Paul.

Myrdal, Gunnar (1968) *Asian Drama: An Inquiry into the Poverty of Nations* (3 Vols.). New York: Twentieth Century Fund.

Myrdal, Gunnar (1969) *Objectivity in Social Research.* Latrobe, PA: Archabbey Press. 丸尾直美訳（1971）『社会科学と価値判断』竹内書店.

Myrdal, Gunnar (1971) *Asian Drama: An Inquiry into the Poverty of Nations.* An Abridgment by Seth S. King of the Twentieth Century Fund Study. New York: Pantheon Books. 板垣與一監訳，小浪充，木村修三訳（1974）『アジアのドラマ』全2冊，縮刷版，東洋経済新報社.

Naderer, Bärbel (1990) *Die Entwicklung der Geldtherie Joseph A. Schumpeters: Statisch und dynamische Theorie des Geldes im kapitalistischen Marktsystem.* Berlin: Duncker & Humblot.

Nagel, Ernest (1961) *The Structure of Science: Problems in the Logic of Scientific Explanation.* London: Routledge & Kegan Paul. 松野安男訳（1969）『科学の構造』全3冊，明治図書出版.

Negishi, Takashi (1989) *History of Economic Theory.* Amsterdam: North-Holland Publishing.

Negishi, Takashi (1994a) *General Equilibrium Theory. Economists of the Twentieth Century; The Collected Essays of Takashi Negishi* (Vol. 1). Aldershot, Hants, England: Edward Elgar.

Negishi, Takashi (1994b) *The History of Economics: Economists of the Twentieth Century; The Collected Essays of Takashi Negishi* (Vol. 2). Aldershot, Hants, England: Edward Elgar.

Negishi, Takashi (2000) *Economic Thought from Smith to Keynes: Economists of the Twentieth Century; The Collected Essays of Takashi Negishi* (Vol. 3). Cheltenham, UK: Edward Elgar.

Nelson, Richard R. & Winter, Sidney G. (1982) *An Evolutionary Theory of Economic Change*. Cambridge, Mass.: Belknap Press of Harvard University Press. 後藤晃，角南篤，田中辰雄訳（2007）『経済変動の進化理論』慶應義塾大学出版会.

Neumann, John von (1937) Über ein ökonomisches Gleichungssystem und eine Verallgemeinerung des Brouwerschen Fixpunktsatzes. *Ergebnisse eines mathematischen Kolloquiums* (1934/1935), *8*, 73-83. この論文は，その後，K. Menger, *Ergebnisse eines mathematischen Kolloquiums* (8). Ed. E. Dierker & K. Sigmund (1988). Vienna; New York: Springer として復刊されている。また，O. モルゲンシュテルンによる次のような英訳や，復刻版がある．Neumann, J. von (1945/1946) A Model of General Economic Equilibrium. Trans. from the German by O. Morgenstern. *Review of Economic Studies, 13*, 1-9. In W.J. Baumol & S.M. Goldfeld (eds.) (1968) *Precursors in Mathematical Economics: An Anthology* (pp. 296-306). London: London School of Economics and Political Science, in Peter K. Newman (ed.) (1968) *Readings in Mathematical Economics* (Vol. 1, pp. 221-9). Baltimore, MD: Johns Hopkins Press, and in R. Becker & E. Burmeister (eds.) (1991) *Growth Theory* (Vol. 2, pp. 381-9). Brookfield, VT: Edward Elgar.

Nicolis, Gregoire & Prigogine, Ilya (1977) *Self-Organization in Nonequilibrium Systems: From Dissipative Structures to Order Through Fluctuations*. New York: Wiley. 小畠陽之助，相沢洋二訳（1980）『散逸構造——自己秩序形成の物理学的基礎』岩波書店.

Nicolis, Gregoire & Prigogine, Ilya (1989) *Exploring Complexity: An Introduction*. New York: W.H. Freeman.

Oakley, Allen (1990) *Schumpeter's Theory of Capitalist Motion: A Critical Exposition and Reassessment*. Aldershot: Edward Elgar.

Orati, Vittorangelo & Dahiya, Shri Bhagwan (eds.) (2001) *Economic Theory in the Light of Schumpeter's Scientific Heritage* (3 Vols.). Rohtak, India: Spellbound.

Ormerod, Paul (2001) *Butterfly Economics: A New General Theory of Social and Economic Behavior*. New York: Basic Books. 塩沢由典監修，北沢格訳（2001）『バタフライ・エコノミックス——複雑系で読み解く社会経済の動き』早川書房.

Osterhammel, J. (1987) Varieties of Social Economics: Joseph A. Schumpeter and Max Weber. In Wolfgang J. Mommsen & Jürgen Osterhammel for the German Historical Institute (eds.), *Max Weber and his Contemporaries* (pp. 106-20). London: Allen & Unwin. 小野隆弘訳（1994）「ふたつの社会経済学——シュンペーターとヴェーバー」，鈴木広，米沢和彦，嘉目克彦監訳『マックス・ヴェーバーとその同時代人群像』ミネルヴァ書房, 118-36 頁.

Parsons, Talcott & Smelser, Neil J. (1956) *Economy and Society: A Study in the Integration of Economic and Social Theory*. London: Routledge & Kegan Paul. 富永健一訳（1958-1959）『経済と社会——経済学理論と社会学理論の統合についての研究』全 2 冊，岩波書店.

Patinkin, Don & Leith, J. Clark (eds.) (1977) *Keynes, Cambridge, and the General Theory: The Process of Criticism and Discussion connected with the Development of the General Theory: Proceedings of a Conference/held at University of Western Ontario; Sponsored by the University of Western Ontario, the Hebrew University of Jerusalem, the Canada Council.* London: Macmillan. 保坂直達, 菊本義治訳 (1977)『ケインズ, ケムブリッジおよび「一般理論」』マグロウヒル好学社.

Pateman, Carole (1970) *Participation and Democratic Theory.* Cambridge, England: Cambridge University Press. 寄本勝美訳 (1977)『参加と民主主義理論』早稲田大学出版部.

Perlman, Mark (1994) Introduction. In Joseph A. Schumpeter, *History of Economic Analysis* (Reprinted ed., pp. xvii-xxxix). London: Routledge. 塩野谷祐一訳 (2004)「シュンペーター『経済分析の歴史』」『思想』8月号, 岩波書店, 107-34頁.

Piketty, Thomas (2013) *Le capital au XXIe siècle.* Paris: Seuil. 山形浩生, 守岡桜, 森本正史訳 (2014)『21世紀の資本』みすず書房.

Polanyi, Karl (2001) *The Great Transformation: The Political and Economic Origins of Our Time. Foreword by Joseph Stiglitz and Introduction by Fred Block.* Boston: Beacon Press (Original work published 1944). 野口健彦, 栖原学訳 (2009)『大転換』東洋経済新報社.

Polanyi, Michael (1951) *The Logic of Liberty: Reflections and Rejoinders.* London: Routledge & Kegan Paul. 長尾史郎訳 (1988)『自由の論理』ハーベスト社.

Polanyi, Michael (1966) *The Tacit Dimension.* Garden City, NY: Doubleday. 高橋勇夫訳 (2003)『暗黙知の次元』ちくま学芸文庫. その他, 佐藤敬三訳 (1980).

Pomeranz, Kenneth (2000) *The Great Divergence: Europe, China, and the Making of the Modern World Economy.* Princeton, NJ: Princeton University Press.

Popper, Karl R. (1966) *The Open Society and its Enemies* (2 Vols., 5th ed. revised). London: Routledge & Kegan Paul. 小河原誠, 内田詔夫訳 (1980)『開かれた社会とその敵』全2冊, 未来社.

Prigogine, Ilya (1980) *From Being to Becoming: Time and Complexity in the Physical Sciences.* San Francisco: W.H. Freeman.

Prigogine, Ilya & Stengers, Isabelle (1984) *Order out of Chaos: Man's New Dialogue with Nature.* New York: Bantam Books. 伏見康治, 伏見譲, 松枝秀明訳 (1987)『混沌から秩序』みすず書房.

Rassweiler, Andrew (2012) iPhone 5 Carries $199 BOM, Virtual Teardown Reveals. September 18 ⟨http://www.isuppli.com/Teardowns/News/Pages/iPhone5-Carries-$199-BOM-Virtual-Teardown-Reveals.aspx⟩.

Rawls, John (1999) *A Theory of Justice* (Rev. ed.). Cambridge, Mass.: Belknap Press of Harvard University Press, 1999. 川本隆史, 福間聡, 神島裕子訳 (2010)『正義論』改訂版, 紀伊國屋書店.

Reisman, David (2004) *Schumpeter's Market: Enterprise and Evolution.* Cheltenham, UK: Edward Elgar.

Reisman, David (2005) *Democracy and Exchange: Schumpeter, Galbraith, T.H. Marshall, Titmuss and Adam Smith*. Cheltenham, UK: E. Elgar.
Robinson, Joan (1972) The Second Crisis of Economic Theory. *American Economic Review, Papers and Proceedings, 62*, 1-10. 中央公論編集部訳 (1972)「経済学の第二の危機」『中央公論』11月号, 中央公論社, 82-93頁.
Rogers, Colin (1989) *Money, Interest, and Capital: A Study in the Foundations of Monetary Theory*. Cambridge, England: Cambridge University Press. 貨幣的経済理論研究会訳 (2004)『貨幣・利子および資本――貨幣的経済理論入門』日本経済評論社.
Rogers, Everett M. (2003) *Diffusion of Innovation* (5th ed.). New York: Free Press. 三藤利雄訳 (2007)『イノベーションの普及』翔泳社. その他, 藤竹暁訳 (1966), 青池愼一, 宇野善康監訳, 浜田とも子ほか訳 (1990).
Romer, Paul M. (1990) Endogenous Technological Change. *Journal of Political Economy, 98* (5), 71-102.
Rosenberg, Nathan (2000) *Schumpeter and the Endogeneity of Technology: Some American Perspectives*. London: Routledge.
Rosovsky, Henry (1958) The Entrepreneurial Approach to Economic History. *The Economic Science* (『経済科学』名古屋大学経済学会), *6* (1), 1-9.
Samuelson, Paul A. (1939) A Synthesis of the Principle of Acceleration and Multiplier. *Journal of Political Economy, 47*, 786-97.
Samuelson, Paul A. (1941) The Stability of Equilibrium: Comparative Statics and Dynamics. *Econometrica, 9* (2), 97-120.
Samuelson, Paul A. (1946) Lord Keynes and the General Theory. *Econometrica, 14* (3), 187-200. 宮沢健一訳 (1979)「ケインズ卿と『一般理論』」, 篠原三代平, 佐藤隆三編『サミュエルソン経済学体系――リカード, マルクス, ケインズ……』第9巻, 勁草書房, 211-33頁.
Samuelson, Paul A. (1983) *Foundations of Economic Analysis* (Enlarged ed. Original work published 1947). Cambridge, Mass.: Harvard University Press. 佐藤隆三訳 (1986)『経済分析の基礎』増補版, 勁草書房.
Samuelson, Paul A. (1948) Dynamic Process Analysis. In Howard S. Ellis (ed.), *A Survey of Contemporary Economics* (pp. 352-87). Philadelphia: Blakiston, Pub. for the American Economic Association. 山田勇訳 (1951)「動態過程分析」, 都留重人訳・監修『現代経済学の展望』理論篇II, 岩波書店, 149-210頁.
Samuelson, Paul A. (1951) Schumpeter as a Teacher and Economic Theorist. In Seymour E. Harris (ed.), *Schumpeter, Social Scientist* (pp. 48-53). Cambridge, Mass.: Harvard University Press. 坂本二郎訳 (1955)「教師および経済理論家としてのシュムペーター」, 中山伊知郎, 東畑精一監修, 坂本二郎訳『社会科学者シュムペーター』東洋経済新報社, 138-54頁.
Samuelson, Paul A. (1973) *Economics* (International Student Edition, 9th ed.). Tokyo: McGraw-Hill Kogakusha. 都留重人訳 (1974)『サムエルソン経済学』全2

冊, 岩波書店.

Samuelson, Paul A. (1981) Schumpeter Capitalism, Socialism and Democracy. In A. Heertje (ed.), *Schumpeters Vision: Capitalism, Socialism and Democracy after 40 Years* (pp. 1-21). Easbourne, East Sussex: Praeger Publishers. 西部邁, 松原隆一郎, 八木甫訳 (1983)「シュムペーターの資本主義, 社会主義および民主主義」,『シュムペーターのヴィジョン』ホルト・サウンダース・ジャパン, 15-51頁.

Schmoller, Gustav von (1911) Volkswirtschaft, Volkswirtschaftslehre und -methode. *Handowörterbuch der Staatswissenschaften, 8*, 3rd ed., 426-501. 田村信一訳 (2002)『国民経済, 国民経済学および方法』日本経済評論社. その他, 戸田武雄訳 (1938).

Schneider, Erich (1961) Vilfredo Pareto: The Economist in the Light of his Letters to Maffeo Pantaleoni. *Banca Nazionale del Lavoro Querterly Review, 14,* 247-95.

Schneider, Erich (1970) *Joseph A. Schumpeter: Leben und Werk eines großen Sozialökonomen.* Tübingen: J.C.B. Mohr; Schneider (1975) *Joseph A. Schumpeter: Life and Work of a Great Social Scientist.* Translated and introduced by W.E. Kuhn. Lincoln, Neb.: Bureau of Business Research, University of Nebraska-Lincoln, BBR Monograph No. 1.

Schumpeter, Joseph A. (1906) Über die mathematische Methode der theoretiscen Ökonomie. *Zeitschrift für Volkswirtschaft, Sozialpolitik und Verwaltung, 15,* 30-49. Reprinted in *Aufsätze zur ökonomischen Theorie* (1952, pp. 529-48). Eds. E. Schneider & A. Spiethoff. Tübingen: J.C.B. Mohr.

Schumpeter, Joseph A. (1998) *Das Wesen und der Hauptinhalt der theoretischen Nationalökenomie* (3rd Printing). Berlin: Duncker & Humblot (Original work published 1908). 大野忠男, 木村健康, 安井琢磨訳 (1983/1984)『理論経済学の本質と主要内容』改訳文庫版, 全2冊, 岩波書店.

Schumpeter, Joseph A. (1909) On the Concept of Social Value. *Quarterly Journal of Economics, 33,* 213-32. Reprinted in *Essays of J.A. Schumpeter* (1951, pp. 1-20). Ed. Richard V. Clemence. Cambridge, Mass.: Addison-Wesley Press. 永安幸正訳 (1971)「社会的価値の概念について」『高崎経済大学論集』第14巻第1-2合併号, 297-314頁.

Schumpeter, Joseph A. (1911) Das Gesamtbild der Volkswirtschaft. In Schumpeter (1911) *Theorie der wirtschaftlichen Entwicklung: Eine Untersuchung über Unternehmergewinn, Kapital, Kredit, Zins, und den Konjunkturzykuls* (pp. 463-548). München und Leipzig: Dunker & Humblot. 佐瀬昌盛訳 (1972)「国民経済の全体像」, 玉野井芳郎監修『社会科学の過去と未来』ダイヤモンド社, 311-419頁. この部分はもともと, 『経済発展の理論』初版の最終第7章に当たり, 第2版から削除されたところである.

Schumpeter, Joseph A. (1926) *Theorie der wirtschaftlichen Entwicklung: Eine Untersuchung über Unternehmergewinn, Kapital, Kredit, Zins, und den Konjunkturzykuls* (Rev. 2nd ed.). München: Dunker & Humblot (Original work published 1911). 塩野谷祐一, 中山伊知郎, 東畑精一訳 (1980)『経済発展の理論』改訳机上版,

岩波書店．その他，岩波文庫版（1977）．

Schumpeter, Joseph A. (1913a) Zinsfuß und Geldverfassung. *Jahrbuch der Gesellschaft österreichischer Volkswirte*, 38-63. Reprinted in *Aufsätze zur ökonomischen Theorie* (1952, pp. 3-28). Eds. E. Schneider & A. Spiethoff. Tübingen: J.C.B. Mohr. 八木紀一郎訳（2001）「利子率と貨幣制度」，八木紀一郎編訳『資本主義は生きのびるか』名古屋大学出版会，65-92 頁．

Schumpeter, Joseph A. (1913b) Eine 'dynamische' Theorie des Kapitalzinses: Eine Entgegnung. *Zeitschrift für Volkswirtschaft, Sozialpolitik und Verwaltung, 22,* 599-639. In *Aufsätze zur ökonomischen Theorie* (1952, pp. 411-51). Eds. E. Schneider & A. Spiethoff. Tübingen: J.C.B. Mohr.

Schumpeter, Joseph A. (1913c) Henry L. Moore: Laws of Wages. *Archiv für Sozialwissenschaft, 36,* 257-8.

Schumpeter, Joseph A. (1914) *Epochen der Dogmen‐und Methodengeschichte*. In *Grundriss der Sozialökonomik,* I. Abteilung, Wirtschaft und Wirtschaftwissenschaft (pp. 19-124). Tübingen: J.C.B. Mohr. 中山伊知郎，東畑精一訳（1980）『経済学史——学説ならびに方法の諸段階』改訳文庫版，岩波書店．

Schumpeter, Joseph A. (1915) *Vergangenheit und Zukunft der Sozialwissenschaft*. Schriften der sozialwissenschaftlichen akademischen Vereins in Czernowitz（No. 7). München: Duncker & Humblot. 谷嶋喬四郎訳（1980）『社会科学の未来像』講談社学術文庫．

Schumpeter, Joseph A. (1917/1918) Das Sozialprodukt und die Rechenpfennige: Glossen und Beiträge zur Geldtheorie von heute. *Archiv für Sozialwissenschaft und Sozialpolitik, 44,* 627-715. Reprinted in *Aufsätze zur ökonomischen Theorie* (1952, pp. 29-117). Eds. E. Schneider & A. Spiethoff. Tübingen: J.C.B. Mohr. 三輪悌三訳（1961）「社会生産物と計算貨幣」『貨幣・分配の理論』東洋経済新報社，1-120 頁．

Schumpeter, Joseph A. (1918) Die Krise der Steuerstaats. *Zeitfragen aus dem Gebiete der Soziologie, 4.* Graz: Leuschner & Lubensky. 木村元一，小谷義次訳（1983）『租税国家の危機』改訳文庫版，岩波書店．

Schumpeter, Joseph A. (1926) Gustav v. Schmoller und die Probleme von heute. *Schmollers Jahrbuch für Gesetzgebung, Verwaltung und Volkswirtschaft, 50,* 337-88. Reprinted in *Dogmenhistorische und biographische Aufsätze*. Eds. E. Schneider & A. Spiethoff (1954, pp. 148-99). Tübingen: J.C.B. Mohr. 中村友太郎，島岡光一訳（1972）「歴史と理論——シュモラーと今日の問題」，玉野井芳郎監修『社会科学の過去と未来』ダイヤモンド社，421-503 頁．

Schumpeter, Joseph A. (1927) The Explanation of the Business Cycle. *Economica, 7* (21), 286-311.

Schumpeter, Joseph A. (1928a) Unternehmer. *Handwörterbuch der Staatswissenschaften, 8,* 476-487. 清成忠男訳（1998）「企業家」，清成忠男編訳『企業家とは何か』東洋経済新報社，1-51 頁．

Schumpeter, Joseph A. (1928b). Der Unternehmer in der Volkswirtschaft von heute. *Strukturwandlungen der Deutscher Volkswirtschaft, 1,* 295-312 (2nd ed., 1929, pp. 303-26). Ed. B. Harms. Berlin: Reimar Hobbing. Reprinted in *Aufsätze zur Wirtschaftspolitik* (1985, pp. 226-47). Eds. Wolfgang F. Stolper & Christian Seidl. Tübingen: J.C.B. Mohr. 清成忠男訳 (1998)「今日の国民経済における企業家」, 清成忠男編訳『企業家とは何か』東洋経済新報社, 53-83 頁.

Schumpeter, Joseph A. (1928c) The Instability of Capitalism. *Economic Journal, 38,* 361-8. Reprinted in *Essasof J.A. Schumpeter* (1951, pp. 47-72). Ed. Richard V. Clemence. Cambridge, Mass.: Addison-Wesley Press. 八木紀一郎訳 (2001)「資本主義の不安定性」, 八木紀一郎編訳『資本主義は生きのびるか』名古屋大学出版会, 111-43 頁.

Schumpeter, Joseph A. (1932) Das Woher und Wohin unserer Wissenschaft. *Abschiedsrede gehalten vor der Bonner stattswissenschaftlichen Fachschaft,* Juni 20. Bonn. Reprinted in *Aufsätze zur ökonomischen Theorie* (1952, pp. 598-608). Eds. E. Schneider & A. Spiethoff. Tübingen: J.C.B. Mohr.

Schumpeter, Joseph A. (1933) The Common Sense of Econometrics. *Econometrica, 1,* 5-12. In *Essays of J.A. Schumpeter* (1951, pp. 100-7). Ed. Richard V. Clemence. Cambridge, Mass.: Addison-Wesley Press.

Schumpeter, Joseph A. (1934a) Depressions. In Douglass V. Brown, Edward Chamberlin & Seymour E. Harris (eds.), *The Economics of the Recovery Program* (pp. 3-21). New York: Whittlesey House, McGraw-Hill Book. Reprinted in *Essays of J.A. Schumpeter* (1951, pp. 108-17). Ed. Richard V. Clemence. Cambridge, Mass.: Addison-Wesley Press. 金指基訳 (1991)「沈滞」, 金指基編訳『景気循環分析への歴史的接近』八朔社, 23-41 頁.

Schumpeter, Joseph A. (1934b) *The Theory of Economic Development: An Inquiry into Profits, Capital, Credit, Interest, and the Business Cycle.* Translated from the German by Redvers Opie. Cambridge, Mass.: Harvard University Press.

Schumpeter, Joseph A. (1937) Preface to the Japanese Edition. 塩野谷祐一、中山伊知郎、東畑精一訳 (1980)『経済発展の理論』改訳机上版, 岩波書店, 26-30 頁. その他, 岩波文庫版 (1977).

Schumpeter, Joseph A. (1939) *Business Cycles: A Theoretical, Historical, and Statistical Analysis of the Capitalist Process* (2 Vols.). New York: McGraw-Hill Book. 吉田昇三監修, 金融経済研究所訳 (1958/1964)『景気循環論——資本主義過程の理論的・歴史的・統計的分析』全5冊, 有斐閣.

Schumpeter, Joseph A. (1950a) *Capitalism, Socialism, and Democracy* (3rd ed.). New York: Harper & Brothers (Original work published 1942). 中山伊知郎, 東畑精一訳 (1995)『資本主義・社会主義・民主主義』新装版 (改訳版の合冊), 東洋経済新報社.

Schumpeter, Joseph A. (1946a) Capitalism. *Encyclopaedia Britanica, 4,* 801-7. Reprinted in *Essays of J.A. Schumpeter* (1951, pp. 184-205). Ed. Richard V. Clemence. Cambridge, Mass.: Addison-Wesley Press. 大野忠男訳（1973）「資本主義」『今日における社会主義の可能性』創文社，3-40 頁．

Schumpeter, Joseph A. (1946b) The Decade of the Twenties. Paper and Proceedings of *the American Economic Review, 36*(2), 1-10. Reprinted in *Essays of J.A. Schumpeter* (1951, pp. 206-15). Ed. Richard V. Clemence. Cambridge, Mass.: Addison-Wesley Press. 金指基訳（1991）「20 年代の 10 年間」，金指基編訳『景気循環分析への歴史的接近』八朔社，71-90 頁．

Schumpeter, Joseph A. (1946c) John Maynard Keynes: 1883-1946. *American Economic Review, 36*(4), 495-518. Schumpeter, J.A.（1947）Keynes, the Economist. In Seymour E. Harris (ed.), *The New Economics: Keynes' Influence on Theory and Public Policy* (pp. 73-101). New York: A.A. Knopf. 日本銀行調査局訳（1949）「経済学者ケインズ」『新しい経済学』第 1 巻，東洋経済新報社，110-56 頁． Schumpeter, J.A.（1951）*Ten Great Economists, from Marx to Keynes* (pp. 260-91). New York: Oxford University Press. 塩野谷九十九訳（1952）「ケインズ（1883-1946）」，中山伊知郎，東畑精一監修『十大経済学者――マルクスからケインズまで』日本評論社，363-414 頁．

Schumpeter, Joseph A. (1947) The Creative Response in Economic History. *Journal of Economic History, 7*, 149-59. In *Essays of J.A. Schumpeter* (1951, pp. 217-26). Ed. Richard V. Clemence. Cambridge, Mass.: Addison-Wesley Press. 清成忠男訳（1998）「経済史における創造的反応」，清成忠男編訳『企業家とは何か』東洋経済新報社，85-107 頁．

Schumpeter, Joseph A. (1949a) Economic Theory and the Entrepreneurial History. *Change and Entrepreneur: Postulates and Patterns for Entrepreneurial History*. Ed. Harvard University Research Center in Entrepreneurial History. Cambridge, Mass.: Harvard University Press, 63-84. In *Essays of J.A. Schumpeter* (1951, pp. 248-66). Ed. Richard V. Clemence. Cambridge, Mass.: Addison-Wesley Press. 清成忠男訳（1998）「経済理論と企業家史」，清成忠男編訳『企業家とは何か』東洋経済新報社，109-48 頁．その他，金原実訳（1966）．

Schumpeter, Joseph A. (1949b) Science and Ideology. *American Economic Review, 39*(2), 345-59. 匿名訳（1949）「科学とイデオロギー」『思想』9 月号，岩波書店，1-16 頁．

Schumpeter, Joseph A. (1950b) The March into Socialism. *American Economic Review, 40*(2), 446-56.

Schumpeter, Joseph A. (1951a) *Ten Great Economists, from Marx to Keynes*. New York: Oxford University Press. 中山伊知郎，東畑精一訳（1952）『十大経済学者』日本評論社．

Schumpeter, Joseph A. (1951b) *Imperialism and Social Classes*. Trans. by Heinz Norden. Edited and with an Introduction by Paul M. Sweezy. New York: Augustus M. Kelley; Oxford Blackwell. 都留重人訳（1956）『帝国主義と社会階級』岩波書店．

Schumpeter, Joseph A. (1951c) *Essays of J.A. Schumpeter*. Ed. Richard V. Clemence. Cambridge, Mass.: Addison-Wesley Press.

Schumpeter, Joseph A. (1952) *Aufsätze zur ökonomischen Theorie*. Eds. E. Schneider & A. Spiethoff. Tübingen: J.C.B. Mohr.

Schumpeter, Joseph A. (1953) *Aufsätze zur Soziologie*. Eds. E. Schneider & A. Spiethoff. Tübingen: J.C.B. Mohr.

Schumpeter, Joseph A. (1954a) *Degmengeschichte und Biographische Aufsätze*. Eds. E. Schneider & A. Spiethoff. Tübingen: J.C.B. Mohr.

Schumpeter, Joseph A. (1954b) *History of Economic Analysis*. Ed. from manuscript by Elizabeth Boody Schumpeter. New York: Oxford University Press. 東畑精一, 福岡正夫訳 (2005/2006)『経済分析の歴史』全3冊, 岩波書店. その他, 東畑精一訳 (1955/1962).

Schumpeter, Joseph A. (1970) *Das Wesen des Geldes*. Edited and Introduction by Fritz Karl Mann. Göttingen: Vandenhoeck und Ruprecht.

Schumpeter, Joseph A. (1985) *Aufsätze zur Wirtschaftspolitik*. Eds. Wolfgang F. Stolper & Christian Seidl. Tübingen: J.C.B. Mohr.

Schumpeter, Joseph A. (1991) Can Capitalism Survive? In R. Swedberg (ed.), *Joseph A. Schumpeter: The Economics and Sociology of Capitalism* (pp. 298-315). Princeton, NJ: Princeton University Press. 八木紀一郎訳 (2001)「資本主義は生きのびるか」, 八木紀一郎編訳『資本主義は生きのびるか』名古屋大学出版会, 173-99頁.

Schumpeter, Joseph A. (1992) *Politischen Reden/Joseph A. Schumpeter*. Hrsg. und kommentiert von Christian Seidl & Wolfgang F. Stoper. Tübingen: J.C.B. Mohr.

Schumpeter, Joseph A. (1996) *Il trattato sulla moneta: capitoli inediti*. Eds. L. Berti & M. Messori. Napoli: ESI.

Schumpeter, Joseph A. (2000) *Briefe/Letters*. Ausgewählt und herausgegeben von Ulrich Hedtke & Richard Swedberg. Tübingen: Mohr Siebeck.

Schumpeter, Joseph A. (2010) *The Nature and Essence of Economic Theory*. Translated from the German by Bruce A. McDaniel. New Brunswick, NJ: Transaction Publishers.

Schumpeter, Joseph A. (2011) *The Entrepreneur: Classic Texts by Joseph A. Schumpeter*. Eds. Markus C. Becker, Thorbjørn Knudsen & Richard Swedberg. Stanford, CAL: Stanford University Press.

Schwab, Klaus & World Economic Forum (eds.) (2013) *The Global Competitiveness Report 2013-2014*. Full Data Edition. Geneva: World Economic Forum. September 3 ⟨http://www3.weforum.org/docs/WEF_GlobalCompetitivenessReport_2013_14.pdf⟩.

Seidl, Christian (1984) Joseph Alois Schumpeter: Character, Life and Particulars of his Graz Period. In C. Seidl (ed.), *Lectures on Schumpeterian Economics: Schumpeter Centenary Memorial Lectures Graz 1983* (pp. 187-205). Berlin: Sprin-

ger-Verlag.
Sen, Amartya (1987) *On Ethics and Economics*. Oxford; New York: B. Blackwell. 徳永澄憲, 松本保美, 青山治城訳 (2002)『経済学の再生――道徳哲学への回帰』麗澤大学出版会.
Sen, Amartya (1982) *Choice, Welfare, and Measurement*. Oxford: Blackwell and Cambridge, Mass.: MIT Press. 大庭健, 川本隆史抄訳 (1989)『合理的な愚か者――経済学＝倫理学的探究』勁草書房.
Shionoya, Yuichi (1987) The Schumpeter Family in Trest. *Hitotsubashi Journal of Economics, 30*(2), 157-66. In Y. Shionoya (2005) *The Soul of the German Historical School: Methodological Essays on Schmoller, Weber, and Schumpeter* (pp. 193-207). New York: Springer Science & Business Media.
Shionoya, Yuichi & Perlman, M. (eds.) (1994a) *Schumpeter in the History of Ideas*. Ann Arbon, Mich.: University of Michigan Press.
Shionoya, Yuichi & Perlman, M. (eds.) (1994b) *Innovation in Technology, Industries, and Institutions: Studies in Schumpeterian Perspectives*. Ann Arbon, Mich.: University of Michigan Press.
Shionoya, Yuichi (1997) *Schumpeter and the Idea of Social Science: A Metatheoretical Study*. Cambridge: Cambridge University Press.
Shionoya, Yuichi (2005) *The Soul of the German Historical School: Methodological Essays on Schmoller, Weber, and Schumpeter*. New York: Springer Science & Business Media.
Simon, Herbert A. (1997) *Administrative Behavior: A Study of Decision-Making Processes in Administrative Organizations* (4th ed.). New York: Free Press (Original work published 1947). 桑田耕太郎ほか訳 (2009)『経営行動』新版, ダイヤモンド社. その他, 松田武彦, 高柳暁, 二村敏子訳 (1965).
Simon, Herbert A. (1955) A Behavioral Model of Rational Choice. *Quarterly Journal of Economics, 69*(1), 99-118. In H.A. Simon (1957) *Models of Man, Social and Rational: Mathematical Essays on Rational Human Behavior in a Social Setting* (pp. 241-60). New York: Wiley. 梅沢豊訳 (1970)「合理的選択の行動モデル」, 宮澤光一監訳『人間行動のモデル』同文舘, 427-52 頁.
Slutsky, Eugen (1937) The Summation of Random Causes as the Source of Cyclic Processes. *Econometrica, 5*(2), 105-46 (Original work published 1927 in Russian).
Smithies, Arthur (1951) Schumpeter and Keynes. *Review of Economics and Statistics, 33*, 163-9. In Seymour E. Harris (ed.), *Schumpeter, Social Scientist* (pp. 136-42). Cambridge, Mass.: Harvard University Press. 坂本二郎訳 (1955)「シュムペーターとケインズ」, 中山伊知郎, 東畑精一監修, 坂本二郎訳『社会科学者シュムペーター』東洋経済新報社, 381-99 頁.
Solow, Robert M. (1957) Technical Change and the Aggregate Production Function. *Review of Economics and Statistics, 39*(3), 312-20. 福岡正夫, 川又邦雄, 神谷傳造訳 (1988)「技術の変化と集約的生産関数」『資本 成長 技術進歩』新装増補改訂版,

竹内書店新社, 73-94 頁.
Spence, A. Michael (1975) The Economics of Internal Organization: An Introduction. *Bell Journal of Economics,* 6(1), 163-72.
Sraffa, Piero (1926) The Laws of Returns under Competitive Conditions. *Economic Journal, 34,* 535-50.
Stigler, George J. (1988) *Memories of an Unregulated Economist.* New York: Basic Books. 上原一男訳 (1990)『現代経済学の回想』日本経済新聞社.
Stiglitz, Joseph E. (1999) Whither Reform?: Ten Years of the Transition. *Paper Prepared for the Annual Bank Conference on Development Economics* (ii+1-32), April 28/30. Washington, DC: World Bank.
Stolper, Wolfgang F. (1994) *Joseph Alois Schumpeter: The Public Life of a Private Man.* Princeton, NJ: Princeton University Press.
Strathern, Peter (2004) *Schumpeters Reithosen.* Frankfurt: Campus Verlag.
Swedberg, Richard (1991a) *Joseph A. Schumpeter: His Life and Work.* Cambridge, UK: Polity Press.
Swedberg, Richard (1991b) *Schumpeter: A Biography.* Princeton, NJ: Princeton University Press.
Swedberg, Richard (ed.) (1991c) *Joseph A. Schumpeter: The Economics and Sociology of Capitalism.* Princeton, NJ: Princeton University Press.
Sweezy, Paul M. (1951) Editor's Introduction. In J.A. Schumpeter, *Imperialism and Social Classes.* Trans. by Heinz Norden (pp. vii-xxv). New York: Augustus M. Kelley. 都留重人訳 (1956)「編者序説」, シュンペーター著, 都留重人訳『帝国主義と社会階級』岩波書店, 3-21 頁.
Talele, Chaitram J. (1991) *Keynes and Schumpeter: New Perspectives.* Aldershot, Hants: Avebury.
Tapscott, Don & Williams, Anthony D. (2006) *Wikinomics: How Mass Collaboration Changes Everything.* New York: Portfolio. 井口耕二訳 (2007)『ウィキノミクス——マスコラボレーションによる開発・生産の世紀へ』日経BP社.
Taymans, A.C. (1950) Tarde and Schumpeter: A Similar Vision. *Quarterly Journal of Economics,* 64(4), 611-22. 金指基訳 (1978)「タルドとシュンペーター」, 金指基編訳『シュムペーター経済学の体系』学文社, 199-215 頁.
Teece, David J. (2009) *Dynamic Capabilities and Strategic Management.* Oxford: Oxford University Press. 谷口和弘, 蜂巣旭, 川西章弘, ステラ・S.チェン訳 (2013)『ダイナミック・ケイパビリティ戦略』ダイヤモンド社.
Tinbergen, Jan (1915) Schumpeter and Quantitative Research in Economics. *Review of Economics and Statistics, 33*(2), 109-11. Reprinted in Seymour E. Harris (ed.), *Schumpeter, Social Scientist* (pp. 59-61). Cambridge, Mass.: Harvard University Press. 坂本二郎訳 (1955)「シュムペーターと経済学における計量的研究」, 中山伊知郎, 東畑精一監修, 坂本二郎訳『社会科学者シュムペーター』東洋経済新報社, 170-7 頁.

Vecchi, Nicoló De (1995) *Entrepreneurs, Institutions and Economic Change: The Economic Thought of J.A. Schumpeter (1905-1925)*. Trans. by Anne Stone, Aldershot, Hants, England: E. Elgar.

Vargo, Stephen L. & Lusch, Robert F. (2004) Evolving to a New Dominant Logic for Marketing. *Journal of Marketing, 68* (1), 1-17.

Wagener, H.-J. & Drukker, J.W. (eds.) (1986) *The Economic Law of Motion of Modern Society: A Marx-Keynes-Schumpeter Centennial*. Cambridge; New York: Cambridge University Press.

Wald, Abraham (1935) Über die eindeutige positive Lösbarkeit der neuen Produktionsgleichungen. *Ergebnisse eines mathematischen Kolloquiums* (1933/1934), 6, 12-8. この論文はその後，前掲のフォン・ノイマン同様に，Menger, K. (ed.) (1998) *Ergebnisse eines mathematischen Kolloquiums* (6). Ed. E. Dierker & K. Sigmund. Wien; New York: Springerとして復刊されている．これは後に，W.J. ボーモルによる次のような英訳がある．Wald. A. (1968) On the Unique Non-Negative Solvability of the New Production Equations. Trans. from the German by W.J. Baumol in W.J. Baumol & S.M. Goldfeld (eds.), *Precursors in Mathematical Economics: An Anthology* (pp. 281-8). London: London School of Economics and Political Scienceである．

Wald, Abraham (1936a) Über die Produktionsgleichungen der ökonomischen Wertlehre. *Ergebnisse eines mathematischen Kolloquiums* (1934/1935), 7, 1-6. これは後に，上記同様に復刊もあり，ボーモルによる次のような英訳もある．Wald, A. (1968) On the Productions Equations of Economic Value Theory. Trans. from the German by W.J. Baumol in W.J. Baumol & S.M. Goldfeld (eds.), *Precursors in Mathematical Economics: An Anthology* (pp. 289-93). London: London School of Economics and Political Science.

Wald, Abraham (1936b) Über einige Gleichungssysteme der mathematischen Ökonomie. *Zeitschrift für Nationalökonomie, 7*, 637-70. これは後に，O. エクスタインによる次のような英訳がある．Wald, A. (1951) On Some Systems of Equations of Mathematical Economics. Trans. from the German by O. Eckstein. *Econometrica, 19*, 368-403.

Walras, Léon (1926) *Eléments d'économie politique pure: ou, Théorie de la richesse sociale*. Édition définitive rev. et augm. par l'auteur. Paris: R. Pichon et R. Durand-Auxias; Lausanne: F. Rouge. (Original work published 1874/1877) 久武雅夫訳 (1983)『純粋経済学要論』岩波書店．その他，手塚寿郎訳 (1933, 1953-1954)．

Weber, Max (1904) Die "Objektivität" sozialwissenschaftlicher und sozialpolitischer Erkenntnis (1904). *Archiv für Sozialwissenschaft und Sozialpolitik, 19* (1), 22-87. Reprinted in *Gesammelte Aufsätze zur Wissenschaftslehre* (1922, pp. 146-214). Herausgegeben von Johannes Winckelmann, Tübingen: J.C.B. Mohr. 富永祐治・立野保雄訳，折原浩補訳 (1988)『社会科学と社会政策にかかわる認識の「客観性」』岩波文庫．その他，戸田武雄訳 (1937)，出口勇蔵訳 (1955)，濱島朗，徳永恂訳

(1971),祇園時信彦,祇園時則夫訳(1994).
Weber, Max (1904/1905) Die protestantische Ethik und der "Geist" des Kapitalismus. *Archiv für Sozialwissenschaft und Sozialpolitik, 20* (1), 1-50, und 21 (1), 1-110. Reprinted in *Gesamelte Aufsätze zur Religionssoziologie* (Bd. 1, 1920, pp. 17-207). Tübingen: J.C.B. Mohr. 大塚久雄訳(1989)『プロテスタンティズムの倫理と資本主義の精神』改訳版,岩波文庫.その他,梶山力訳(1938, 1944),阿部行蔵ほか訳(1954),梶山力,大塚久雄訳(1955),中山元訳(2010).
Wiles, Peter J.D. (1981) A Sovietological View. In A. Heertje (ed.), *Schumpeters Vision: Capitalism, Socialism and Democracy after 40 Years* (pp. 150-69). Eastbourne, East Sussex; New York: Praeger Publishers. 西部邁,松原隆一郎,八木甫訳(1983)「ソ連学的考察」『シュンペーターのヴィジョン』ホルト・サウンダース・ジャパン,255-89頁.
Williamson, Oliver E. (1975) *Markets and Hierarchies: Analysis and Antitrust Implications*. New York: Free Press. 浅沼萬理,岩崎晃訳(1980)『市場と企業組織』日本評論社.
Wieser, Friedrich Freiherr von (1911) Das Wesen und der Hauptinhalt der theoretischen Nationalökonomie: Kritische Glossen zu Schumpeters gleichnamigem Werk. *Jahrbuch für Gesetzgebung, Verwaltung und Volkswirtschaft im deutschen Reich, 35* (2), 395-417. Reprinted in *Gesammelte Abhandlungen. Mit einer biographischen Einleitung herausgegeben* von Friedrich A. v. Hayek (1929, pp. 10-34). Tübingen: J.C.B. Mohr.
Winter, Sidney G. (1984) Schumpeterian Competition in Alternative Technological Regimes. *Journal of Economic Behavior and Organization, 5* (3-4), 287-320.
Wold, Herman in association with Lars Juréen (1953) *Demand Analysis: A Study in Econometrics*. New York: John Wiley & Sons. 森田優三監訳(1961)『需要分析——計量経済学的研究』春秋社.
Wood, John Cunningham (ed.) (1991) *J.A. Schumpeter: Critical Assessments* (4 Vols.). London: Routledge.
Zweig, Stefan (1944) *Die Welt von Gestern: Erinnerungen eines Europäers*. Stockholm: Bermann-Fischer Verlag. 原田義人訳(1973)『ツヴァイク全集——昨日の世界』第19-20巻,みすず書房.

浅野榮一(1987)『ケインズ「一般理論」形成史』日本評論社.
荒川章義(1999)『思想史のなかの近代経済学——その思想史的,形式的基盤』中公新書.
有賀裕二(2006)「非線形動学 nonlinear dynamics」⟨http://c-faculty.chuo-u.ac.jp/~aruka/economics/nonlinear.pdf⟩ 1月29日.
池尾愛子(1995)「経済学の数学化と理論経済学の展開——日本人の貢献を中心に」,平井俊顕,野口旭編『経済学における正統と異端——クラシックからモダン』昭和堂,210-34頁.
池田信夫(2011)『イノベーションとは何か』東洋経済新報社.

参考文献

池本正純 (2004)『企業家とはなにか——市場経済と企業家機能』八千代出版.
池本正純編 (2004)『現代企業組織のダイナミズム』専修大学出版局.
石川淑子, 飯田裕康 (2003)「シュンペーターにおける信用の概念——シュンペーターはなぜ貨幣論を完成できなかったのか」『帝京経済学研究』第37巻第1-2号合併号, 97-122頁.
市石達郎 (1980)「数理経済学 III」, 熊谷尚夫, 篠原三代平編集委員代表『経済学大辞典 III』東洋経済新報社, 684-704頁.
市野川容孝 (2006)『思考のフロンティア社会』岩波書店.
伊東光晴, 根井雅弘 (1993)『シュンペーター——孤高の経済学者』岩波新書.
猪口孝 (1985)『社会科学入門』中公新書.
今井賢一 (1990)『情報ネットワーク社会の展開』筑摩書房.
今井賢一 (1992)『資本主義のシステム間競争』筑摩書房.
今西錦司, 河合好蔵監修 (1980)『角川世界名事典 ラルース』角川書店.
岩井克人 (1981)「シュンペーター経済動学——革新と模倣の動態的モデル」『季刊現代経済』第46号, 12月, 日本経済新聞社, 28-42頁.
岩井克人 (1982a)「シュンペーター経済動学(2)——技術進歩・企業成長・『経済淘汰』」『季刊現代経済』第47号, 4月, 162-75頁.
岩井克人 (1982b)「シュンペーター経済動学(3)——産業の長期的構造と動学的有効需要原理」『季刊現代経済』第48号, 6月, 120-31頁.
岩井克人 (1983)「シュンペーター——遅れてきたマルクス」『経済セミナー』2月号, 日本評論社, 29-36頁.
岩井克人 (1985)『ヴェニスの商人の資本論』筑摩書房.
上村忠男, 佐々木力 (1987)「解説」, ヴィーコ著, 上村, 佐々木力訳『学問の方法』岩波文庫, 199-229頁.
潮木守一 (1992)『ドイツの大学——文化史的考察』講談社学術文庫.
占部都美編著 (1980)『経営学辞典』中央経済社.
越後和典 (1974)「企業と市場——理論的展望(1)」『季刊現代経済』第14号, 9月, 日本経済新聞社, 44-55頁.
越後和典 (1975)「企業と市場——理論的展望(2)」『季刊現代経済』第17号, 3月, 162-77頁.
越後和典 (1985)『競争と独占——産業組織論批判』ミネルヴァ書房.
榎本悟 (1990)『アメリカ経営史学の研究』同文舘出版.
大野忠男 (1971)『シュムペーター体系研究』創文社.
大野忠男 (1983)「最近におけるシュムペーター研究の動向」『経済学史学会年報』第21号, 11-7頁.
置塩信雄 (1977)「経済学についての六つの話題」, 日本科学者会議編『日本の科学者』第12巻第6号, 水曜社, 9-14頁. その後, 「経済学研究者への提言」として改題され, 置塩 (1986)『現代資本主義と経済学』岩波書店, 212-22頁に所収.
尾関修 (2000)「景気循環と環境問題」『えんとろぴい』第46号, エントロピー学会.
加藤峰弘 (1998)「シュンペーターにおける『貨幣の社会学』」『金沢大学経済学部論集』

第 19 巻第 1 号，185-221 頁．
金指基（1987）『シュンペーター研究』日本評論社．
金指基（1988）『現代資本主義の発展と変動——シュンペーターの世界』八千代出版．
金指基（1996）『シュンペーター再考——経済システムと民主主義の新しい展開にむけて』現代書館．
河野勝（1999）「シュンペーターの民主主義——その現代性と課題」，日本政治学会編『20 世紀の政治学』〈年報政治学〉岩波書店，181-203 頁．
河合榮治郎（1969）「日記 1」，社会思想研究会編『河合栄治郎全集』第 22 巻，社会思想社．
菊地均（1996）「経済政策の方法論」『日本経済政策学会年報』第 44 号，109-12 頁．
菊地均（1999）「ミュルダールの体系研究に関する一考察」『経済社会学年報』第 21 号，73-83 頁．
菊地均（2005）「シュンペーター体系の再評価」『北見大学論集』第 27 巻第 2 号，37-50 頁．
菊地均（2006）「シュンペーターの資本主義観」『北見大学論集』第 28 巻第 2 号，1-12 頁．
菊地均（2010a）『シュンペーター』共同文化社．
菊地均（2010b）「シュンペーターにおける企業家とイノベーションの理論」，菊地，中島茂幸ほか『人文・社会科学の視点』共同文化社，13-72 頁．
菊地均（2010c）「シュンペーターの生涯と思想」『北海学園大学経営論集——黒田重雄教授退職記念号』第 7 巻第 4 号，33-62 頁．
菊地均（2011）「シュンペーターにおける資本主義の理論」，岩崎一郎，会沢博子ほか『文化科学の現在』共同文化社，97-153 頁．
菊地均（2012）「シュンペーターにおける資本主義の発展と変動」，中島成幸，原子智樹ほか『文化科学の方法』共同文化社，67-141 頁．
菊地均（2013）「シュンペーター理論体系の基礎」，横田榮一，原子智樹ほか『文化科学の時代』共同文化社，117-65 頁．
北村行伸（1996）「Amartya Sen 教授の略歴および業績」〈http://www.ier.hit-u.ac.jp/~kitamura/PDF/Sen.pdf〉10 月 8 日，1-4 頁．
木村資生著，向井輝美，日下部真一訳（1986）『分子進化の中立説』紀伊国屋書店．
木村資生（1988）『生物進化を考える』岩波新書．
久我清（1980）「静学と動学」『経済学大辞典』第 1 巻，第 2 版，東洋経済新報社，321-8 頁．
熊谷尚夫，篠原三代平ほか編（1980）『経済学大辞典』第 3 巻，第 2 版，東洋経済新報社．
栗田真造（1960）『経営史』千倉書房．
河野勝（1999）「シュンペーターの民主主義——その現代性と課題」，日本政治学会編『20 世紀の政治学』〈年報政治学〉岩波書店，181-203 頁．
小谷義次（1989）「シュムペーター，J.A. 資本主義・社会主義・民主主義 1942 年」，林直道編集代表，大阪経済法科大学経済研究所編『経済学名著 106 選』青木書店，90-1 頁．

小谷義次 (1991)「序章」, 小谷, 置塩信雄, 池上惇編『マルクス・ケインズ・シュンペーター──経済学の現代的課題』大月書店, 1-10 頁.
後藤晃 (2000)『イノベーションと日本経済』岩波新書.
近昭夫 (1987)『統計的経済研究』梓出版社.
酒井正三郎 (1953)『経済体制と人間類型』岩波書店.
酒井正三郎 (1957)「経営史の体系」, 日本経営学会編『経営学の体系および内包』〈経営学論集第 28 集〉, 同文館, 49-58 頁. その後, 酒井 (1971)『経営学方法論』第 2 版, 森山書店, 191-201 頁に所収.
酒井正三郎 (1958)「ロソフスキー『経済史に対する企業者史的接近』の解説」『経済科学』第 6 巻第 1 号, 名古屋大学経済会, 95-7 頁. その後, 内容を一層充実させ酒井 (1971)「ロソフスキー『経済史に対する企業者接近』──その解説と紹述」『経営学方法論』森山書店, 第 2 版, 217-31 頁に所収.
酒井正三郎 (1971)『経営学方法論』第 2 版, 森山書店.
酒井弘格 (2014)「ハイエクとシュンペーター──資本主義と民主主義の未来」, 桂木隆夫編『ハイエクを読む』ナカニシヤ出版, 255-79 頁.
向坂逸郎 (1953)「シュンペーターとマルクス」『経済学研究』第 18 巻第 4 号, 九州大学経済学会, 1-18 頁.
佐々木スミス三根子 (2000)『インターネットの経済学』東洋経済新報社.
塩沢由典 (1983)『近代経済学の反省』日本経済新聞社.
塩沢由典 (1990)『市場の秩序学──反均衡から複雑系へ』筑摩書房.
塩沢由典 (1997)『複雑系経済学入門』生産性出版.
塩野谷祐一 (1995)『シュンペーター的思考──総合的社会科学の構想』東洋経済新報社.
塩野谷祐一 (1998)『シュンペーターの経済観──レトリックの経済学』岩波書店.
塩野谷祐一 (2004)「訳者解題」, マーク・パールマン序文, 塩野谷訳「シュンペーター『経済分析の歴史』」『思想』8 月号, 岩波書店, 107-8 頁.
塩野谷祐一 (2009)「経済を存在論的に『投企』する──ハイデガー＝シュンペーター・テーゼ」『現代思想』8 月号, 青土社, 100-15 頁.
塩野谷祐一 (2010)「都留重人とシュンペーター」, 尾高煌之助, 西沢保編『回想の都留重人──資本主義, 社会主義, そして環境』勁草書房, 48-73 頁.
塩野谷祐一 (2012)『ロマン主義の経済思想──芸術・倫理・歴史』東京大学出版会,「第 4 章 シュンペーターと歴史的『生』のロマン主義」257-309 頁.
篠原三代平 (1991)『世界経済の長期ダイナミクス──長期変動と大国の興亡』TBS ブリタニカ.
柴田敬 (2009)『経済の法則を求めて──近代経済学の群像』新版増補, 日本経済評論社.
ジャッフェ, ウィリアム著, 安井琢磨, 福岡正夫編訳 (1977)『ワルラス経済学の誕生』日本経済新聞社.
シュンペーター, J.A. 著, 大野忠男訳 (1973)『今日における社会主義の可能性』創文社.
シュンペーター, J.A. 著, 佐瀬昌盛訳 (1972)「国民経済の全体像」, 玉野井芳郎監修『社会科学の過去と未来』ダイヤモンド社, 311-419 頁.

シュムペーター, ヨセフ・アロイス著, 浦城晋一訳・編 (2013)『ヨセフ・アロイス・シュムペーター　補遺稿「資本主義・社会主義・民主主義」シュムペーター章句集成〈刊行本に用いられなかった廃棄手稿, 論点整理につくられた手稿, テキスト各部の構成に用いられた手稿, ノート類等〉』〈http://www.library.pref.mie.lg.jp/list/touhata/tokubetu/digital.htm〉11月1日.
シュンペーター, J.A. 著, 金指基編訳 (1991)『景気循環分析への歴史的接近』八朔社.
シュンペーター, J.A. 著, 清成忠男編訳 (1998)『企業家とは何か』東洋経済新報社.
シュンペーター, J.A. 著, 塩野谷祐一訳 (1998)「シュンペーターの日本語版序文」『シュンペーターの経済観』岩波書店, 131-6 頁.
シュンペーター, J.A. 著, 八木紀一郎編訳 (2001)『資本主義は生きのびるか』名古屋大学出版会.
白鳥令 (1984)「はしがき」, 白鳥, 曾根泰教編『現代世界の民主主義理論』新評論, 1-3 頁.
神野直彦 (2002)『財政学』有斐閣.
杉本栄一 (1950)『近代経済学の解明』全 2 冊, 理論社.
鈴木光男 (1994)『新ゲーム理論』勁草書房,「第Ⅲ部　ゲーム理論の役割と歴史」377-425 頁.
曾根泰教 (1984)「J.A. シュンペーターと現代民主主義」, 白鳥令, 曾根編『現代世界の民主主義理論』新評論, 9-33 頁.
竹内啓 (1977)「経済学の『科学性』について」『現代思想』3 月号, 青土社, 103-11 頁.
武田壮司 (2010)「シュンペーターにおける発展プロセスの不確定性──創造的破壊の時間と空間」『季刊経済理論』第 46 巻第 4 号, 経済理論学会, 77-89 頁.
竹森俊平 (2002)『経済論戦は甦る』東洋経済新報社.
伊達邦春 (1983)「シュンペーターと最初の夫人」『別冊経済セミナー』〈シュンペーター再発見〉, 7 月, 日本評論社, 31 頁.
伊達邦春 (1991)『シュンペーターの経済学』創文社.
伊達邦春 (1992)『シュンペーター・企業行動・経済変動』早稲田大学出版.
伊達邦春, 玉井龍象, 池本正純 (1980)『シュンペーター経済発展の理論』有斐閣.
谷嶋喬四郎 (1980)「大きな問題提起の書」, シュムペーター著, 谷嶋訳『社会科学の未来像』講談社学術文庫, 197-227 頁.
玉井龍象 (1980)「景気循環」, 伊達邦春, 玉井, 池本正純『シュンペーター経済発展の理論』有斐閣, 181-212 頁.
玉野井芳郎 (1971)『日本の経済学』中公新書.
玉野井芳郎 (1972)「シュムペーターの今日的意味」, シュムペーター著, 玉野井監修『社会科学の過去と未来』ダイヤモンド社, 5-148 頁. その後, 玉野井 (1975)『転換する経済学──科学の総合化を求めて』東京大学出版会, 9-65 頁に所収.
玉野井芳郎著, 吉富勝, 竹内靖雄編 (1990)『玉野井芳郎著作集──経済学の遺産』第 1 巻, 学陽書房.
玉野井芳郎, 柏崎利之輔編 (1976)『近代経済学の系譜』日本経済新聞社.
辻原悟 (1977)「企業者史学と J.A. シュンペーター──系譜の一検討 (1)」『商学討究』

第28巻第2号，小樽商科大学経済学会，53-67頁．
辻原悟（1978）「企業者史学とJ.A.シュンペーター——系譜の一検討（2完）」『商学討究』第28巻第4号，37-52頁．
坪井賢一（2009）「めちゃくちゃわかるよ経済学——シュンペーターの冒険編」〈http://diamond.jp/series/Schumpeter/ln.html〉9月10日．
都留重人（1950）『アメリカ遊学記』岩波新書，「シュンペーター教授と私」102-17頁．
都留重人（1956）「現代の人と学説I——シュンペーター」，岸本誠二郎，都留監修『講座近代経済学批判——近代経済学の基本性格』第1巻，東洋経済新報社，293-306頁．その後，都留（1975）「シュンペーター論」というタイトルで『都留重人著作集』第2巻，講談社，556-79頁に所収．
都留重人（1964）『近代経済学の群像』日本経済新聞社，「シュンペーター——学派を越えた非凡の教師」，187-217頁．その後，都留（1976）『都留重人著作集』第11巻，講談社，135-60頁と都留（1993）『近代経済学の群像』現代教養文庫，191-222頁に所収．
都留重人，伊東光晴，金指基（1983）「座談会人間シュンペーター」『別冊経済セミナー』〈シュンペーター再発見〉7月，日本評論社，2-16頁．
都留重人（1985）『現代経済学の群像』岩波書店．その後，都留（2006）『現代経済学の群像』岩波現代文庫に所収．
都留重人（1996）「『一般理論』は，実は衝撃ではなかった」『エコノミスト』6月11日号，毎日新聞社，93-7頁．その後，都留（1998）『科学的ヒューマニズムを求めて』新日本出版社，45-55頁に所収．
都留重人，伊東光晴，根井雅弘（2000）「鼎談 シュンペーター新発見」『経済セミナー』2月，日本評論社，30-5頁．
都留重人（2001）『都留重人自伝——いくつもの岐路を回顧して』岩波書店．
塘茂樹（2003）「オイゲン・ベーム＝バヴェルク」，尾近裕幸，橋本努編著『オーストリア学派の経済学——体系的序説』日本経済評論社，63-87頁．
東畑精一（1950a）「シュムペーター先生の思い出(1)」『東京大学学生新聞』2月2日，東畑（1950b）「シュムペーター先生の思い出(2)」『東京大学学生新聞』2月16日．その後，東畑（1954）「シュムペーター先生の手紙」『書物と人物』新評論社，43-54頁，および東畑（1984）「シュムペーター先生の思い出」『わが師・わが友・わが学問』柏書房，3-12頁に所収．
東畑精一（1954）「序文の話」『書物と人物』新評論社，3-9頁，その後，東畑（1984）「シュムペーター先生の序文」『わが師・わが友・わが学問』柏書房，13-9頁に所収．
東畑精一（1962）「由来記」The Catalogue of Prof. Schumpeter Library. 一橋大学，vii-xii頁．
富永健一（1965）『社会変動の理論』岩波書店．
中川敬一郎（1962）「後進国の工業化過程における企業者活動——ガーシェンクロン・モデルを中心にして」『経済学論集』東京大学経済学会，第28巻3号，10-39頁．その後，中川（1981）『比較経営史序説』東京大学出版会，49-78頁に所収．
中川敬一郎（1985）「経営史学の方法と問題」，経営史学会編『経営史学の20年——回顧

と展望』東京大学出版会.
中山伊知郎 (1937)「解説」, シュムペーター著, 中山, 東畑精一訳『経済発展の理論』岩波書店, 631-93 頁. その後, 新たに稿を起こした中山 (1980)「解説」, シュムペーター著, 塩野谷祐一, 中山, 東畑精一訳『経済発展の理論』改訳机上版, 岩波書店, 479-543 頁がある. この解説は単なる解説ではなく, 中山の本格的なシュンペーター論である.
中山伊知郎, 早坂忠 (1979)「シュムペーター経済学からケインズ経済学へ——私の学問遍歴」『週刊東洋経済臨時増刊』7月13日号〈近代経済学シリーズ No. 49〉148-61 頁. その後, 早坂編 (1993)『ケインズとの出遭い——ケインズ経済学導入史』日本経済評論社, 207-38 頁に所収.
長屋政勝 (1975)「近代経済学の社会的均衡観」, 是永純弘編著『現代経済学の方法と思想』〈講座現代経済学批判 I〉日本評論社, 47-84 頁.
二階堂副包 (1960)『現代経済学の数学的方法——位相数学による分析入門』岩波書店.
二階堂副包 (1980)「数理経済学 I」, 熊谷尚夫, 篠原三代平編集委員代表『経済学大辞典 III』東洋経済新報社, 660-9 頁.
日本経営学会編 (1957)『経営学の体系および内包』〈経営学論集第 28 集〉, 同文館.
根井雅弘 (2001)『シュンペーター』講談社. その後, 根井 (2006)『シュンペーター』講談社学術文庫に所収.
根井雅弘 (2007)『ケインズとシュンペーター——現代経済学への遺産』NTT 出版.
根岸隆 (1984)『経済学のタイム・トンネル』日本評論社.
根岸隆 (1985)『ワルラス経済学入門——「純粋経済学」を読む』岩波書店.
根岸隆 (1992)「シュムペーター利子論とマーシャルの均衡概念」, 大石泰彦, 福岡正夫編『経済理論と計量分析——伊達邦春教授古稀記念論文集』早稲田大学出版部, 135-42 頁.
根岸隆 (1995a)「解説」, J.R. ヒックス著, 安井琢磨, 熊谷尚夫訳『価値と資本』下, 岩波文庫, 199-210 頁.
根岸隆 (1995b)「経済学史と経済理論の相関——私の経済学史研究」, 平井俊顕, 野口旭編『経済学における正統と異端——クラシックからモダンへ』昭和堂, 337-56 頁.
根岸隆 (2004)『経済学史 24 の謎』有斐閣.
ネルソン, リチャード (2006)「人間のノウハウの不均等進化」〈第 27 回本田賞授与式記念講演〉『本田財団レポート』第 118 号, 財団法人本田財団. <http://www.hondafoundation.jp/library/pdfs/No.118_i.pdf> 11 月 7 日.
萩原能久 (1997)「昨日の世界——ウィーンという大学」『三田評論』第 992 号, 70-3 頁.
バス, ハンズ・H. 著, 保住敏彦訳 (2002)「シュムペーター入門」, 愛知大学東アジア研究会編『シュムペーターと東アジア経済のダイナミズム——理論と実証』創土社, 133-212 頁.
長谷川啓之 (1991a)「I. カーズナーの企業者活動論——経済発展との関連を中心として」『商学集志』第 60 巻第 4 号, 日本大学商学研究会, 1-22 頁.
長谷川啓之 (1991b)「現代オーストリア学派の企業者観(2)——L.v. ミーゼスの企業者観」『商学集志』第 61 巻第 2 号, 1-16 頁.

馬場啓之助（1955）「経済学方法論史」，中山伊知郎ほか編『経済学大事典』第3巻，東洋経済新報社，285-92頁．
濱崎正規（1996）『シュムペーター体系の研究』ミネルヴァ書房．
早坂忠（1985）「八木・塩野谷・瀨地山報告に対して」『経済史学会年報』第23号，95頁．
早坂忠編（1993）『ケインズとの出遭い──ケインズ経済学導入史』日本経済評論社．なお，中山伊知郎，早坂（1979）「シュムペーター経済学からケインズ経済学へ──私の学問遍歴」『週刊東洋経済臨時増刊』7月13日〈近代経済学シリーズ No. 49〉148-61頁を所収．
林周二（1999）『現代の商学』有斐閣．
福岡正夫（1999）『歴史のなかの経済学』創文社．
保住敏彦（1999）「日本へのシュンペーター学説の導入と現在の研究状況」，見城幸雄先生頌壽記念事業会編『法制と文化』愛知大学文学会叢書，第4巻，愛知大学文学会，247-67頁．
丸山徹（1984）『座談経済学』サイエンス社．
丸山徹（2004）「解説」『森嶋通夫著作集』第9巻，岩波書店，237-55頁．
丸山徹（2008）『ワルラスの肖像』勁草書房．
御崎加代子（1998）『ワルラスの経済思想──一般均衡理論の社会ヴィジョン』名古屋大学出版会．
三島康雄（1971）『経営史学の展開』増補版，ミネルヴァ書房．
蓑谷千凰彦（1984）「シュンペーターと計量経済学（1）」『三田学会雑誌』第77巻第1号，18-40頁．
蓑谷千凰彦（1996）『計量経済学の理論と応用』日本評論社．
蓑谷千凰彦（2007）「計量経済学の歴史」，蓑谷，縄田和満，和合肇編集『計量経済学ハンドブック』朝倉書店，954-1001頁．
村上泰亮（1992）『反古典の政治経済学──21世紀への序説』下，中央公論社．
森鷗外（1912）「Graz大学で理財学教授Schumpeterが苛酷なので学生が反抗した」『椋鳥通信』第44回，10月27日．その後，森（1931）『スバル』第5年第1号，1月1日，および森（1952）『鷗外全集』著作篇，第22巻，岩波書店，361頁に所収．
森嶋通夫（1994）『思想としての近代経済学』岩波新書．
森嶋通夫（2004）『森嶋通夫著作集──ワルラスの経済学』第9巻，岩波書店．この著作集には森嶋著，西村和雄訳（1983）『ワルラスの経済学』東洋経済新報社が所収されている．
八木紀一郎（1988）『オーストリア経済思想史研究──中欧(ハプスブルク)帝国と経済学者』名古屋大学出版会．
八木紀一郎（1993）「シュンペーターとヴィーン大学」『経済論叢別冊──調査と研究』第5号，京都大学経済学会，63-83頁．
八木紀一郎（2001）「付録　シュンペーターに関するヴィーン大学資料」，シュンペーター著，八木編訳『資本主義は生きのびるか』名古屋大学出版会，5-16頁．
八木紀一郎（2004）『ウィーンの経済思想』ミネルヴァ書房．

安井琢磨（1933）「純粋経済学と価格の理論——レオン・ワルラスを中心として」『経済学論集』第3巻第9号，東京大学経済学会，38-95頁．その後，安井（1970）『安井琢磨著作集——ワルラスをめぐって』第1巻，創文社，47-103頁に所収．

安井琢磨（1957）「J.A. シュムペーター」『法学セミナー』1月号，日本評論新社，58-62頁，その後，安井（1957）「J.A. シュムペーター」，日本評論新社編集局編『経済学史の12人』日本評論新社，161-76頁，および安井（1979）『経済学とその周辺』木鐸社，189-201頁に所収．

安井琢磨（1970/1971）『安井琢磨著作集』全3冊，創文社．

安井琢磨（1979）『経済学とその周辺』木鐸社．

安井琢磨（1984）「訳者あとがき」，シュムペーター著，大野忠男，木村健康，安井訳『理論経済学の本質と主要内容』下，岩波文庫，497-510頁．

安井琢磨（1992）「交遊半世紀——伊達邦春君と私」，大石泰彦，福岡正夫編『経済理論と計量分析——伊達邦春教授古稀記念論文集』早稲田大学出版部，1-6頁．

安井琢磨，二階堂副包（1958）『経済理論における数学的方法——均衡解の存在問題』岩波書店．

横山滋（1991）『模倣の社会学』丸善ライブラリー．

吉川洋（2003）『構造改革と日本経済』岩波書店．

吉川洋（2009）『いまこそ，ケインズとシュンペーターに学べ』ダイヤモンド社．

吉田昇三（1956）『シュムペーターの経済学』法律文化社．その後，改訂増補版は1964年に刊行．

吉田昇三（1959）『競争・独占と経済発展』春秋社．

吉田昇三（1974）『ウェーバーとシュムペーター』筑摩書房．

吉田昇三（1986）「解説」，メンガー著，福井孝治，吉田訳，吉田改訳『経済学の方法』日本経済評論社，369-402頁．

米川伸一（1973）『経営史学——生誕・現状・展望』東洋経済新報社．

米川紀生（1990）「Bonn における Joseph Alois Schumpeter」『三重大学法経論叢』第7巻第2号，55-83頁．

米川紀生（1991）「Joseph Alois Schumpeter 関係文献目録」『三重大学法経論叢』第8巻第2号，86-143頁．

米川紀生（1993）「大蔵大臣としての J.A. Schumpeter の思想と行動」『社会思想史研究』第17号，89-95頁．

米川紀生編（2008）『シュンペーター』〈人物書誌大系39〉日外アソシエーツ．

渡辺文夫（1965）「シュンペーターの『企業者史』について」，渡辺信一教授退官記念論文集刊行会編『経済発展の論理——渡辺信一教授退官記念論文集』東洋経済新報社，249-66頁．

Schumpeter's Theory of Capitalism: Summary

Joseph A. Schumpeter's theory of capitalism, which we discuss in this thesis, is originative for the following two points: one is that Schumpeter formulated his theory as the Unified Development Theory without adherence to the usability or the method for building a model as seen in the mainstream economics. He harmonized the dynamic theory with static theory, positioned the historical study equally to the theoretical study, traced economic evolution with the process of creative destruction, incorporated short-term and middle-term waves against long-term waves and drew economic cycles with the three-cycle-scheme to organize his theory of development.

Another point is that he introduced the concept of innovation to economics to analyze the capitalism and newly reviewed meaning of the analysis. Using innovation, he constructed a theory about the source of economic growth that had not been solved by the traditional economics of equilibrium and positioned it on the history of economic thought. If we can understand the wisdom of human beings from such an aspect, we will become excited that the world of capitalism must move in a different direction or must have moved in a different direction, though this should be through Schumpeter as a matter of course.

The previous studies on Schumpeter in Japan have only examined his pure theory. This had made an unprecedented contribution to the world of modern economics in Japan, but there are obviously disproportionately few studies of systematic interpretations or critical analyses. For example, previous studies include *Schumpeter Taikei Kenkyu* or *Studies on the Schumpeterian System* (1971) by Tadao Ohno, which studies Schumpeter from a comparison of typology of Max Weber and Karl Marx's view on economic history, and *Schumpeter teki Shikou* or *Schumpeterian Idea* (1995) by Yuichi Shionoya, which examined the Schumpeter system from a comprehensive social science perspective, each of which had made a great contribution to the studies of Schumpeter. However, these books did not systematically study the theory of development by Schumpeter with respect to its modern meanings and limits for the purposes of focusing on the development and fluctuations of capitalism that this thesis examined and clarified its structure.

I have just described the basic awareness of the issues that prompted me to write this thesis. As is widely known, modern economics developed in a manner where macro Keynesian economics was connected to micro neoclassical economics; it has continued to impolitely neglect the economics of Schumpeter under the cover of politeness. However, *economic sociology* as the scholarship that Schumpeter sketched is a field that neoclassical economics and Keynesian economics had excluded and left untouched, and this contributes to an expansion of new fields of research in economics. As this thesis comprehended and analyzed Schumpeter from the framework described above, it features a clearly different approach from those of previous studies.

As I explained, I have narrowed my subjects to Schumpeter's theory of capitalism, formulated the implementation of innovation by the entrepreneur put forward therein as the uniform mechanism of economic development, brought the idea and ideology out into the theoretical system of Schumpeter, and clarified its modern meanings and limitations. The following is a summary of the gist of the chapters in this thesis.

1. Background for the Economic Thoughts of Schumpeter

In the first chapter "Evaluation of Schumpeter," we evaluated his achievements as fairly as possible and described his true image, which he maintained throughout his life. As is widely known, Schumpeter is not a man who fell neatly into the category of a mere economist. We must not forget that he was a great star of the social scientists of Vienna at the end of the century. As we have reviewed thus far, Schumpeter first studied under E. von Böhm-Bawerk and Freidrich Wieser, who were his academic supervisors at Vienna University, mastered the General Equilibrium Theory of Léon Walras who brought about a marginal revolution, and was a scholar who witnessed the *Methodenstreit* or method dispute between Carl Menger and Gustav von Schmoller, and the *Werturteildiskussion* or dispute on the judgment of value between Max Weber and the people of the Historical School. He had discussions with the Austro-Marxists of Otto Bauer and Rudolf Hilferding as colleagues at the university and was influenced by the method of evolution of Herbert Spencer, the philosophy of Ernst Mach of Vienna at the end of the century, the historical philosophy and sociology of Giambattista Vico, the conventionalism of Henri Poincare, and the French modern philosophy of Henri-Louis Bergson. He not only met Alfred Marshall and Francis Y. Edgeworth of the Neoclassical School but he was surprisingly a rival of John M. Keynes!

Talking about Schumpeter equals talking about social science. For that reason alone, it was extremely difficult to demonstrate the central propositions of Schumpeter. We absorbed the total sum of his work with preceding studies and research on new literature as far as possible and were able to describe the new image of Schumpeter.

What is noteworthy is the *Theorie der wirtschaftlichen Entwicklung: Eine Untersuchung über Unternehmergewinn, Kapital, Kredit, Zins, und den Konjunkturzykuls* (1911), which is said to be the immortal work he wrote while a professor at the University of Graz. In this book, he expanded the dynamic theory in order to match the static theory he showed in his first book *Das Wesen und der Hauptinhalt der theoretischen Nationalökenomie* with reality, and he developed his idea about the non -Walrus world—the narrow scope that he called the Groups of Dynamic Problems. For example, a comparison between the theory of development by Schumpeter and the theory of growth by the Classical School will reveal the following difference. His theory on development states that it generates of its own will from inside the process of the economy and puts emphasis on discontinuous changes. In contrast, the theory of growth of the Classical School emphasizes the continuous changes triggered by an increase in population or savings. Responses to stimuli in the Classical School are passive, organic, and short term, but those of Schumpeter are positive, creative, and long term. The subsequent Neoclassical School focused too much on the status of equilibrium rather than the process leading to equilibrium and did not care how the economy would change.

2. View on Capitalism of Schumpeter and its Position on Economic Thought

In the second chapter "Basis of the Theoretical System of Schumpeter," we covered topics that Schumpeter learned from the *Werturteildiskussion*, how he imagined pure economics, and how he subsequently formed his own view of science, although these topics have not attracted much attention so far. What we must recognize is that there is no objection to be raised about the highest achievement gained by sweeping away the color of philosophical debate and making the debate deepen into thoughts on comparative institutional history when the German Historical School built its thoughts on the sociology of Max Weber. During this process, we must not fail to note that while the historical sociology of Weber resulted in systematic classification of social behaviors, on the other, there was the flow of evolutionary economics by Gustav von Schmoller and Joseph A. Schumpeter that aimed to ascertain a factual, specified study process. However, Schumpeter's ideas had been neglected in that they belong to a different order for economists of the Neoclassical School or Keynesianism. Therefore, it was not quite clearly positioned on economic thoughts. In order to prevent our thoughts from being too biased toward formal analyses in finding the reasons, we were able to show the limit of unraveling economic phenomena in terms of axiomatic systems with the process of summarizing the thoughts existing in the background to the discussions between Schumpeter and the economists of the general equilibrium theory and clarifying the differences.

In the third chapter "Theoretical Progress of Development and Fluctuations in Capitalism," which focused on the three fields of capitalism and entrepreneurs, social classes and imperialism, and capitalism and economic cycles as issues in the process of the formation of development and fluctuations in capitalism unlike the previous development, we traced how Schumpeter formed an impression of the image of leaders in capitalism. It was found that the *entrepreneur* of Schumpeter is not gained by generalizing intricately intertwined specific entrepreneurial phenomena through abstraction, but a concept that personalized the functions of an enterprise as tools for him to understand classes.

In a word, the concept of Schumpeter's social classes is not a concept of an economic relationship, such as landowner, laborer, capitalist, or proprietor, but rather depends purely on whether such people have the ability that is required in a capitalist society. For example, entrepreneurs can be born from laborers, and landowners or capitalists can become entrepreneurs. However, entrepreneurs are per se not a class in a social phenomenon that is considered in reference to the composition of classes or class conflict. He understands that the substance of society is a variety of diversified social classes and starts from the implicit assumption that social classes have unique abilities. By the way, Schumpeter's theory on imperialism is based on the realities of imperialism that appeared in the history of ancient times to modern times, but he did not connect it to the inherent logic of capitalism itself of the country but connected it to the psychological tendency of the people and the social structure with critical references to purposeless behaviors that would force endless expansion of a state that even John Atkinson Hobson or the Neo-Marxists overlooked.

3. Paradox of Capitalism

The fourth chapter "Entrepreneurs and Theory of Innovation" was assigned to clarify innovation as an important subject for the theoretical system of Schumpeter and the functions of entrepreneurs as an economic entity initiating innovation. In this chapter, we studied the history of entrepreneurs and were able to understand the modern meaning of the theory of innovation by analyzing the simulation model of Schumpeterian competition of Richard R. Nelson and Sidney G. Winter with regard to the effect of the implementation of innovation by entrepreneurs on the development and fluctuations of capitalism. Although it is natural that we consider the limited resources of the Earth and environmental problems, we found that focusing on the R&D of innovation and imitation in enterprise behaviors has valuable meaning as the criterion of judgment on growth models rather than looking at economic growth by depending on simply an increase in productivity as before or an increase in final demand, such as consumption.

At any rate, we think that we should not hold assumptions in reference to the maximization of profit or equilibrium as asserted by new classical economics, but rather it is in conformity with reality to connect it with routine innovation when making a simulation model of innovation of Schumpeter, where innovation is not a matter that is not unusual and rarely happens but is daily business. In this chapter, we were able to find the new role of innovation in enterprise behaviors as described above and develop new knowledge by proceeding with further reviews not from the viewpoint of previous economics, where the perfect competition is assumed, but from the perspective of Disruptive Innovation of Clayton M. Christensen or Open Innovation of

Henry Chesbrough.

In the final chapter 5 "Modern Meanings of Capitalism of Schumpeter," we explored the meanings of capitalism from the viewpoint of modern times and clarified the problems of capitalism in accordance with Schumpeter's idea that the economic success of capitalism generates inconsistent factors, and such factors will soon make management of the economy under capitalism difficult. Incidentally, the development and fluctuations of capitalism have not yet sufficiently been studied, and we often observe cases in which a general theory is derived from the theory of savings and investment, which is far too vague than Schumpeter, or plausible policies are recommended in accordance with the general theory. A careful reading of Schumpeter will reveal that he did not approve or disapprove of socialism—he questioned the logical possibility where capitalism would mature into socialism. Therefore, it can be said that he did not take the position of writing about socialism as an ideal, but he merely mentioned the paradox of problems. And, in this final chapter, we were able to develop a future view of capitalism that he searched for in order to clarify his logical structure and modern meaninngs.

4. Results of Analyses and Subjects

The following is a comprehensive summary of the results of analyses and subjects as mentioned above. The reason why I dare to examine Schumpeter is nothing less than the following contribution; characteristics of Schumpeter's theory on capitalism covers not what prompts changes in capitalism but the analyses of the changes per se of the assumed framework, analyses of the long-term and average situation of the economic system, and questions about the meaning of unstable equilibrium. Schumpeter was engaged with the enthusiasm that he was at risk of his position as an economist. So, from the perspective of the history of economic thought on theory formation, there are features as follows:

(1) First of all, we reviewed the methodological stance of Schumpeter, namely, what he learned from the *Werturteildiskussion*, how he imagined pure economics, and subsequently how he formed his own view of science. We believe that Schumpeter had taken a farsighted view of *Werturteildiskussion* from the beginning. As shown by the fact that he took up the pure theory by writing *Das Wesen und der Hauptinhalt der theoretischen Nationalökenomie* and clarified its meaning, from the *Methodenstreit*, he concluded that he would maintain methodological individualism albeit taking the position of Mach's instrumentalism. In the first place, the stance of Schumpeter can be referred to as an application of Mach's instrumentalism. Namely, Schumpeter thought that a theory is distinguished from whether it is useful in an analysis or not, but there is no distinction of true or false. Consequently, he did not adhere to logical positivism but maintained the attitude of pragmatism reflecting his intent to solve problems.

In that, at least, Schumpeter attempted to form pure economics as an exact science that incorporated the methodology of *Das Wesen und der Hauptinhalt der theoretischen Nationalökenomie*. Simultaneously he asked one fundamental question of social science and economics of the present day.

(2) Next, we chose the functions of the entrepreneur for an analysis of the formation of the process of development and fluctuations in capitalism. Schumpeter characteristically focused attention on the cultural structure factors of capitalism that affected the activities of entrepreneurs and took critical notice of the objects or motivations of the actions included in such cultural structure factors from an early period. If what is required of us is finding and comprehending facts not from our views on capitalism that depend on a certain ideology but consistently from the view of instrumentalism, that is to say, the purposes are to organize observable capitalistic economic phenomenon, predict, reason, and analyze, we may say that the theory of the entrepreneur of Schumpeter therein has a lot to teach. The conclusion derived from Schumpeter's theory of the entrepreneur is that the role of the entrepreneur is not only the impetus for economic development but also influences the civilization of capitalism.

Although this had been indistinct so far, it was found that Schumpeter's entrepreneur has not been gained by abstracting real and specific entrepreneurs but it is a concept gained by personalizing the functions of enterprises as his tools for understanding classes.

(3) What is the meaning of "innovation" to which Schumpeter refers? We were able to confirm the track of the discussions by summarizing this once more.

Schumpeter represents the form of development that implements innovation with an oxymoron, a paradox called the process of *creative destruction*. Although the creative destruction in this case may not have the simple meaning that destruction generates creation, the correctness of creative destruction has not yet been certified because the concept of intertemporal competition is also required. However, the innovation described in *Business Cycles: A Theoretical, Historical, and Statistical Analysis of the Capitalist Process* and the Neuer Kombinationen or new connection in *Theorie der wirtschaftlichen Entwicklung* is not necessarily synonymous. While he believed that innovation is to constantly change the product function by entrepreneurs' implementation of Neuer Kombinationen in *Theorie der wirtschaftlichen Entwicklung*, it is not the quantitative change in a production element in the same product function but it means the establishment of a new product function as described in *Business Cycles*.

At any rate, it should be noted that Schumpeter built a theory using innovation as the source of economic growth that had not been solved with the traditional economics of equilibrium. Those who approached the innovation of Schumpeter from the theory of evolution were Richard R. Nelson and Sidney G. Winter. Their contribution was that they rectified the views on the advancement of technology based on the theory of evolution, focusing on implementation of innovation for the growth by enterprises, introducing imitation for existence, and building the simulation model of Schumpeterian competition before other scholars. By which, it became possible to extend the concept of Schumpeter, leading to the birth of the Dynamic Capabilities Theory, solution of the problems of corporations and markets.

(4) I would like to mention finally that our previous thoughts enabled the clarification of the implications of Schumpeter's Unified Development Theory to which I proposed a problem in the introduction and the formation of the process of development and fluctuations in capitalism. In particular, in building a system of his own, he first reconciled the dynamic theory against the static theory of Walrus, positioned the historical study of Gustav von Schmoller equally to the theoretical study, and clarified the economic evolution of Karl Marx with the process of creative destruction. Then, he described business cycles with the three-cycle-scheme that incorporated short- and middle-term waves against Nikolay D. Kondratiev's long-term wave, which he asserted were indispensable factors for the development of the economy. Therefore, Schumpeter's Unified Development Theory compared the core of the ingenious scientific concepts of Walrus, Schmoller, Marx, and Kondratiev to his own theory, and subsequently built the framework for his ideas. The central proposition of Schumpeter is that business cycles, together with implementation of innovation by entrepreneurs and the creation of credit by bankers, will move the engine of capitalism.

It is considered that the results of this thesis will become an important preface in developing an all-out theory on the capitalism of Schumpeter, contributing to the construction of a theory for solving the real problems of capitalism. However, when we examined in detail the concepts explained by Schumpeter, the following problems were confirmed. We will provide excerpts of such problems last of all.

(1) When making an intense scrutiny of capitalism and business fluctuations as described by Schumpeter, a problem arose in the conformity of references due to the prescriptions of concepts. In other words, the concept of the *neighborhood of equilibrium* states that after the entrepreneur accomplishes an innovation, the economy is led into a dynamic process in the middle point between recovery or revival transitioning to the prosperity of the four-phase cycle of recession, depression, recovery or revival, and prosperity. For example, the economy enters the process of recession and further into depression, but it will recover before long beginning with the process of recovery or revival to finally arrive at the state of equilibrium. Schumpeter, assuming that the new equilibrium point achieved after passing the phase of business fluctuation is a correspondent point nearer to reality, calls the equilibrium point realized in such a way the *neighborhood of equilibrium*. What is important here is not the direction of the economy but the level. Consequently, if the economy is above the neighborhood of equilibrium, according to this idea, it is deemed to be in a prosperity boom or a recession, and if it is below the neighborhood of equilibrium, it is deemed to be in the stagnation of depression or a recovery or revival.

However, the Schumpeter model only states the tautological statements of equilibrium, temporary turbulence, and restoration to equilibrium. Schumpeter's method adheres to that viewpoint and assumes the absolutization of equilibrium or the behavior of pre-established harmony, and ultimately, has only cyclical changes in a stable order subject to the establishment of equilibrium. If Schumpeter takes a step forward and comes closer to reality from the pure model or the first approximation, the real equilibrium is different from theoretical equilibrium. Consequently, the concept of the neighborhood of equilibrium was used, but how do we understand this? We must at least submit a mechanism that generates equilibrium and cyclical fluctuations through mutual interactions of a tendency in a specific direction and the conditions that will constrain such a tendency. At any rate, in order to come closer to reality with the neighborhood of equilibrium, some kind of theoretical explanation is necessary between the neighborhood of equilibrium and the cyclical fluctuations that are observed statistically.

(2) We want to bring into question next the concept of *creation of credit by banks*. That is to say, the problem of credit according to Schumpeter means none other than economic development. In this regard, he believes that there will be no problem with the credit of money capital in a state without development.

If we return the pure dynamic model of Schumpeter, where only credit in circulation can functions as credit during the static state moving to the dynamic state one step closer to the connection with reality and observe it, we will know that the pure credit theory alone, which assert that only banks create credit, is not sufficient because Schumpeter's discussions have given endless power to create credit to banks, although the pure credit theory is the most unstable one imaginable, for example, there is also a form of hoarded money not circulated. Consequently, since the pure dynamic model of Schumpeter assumes that innovation cannot be realized unless there is credit creation by banks, banks per se are not supposed to screen credit beforehand other than knowledge of the successful implementation of innovation later. Nonetheless, for credit creation by banks. Schumpeter narrowed down the money under economic development to credit by banks and emphasized its function in his pure model, so it is undeniable that his insufficient credit concept work unfavorably. However, such criticism may be sevre.

(3) The means of production that originated in the implementation of innovation will always produce certain products, but the aspects that sell and consume products do not always succeed the aspect of production. According to Schumpeter, economic innovation is not that a new desire appears voluntarily among consumers first and the direction of the productive apparatus changes under pressure, rather, a new consumer desire is instilled in consumers by producers, and so the producers have the initiative. Therefore, Schumpeter's innovation theory is on the viewpoint from the market participant supplier side, and so it discarded the problems of how to respond to the

desires of the consumers and to the changes in the desires of consumers from the viewpoint of the other participant consumers are discarded.

(4) Schumpeter asserts that there is no interest in the pure static model under the combination of development and equilibrium of capitalism as referred to above. About the problem of interest, if a proprietor of capital goods in the static state considers that time is infinite, although time is limited, it is understood that Schumpeter is forcing a distortion of the static state, and the existence of capital interest is not paradoxical because he believes that profit is not the cause but the result of development.

Thus, we examined the incomplete points in Schumpeterian theory. However, we have not referred to a trial to build an evolutionary economic model by making excellent use of Schumpeter's Unified Development Theory, namely, a trial to build an evolutionary economic model designed in accordance with the dynamic model that acquires knowledge and technology in a creative manner by understanding capitalism as a system with an evolutionary process where the economy is trade in markets (i. e. a process to destroy the former system at the same time). Although subjects remaining to be studied in this research may not be inclusive, if we can find something meaningful in the work of tracing the achievements of Schumpeter, the meaning of this research will be recognized in finding what traditional economics has lacked and considering the rebuilding of globalized capitalism, which is urgently required.

人名索引

[あ行]

アウゲロ（Augello, Massimo M.） 54, 267n, 271n
アギオン（Aghion, Philippe） 287n
浅野栄一 207, 288n
アセモグル（Acemoglu, Daron） 240, 291n
アモン（Amonn, Alfred） 41, 275n
荒川章義 68-9, 272n
有賀裕二 291n
アレ（Allais, Maurice） 93, 108
アレナ（Arena, Richard） 268n
アレン（Allen, Robert L.） 37, 52, 267n, 269n-71n
アロー（Arrow, Kenneth J.） 5, 32, 84-5, 94-5, 103-4, 106, 108, 163-4, 250, 275n, 286n, 291n-2n
アンソニー（Anthony, Scott D.） 289n
アンダーソン（Anderson, Chris） 289n
アンデルセン（Andersen, Esben S.） 71, 268n, 272n, 291n
飯田裕康 288n
池尾愛子 106, 275n
池本正純 163, 281n, 286n
石川淑子 288n
イスナール（Isnard, A.N.） 268n
市石達郎 275n
市野川容孝 270n
伊東光晴 16, 39, 143, 215, 267n, 270n, 280n, 288n
猪口孝 272n
今西錦司 273n
岩井克人 80, 220, 273n, 280n-1n, 289n
ヴァーグナー（ワグナー；Wagner, Adolph Heirich Gotthilf） 40
ヴァーゴ（Vargo, Stephen L.） 129, 133, 135, 279n
ヴィーコ（Vico, Giambattista） 28, 83, 256, 273n
ヴィーザー（Wieser, Freidrich） 22-4, 35, 53, 97, 104, 256
ヴィクセル（Wicksell, Knut） 42, 53, 101, 103, 211
ヴィトゲンシュタイン（Wittgenstein, L.） 32, 78
ウィリアムズ（Williams, Anthony D.） 213, 287n
ウィリアムズ（Williams, John） 198
ウィリアムソン（Williamson, Oliver E.） 163-4, 168, 193, 197, 287n
ウィルズ（Wiles, Peter） 253, 292n
ウィルソン（Wilson, Edwin Bidwell） 119
ウィルソン（Wilson, Robert） 164
ウィルバー（Wilber, C.K.） 244
ウィンター（Winter, Sidney G.） 10, 129, 135-7, 159, 183-9, 220, 259, 261, 280n, 284n-5n
ウェーバー（Weber, Max） 4, 6, 24, 27, 32, 36, 59-61, 70, 110-1, 122, 190, 247, 255-7, 271n, 286n
ヴェブレン（Veblen, Thorstein B.） 9, 89, 122, 162-3
ウォルド（Wold, Herman） 94, 274n
潮木守一 269n
ウッド（Wood, John Cunningham） 244, 267n
占部都美 281n
エイトケン（Aitken, Hugh G.J.） 169, 282n
越後和典 282n
エッジワース（Edgeworth, Francis Y.） 21, 89, 121, 161, 256
エルバース（Elberse, Anita） 290n
榎本悟 281n

オークリー（Oakley, Allen）267n
オースターハメル（Osterhammel, Jürgen）291n
大野忠男　16, 255, 273n
オームロッド（Ormerod, Paul）84, 273n
岡田純一　275n
尾関修　152, 280n
オピー（Opie, Redvers）125
オラチ（Orati, Vittorangelo）267n

[か行]

ガーシェンクロン（Gerschenkron, Alexander）170-2, 282n
カーズナー（Kirzner, Israel M.）9, 122, 164-5, 173, 193, 281n-2n
ガーベルスベルガー（Gabelsberger, Franz Xaver）20
カーン（Kahn, Richard F.）206
カウツキー（Kautsky, Karl）36, 82
角谷静夫（Sizuo, Kakutani）93, 275n
柏崎利之輔　272n, 275n
加藤峰弘　288n
金指基　16, 83, 250, 265, 267n, 273n
カラヤニス（Carayannis, Elias G.）268n
カルドア（Kaldor, Nicholas）44, 103, 154, 275n, 280n
カルナップ（Carnap, R.）78
ガルブレイス（Galbrath, John K.）44, 198, 270n
カレツキ（Kalecki, Michal）91, 154, 280n
河合榮治郎　40, 270n
河合好蔵　273n
カンティヨン（カンティロン；Cantillon, Richard）121, 160-1, 195
カントナー（Cantner, Uwe）267n-8n
菊地均　268n, 271n-2n, 276n, 292n
北村行伸　291n
キチン（Kitchin, Joseph）150-1, 236
木村健康　17
木村資生　291n
クープマンス（Koopmans, Tjalling C.）274n
クールノー（Cournot, Antoine A.）16, 23,
25, 100, 214
クーン（Kuhn, Harold W.）93
クーン（Kuhn, Thomas S.）78, 273n
久我清　276n
クズネッツ（Kuznets, Simon）95, 153, 280n, 289n
グッドウィン（Goodwin, Richard M.）44, 93, 156, 275n
熊谷尚夫　274n
グラース（Gras, Norman S. Brien）169
クラウアー（Clower, Robert W.）95, 210
グラント（Grant, Duncan）212
クリステンセン（Christensen, Clayton M.）222-3, 259, 289n
栗田啓子　275n
栗田真造　169, 282n
グリューナー（Grüner, Johanna）18
クルツ（Kurz, Heinz D.）37, 269n
グロスマン（Grossman, Gene M.）287n
ケインズ（Keynes, John Nevill）28-9, 269n
ケインズ（Keynes, John Maynard）1, 3-4, 9, 15, 18, 44-8, 53, 58, 80, 91, 101, 121, 153-5, 205-10, 212-6, 229, 241, 249, 252-3, 256, 268n, 288n, 290n, 292n
ケークリク（Keklik, Mümtaz）268n
ゲーデル（Gödel, Kurt）106
ケラー（Kéler, Sigmund von）19, 268n
ゲルウィク（Gelwick, Richard）287n
小泉信三　269n
コウ（Coe, R.D.）244
河野勝　253, 292n
コース（Coase, Ronald Harry）162, 193
コール（Cole, Arthur H.）121, 166, 169-70
コール（Cole, G.D.H.）72
コクラン（Cochran, Thomas C.）167
小谷義次　81, 205, 273n, 287n
ゴットル-オットリリエンフェルト（Gottl-Ottlilienfeld, Friedrich von）60
後藤晃　129, 279n
コトラー（Kotler, Philip）201, 287n
ゴビンダラジャン（Govindarajan, Vijay）223, 290n
ゴルトシャイト（Goldscheid, Rudolf）38

人名索引

近昭夫　274n
コンドラチェフ（Kondratiev, Nikolay D.）
　10, 151-3, 220, 232-3, 236, 262

[さ行]

サイアート（Cyert, Richard M.）　162
ザイドル（Seidl, Christian）　268n
サイモン（Simon, Herbert A.）　162, 168-9, 282n
酒井正三郎　171, 282n
向坂逸郎　291n
佐瀬昌盛　280n
サミュエルソン（Samuelson, Paul A.）　5, 32, 44-6, 50, 69, 84, 86, 103-4, 106-7, 119-20, 137, 147, 154-5, 210, 270n-1n, 275n, 278n, 280n, 288n
シーニア（Senior, Nassau William）　28, 57, 161
シーバー（Seaver, Gladys-Ricarde）　21
シェーファー（Schaefer, Scott）　221, 289n
ジェンクス（Jenks, Leland H.）　167
塩沢由典　26, 85-6, 269n, 273n
塩野谷祐一（Shionoya, Yuichi）　16, 27-8, 34, 49, 116-7, 124, 267n, 269n, 271n-2n, 278n, 280n
篠原三代平　274n, 288n
柴田敬　43, 214, 265, 288n
ジブラ（Gibrat, R.）　187-8
ジャケル（Jäckel, Ottilie）　270n
ジャッフェ（Jaffé, William）　24-5, 109, 268n-9n, 275n-6n, 286n
シャンリー（Shanley, Mark）　221, 289n
ジュグラー（Juglar, Clément）　151-2, 236
シュテッケル（Stöckel, Maria; ミア Mia）　270n
シュナイダー（Schneider, Erich）　24, 41-2, 207, 268n, 270n, 288n
シュミット（Schmidt, Eric E.）　199
シュモラー（Schmoller, Gustav von）　4, 6, 10, 21, 40, 59-61, 70-1, 110-1, 121, 232-3, 256, 262, 271n-2n
シュレジンガー（Schlesinger, Karl）　32, 92, 104, 106

シュワブ（Schwab, Klaus）　287n
シュンペーター（Schumpeter, Josef Alois Karel）　18
ジョージェスク-レーゲン（Georgescu-Roegen, Nicholas）　44
ジョリンク（Jolink, Albert）　102, 275n
ジョンストン（Johnston, William M.）　270n
白鳥令　292n
シロス-ラビーニ（Sylos-Labini, Paolo）　221
神野直彦　38, 270n
スウィージー（Sweezy, Paul M.）　44-5, 142, 270n, 280n
スウェドバーク（Swedberg, Richard）　207, 236, 251, 267n, 269n, 271n, 288n, 290n, 292n
スカーフ（Scarf, H.）　109
杉本栄一　274n
鈴木光男　274n
スタンジェール（Stengers, Isabelle）　71-2, 272n, 291n
スティードマン（Steedman, Ian）　274n
スティグラー（Stigler, George J.）　49, 271n
スティグリッツ（Stiglitz, Joseph E.）　287n
ストライスラー（Streissler, Erich W.）　274n
ストラッサン（Strathern, Peter）　268n
ストルパー（Stolper, Gustav）　40, 42
ストルパー（Stolper, Wolfgang F.）　42, 151, 267n
スペンス（Spence, A. Michael）　164, 281n
スミシーズ（Smithies, Arthur）　206, 208, 287n-8n
スミス（Smith, Adam）　58, 61, 161, 241
スルツキー（Slutsky, Eugen）　154, 280n
セー（Say, Jean Baptiste）　57, 121, 160, 195, 210
セン（Sen, Amartya）　73-4, 245-6, 273n, 291n
曾根泰教　292n
ソロー（Solow, Robert M.）　44, 103, 106, 129, 275n
ゾンバルト（Sombart, Werner）　60, 190, 285n

339

[た行]

タイマンズ（Taymans, A.C.）　83, 273n
タウシッグ（Taussig, Frank William）　35, 53, 214
高田保馬　16, 43, 265
竹内啓　27, 113, 269n, 276n
竹内靖雄　291n
竹森俊平　230, 290n
伊達邦春　267n-8n
玉野井芳郎　16, 70, 237, 270n, 272n, 291n
ダヒヤ（Dahiya, Shri Bhagwan）　267n
タプスコット（Tapscott, Don）　198, 287n
タルド（Tarde, Gabriel）　82-3, 273n
タレレ（Talele, Chaitram J.）　267n
ダングル-ハグナウア（Dangel-Hagnauer, Cécile）　268n
チェスブロウ（Chesbrough, Henry）　129, 134, 136, 199, 259, 279n
チェンバリン（Chamberlin, Edward H.）　45, 48
チャクラボルティ（Chakravarty, Sukhamoy）　275n
チャンドラー（Chandler, Alfred D. Jr.）　122, 197, 278n, 287n
チューネン（Thünen, Johann H. von）　161
ツィームノビッツ（Ziemnowicz, Christopher）　268n
辻原悟　278n
都留重人　17, 39, 42, 44-6, 107, 143, 270n, 275n, 280n
ティース（Teece, David J.）　290n
テイラー（Taylor, Brook）　115, 276n
テイラー（Taylor, Frederick Winslow）　176
テイラー（Taylor, Overton H.）　48, 142
ティンバーゲン（Tinbergen, Jan）　50, 91, 218, 289n
デ・ベス（De Bes, Fernando Trias）　201, 287n
デューゼンベリー（Duesenberry, J.S.）　154, 280n
東畑精一　16, 24, 40, 42, 51, 269n, 271n

トゥレーヌ（Touraine, Alain）　291n
トーバルズ（Torvalds, Linus B.）　198
ドーフマン（Dorfman, Robert）　275n
ドーマー（Domar, Evsey D.）　44, 129, 213, 288n
ドップァー（Dopfer, Kurt）　87
ドッブ（Dobb, Maurice H.）　145-6, 221, 280n, 289n
ドブリュー（Debreu, Gerard）　5, 32, 84, 95, 103-4, 197, 286n-7n
富永健一　291n
ドラッカー（Drucker, Adolph）　181
ドラッカー（Drucker, Peter F.）　122, 160, 167, 181-2, 212-3, 281n, 283n, 288n
ドラッカー（Drukker, J.W.）　287n
ドラノブ（Dranove, David）　221, 289n
トリンブル（Trimble, Chris）　223, 290n
ドレ（Dore, Mohammed）　275n

[な行]

ナーダラー（Naderer, Bärbel）　267n
ナイト（Knight, Frank H.）　122, 162, 193
中川敬一郎　166, 172, 281n-2n
中山伊知郎　16-7, 42, 214-5, 275n
ナサー（Nasar, Sylvia）　93
ナッシュ（Nash, J.）　92-3, 109
二階堂副包　104, 275n
ニコリス（Nicolis, Gregoire）　291n
根井雅弘　16, 267n-8n, 270n, 280n, 288n
ネイマン（Neyman, Jerzy）　91
ネーゲル（Nagel, Ernest）　64, 272n
根岸隆（Negishi, T.）　196, 274n-5n, 286n
ネルソン（Nelson, Richard R.）　10, 129, 135-7, 159, 171, 183-9, 220, 259, 261, 280n, 284n-5n
ノイマン（Neumann, John von）　5, 32, 47, 50, 84, 92-3, 102-6, 275n

[は行]

ハーヴェルモ（Haavelmo, Trygve）　92, 94, 274n
ハーシュマン（Hirschman, Albert O.）　163, 285n

人名索引

パーソンズ（Parsons, Talcott） 171
パーソンズ（Persons, Warren M.） 90
ハーバーマス（Habermas, Jürgen） 249, 292n
ハーベラー（Haberler, Gottfried von） 45, 151, 265
パールマン（Perlman, Mark） 53-4, 267n, 271n
ハーン（Hahn, Frank H.） 95, 108, 275n
ハイエク（Hayek, Friedrich A.） 32, 173-5, 218, 250, 282n
ハイルブローナー（Heilbroner, Robert L.） 47, 241, 269n, 271n, 291n
バウアー（Bauer, Otto） 23, 36-7, 251, 256
萩原能久 269n
バス（Bass, Hans H.） 242, 291n
長谷川啓之 175-6, 282n
ハチスン（Hutchison, Terence W.） 28, 62, 271n
バックハウス（Backhaus, Jürgen G.） 268n
パティンキン（Patinkin, Don） 46, 271n
ハヌーシュ（Hanusch, Horst） 267n
馬場啓之助 269n
濱崎正規 267n
早坂忠 214, 288n
林周二 162, 281n
ハリス（Harris, Seymour E.） 15, 45-6, 48, 51, 267n, 271n, 287n, 289n
パレート（Pareto, Vilfredo） 2, 26, 30, 53, 68, 73-4, 77, 86, 101-2, 108-9, 122, 138, 268n
ハロッド（Harrod, Roy） 120-1, 129, 154-5, 212, 214, 278n
ハンセン（Hansen, Alvin H.） 45-6, 137, 213
ハンセン（Hansen, Fay R.） 242, 291n
ハンソン（Hanson, Norwood Russell） 66
ピアソン（Person, Karl） 21, 89
ピアソン（Person, Egon S.） 91
ヒアチェ（Heertje, Arnold） 244, 267n
ピース（Pease, Edward） 278n
ピケティ（Piketty, Tommas） 243
久武雅夫 276n

ヒックス（Hicks, John R.） 5, 61, 72, 84, 86, 101, 107-8, 155, 211, 217-8, 271n, 276n, 289n
ヒッペル（Hippel, Eric von） 129, 133, 135-6, 279n
ヒューム（Hume, David） 250-1, 292n
ヒルファディング（Hilferding, Rudolf） 23, 36, 190, 251, 256
ヒルベルト（Hilbert, David） 32
フィッシャー（Fisher, Irving） 35, 53, 89, 91, 230-1, 274n, 290n
フィッシャー（Fisher, Ronald A.） 91, 94
フィリッポヴィッチ（Philippovich, Eugen von） 22, 60
ブーディ（Boody, Elizabeth） 47
フェイック（Feick, Lawrence F.） 279n
フォスター（Foster, John） 87
フォスター（Foster, Richard N.） 128, 279n
フォリー（Foley, Duncan K.） 274n
ブキャナン（Buchanan, James M.） 244-5, 291n
福岡正夫 275n-6n
福田徳三 16
プライス（Price, Linda L.） 279n
ブラウワー（Brouwer, L.E.J.） 103
ブラウワー（Brouwer, Maria） 267n
ブラウン（Brown, Douglass V.） 48, 229
フリードマン（Friedman, Milton） 28, 211, 244
フリーマン（Freeman, Christopher） 152, 209, 280n, 288n
プリゴジン（Prigogine, Ilya） 71-2, 79, 238-9, 272n, 291n
フリッシュ（Frisch, Ragnar） 5, 50, 84, 90-1, 112, 118, 154, 278n
ブロークランド（Blokland, Hans） 268n
ブローグ（Blaug, Mark） 29, 267n, 269n, 278n
ペイトマン（Pateman, Carole） 248, 292n
ベーム-バヴェルク（Böhm-Bawerk, E. von） 22-4, 34, 53, 97, 109-10, 196, 256, 286n
ベサンコ（Besanko, David A.） 221, 289n
ベッキ（Vecchi, Nicolò De） 267n

ヘドキー（Hedtke, Ulrich） 270n
ヘバート（Hébert, Robert F.） 161, 165, 176, 183, 281n, 284n
ヘルプマン（Helpman, Elhanan） 287n
ベル（Bell, Daniel） 291n
ベルクソン（Bergson, Henri-Louis） 28, 82
ベルティ（Berti, L.） 207
ベンサム（Bentham, Jeremy） 248, 250
ペンローズ（Penrose, Edith T.） 162
ポアンソ（Poinsot, Louis） 268n
ホーウィット（Howitt, Peter） 287n
ボーモル（Baumol, William J.） 122, 163, 278n, 287n
ボールディング（Boulding, Kenneth E.） 62, 272n
ホジソン（Hodgson, Geoffrey M.） 49, 271n, 291n
保住敏彦 267n, 291n
ポッツ（Potts, Jason） 87
ボットモア（Bottomore, Tom） 267n
ポパー（Popper, Karl R.） 32, 64-5, 78, 272n
ホブスン（Hobson, John Atkinson） 142, 258
ポメランツ（Pomeranz, Kenneth L.） 243
ポランニー（Polanyi, Karl） 75, 174, 218, 243
ポランニー（Polanyi, Michael） 75-6, 173, 200-1, 273n, 287n

[ま行]

マーシャル（Marshall, Alfred） 21, 28-9, 42, 53, 85-6, 109, 121, 161, 167-8, 192-4, 197, 256, 286n
マーチ（March, James G.） 162
マクレイ（Macrae, Norman） 103, 275n
マクロウ（McCraw, Thomas K.） 37, 268n-70n
マクロスキー（McCloskey, Deirdre N.） 65-6, 88, 272n, 274n
マッキー（McKee, David L.） 267n
マッハ（Mach, Ernst） 2, 4, 26-8, 32, 60-1, 66, 112, 256
マッハルプ（Machlup, Fritz） 28, 44, 120, 268n, 278n
マディソン（Maddison, Angus） 243
マリス（Marris, Robin L.） 163
マルクス（Marx, Karl） 1, 4-5, 10, 15, 23, 41, 47, 53, 58-9, 80-3, 116, 122, 138, 141-2, 169, 182, 192, 205, 232-6, 241, 250, 255, 262, 273n, 290n
丸山徹 275n
マン（Mann, Fritz Karl） 207
マンゴルト（Mangoldt, Hans von） 161
ミーゼス（Mises, Ludwig von） 23, 26, 32, 164, 175-6, 251, 282n
御崎加代子 30, 102, 195, 269n, 275n, 286n
三島康雄 282n
水谷一雄 106
ミッチェル（Mitchell, Wesley C.） 35, 45, 53, 90, 213, 244
蓑谷千凰彦 274n
ミヘルス（Michels, Robert） 122, 138
ミュツェ（Mütze, Stefan） 267n
ミュラー（Müller, Klaus O.W.） 267n
ミュラー（Mueller, Dennis C.） 267n
ミュルダール（Myrdal, Karl G.） 62-5, 245-6, 272n, 292n
ミル（Mill, John Stuart） 28, 121, 161, 167
ミルワード（Milward, Alan S.） 274n
ミロウスキー（Mirowski, Philip） 26, 268n
ミンスキー（Minsky, Hyman P.） 211
ムーア（Moore, Geoffrey A.） 129, 131-2, 136, 279n
ムーア（Moore, Henry L.） 50, 90, 274n
村上泰亮 146, 280n
メッソリ（Messor, M.） 207
メッツラー（Metzler, Lloyd A.） 44, 154, 280n
メデアリス（Medearis, John） 268n
メトカーフ（Metcalfe, J. Stanley） 273n
メルツ（März, Eduard） 267n, 270n
メンガー（Menger, Carl） 4, 22-3, 32, 43, 53, 57, 59, 91, 97, 100, 106, 110-1, 121, 268n-9n, 271n, 276n
メンガー（Menger, Karl） 32, 92, 103-4, 106
メンシュ（Mensch, Gerhard） 152, 280n

人名索引　343

モス（Moss, Laurence S.）　267n
モスカ（Mosca, G.）　122, 138
森鷗外　34, 269n
森嶋通夫（Michio, Morisima）　101, 182, 274n, 284n
モルゲンシュテルン（Morgenstern, Oskar）　32, 44, 47, 50, 92, 106

[や行]

八木紀一郎　268n-9n, 273n, 291n
谷嶋喬四郎　33, 269n
安井琢磨　17, 36, 106-8, 114-5, 215, 267n, 269n, 275n, 277n
ヤンツ（Jantsch, Erich）　79, 249, 292n
ユレイン（Juréen, Lars）　274n
横山滋　273n
吉川洋　16, 216, 268n, 288n
吉田昇三　16, 27, 269n, 271n, 280n
吉富勝　291n
米川伸一　281n
米川紀生　267n-8n, 270n

[ら行]

ラーソン（Larson, Henrietta M.）　169
ライジンガー（Reisinger, Anna Josefina; アニー Annie）　41
ライベンシュタイン（Leibenstein, Harvey）　122, 163, 278n
ラスワイラー（Rassweiler, Andrew）　290n
ラッシュ（Lusch, Robert F.）　129, 133-6, 279n
ラングロワ（Langlois, Richard N.）　268n, 274n, 290n
リース（Leith, J. Clark）　271n
リカードウ（Ricardo, David）　42, 47, 77, 120, 124, 209n
リャプノフ（リアプノフ; Lyapunov, Aleksndr）　107-8
立半雄彦　275n
リンク（Link, Albert N.）　161, 165, 176, 183, 281n, 284n
ルーカス（Lucas, Robert E. Jr.）　95, 287n
ルーズベルト（Roosevelt, Franklin D.）　48, 247
ルシャトリエ（Le Châtelier, Henry Louis）　119
ルジャンドル（Legendre, Adrien-Marie）　89
ルソー（Rousseau, Jean Jacques）　251
レイスマン（Reisman, David）　268n
レイナー（Raynor, Michael E.）　289n
レイヨンフーヴッド（Leijonhufvud, Axel）　210
レヴィ-ブリュール（Lévy-Bruhl, Lucien）　287n
レーデラー（Lederer, Emil）　3, 23, 36, 40
レオンティエフ（Leontief, Wassily W.）　5, 45, 48, 65, 84, 90, 108, 155, 271n
レドリッヒ（Redlich, Fritz）　167
ロアスビー（Loasby, Brian J.）　274n
ローウェ（Lowe, Adolph）　154, 280n
ローゼンバーグ（Rosenberg, Nathan）　152, 267n, 274n, 280n
ローマー（Roemer, John E.）　274n
ローマー（Romer, Paul M.）　287n
ロールズ（Rawls, John B.）　250-1, 292n
ロジャーズ（Rogers, Everett M.）　129-31, 136, 279n
ロジャーズ（Rogers, Colin）　210-1, 288n
ロス（Roth, Erik A.）　289n
ロソフスキー（Rosovsky, Henry）　171-2, 282n
ロバートソン（Robertson, Dennis H.）　206
ロバートソン（Robertson, Paul L.）　290n
ロビンズ（Robbins, Lionel C.）　26, 28-9, 62, 269n
ロビンソン（Robinson, Austin）　206
ロビンソン（Robinson, Joan V.）　96, 206, 274n
ロポコヴァ（Lopokova, Lydia）　212

[わ]

ワーゲナー（Wagener, H.-J.）　287n
ワグナー（ヴァーグナー; Wagner, Adolf）　39
ワグナー（Wagner, Richard E.）　244-6,

291n
渡辺文夫　282n
ワルト（Wald, Abraham）　5, 32, 84, 92, 102-6, 108, 275n
ワルラス（Walras, Antoine Auguste）　25

ワルラス（Walras, Léon）　4-5, 7, 10, 16, 23-6, 29-33, 41-2, 49, 53, 61, 80, 85-6, 90, 96-7, 100-4, 107-10, 114-6, 119, 121, 194-5, 210, 214, 217, 219, 232-3, 256, 262, 268n-9n, 275n-6n, 286n

事項索引

［あ行］

『アジアのドラマ』 246
新しい企業組織の実現 127
新しい市場の創造 126
新しい生産方法の導入 126
新しい製品の開発 125
アニマル・スピリッツ 216
『アメリカのジレンマ』 246
アラートネス 164
アルピン・モンタン社 37
アロー゠ドブリューの均衡モデル 286n-7n
暗黙知 200-1
イギリス帝国主義 39, 143
異常な吸収過程 149
一般意思 249, 251
一般均衡体系 32, 92, 95, 104-5, 109
一般均衡の安定性 93, 95, 108
一般均衡モデル 25, 108-9, 116, 197
一般均衡理論 2, 5, 23, 26, 35, 41, 53, 70, 72, 84-7, 92, 100-2, 107-9, 113-4, 179, 219, 233, 246, 256, 258, 276n
一般均衡理論の動学化 72
『一般社会経済要論』 190
一般的観点 250
イノベーション 7-11, 30, 42, 112, 120-1, 123-5, 128-36, 139-41, 145-8, 152-3, 156, 159-61, 165, 167, 173, 175-85, 187-91, 197, 199-203, 205, 209, 215-6, 221-4, 228, 231, 233, 236, 255-6, 258-9, 261-4, 279n, 282n-5n, 289n-90n
『イノベーション——攻撃側企業の優位性』 128
イノベーション採用者カテゴリー 132
『イノベーションと企業家精神』 167
『イノベーションの源泉』 279n
イノベーションの定義 9, 129
イノベーションの普及過程 130
『イノベーションの民主化』 279n
『イノベーションの預言者——シュンペーターと創造的破壊』 270n
イノベーションのルーティン化 200, 259
インフレ・ターゲット論争 229
ウィーン学団 32, 102
ウィキペディア 199
ウェーバーの科学論 4, 60, 111
ウェーバーの歴史社会学 70, 257
エリート的人間 122, 142
『エンサイクロペディア・ブリタニカ』 236
『オーガニゼーションズ』 162
オーストリア学派 4, 20, 23-4, 26, 32, 42-3, 53, 57, 59, 91-2, 97, 100-1, 106, 110, 114-5, 166, 175
『オーストリア経済人協会年報』 231
オートポイエーシス 273n
オープン・アーキテクチャ戦略 228
オープン・イノベーション 126, 134, 200, 224, 228, 259, 279n
オープンソース 198
オクシモロン 10, 178, 261
おもちゃの鉄砲 246

［か行］

解釈的経済学 78
外生的貨幣供給 209
階層的経営組織 197
回復 8-9, 147-9, 152, 229-30, 262-3
『カオス経済動学』 156
科学者集団 34, 65, 78-9
価格受容者（プライス・テイカー） 186
科学的観念 10, 79, 232, 262
科学的客観性 59, 64

346

『科学的発見のパターン』 66
科学的方法の間主観性 65
科学的方法の社会的もしくは公共的性格 64
「科学とイデオロギー」 4, 79
科学の自己修正機構 64
価格−費用比率 185
格差 129, 136, 243
革新的投資 124
隔世遺伝 143
拡張期 147
価値関数 114
『価値・資本および地代』 103
価値自由 61
価値前提 64
『価値と資本』 107, 217
価値判断 6, 59-64, 69, 71, 272n
価値判断論争 3-4, 57-8, 60-1, 99, 110, 256-7, 260
カッセル体系 101, 106
カテゴリー成熟化ライフサイクル 131
下部構造 81, 116, 233
貨幣ヴェール観 124, 232
貨幣数量説 89-90, 124, 206
貨幣制度 231
貨幣的分析 211, 288n
『貨幣と本位貨幣』 207
『貨幣の本質』 207
貨幣の本質論 214
『貨幣・利子および資本』 210
貨幣利子率 211
『貨幣論』 206-7, 209, 212-3
『貨幣論集』 207
カリスマ的企業家 119, 134, 136, 159, 200-1, 226
カルドア型景気循環モデル 155
関数関係 27, 81, 113, 137, 233
関数の連続性 76
完全競争 30, 72, 74, 87, 146, 180, 240, 259
完全競争的均衡 74
完全競争の仮定 72
完全情報 240
管理資本主義 247
官僚制組織化 198

期間分析 119, 278n
企業家 7, 9, 11, 18, 42, 87, 114-5, 119, 120-5, 130, 133, 135, 139-42, 145-6, 153, 159-73, 175-7, 179-83, 189-200, 209, 213, 216, 219, 221, 226, 232, 236, 239, 256, 258-62, 276n, 278n, 281n-2n, 286n
企業家概念 161, 167, 170
企業家機能 163, 172, 191, 193-4, 239, 260, 286n
企業家機能の衰退 239
企業家機能の無用化 191
企業家史学 166-7, 172-3, 278n
『企業家史の探求』 169-70, 282n
企業家精神 160, 170, 216, 227-8, 239
企業家の機能 121-2, 162, 170-1, 189, 191, 193, 258
企業家の定義 162
企業家利潤 140, 146, 195-6
『企業家論の系譜』 161
『企業経済論』 163
『企業成長の理論』 162
企業組織型 134, 159, 199-200
『企業の内側』 163
『企業の行動理論』 162
『企業の理論』 9, 162
技術革新 129, 135, 153, 175, 177, 195
技術的判断 60-1
帰属理論 114-5, 196
キチンの波（キチン循環，キチンの短期波動） 150, 152, 236
基本的観察命題 78
キャズム 131
共感 24, 245, 250, 286n
恐慌 148, 219
共産主義 247, 252
共生の理論 139
競争的指導者の理論 251
競争的資本主義 220
共約不可能 273n
享楽財 114-5, 276n-7n
行列（マトリックス） 104
虚構性 179
均衡解の安定問題 5, 84

事項索引　347

均衡解の存在問題　5, 84, 104
均衡水準　262
均衡の近傍　8, 147, 149, 262-3
均衡の絶対化　149, 263
均衡メカニズム　164, 173
『近代資本主義』　190
空間の質的変化　72, 238
空間の対称性　238
空間の同質性　238
偶然変異の蓄積　239
「グスタブ・v. シュモラーの今日の諸問題」　70, 272n
クラウドコンピューティング　128, 199
クローズド・イノベーション　134, 199-200
グローバル競争力指標　202
『経営行動』　162
計画経済的方式　173
『景気循環のモデル』　287n
景気循環論　9, 17, 46, 91, 151, 154-5, 280n
『景気循環論』　3, 33, 45-8, 112, 118, 137, 145, 154, 177, 216-8, 231, 261, 290n
『景気循環論的研究』　154
『経済学原理』　28, 192
経済学の第2の危機　96
『経済学のパースペクティブズ』　72
『経済学の本質と意義』　62
『経済学批判』　234
経済合理性　86, 253
『経済史の理論』　72
経済人（ホモ・エコノミクス）　7, 118-9, 125, 167, 216
経済循環　112, 172, 196
経済成長　10-1, 35, 62, 99, 120, 128-9, 135-6, 171, 176, 183, 189, 200, 220, 255, 259, 261
経済成長モデル　214
経済成長率　243
経済成長理論　129, 287n
『経済動学』　120
経済発展　7, 47, 83, 112, 120, 124-5, 139-40, 145, 160, 165-6, 170-2, 175-6, 190-2, 209, 232, 235-6, 245, 256, 261-4, 287n
経済発展のプロセス　160
『経済発展の理論』　2, 17, 34-5, 41, 48, 112, 118-9, 125, 138, 145, 161, 177, 196, 231, 257, 261, 278n, 290n
『経済分析の基礎』　70, 147, 210
『経済分析の歴史』　33, 46, 52-3, 210, 288n
『経済変動の進化論』　135
「経済理論と企業家史」　169
「経済理論における企業家」　163
『経済理論の発展における政治的要素』　62
計算貨幣　212
計量経済学　6, 44, 48-51, 78, 88, 90, 92, 94, 97, 105, 109, 154, 274n, 291n
ケインズ革命　207
ケインズ政策　249
ケインズ的財政政策　245
『ケインズ伝』　212
ケインズの貨幣論　208
ゲームの理論　92-3, 105
限界革命　6, 25, 50-1, 61, 88, 97, 102, 105, 256
原初状態　251
原子論的競争　147
限定合理性　168-9
ケンブリッジ・サーカス　155, 206
原料や半製品の新しい供給源の獲得　127
公益　248-9
交換経済の監督者　124
交換経済の均衡過程　275n
交換の理論　61, 89, 119
好況期　147-9, 263
公共選択理論　244-5
高次財　115
厚生極大化　62
構造-機能主義モデル　171
構造-機能分析　171
構造改革派　230
後退　8, 147-9, 191, 262-3
購買力の創造　123
効用極大化　62, 245
公理系　70, 86, 92, 95, 121, 258
功利主義　68, 73, 77, 89, 250
合理主義　68, 77, 83, 160, 246
公理主義的アプローチ　250
合理性　69, 87, 167-8, 245-6
効率的資源配分　174

ゴーイング・コンサーン　181
国際シュンペーター学会　1, 18, 28, 42, 54, 86, 267n
『国民経済学原理』　61
「国民経済の全体像」　35, 145
個人的選択の動機　245
固定価格市場　273n
古典主義的自由主義　252
古典的民主主義ドクトリン　248-9
『雇用，利子，貨幣の一般理論』（『一般理論』）　3, 45-7, 154, 206-8, 216, 252
コンドラチェフの波（コンドラチェフ循環，コンドラチェフの長期波動）　10, 151-3, 220, 232-3, 236, 262
混沌　79, 238

[さ行]

サービス・ドミナント・ロジック（S-Dロジック）　133
サイエンス型　185, 284n-5n
最小作用　68
サイバー資本主義　177
サプライサイド経済学　17, 216
サプライチェーン・イノベーション　127
サプライチェーン・マネジメント　127
散逸構造　79, 239
産業革命　58, 72, 152, 243
産業主義（あるいは産業体制）　236
『産業と商業』　193
産業の将帥　122
3循環合成図式　150, 152, 232, 236, 255, 262
3循環合成モデル　153
参入障壁　240
時間的ずれ（time lag）　246
時間と空間の対称性　238
時間の可逆性　238
時間の不可逆性　72, 238
事業部制組織　197
資源の最適配分　146, 173
自己回復過程　65
自己言及系　242, 291n
自己組織化　79, 86, 238
『自己組織化する宇宙』　249

自己調整的市場　219
市場経済的（方式）　111, 173
『市場と企業組織』　163
市場プロセス　164-5
自生的秩序論　173
自然利子率　211
持続的イノベーション　222-3
持続的技術　223
実証主義哲学　244
実証的科学　62
実物資本財収益率　211
実物的分析　210-1, 288n
支払意志額　223
ジブラ法則　187-8
資本収益率　243
資本主義経済現象　261
資本主義経済の動態的発展　48, 121, 166
資本主義社会　8, 11, 58, 140, 144, 205, 232, 235, 240, 243, 258
『資本主義・社会主義・民主主義』　10, 48, 52, 81, 138-9, 178, 218, 247, 291n
資本主義的経済過程　138-9, 146, 220, 229
『資本主義と民主主義』　244
資本主義のエンジン　10, 160, 178, 262
資本主義の最終段階　144
資本主義の発展と変動　1, 6, 9, 11, 42, 48, 112, 120-1, 123, 141, 159, 205, 256, 259-60, 262
資本主義の必然的発展段階　144
「資本主義の不安定性」　242
資本主義の文化構造要因　122, 260
社会一般のためになる　248
社会階級論　8, 41, 81, 138, 141, 159
「社会科学的および社会政策的認識の"客観性"」　4, 59, 111
『社会科学，特に経済学の方法に関する研究』　110
『社会環境における企業』　166
『社会研究における客観性』　65
社会システム理論　171
社会主義　52, 221, 237-42, 244, 247, 250, 253, 259, 268n, 291n
社会主義社会　58, 235, 240
社会主義と民主主義　242, 244, 247

事項索引 349

社会進化　238
社会制度史的考察　172
社会ダーウィニズム　237
社会的自己回復の理論　65
「社会的態度，企業家精神と経済発展」　170
社会の「制度」　245
週　108, 275n-6n
私有財産　160
収縮期　147-8
『十大経済学者』　52-3
自由貿易　30, 147
『自由放任の終焉』　252
主観主義　166, 175
ジュグラーの波（ジュグラー循環，ジュグラーの中期波動）　151-2, 236
シュモラー学派　70
シュモラーのプログラム　71
シュモラーの歴史研究　232, 262
循環的因果律に基づく累積過程　246
循環的変動（メカニズム）　8, 145, 149-51, 156, 159, 258, 263
『純粋経済学要論』（『要論』）　26, 61, 100-1, 110
純粋信用理論　190, 263
純粋理論　16, 60, 69, 85, 100, 109, 121, 209, 246, 260
シュンペーター型成長モデル　287n
シュンペーター型の「創造的破壊のプロセス」　165
「シュンペーター経済動学」　220, 280n
『シュムペーター体系研究』　16, 255
シュンペーター的競争（モデル）　10, 137, 159, 171, 183, 187-90, 259, 261-2
『シュンペーター的思考』　16, 117, 255
シュンペーター的創造破壊　182
シュンペーター的ビジョン　171, 215
シュンペーターの貨幣論　208-9
シュンペーターの企業家　7-8, 122-3, 140-1, 165, 183, 190, 195, 198, 261, 286n
シュンペーターの逆説　198, 200
シュンペーターの景気変動モデル　8, 147
シュンペーターの景気変動論　8, 145
シュンペーターの資本主義崩壊論　192

シュンペーターの社会階級論　8, 138, 159
シュンペーターの総合的社会科学　117
シュンペーターの創造的破壊　221
シュンペーターの帝国主義　39-40, 142-3
シュンペーターの二元論　112
『シュンペーターのビジョン』　244
シュンペーターの民主主義　244, 246, 251, 253
シュンペーターの理論体系　49, 159, 208, 232, 256, 258
『商業一般に関する試論』　160
商業社会　240
乗数と加速度因子　155, 218
商人的経済　72, 273n
商人的経済の垂直的発展　72
商人的経済の水平的発展　72
上部構造　81, 116, 233-5
情報コスト　164
情報の硬直性　133
情報の非対称性　133, 279n
『剰余価値学説史』　82
植民地分割戦争　144
序数選好分析　210
所得数量説　214
自律的回復　9, 149
進化経済学　6, 18, 28, 51, 71, 135-6, 238, 257
進化経済モデル　233, 264
進化理論　10, 135, 143, 183, 189, 261
進化論的資本主義論　237
新カント派　2, 26
新結合の遂行　124-5, 127-9, 177, 261
新古典派経済学　1, 18, 26, 68, 71, 77, 84, 136, 138, 147, 167, 200, 243, 256
新古典派の前提　68-9
伸縮価格市場　72, 272n-3n
『人物評伝』　53
新フロンティアの開拓　153
信用創造　11, 121, 123-4, 160, 190-1, 213-5, 232-3, 236, 262-4
垂直統合　197, 224
垂直統合モデル　134, 159, 199, 224, 279n, 287n
水平分業モデル　134, 159, 199-200, 224

数学コロキウム（ウィーン・コロキウム） 32-3, 91, 105-6
静学 5, 84, 112, 118, 120-1, 196, 257
静学的均衡 2, 5, 84, 114-6
生産関係 234-5
生産財 114-5
生産自体に対する支配 240
清算主義 230
生産手段に対する支配 240
生産用役 114, 194
生産力 234-5
政治的個人主義 26-7
精神的自由 178
精神と社会の進化的科学 83
静態 112, 116, 195-6, 263-4
静態均衡 119
静態的過程 30
静態的効率性 221
静態的単位期間 107
静態モデル 120
静態理論 7, 30-1, 112, 118, 232-3, 255, 262
制度的装置 247-8, 253
製品の差別化 240
整理過程 149
『世界統計で見る世界経済2000年史』 243
全員一致 245
戦略的非協力型ゲーム 109
『戦略の経済学』 221
相互依存的発展プロセス 128
創造的破壊（の過程） 10, 87, 120, 135, 146, 165, 178-9, 220-1, 230, 232, 240, 255, 261-2
相対的最小化 75
相対的最大化 75
組織イノベーション 128
『組織の限界』 163
『租税国家の危機』 38-9
ソフト・サイエンス 69

［た行］

代議制民主主義 253
第3次接近 149
『退出・抗議・忠誠』 163

『大転換』 218
大転換論 243
ダイナミック・ケイパビリティ理論 190, 201, 262, 290n
ダイナモ-オブジェクティブ・カップリング（現象） 201, 287n
第2次接近 149
代表制 248
大分岐論 243
多数決の原理 249
多中心的構造 75
『脱工業化の社会』 291n
『脱工業社会の到来』 291n
タトヌマン・プロセス（模索過程） 108, 275n
ダランベールの原理 68
知識社会学 54, 87-8
知識人による反体制（知識人の体制批判） 192, 239
中立的な「手段」 62
長期的, 動態的循環過程 218
長期的な独占 146
長期波動（大循環, コンドラチェフの波） 151, 216, 220, 232-3, 236, 255, 262
貯蓄方程式 196
沈滞期 147, 149, 263
抵抗を克服することのできる意志 178
帝国主義 39-40, 142-4, 258, 270n, 280n
帝国主義の実践 39, 143
「帝国主義の社会学」 38-9, 142
帝国主義論 39, 142-4, 258
低金利政策 232
低次財 115
定常過程 5, 30, 84-6
適性の相違 42, 123, 139, 141
テクノストラクチュア 198
テクノロジー導入ライフサイクル 132
デット・デフレーション 231
ドイツ社会化委員会 36
ドイツ帝国主義 39, 143
ドイツ歴史学派 4, 6-7, 20, 59-60, 70, 109, 111, 257
統一発展理論 48, 51, 120, 232-3, 243, 255,

事項索引　351

262, 264
動学　5, 72, 84, 112, 118, 120-1, 147, 161, 220
動学的一般均衡モデル　86
道具主義　2, 26-7, 66, 122, 261, 272n
洞察力　178
同情　245
動態　90, 112-3, 118, 123, 190, 196, 231
動態的過程　30, 119, 195, 262
動態的過程分析　119-20
動態的競争過程　146
動態的経済過程　119
動態的効率性　221
動態的循環過程　218
動態的遂行能力　221
動態的問題群　2, 34, 209, 257
動態モデル　120, 183
動態理論　5, 7, 31, 34, 112, 119, 215, 232, 255, 257, 262
道徳感情　250
道徳哲学　250
特異点　84
独占的競争の過程　221
独占的競争の結果　221
独占的支配力　145
独占擁護論　221
特許商標法修正法（通称，バイ・ドール法）　228
特許制度　146-7
トラスト化された資本主義　220
ドラッカーのイノベーション論　283n
取引費用　162-3, 193

[な行]

内生的貨幣供給　209
内生的技術変化　287n
内生的進化　287n
内生的成長理論　287n
内生的な転換　71, 238
内生的非線形景気循環モデル　155-6
内生的変化の過程　5
内部組織の経済学　164
ナッシュ均衡　92-3, 109
2階非同次差分方程式の均衡モデル　155

2構造アプローチ　116-7
『21世紀の資本』　243
ニッチ市場　132, 223
ニッチ商品　290n
ニューディール政策　48, 247
ニュートン主義　237-8
人間行為　175-6, 235
人間行為学　23, 164
人間行動　168, 176, 246
『人間行動のモデル』　162
人間の「態度」　245
人間本性　250
ネオ・ワルラシアン（理論）　211
ネルソン＝ウィンター・モデル　10, 137, 184, 186-8

[は行]

ハーヴェイ・ロードの前提　249
ハーバード大学企業家史研究センター　166-7, 169-70, 197, 278n
ハイエクの民主主義論　250
破壊的イノベーション　222-3, 227, 259, 289n
破壊的技術　223
ハミルトンの原理　68
ハミルトン力学　69
パラダイム・チェンジ　135, 238
パラダイム論　273n
パレート最適　26, 68, 73-4, 77
ハロッド＝ドーマー・モデル　129, 214
繁栄　8, 147-9, 152, 229, 240, 262-3
比較静学　2, 26, 61, 115, 137, 150
ビジネス・モデル　125, 135, 201-3, 222-4, 227, 289n
非線形経済動学　93, 238
批判の経済学　78
微分可能性　76
飛躍　10, 192, 237-8
標語としての帝国主義　39, 143
比率分析　119, 278n
非連続性　167
不安定均衡　150, 260
不確実性　72, 128, 131, 156, 162, 166, 173, 183, 193, 198, 208-9, 253, 269n

不況　8-9, 47-8, 147-9, 152, 214, 216, 219, 221, 229-31, 262-3
複雑系　18, 28, 62, 79, 86-7
複雑系フーリエ関数　151
『復興計画の経済学』　48, 229
物々交換経済　211, 288n
不動点アルゴリズム　109
プライス・テイカーの仮定　240
ブラウワーの不動点定理　103
プリゴジン主義　238
プルーラリズム（多元主義）　33
プロセス・イノベーション　126-7
プロダクト・イノベーション　125, 127
「プロテスタンティズムの倫理と資本主義の"精神"」　190
文化構造要因　7, 122, 260
文化社会学の断片　145
文化的構造　172-3
文化的諸要因　172, 245
分子進化の中立説　291n
『変革と企業家』　169, 191
ベンチャー企業群　221, 228
方法論的個人主義　2, 26-7, 60, 68, 77, 166, 175, 260, 268n
ポスト・ケインジアン　17, 87, 154-5, 210

[ま行]

マーケティング・イノベーション　126-7
マーシャルの企業家論　193
マッハ主義的な立場　2, 26
マッハ的道具主義　4, 60-1, 112, 260
マッハの哲学　27
マルクス主義理論　143
マルクス的革命　182
マルクス的な発展法則　242
マルクスの階級論　138
マルクスの窮乏化理論　81
マルクスの経済史観　255
マルクスの経済進化　232, 262
マルクスの民主主義論　250
マルクスの歴史認識　80
マルチカルチャリズム（多文化主義）　33
満期における革命　81

民主主義的方法　251
メイブン（Maven）　279n
名目利子率　231
目的-手段のカテゴリー　62
模倣の研究開発（R&D）　181, 183-4, 259
模倣型の企業　184
モラル・サイエンスとしての経済学　62, 73
問題のパラドックス　52, 241-2, 259

[や行]

唯物史観　81, 233, 235, 250
有機的融合　179
輸出依存的独占資本主義　143-4
ゆらぎ　85, 238-9
『ヨーゼフ・A. シュンペーター――資本主義の経済学と社会学』　236
『ヨーゼフ・A. シュンペーター批評』　244
予定調和的な振る舞い　149, 263
4局面循環モデル　149

[ら行]

ライン・アンド・スタッフ組織　191
ライン組織　191
ラグランジュ力学　69
リアプノフ（リアプノーフ）関数　107-8
リアルタイム経済システム　70
リード・ユーザー主体　279n
リカードウ学派　161
利子の問題　196, 264
利潤極大化　245
利子率と貨幣制度　231-2
リバタリアン　244
リフレーション派　230
流動性選好　208, 210-1, 214
離陸（take-off）　246
『理論経済学の本質と主要内容』（『本質と主要内容』）　2, 4, 17, 21, 24, 26-8, 30-1, 34, 60-1, 88, 109, 112, 115-6, 118, 196, 257, 260, 268n, 274n
理論研究　232, 255, 262
理論負荷性　66
累積的技術型　185, 284n
『隷従への道』　218

事項索引　353

歴史の経済的解釈　81, 233
労働者優先主義　144
ローエンド型破壊　222-3, 227
ロジスティック関数　151
ロングテール現象　290n
論理実証主義　32, 112, 260

[わ]

ワルラス＝カッセル一般均衡体系　32, 104
ワルラスの一般均衡理論　5, 23, 41, 86, 100, 102, 108-9, 219, 233, 256, 276n
ワルラスの企業家論　194
『ワルラスの経済学』　101
ワルラスの静態理論　30, 232, 262
ワルラスの方程式　104, 217

[欧文]

Activators　202
A-F モデル　201-2
AGIL 図式　171
Browsers　202
Business　281n
Company　281n
Corporation　281n
Creators　202
dēmos（民衆，人民）　247
Developers　202
EMS（Electronics Manufacturing Service: 電子機器受託製造サービス）　225
Executors　202
Enterprise　281n
Facilitators　202
Firm　281n
iPhone　226-7, 290n
iPod　226, 289n
IS-LM モデル　211
kratia（支配，権力）　247
ODM（Original Design Manufacturer: 相手先ブランドによる設計・製造）　225
OEM（Original Equipment Manufacturer: 相手先ブランドによる製造）　225
Sein（存在）　59, 111
Sollen（当為）　59, 111

著者紹介

菊　地　　均
きく　ち　　ひとし

北海商科大学大学院商学研究科教授．1948年北海道生まれ．日本大学大学院商学研究科博士課程修了．レスブリッジ大学交換教授，北海商科大学教授．2011年より現職．博士（経営学）．
著書に『シュンペーター』共同文化社，2010年．『商業政策のダイナミズム』千倉書房，1999年．『現代観光へのアプローチ』（共著）白桃書房，2003年．『現代マーケティングの基礎』（共著）千倉書房，2001年．『観光学概論』（共著）ミネルヴァ書房，1988年．『旅行・観光の経済学』（共訳）文化書房博文社，1998年．『観光・リゾートのマーケティング』（共訳）白桃書房，1989年など．

シュンペーターの資本主義論

2015年1月25日　第1刷発行

定価（本体5500円＋税）

著　者　菊　地　　均
発行者　栗　原　哲　也
発行所　㈱日本経済評論社

〒101-0051 東京都千代田区神田神保町3-2
電話 03-3230-1661／FAX 03-3265-2993
E-mail: info8188@nikkeihyo.co.jp
振替 00130-3-157198

装丁＊渡辺美知子　　　　太平印刷社／高地製本

落丁本・乱丁本はお取替いたします　　Printed in Japan
© KIKUCHI Hitoshi 2015
ISBN978-4-8188-2372-3

・本書の複製権・翻訳権・上映権・譲渡権・公衆送信権（送信可能化権を含む）は，㈱日本経済評論社が保有します．
・JCOPY 〈㈳出版者著作権管理機構　委託出版物〉
本書の無断複写は著作権法上での例外を除き禁じられています．複写される場合は，そのつど事前に，㈳出版者著作権管理機構（電話 03-3513-6969, FAX 03-3513-6979, e-mail: info@jcopy.or.jp）の許諾を得てください．